费尔巴哈文集

第 1 卷

从培根到斯宾诺莎的近代哲学史

涂纪亮 译

Ludwig Feuerbach
Geschichte der neueren Philosophie von Bacon von Verulam bis Benedikt Spinoza
本书根据 W. Bolin 和 F. Jodl 所编
Ludwig Feuerbach's sämmtliche Werke
第 3 卷(1906 年 Stuttgart 版)译出

文 献 说 明

一、本文集主要依据的费尔巴哈著作集

1. 德文版《费尔巴哈全集》第 1 版

费尔巴哈的著作在其在世时曾以单行本、小册子及各种文集的形式出版,其本人于 1846 年着手编纂并出版自己的全集(莱比锡,由奥托·维甘德[Otto Wigand]出版),截至 1866 年共出版 10 卷,该版通常被称为《费尔巴哈全集》第 1 版。

第 1 版 10 卷卷名如下:

第 1 卷 *Erläuterungen und Ergänzungen zum Wesen des Christenthums*(1846)

第 2 卷 *Philosophische Kritiken und Grundsätze*(1846)

第 3 卷 *Gedanken über Tod und Unsterblichkeit*(1847)

第 4 卷 *Geschichte der neuern Philosophie von Bacon von Verulam bis Benedict Spinoza*(1847)

第 5 卷 *Darstellung, Entwicklung und Kritik der Leibnitz'schen Philosophie*(1848)

第 6 卷 *Pierre Bayle*(1848)

第 7 卷 *Das Wesen des Christenthums*(1849)

第 8 卷 *Vorlesungen über das Wesen der Religion*(1851)

第 9 卷 *Theogonie nach den Quellen des classischen*, *hebräischen und christlichen Alterthums*(1857)

第 10 卷 *Gottheit*, *Freiheit und Unsterblichkeit vom Standpunkte der Anthropologie*(1866)

2. 德文版《费尔巴哈全集》第 2 版

1903 年费尔巴哈的友人 W. 博林(W. Bolin)和 F. 约德尔(F. Jodl)为纪念费尔巴哈 100 周年诞辰(1904 年),从 1903 年到 1911 年,整理出版了 10 卷本的《费尔巴哈全集》(斯图加特,弗罗曼出版社[Frommann])。这部全集通常被称为《费尔巴哈全集》第 2 版,它比《费尔巴哈全集》第 1 版全备,但 W. 博林和 F. 约德尔对著者在世时出版的原本进行了加工,他们不仅改变书法、标点以及拉丁文和其他外文引文的德译,还在许多地方按照自己的意思改变在他们看来过于尖锐的文句,删去他们认为无关紧要的地点。

第 2 版 10 卷卷名如下:

第 1 卷 *Gedanken über Tod und Unsterblichkeit*(1903)

第 2 卷 *Philosophische Kritiken und Grundsätze*(1904)

第 3 卷 *Geschichte der neueren Philosophie von Bacon von Verulam bis Benedikt Spinoza*(1906)

第 4 卷 *Darstellung*, *Entwicklung und Kritik der Leibniz'schen Philosophie*(1910)

第 5 卷 *Pierre Bayle. Ein Beitrag zur Geschichte der Philosophie und Menschheit*(1905)

第 6 卷 *Das Wesen des Christenthums*(1903)

第 7 卷 *Erläuterungen und Ergänzungen zum Wesen des Christenthums*(1903)

第 8 卷 *Vorlesungen über das Wesen der Religion*(1908)

第 9 卷 *Theogonie nach den Quellen des classischen, hebräischen und christlichen Alterthums*(1910)

第 10 卷 *Schriften zur Ethik und nachgelassene Aphorismen* (1911)

3. 俄文版及中文版《费尔巴哈哲学著作选集》

苏联国家政治书籍出版社 1955 年出版了两卷本的俄文版《费尔巴哈哲学著作选集》(*Людвиг Фейербах, Избранные философские произведения*, Госполитиздат, Москва. 1955)，该俄译本在遇到第 1 版和第 2 版有歧义时，均恢复了费尔巴哈本人(即第 1 版)的原文。上卷包含"路德维西·费尔巴哈"(葛利高利扬著)、"黑格尔哲学批判"、"论'哲学的开端'"、"改革哲学的必要性"、"关于哲学改造的临时纲要"、"未来哲学原理"、"谢林先生"、"反对身体和灵魂、肉体和精神的二元论"、"说明我的哲学思想发展过程的片段"、"对《哲学原理》的批评意见"、"从人本学观点论不死问题"、"论唯灵主义和唯物主义，特别是从意志自由方面着眼"、"幸福论"以及"法和国家"；下卷包含"基督教的本质"、"因《唯一者及其所有物》而论《基督教的本质》"、"宗教的本质"以及"宗教本质讲演录"。

商务印书馆 1984 年依据此俄文版《费尔巴哈哲学著作选集》翻译出版了中文版《费尔巴哈哲学著作选集》，此版本在篇目编排上依据俄文版《费尔巴哈哲学著作选集》，译文能找到德文的均依据德文译出，找不到的则依据俄文译出。

此外，俄文版《费尔巴哈哲学著作选集》上下卷卷末均有较长的注释，除介绍了版本信息和内容概要外，还在尾注中对正文内容做了一些补充说明，对了解费尔巴哈的学术思想颇有帮助。商务印书馆 1984 年版《费尔巴哈哲学著作选集》翻译了这些注释。

本次编选《费尔巴哈文集》时，将这些注释中的版本信息和内容概要加以整理，列在相应的各卷"编选说明"中；将尾注内容改为脚注，附在对应各卷的正文中，并注明"俄文编者注"。

4. 中文版《费尔巴哈哲学史著作选》

商务印书馆 1978—1984 年依据《费尔巴哈全集》第 2 版第 3、4、5 卷翻译出版 3 卷本《费尔巴哈哲学史著作选》，卷名如下：

第 1 卷《从培根到斯宾诺莎的近代哲学史》(1978 年)

第 2 卷《对莱布尼茨哲学的叙述、分析和批判》(1979 年)

第 3 卷《比埃尔·培尔对哲学史和人类史的贡献》(1984 年)

二、其他主要德文编选文献

卡尔·格留恩(Karl Grün)编：《费尔巴哈的通信和遗著及其哲学发展》(*Ludwig Feuerbach in seinem Briefwechsel und Nachlass sowie in seiner philosophischen Charakterentwicklung*)，两卷，1874 年出版于莱比锡和海德堡，C. F. 温特书店(C. F. Winter'sche Verlagshandlung)。

卡普(August Kapp)编：《路德维希·费尔巴哈和克里斯提安·卡普通信集》(*Briefwechsel zwischen Ludwig Feuerbach und Christian Kapp*)，1876 年，莱比锡，由奥托·维甘德出版。

博林(W. Bolin)编：《费尔巴哈来往通信集》(*Ausgewählte*

Briefe von und an Ludwig Feuerbach),两卷,1904 年,莱比锡,由奥托·维甘德出版。

朗格(Max Gustav Lange)编:《费尔巴哈短篇哲学论文集》(*Kleine philosophische Schriften*,1842—1845),1950 年,莱比锡,费利克斯·迈纳出版社(Felix Meiner)。

舒芬豪尔(Werner Schuffenhauer)编:《费尔巴哈通信集》(*Ludwig Feuerbach,Briefwechsel*),1963 年,莱比锡,雷克拉姆出版社(Reclam Verlag)。

舒芬豪尔编:《费尔巴哈全集》(*Ludwig Feuerbach:Gesammelte Werke*),22 卷,1967 年,柏林,科学院出版社(Akademie-Verlag),其中第 1—12 卷为费尔巴哈生前发表著作,第 13—16 卷为遗著,第 17—21 卷为通信,第 22 卷为附录。

舒芬豪尔编:《费尔巴哈:短著集》(*Ludwig Feuerbach,Kleinere Schriften*),3 卷。第 1 卷(1835—1839),1969 年,柏林,科学院出版社;第 2 卷(1839—1846),1970 年,柏林,科学院出版社;第 3 卷(1846—1850),1971 年,柏林,科学院出版社。

埃利希·蒂斯(Erich Thies)编:《费尔巴哈文集》(*Ludwig Feuerbach:Werke in sechs Bänden*),1975—1976 年,法兰克福,苏尔坎普出版社(Suhrkamp Verlag)。

商务印书馆编辑部
2021 年 7 月

本卷编选说明

本卷中译本依据《费尔巴哈全集》第 2 版第 3 卷译出。

这部著作是费尔巴哈根据 1829 年后在爱尔兰根大学讲授哲学史的讲稿写成的,于 1833 年发表。费尔巴哈在编纂自己的全集时(1846—1866),做了一系列补充和订正,将其列为全集(第 1 版)的第 4 卷(*Geschichte der neuern Philosophie von Bacon von Verulam bis Benedict Spinoza*);W. 博林(W. Bolin)和 F. 约德尔(F. Jodl)编辑出版《费尔巴哈全集》第 2 版时(1903—1911),将此著作放在第 3 卷(*Geschichte der neueren Philosophie von Bacon von Verulam bis Benedikt Spinoza*);1978 年商务印书馆出版的《费尔巴哈哲学史著作选》将这部著作放在第 1 卷。

商务印书馆编辑部

2021 年 7 月

目　　录

《费尔巴哈全集》(第2版)第3卷序言 ……　弗里德里希·约德尔 1
导言………………………………………………………………… 7
　第 1 节　古代的和基督教的世界观………………………… 7
　第 2 节　宗教和科学………………………………………… 9
　第 3 节　神学和哲学………………………………………… 11
　第 4 节　经院哲学——中世纪的科学……………………… 13
　第 5 节　中世纪的艺术……………………………………… 15
　第 6 节　新教的本质………………………………………… 18
　第 7 节　古代结构的恢复…………………………………… 21
　第 8 节　对自然界的新的科学兴趣………………………… 23

第一章　维鲁拉姆男爵弗兰西斯·培根……………………… 27
　第 9 节　维鲁拉姆男爵弗兰西斯·培根的生平…………… 27
　第10节　论培根的生平与性格……………………………… 30
　第11节　培根的哲学意义…………………………………… 36
　　　　培根关于特殊之物的思想(摘自他的著作)
　第12节　迄今为止科学的悲惨处境………………………… 42
　第13节　科学目前的悲惨处境及其造成的原因…………… 44

第14节 全面改造科学的必要性和条件……………… 45
第15节 自然科学的方法………………………………… 48
第16节 自然科学的对象………………………………… 53
第17节 自然科学的分类………………………………… 57
第18节 培根关于某些普遍的自然对象的思想………… 61
第19节 科学、特别是自然科学的目的………………… 65
第20节 一般科学的本质以及科学的伟大和对人的
        影响……………………………………………… 66
第21节 科学的分类……………………………………… 68
第22节 哲学……………………………………………… 69
第23节 培根对基督教的态度…………………………… 72

第二章 托马斯·霍布斯 ……………………………………… 78
第24节 从培根过渡到霍布斯…………………………… 78
第25节 霍布斯的生平…………………………………… 81
第26节 霍布斯关于哲学及其内容、形式和分类的思想 … 85
第27节 对霍布斯的自然哲学的评论…………………… 89
第28节 霍布斯的第一哲学……………………………… 91
第29节 霍布斯的物理学………………………………… 93
第30节 对于霍布斯的道德和政治的概述和评论……… 96
第31节 关于霍布斯的道德……………………………… 102
第32节 关于霍布斯的政治……………………………… 104
第33节 对霍布斯的国家权力的批判考察……………… 106
第34节 霍布斯对宗教的态度…………………………… 108

第三章　比埃尔·伽桑狄 ……………………… 112

- 第35节　伽桑狄的生平和他在哲学史上的意义 ……… 112
- 第36节　伽桑狄的逻辑学 …………………………… 115
- 第37节　对伽桑狄的知识起源理论的评论 ………… 118
- 第38节　伽桑狄的物理学或原子论 ………………… 119
- 第39节　对伽桑狄的原子论的批评 ………………… 123
- 第40节　伽桑狄的精神学说 ………………………… 126
- 第41节　对伽桑狄的评论 …………………………… 128

第四章　雅科布·波墨 …………………………… 129

- 第42节　雅科布·波墨对于哲学史的意义 ………… 129
- 第43节　雅科布·波墨的生平 ……………………… 137

对雅科布·波墨学说的阐述

- 第44节　纯粹的统一 ………………………………… 140
- 第45节　自我区别的统一 …………………………… 141
- 第46节　对前两节的说明 …………………………… 143
- 第47节　对立的必然性 ……………………………… 145
- 第48节　对二分为上帝和自然界这一过程的说明 … 149
- 第49节　永恒自然的本质和特性 …………………… 154
- 第50节　论七种特性 ………………………………… 158
- 第51节　可见的自然界及其起源和特殊形态 ……… 161
- 第52节　恶的起源 …………………………………… 165
- 第53节　雅科布·波墨的人本学 …………………… 174

第五章　勒奈·笛卡尔 …… 181
- 第54节　笛卡尔的生平和著作 …… 181

笛卡尔的哲学

- 第55节　怀疑是哲学的发端 …… 185
- 第56节　对怀疑进一步规定和说明 …… 190
- 第57节　对"我思故我在"这一命题的发挥 …… 193
- 第58节　对精神的一般的和比较精确的规定 …… 200
- 第59节　笛卡尔的精神哲学的真正意义和内容 …… 204
- 第60节　转向客观的认识原则 …… 210
- 第61节　无限实体的观念 …… 212
- 第62节　关于上帝存在的证明 …… 216
- 第63节　客观确实性和认识的原则 …… 221
- 第64节　向自然哲学过渡 …… 222
- 第65节　自然哲学的原理 …… 225
- 第66节　对笛卡尔的自然哲学原理的批判 …… 231
- 第67节　精神和自然的对立的消除以及对此的批判 …… 233
- 第68节　关于笛卡尔哲学的结论性意见(1847) …… 239

第六章　阿尔诺德·海林克斯 …… 248
- 第69节　阿尔诺德·海林克斯对笛卡尔哲学的探讨 …… 248

第七章　尼古拉·马勒伯朗士 …… 254
- 第70节　导言,从笛卡尔过渡到马勒伯朗士 …… 254
- 第71节　马勒伯朗士的生平和性格 …… 262

对马勒伯朗士哲学的阐述

第 72 节　精神和观念的本质 …………………………… 266

第 73 节　关于观念起源的几种观点 …………………… 268

第 74 节　上帝是一切认识的原则 ……………………… 271

第 75 节　精神的几种不同的认识方式 ………………… 274

第 76 节　在上帝之中观察事物的方法 ………………… 276

第 77 节　普遍的理性 …………………………………… 279

第 78 节　上帝是意志的原则和真正对象 ……………… 281

第 79 节　上帝是自然界中一切活动与运动的原则 …… 284

第 80 节　马勒伯朗士哲学的真正意义 ………………… 285

第八章　别涅狄·斯宾诺莎 …………………………… 296

第 81 节　从马勒伯朗士过渡到斯宾诺莎 ……………… 296

第 82 节　导言,从笛卡尔过渡到斯宾诺莎 …………… 298

第 83 节　斯宾诺莎的生平和性格 ……………………… 315

对斯宾诺莎哲学的阐述

第 84 节　斯宾诺莎哲学的一般原理 …………………… 322

第 85 节　对实体观念中本质和存在相统一这个概念的

说明 …………………………………………… 325

第 86 节　唯一实体的必然存在及其属性 ……………… 331

第 87 节　对作为上帝属性的广延概念的说明 ………… 334

第 88 节　对属性学说的批判 …………………………… 338

第 89 节　属性的状态和上帝的活动方式 ……………… 342

第 90 节　对实体的活动方式作更加确切的规定 ……… 347

第 91 节　对实体的因果关系和有限之物的起源这一概念
　　　　　的阐发 ……………………………………………… 349
第 92 节　向精神和肉体的统一过渡 ……………………… 355
第 93 节　精神和肉体的统一，以及一般说来观念对象和
　　　　　物质对象的统一 …………………………………… 357
第 94 节　论意志 …………………………………………… 362
第 95 节　论精神或认识的自由和德行 …………………… 365
第 96 节　几种不同的认识 ………………………………… 367
第 97 节　真正的认识方法 ………………………………… 369
第 98 节　精神的目的 ……………………………………… 371
第 99 节　1833 年写的结论性评论 ………………………… 372
第 100 节　1847 年写的结论性评论 ……………………… 377

人名索引 ………………………………………………………… 389

《费尔巴哈全集》(第2版)第3卷序言[①]

构成本全集第3卷内容的《从维鲁拉姆男爵培根到别涅狄·斯宾诺莎的近代哲学史》，费尔巴哈首次发表于1833年。1847年，费尔巴哈在编纂自己的全集时，部分修改了这一著作，作了一系列的补充和订正，把它列为全集的第4卷。这部著作是费尔巴哈根据1829年后在爱尔兰根大学讲授哲学史的讲稿写成的。当时，他把这门课程看作逻辑学的最适当的序言，而把就形而上学意义而言的逻辑学看作哲学的以往历史的必然结果。(参看费尔巴哈在《说明我的哲学思想发展过程的片断》一文中的解说，载本全集第2卷第366页)

费尔巴哈之所以撰写和发表这部讲稿，是由于他当时与其友人卡普一样，强烈地希望借以证明他具有担任大学教授的能力。(参看博林编辑的《路德维希·费尔巴哈书信选集》第1卷第32页以及其他有关书信)可是，追根求源来说，费尔巴哈如此积极地从事哲学史的著述，肯定是由于他于1825—1826年间在柏林大学求学时期受到黑格尔的鼓励。黑格尔1818年受聘于柏林大学后，首

[①] 这篇序言是弗里德里希·约德尔为《从维鲁拉姆男爵培根到别涅狄·斯宾诺莎的近代哲学史》写的，收入德文版《费尔巴哈全集》第2版第3卷。——译者

次把哲学史列入他的教学大纲，赋予这门在此以前在大学教学中一直极其受人忽视的课程以崇高的意义，用一种崭新的科学精神，用理性不断自我实现的思想，用相对真理通过对立面而发展的观点，使这门课程充实起来。费尔巴哈在他对卡尔·路德维希·米歇莱特根据黑格尔的遗著出版的头两卷《哲学史讲演录》(《黑格尔全集》第13和14卷)所作的评论中，赞扬了黑格尔的这个开创性的功绩。虽然这篇评论写于费尔巴哈的《近代哲学史》出版两年之后，但它对于费尔巴哈自己在他的哲学史著作中所持的观点来说也是极其有代表性的，可以看作他的哲学史著作的一篇纲领性的导言。不过，费尔巴哈的这部著作在出版时间上的领先地位也同时表明，黑格尔从讲台上发出的推动力产生了多么大的效果。此后不久(1834年)，黑格尔的另一位追随者约翰·爱德华·埃德曼开始撰写他的《对近代哲学史的科学阐述》一书；费尔巴哈在他写的两篇值得注意的评论(参看本全集第2卷第89和96页)中，剖析了此书的开头部分(第1卷第一、二编)。这两篇书评中发挥的思想也应看作他的这部哲学史著作的补充和说明。

　　这篇序言不可能详细地论述费尔巴哈在发展哲学史方面所作出的科学功绩，并把它与蒂德曼、布勒、滕涅曼的较早的著作相比。在出版者看来，对这部著作的一般观点以及它在费尔巴哈思想发展中的地位作一些能说明基本情况的评述，似乎是适宜的。费尔巴哈在撰写这部哲学史著作时，实质上仍处于黑格尔哲学的羁绊之下。1839年，他才与黑格尔哲学决裂，通过批判对它进行清算。(参看《黑格尔哲学批判》一文，载本全集第2卷第158页)可是，费尔巴哈从来不是黑格尔的地道的信徒，1830年出版的《论死与不死》一书表明他在一个重要问题上背叛了黑格尔，同样地，这部哲学史著作中也清楚地表现出费尔巴哈在思想上是独立于黑格尔的，同时证明费尔巴哈与他的最接近的竞争者埃德曼相比具有一个特殊的功绩。埃德曼在学识渊博方面与费尔巴哈旗鼓相当，可是他把史料硬塞到黑格尔的那个通过对立面的辩证和解而发展的格式之中。费尔巴哈的著作中则找不到这种格式的任何痕迹，尽管他也细心地探索各个思想家之间的内在联系，并把思想发展过程理解为基本思想逐渐成熟的过程。他特别力求弄清楚从笛卡尔到斯宾诺莎这个唯理论派别内部在发展上的逻辑连续性。费尔巴哈不是把近代哲学的发端与笛卡尔的体系联系到一起，而是与从权威原则下获得解放这一点联系起来，这也是很有意义的。诚然，在这点上，黑格尔在他的《哲学史讲演录》中已走在费尔巴哈的前面。可是，在笛卡尔之前的所有思想家中间，黑格尔只把弗兰西斯·培根和雅科布·波墨划入近代哲学之列。黑格尔不仅把卡达鲁斯和拉梅，而且把布鲁诺和康帕内拉，都看作中世纪哲学解体和终结时期的代表人物。黑格尔用以赞扬笛卡尔的那些言词，应该看作是对后来的、特别是被埃德曼采纳的那种结构的预示。(《黑格尔全集》第15卷第298页)

对这两部著作仔细比较一下，就能十分清楚地看出费尔巴哈观点的独创性。可是，另一方面，费尔巴哈在撰写这部哲学史期间所持的世界观，仍然不可避免地制约着他对体系的理解和评价。这部著作在黑格尔学派范围内受到热烈祝贺(参看博林编辑的《路德维希·费尔巴哈书信选集》第1卷第33页)，这个事实清楚地表明他们把该书作者完全看作自己的伙伴。事实上，即使费尔巴哈不再遵循黑格尔体系的特殊信条,他的这一著作的指导思想毕竟仍是唯理论的唯心主义。换言之,恰恰就是费尔巴哈在其思想发展上的后期,特别是在他的《关于哲学改革的意见》和《未来哲学原理》中,在"思辨哲学"的标记下与之激烈斗争的那种观点。因此,比较敏锐的观察者在这部哲学史著作中也能看出贯穿在费尔巴哈的全部著作中的那条裂痕,出版者在本全集第 2 卷的序言中已特别指出这条裂痕的存在。费尔巴哈是以一种否定的、批判的态度去对待实在论或自然论思想的代表人物霍布斯、伽桑狄等人的。当他与这些人争论时,人们常常觉得这是费尔巴哈与他自己进行争辩(参看第 74、78、80 页)。他对唯理论的某些代表人物和某些特殊观点曾怀有一种景仰的心情,但他后来就不再有这种心情了。人们只注意到他用以叙述雅科布·波墨的神智学体系的那种想象力。可是,恰恰这种想象力在十九世纪初被巴德尔和谢林再次发现,而成为思辨唯心主义的一个重要元素。人们同样也注意到费尔巴哈用以叙述马勒伯朗士的那些热情洋溢的言词。如果人们把费尔巴哈关于上帝是普遍的精神和通过上帝以认识万物的学说,与费尔巴哈在他的博士论文(参看本全集第 4 卷)中由以出发的那个观念比较一下,就易于理解那些言词了。但是,费尔巴哈的唯理论的唯心主义无论在任何地方都没有促使他以不重视和不公正的态度去对待经验论和实在论流派的思想家。相反,我们不止在一个地方看到,他几乎是违背自己的心愿,迫使自己听凭这些思想家说出他后来所具有的思想。我们可以比较一下他对培根(第 33 页)[①]

[①] 本序言中涉及本卷的页码皆为原书页码,即本书边码。——中文编者

和伽桑狄(第113页)的评论;还可以把他对培根的评论与对波墨的评论(第134页)作一比较。

费尔巴哈后来没有时间根据《未来哲学原理》和《宗教的本质》中表述的观点,重新对这部著作进行彻底修改。1847年,当他编纂自己的全集而再次拿起这部著作时,他正忙碌于研究另一些他更加关心的问题。他自己曾坦率地谈到这一点。关于从笛卡尔到斯宾诺莎的过渡,他推荐参阅西格瓦特关于斯宾诺莎学说的著作(第294页注释);关于伽桑狄的真正作用,他推荐参阅沙勒的自然哲学史(第113页注释)。他认识到,不改变他的著作的整个观点,他就只能在一定限度内改变他原来对伽桑狄的看法。可是,他至少在好几个地方批判地看待自己,并试图根据后来的观点去修订以前的论述。我们可以比较一下第22页和第31页上关于笛卡尔和培根以及他们的意义的注释,还可比较第78页上关于霍布斯的经验论的注释,第110页上关于霍布斯的上帝学说的注释,第142页上关于雅科布·波墨的自然概念的注释,第148页上关于想象力在波墨哲学中的意义的注释,第170页上关于波墨对恶的解释的注释,第204—205页和第212页上关于对笛卡尔的上帝证明的人类学说明的注释,第195页和第221页上对笛卡尔的心理学的评论,最后,还可比较一下1847年版本中新增加的一个重要章节《关于笛卡尔哲学的结论性意见》(第238页以下)。在同一意义上,他正确地纠正了他原来对马勒伯朗士的评价(第253页),指出在对马勒伯朗士哲学的真正意义的陈述(第283页)中存在着"极大的混乱"(第285页注释)。考察一下费尔巴哈后来改变了的观点如何影响他原来对斯宾诺莎的理解和评价,那是很有意义的。

在这里，费尔巴哈不满足于在一些重要段落上提出自己的不同意见（第297、323、346、350页）；他在这点上甚至明确地向读者推荐他后来写的某些著作，并且在最后一节（第373页以下）中根据他在《哲学原理》，特别在第14、15、23节中所持的观点，详尽地批判了斯宾诺莎关于上帝＝自然界那个基本公式。在第346页的注释中，他用"斯宾诺莎是从神学观念出发的对神学的否定"这个定义，表述了这个新的见解。把1847年提出的这个批评和《1833年写的结论性评论》比较一下（费尔巴哈没有删掉这个评论，而是在1847年重新予以发表），这无论就理解问题本身而言或者就理解他个人而言，都是很有教益的。

费尔巴哈自己以这样一种方式把这部著作收入他的全集之中，而表现出他的哲学的两个不同的发展阶段，这自然使这部著作的统一性受到破坏。就其文风而言，这部著作也不是像《基督教的本质》《论死与不死》或《神正论》那样的艺术作品。可是，由于它在表现费尔巴哈的思想过程方面具有它的意义，由于它作为反映两种世界观的斗争的不朽的著作能够发挥巨大的激励作用，这就弥补了这个缺点。

弗里德里希·约德尔

导　言

第1节　古代的和基督教的世界观

多神教的本质在于宗教和政治、精神和自然、上帝和人的统一。可是，多神教时代的人不是一般的人，而是一定民族的人——希腊人、罗马人、埃及人、犹太人；因此，这种人的神是一种特殊的、属于特定民族的、与其他民族的神或本质相对立的本质，也就是与那表现出全人类的本质，即表现出各个民族和全人类的普遍统一的精神相对立的本质。

多神教哲学排除了多神教的这种矛盾，因为，这种哲学使人摆脱了他的民族的闭塞性和自足性，越出民族自负和民族信仰的狭窄范围，树立世界主义的观点①。因此，它有如一种独立思考的精

---

①　对于这个论断大概不需要作专门的论证，只要回想一下以下情况就足够了：泰勒斯已经达到科学地观察自然界的水平，他把民族信仰中被看作神的本质的星辰当作思考和计算的对象(第欧根尼·拉尔修，第1卷第24编，梅博蒙出版)。阿那克萨哥拉已经从纯粹物理学的原因中推出那些被迷信说成是特殊Omin(预兆)的现象。(普鲁塔克《传记集》，V. 彼里克利，第6章)毕达哥拉斯的同时代人、埃利亚学派的创始人克塞诺芬尼鲜明地阐述了关于统一的伟大思想。他说，"神灵无论从肉体或精神来说都不同(转下页)

神力量，扩大了有局限性的民族意识，使之达到普遍的意识。它仿佛是多神教的神所面临的一种在劫难逃的命运，并且是多神教的民族特殊性这种统治着世界的神权遭到覆灭的精神基础。不过，哲学仅仅从思想方面，亦即以抽象的方式排除这种矛盾。

这种矛盾只是在基督教中才得到真正的解决，因为，在基督教中，λόγος σάρξ，即普遍的理性成了直接信赖的对象，成了宗教的对象，这种普遍的、纯粹的理性包罗了所有的民族和所有的人，消除了人们之间的敌对的差别和对立，从而构成与神的本质相一致的人类的本质。基督不是别的，正是人关于自己的本质和神的本质相统一的意识。这种意识在它变为世界历史的意识时，必然作为一个直接的事实显现出来，它聚集在一个人身上，然后体现在一个个个体之中，并使自己以新的世界时代的缔造者的身份与那仍然停留在民族差别的旧矛盾的黑暗之中的世界相对立。

因此，在基督教中，上帝作为精神才成为人的对象，因为，上帝只有在这种纯洁、普遍的状态中才成为精神；基督教认为，上帝在这种状态中是一种排除了一切民族的和其他天然的特征和差别的普遍本质。可是，精神不是在肉体中、而只是在精神中被理解的。因此，随着基督教的建立，也就形成了精神和肉体、感性和超感性之间的区别。在历史上，随着基督教的种种因素达到一定发展阶段，这种差别又发展成为对立，甚至发展为精神和物质、上帝和世

（接上页）于凡人"，他怀着热情奋发的思想和愤怒的心情反对荷马和赫西俄德的神灵观念，反对他们把一些有损于神灵的规定性加诸神灵。（塞克斯都·恩披里柯：《反数学家》，第9卷第193页；菲勒博恩：《哲学史文集》第7册）

界、超感性和感性的分裂。由于在这种对立中,超感性之物被确定为本质的,而感性之物被确定为非本质的,因此基督教在其历史发展中变成为一种反宇宙的、否定的宗教,一种与自然界、人、生活以及整个世界脱离的宗教,一种不仅与世界的虚幻面而且与世界的积极面脱离的宗教,一种不承认以至于否认自己的真正本质的宗教。

第 2 节 宗教和科学

当这种否定的宗教精神以真正的绝对本质——在它面前,所有其他的事物都应作为虚幻的、毫无价值的东西隐匿起来——的身份确立起来并成为占据统治地位的时代精神的时候,其必然的后果就是不仅艺术和文学遭到毁灭,而且一般科学本身也遭到毁灭。科学和艺术遭到没落和毁灭的真正的、至少是精神的原因,不是当时多次爆发战争和遭到侵袭,也不是当时的人生来愚笨,而仅仅是这种否定性的宗教倾向,因为,从具有这种倾向的精神看来,艺术和科学甚至应当被看作是空幻的、世俗的,只不过用于消遣解闷而已[①]。

[①] 例如,伊厄罗尼姆在他的一封信(《书信集》,第 22 卷第 13 章)中说:"光明和黑暗之间有什么联系呢?基督和维里阿尔(维里阿尔是古代腓尼基人的神,犹太教认为它是邪恶的化身。——译者)有什么共同点呢?荷累斯和圣诗集有什么关系呢?马洛(维吉利亚)和福音有什么关系呢?西塞罗和圣徒有什么关系呢?难道你的兄弟看见你跪在偶像面前不会感到愤怒吗?纵然对于一个纯洁的人来说,凡是怀着应有的感激心理接受的东西都是纯洁的,而不是可耻的,可是不应当同时既喝基督的圣餐杯里的饮料,又喝魔鬼的碗里的东西……。哦,主啊!只要我翻阅一下世俗的书籍,我便因此背叛你哟!"在圣·伊西多尔的规章中规定:"僧侣应当避免阅读多神教徒的作品和异教徒的著作。"至圣的格利戈里教皇严词申斥维也纳大主教德西德里乌斯,因为后者教青年人学习文法(经典文献),给他们念多神教诗人的作品。"由于不允许同一张嘴(转下页)

就自然界而言,情况尤其如此。在这种倾向占据统治地位的条件下,自然界必然处于被人遗忘而湮没无闻的黑暗状态。一个见闻狭窄的、全神寄托于与世界本质相脱离的上帝的基督教徒,怎么会有观察自然和研究自然的兴趣呢!在他看来,自然界只具有有限的、虚幻的、非本质的意义,而自然界的本质形式——感性——恰恰是应当被否定的,是与上帝相背离的。精神是否会把那种在它看来仅仅具有有限的、虚幻的意义的东西当作自己认真地、长期地研究的对象呢?不仅如此,既然人们已经认识了(自然界的)缔造者,那么人们还有什么兴趣去研究这个短暂的创造物、这个可怜的作品呢?一个与主人关系密切的人,如何能够卑躬屈膝地以同样的态度与主人的仆人交往呢?从这种否定性的宗教观点看来,自然界除了是上帝的奴仆之外,还能有其他什么地位和意义呢?神学的、目的论的观察自然的方法,是唯一符合这种观点的方法;可是,这种方法恰恰不是客观的、物理学的观察方法,它不能洞察自然界本身。

(接上页)赞美基督和尤比特,因此你自己也会看出,当主教宣讲一些甚至信神的凡夫俗子也认为是猥亵的事情时,他犯了多么深重的罪孽……。如果根据传到我们这里的信息,证实你醉心于虚幻的琐事和世俗的研究这件事情是不真实的,那我们将为此感谢上帝。"在中世纪基督教中间,某些较有教养和通达人情的教徒重视对所谓世俗文献的研究,不过他们不是为了这些文献本身。(参阅黑伦:《古典文献研究史》第1卷)甚至阿尔琴在其晚年也不止一次赞同阅读多神教诗人和作家的作品。从同一原则中还得出这样的结果:甚至在新教徒中间也有许多人蔑视科学,例如,约翰·阿莫斯·考门斯基蔑视形而上学,蔑视亚里士多德和笛卡尔,蔑视评论和语文学,并为此写下这样的诗句:"你学习、阅读、写作,可是死亡降临了。研究耶稣本人吧!只有这才是你所需要的。"关于这个问题,还可比较阿尔诺德,比较他的《教会和异教徒的历史》中他和别人的言论。(第11卷第16编第10章,关于学派和学园的状况,特别是路德派的状况)

按照这种观点,自然界仿佛躲避人类精神的视线。正如在当时祭神的祈祷室里,光线不是通过纯洁无瑕的、清澈透明的媒介物,而是通过涂上各种色彩的窗户射入的,仿佛纯洁的光亮对于背弃世界和自然界而转向上帝的敬神的教区来说,是某种具有诱惑性、破坏性的东西,仿佛自然的光芒与祈祷的光芒不相容,仿佛精神只有在把自然界遮盖起来的黑暗中才能被祈祷的烛光所激发,同样地,当精神重新激起对思维的兴趣,把目光转向自然,可是自然的光芒通过亚里士多德的物理学这种媒介物的折射变得灰暗的时候,情况也是如此,因为在否定性的宗教占据统治地位的条件下,人仿佛不敢展开自己的视线,不敢用自己的手摘下知识树上的禁果。

在中世纪,尽管个别的人特别热心于研究自然,而且,一般说来,尽管所谓世俗的学识在修道院和学校中仍然能够站得住脚,并受到尊重①,可是,科学毕竟依然是人类精神的一种从属的、次要的职业,只具有平凡的、有限的意义。只要宗教精神继续是最高的审判法庭,是立法的权力机构,而教会是行政的权力机构,科学必然始终处于这样的地位。

第 3 节　神学和哲学

神学是唯一的一门仅仅为宗教精神内在地固有的科学,也就是说,它是一门与宗教精神不可分离并符合于它的本质的科学。

---

① 例如,可参看黑伦:《古典文献研究史》第 1 卷;迈涅尔斯:《对中世纪风尚、结构等等的历史比较》第 2 卷第 9 编。

在神学中，信仰的内容被置于悟性意识的面前，被悟性意识所分析、确定、整顿和阐释。可是，随着信仰的内容被思想所确定，这一内容便成为思维着的意识的对象，成为分析的、分解的悟性的对象。思维着的意识由于具有它自己的对象而不依赖于信仰的内容；在信仰内容的范围内，思想本身变成对象，从而神学转化为哲学。可是，由于思维在这里仿佛是附属的工作，它不享有官方的特权，也就是说，它没有获得宗教原则的认可，只有宗教原则被看作是最高的原则、至高无上的权力，而教义学，即教会的学说的对象则是 Terminus a quo 和 ad quem, Non plus ultra——人类精神的最后界线，虽然有个别人越出这一界线[①]；因此，神学的内容毕竟仍旧是思维精神的主要内容，哲学本身对它来说实质上只能是一种传统性的东西。因此，哲学失去自由的生产能力，失去创造性的活动，失去对自然界的亲身阅历，失去理性的自主性，然而正是这一

[①] 例如，阿尔马里希或沙特尔的阿马尔里希，迪农的大卫以及他的门徒巴杜延都倾向于泛神论，他们根据托马斯·阿奎那和大阿尔伯特所援引的段落进行推断，对泛神论作了相当粗浅的理解，并以一种粗鄙的形式把它表述出来。同时，他们把古代多神教哲学家当作权威加以引用，并且，正如大阿尔伯特在他的《神学大全》第2卷第1编第4题第3讲第25节中所说的，他们甚至不承认圣徒的权威。不言而喻，他们的学说遭到谴责。顺便说一下，当时教会和教义学的观念对于自由的哲学思想的统治有多么大的权力，可以从下述情况中得到证明：甚至那些在世界看来是纯粹假设的、随意的事物（就它们本身来说，或者至少从它们被认为是现实的这种意义来说），在他们看来也是实在的思维对象，是完全真实的对象，他们非常仔细地描绘和阐述这些对象的特征，可是绝不研究它们的存在：由于这些对象被设想为真实的存在物，因此这些对象对他们的感性或幻想来说则表现为个别存在物的幻象、现象。甚至有独立思考能力的、有学识的大阿尔伯特也是从圣母那儿获得启示和超自然的援助。他关于圣母的文章和诗篇有整整一卷。她亲自感谢他的这些赞美的诗篇和文章，甚至赐予他以特殊的恩典，当他作为一个诗人决心描绘圣母的肉体的和精神的全部才能时，她便显现在他的面前，以便让他精确地加以临摹。

切使古希腊哲学区别于近代哲学,并构成一般哲学的特性。由此产生了那种构成所谓经院哲学或经院亚里士多德哲学的本质和精神的抽象精神,那种逻辑的、形而上学的思维方法,因为虽然除开当时的逻辑和形而上学之外还研究其他的哲学科学,可是各种讨论和研究的精神都是形式主义的、逻辑-形而上学的。由此产生了经院哲学的单调无味、千篇一律、平坦无奇的历史进程,像一潭死水那样,它在自己的缓慢流动中没有被循序相继的质的区别所中断,然而这些区别正是通过这种生气蓬勃的循序渐进性而创造出像急流一样的真正的历史——古代史和近代史。由此产生了精神的没有独创才能的局限性和形式的呆板性;由此产生了一种完全缺乏原则的局面,而这些原则仿佛是那个与自身相连贯、相一致的整体之起组织作用和振奋作用的灵魂,产生了由此得出的原子论的区别精神,这种精神没有需求,没有确定的和有局限性的尺度,它不停地分裂,直至无限,最后它必然导致纯粹的形式主义,导致任何内容的消失,导致彻底的空虚,导致与此相关的对经院哲学的厌恶和反感。

第4节 经院哲学——中世纪的科学

当教会里的否定性宗教精神上升为统治世界的政权时,起初只是内在的、表现在情绪之中的对一切所谓世俗之物的否定和蔑视,便上升为世界性的、强制性的对世俗之物的镇压,教会作为精神之物的总和夺得了对作为世俗之物的总和的国家的最高统治。宗教精神对艺术和科学的否定态度,主要在于它对艺术和科学严加约束，不仅使它们失去发展的自由和独立性，而且只把它们一方面当作吹捧自己的手段，另一方面又当作巩固自己的手段。可是，恰恰是这些仅仅表面上对精神阿谀奉承的科学和艺术，必然从内部导致否定性的宗教精神的统治日趋衰落，导致教会在外界的地位每况愈下，而这种衰落恰恰是这种宗教精神的局限的片面性和压制的否定性的必然结果。

经院哲学是为教会服务的，因为它承认、论证和捍卫教会的原则；尽管如此，它却从科学的兴趣出发，鼓励和赞许自由的研究精神。它把信仰的对象变为思维的对象，把人从绝对信仰的领域引到怀疑、研究和认识的领域。它力图证明和论证仅仅立足于权威之上的信仰的对象，从而证明了——虽然大部分违背它自己的理解和意志——<u>理性的权威</u>，给世界引入一种与旧教会的原则不同的原则——<u>独立思考的精神的原则</u>，理性的自我意识的原则，或者至少是为这一原则作了准备①。甚至经院哲学的丑陋形态和阴暗面，甚至一部分经院哲学家所提出的那些为数众多的荒谬问题，甚至他们所作的那些重复千百次的、不必要的和偶然的区分，他们的令人发笑的精雕细琢，都应当从理性的原则中推引出来，从对光明的渴望和研究精神中推引出来。在当时旧教会精神的令人窒息的统治下，研究精神只能以这样的方式表现出来。经院哲学的全部问题②和区

---

① 滕涅曼在他的《哲学史》中也认为经院哲学具有这样的作用。

② 其中甚至应当包括经院哲学的那些最荒谬、最猥琐的问题，例如，驴可能喝过圣水吗？基督的肉体在人身上得到体现之前是否可能像现在这样出席圣餐的仪式吗？上帝是否可能接受妇女的形象（即以妇女为化身），或者接受魔鬼、驴、黄瓜或石头的形象吗？上帝是否可能以黄瓜的形态进行布道、创造奇迹或被钉在十字架上吗？

分不外是一些通过辛勤劳动才在教会这座古老的建筑物上打通的裂缝和孔隙,借以获得光亮和新鲜空气,不外是有独立思考能力的精神渴望活动的表现。这种精神被剥夺了合理的对象和适当的职业,拘禁在监狱之中,因此它把任何一个偶然落在它眼前的物体当作自己的研究对象,不论这个物体多么微不足道,不值得加以注意;同时,由于缺乏手段,它便用最荒谬、最幼稚、最歪曲的方式满足自己的活动欲望。只有在经院哲学本身已经成为僵死的历史遗物的地方,这种精神才彻底地违背自己起初的意义和规定,而同旧教会的事业融合到一起,成为觉醒过来的卓越精神的最残酷的反对者①。

第5节 中世纪的艺术

虽然,和经院哲学一样,艺术起初也是为教会服务的,被教会仅仅看作用以虔敬和赞扬自己的手段,可是它产生出一种与反宇宙的宗教精神相对立的原则。艺术只在它暂时还不完善的时候,才可能处于作为一种服务手段的地位,可是,在它发展的高级阶段,它就不处于这样的地位了②。因为,尽管直到现在艺术仍然部分地和纯粹表面地为教会的目的服务,仍然主要以宗教信仰作为自己的对象,可是美本身已经成为人的对象,对艺术本身的兴趣已

---

① 在历史上也常常看到类似的现象。可是,exempla sunt odiosa(举例会引起不满)。
② 艺术的外表的历史已经证明了这一点。起初,修道院是造形艺术的唯一的避难所,后来,城市和自由国家成了这样的避难所。只有在独立的世俗感和具体的世俗精神得到发展的城市和自由国家里,艺术才获得一种典范的、完美的、与自己的本质和美的概念相符合的存在。

成了目的本身,一种独立的、洁白无瑕的、没有被异己的联系弄得模糊不清的关于纯洁的美和人性的感觉出现了。现在,人重新在对自己精神的宏伟创作的观察中感觉到自身的存在,意识到自己的独立自主性,意识到自己在精神上的高尚优雅,意识到自己具有一种内在的、天生的、与上帝相似的东西,产生了对自然界的兴趣和研究自然界的兴趣,获得了观察的才能和对现实的正确观点,承认所有那些被否定性的宗教精神仅仅看作虚幻的、不敬神的事物都具有实在性和本质性。因此,艺术是那个能施展魔力的玛娅,她从阴森森的教会精神中驱除掉忧郁厌世的心情,像很久以前从古代的梵天中驱除掉这种心情一样。艺术是一个假装纯洁、用美色勾引男子的女人,她把人引上教堂的钟楼,以便使他那受到压抑的胸脯能在这里自由地呼吸,使他闻到人的情感和见识这种新鲜的、绝妙的芳香,使尘世间的令人神魂颠倒的美妙景色展现在他的面前,使他看到另一个世界——自由、美丽、人道和知识的世界①。

---

① 艺术的神圣性是虚假的,因为它的那种笃信宗教的态度只不过是一个幌子;它表面上为教会服务,其实只是为它自己的利益效劳。例如,对于一个把玛利亚当作自己艺术对象的人来说,玛利亚已经不是宗教的对象,而是艺术的对象。否则,他就没有勇气、力量和自由把她从自己的宗教情绪和宗教观念的圣像室中释放出来,使她与自己分离,使她离开那个十分神秘的、把任何轮廓和形态都抹煞掉的黑暗场所,离开那个不可捉摸的、无法表达的宗教信仰的神座,而移到轮廓分明、形态清晰的地方,移到世俗的、感性的直观范围之内,他就不能使内心的情人变成感性快乐的女郎,从而使自己的情欲受到牺牲。艺术虽然是天使,但它是天使路齐弗尔(光明的使者)。因此,艺术既把一般的、多神教的题材当作自己的对象,也把基督教的题材当作自己的对象。它特别是由于研究古代而提高了自己的声望。例如,可参考洛伦佐·德·美第奇的传记。(库尔特·施普伦格尔译自威廉·罗斯科的英译本,第372页)因此,艺术获得极大发展和繁荣的时期,与天主教信仰和教会极度衰落、科学得到复兴、新教开始出现的时期(转下页)

正如站立在钟楼顶上的那棵树不是从坚硬的石头中生长出来,艺术也不是从教会及其精神中生长出来的。灵巧的理性之鸟把种子带到钟楼顶上,种子在那里生根发芽,成长为一棵矮小的植物,这时自然不会造成危害;但当它成长为一棵树时,陈旧的钟楼便倒塌了。

(接上页)是一致的。例如,可参考伏尔泰的《试论各民族的习俗和精神》,第 2 卷第 105 章;第 3 卷第 127 章;《哲学文献》,第 9 卷,1718 年出版,第 4—7 章。拉斐尔和路德出生于同一年(1483 年)。因此,列奥在他的《意大利史》(第 1 卷第 37 页)中说得很对:"意大利伟大的艺术家们对精神的解放和世界的发展所作的贡献,和德国宗教改革家所作的贡献一样伟大,因为当上帝和圣徒们的那些古老的、阴森森的、严酷的形象依然束缚着教徒们的心灵时,艺术就不能克服丑陋的外貌,这是精神本身仍处于狭隘的局限性之中、处于令人压抑的桎梏之中的标志。思想上的自由达到什么程度,艺术中的自由也就达到什么程度,它们的发展是相互制约的。只有当人们重新在艺术中发现自由的快乐,他们才能获得领会和欣赏古典作家的作品、并按照古典作家的精神继续工作的能力,而如果对古代的古典作品没有领会,宗教改革就不外是像胡斯教派的教义那样的教会分裂运动。"

十四世纪佛罗伦萨非常著名的安德里阿·奥尔卡尼亚是头一个给自己画了自画像的近代艺术家。相反,著名的教父克雷门(亚历山大城的)虽然也是一个开明人士,却认为哪怕在镜子里看一下自己的形象也是有罪的。(《教育学》第 3 卷第 2 章)艺术在其自由方面和宗教信仰在其拘泥狭隘方面就是如此地针锋相对。和上述那个克雷门一样,德尔图良(《论景象》第 23 章)也认为把胡须剃掉或拔掉是一种犯罪的轻率行为,是对上帝作品的一种亵渎神灵的批判。因为,正如克雷门(同上书第 3 章)所说的:"由于你头上的全部头发,甚至你的胡须和身体上的毛发,都是清点过的,除非按照上帝的决定,绝不容许损坏上帝意志所清点过的任何东西。"否定性的宗教感和美感就是如此强烈地相互抵触。克雷门非常明确地说过(《对人民的训诫》第 4 章):"明确地禁止我们从事这些骗人的艺术(写生画)。要知道,先知说过:'……你不应当为自己塑像,或者给天上和地上的东西塑造类似的形象'。"还可参考德尔图良的《论偶像崇拜》,第 3、4、5 等章。对于这一点,可能有人反驳说,这些教父仅仅反对多神教的上帝形象和偶像崇拜。不过,可以确信,如果从这个教派的经典文本和范本的确定性和真实性方面来理解早期的宗教原则,那么艺术感和艺术直观本身是与这种宗教原则完全对立的。大家知道,只是到十五世纪,当普罗塔斯和泰伦斯的喜剧取代了宗教剧之后,戏剧才获得复兴。

由此可见,艺术和科学的精神只是表面上为否定性的宗教精神服务,它从宗教精神中创立了一个相反的原则,即纯粹人性的、自由的、自我意识的、博爱的、无所不包的、无处不在的、普遍的、有独立思考能力的科学精神。这种科学精神使否定性的宗教精神遭到贬谪,把它从世界统治的宝座上推下来,把它拘禁在处于历史急流彼岸的那个狭窄领域之内,而自己则成为世界的原则和本质,成为新时代的原则。

第6节 新教的本质

出现在世界上的新原则应当同时也是宗教的原则。只有作为这样的原则,它才能像破坏性的、令人望而生畏的闪电那样征服世界,成为普遍的、世界性的、支配理智的事物。只是由于个人(精神通过他发挥作用)承认这种精神是神的,认为自己放弃原有的宗教原则是神的必要性,是宗教的活动,这种精神才能获得不可抗衡的、任何外界权力都无力制服的勇气。新教就是这种以宗教原则的形式表现出来的新原则。这种精神产生了经院哲学,因为经院哲学是从外界权威中、从纯粹肯定性的教会信仰中解放出来的手段。这种精神在艺术中产生了美独立于现实的观念,并鲜明地向人指出艺术的神妙的创作力。这种精神复活了被否定性的宗教精神严加斥责并打入地狱的古代多神教徒,促使基督教徒承认他们是自己最亲密的亲属;经过长期的、令人痛苦的离别之后,基督教徒终于重新找到他们,承认他们,张开双臂拥抱他们。这种精神产生了自由的市民生活,树立了实践的生活观点,开展了适应目前需要,使生活更加美好、更加崇高,使人的自我意识日益提高和扩大的创造发明活动。在封建公侯反对教会的专横统治的战争中,它使国家及其首脑夺得了绝对的独立、自主和自给自足,国家成为精神的唯一代表。以独立自主和个人自由的感觉这种形式显现在个人心中的正是这种精神,而不是别的精神,它使个人意识到或感觉到自己具有一种天赋的、神圣的本性,因此也给予他一种不承认任何外界、束缚良心的权力的力量,使他自己能够决定和确定对他有约束力的真理权力应当是怎样的。我说,正是这种精神而不是别的精神产生了新教,因此应当把新教看作只不过是这种精神的个别的、局部的表现①。由于新教是从近代和哲学由以产生的同一种精神本质中产生出来的,因此新教同近代和哲学有着非常紧密的联系,尽管在近代精神以宗教原则的形式体现出来和以科学原则的形式体现出来这两种方式之间自然存在着特殊的区别。笛卡尔说,我思故我在,这就是说,我的思维就是我的存在;而路德却说,我的信仰就是我的存在。笛卡尔承认思维和存在的统一,认为这种统一就是精神,只有思维才是精神的存在,并把这个统一看作是

---

① 如果路德自己不具有坚决的、明确的原则,如果他沉溺于那种使理智变成《圣经》的侍仆的宗教唯物主义,那么,一方面由于他的理智所具有的狭隘性和局限性,另一方面由于他的开朗的、正直的德国人性格,他便会真诚地接受《圣经》中所叙述的圣徒保罗对于婚姻的看法,而不会用自己的婚姻完成那个伟大的历史业绩了。他也不会根据下述理由拒绝承认"天启"和雅科比的书简:"……他的理智不能赞同这本书,因为他不很尊重它,因为基督在书中既没有受到宣扬,也没有得到承认。"他也不会大出风头地在瓦姆斯的议会上发表自己的声明:在他没有被书面的证据或"理性的明显论据"驳倒之前,他不放弃自己的意见;那他就不会用良心的力量去对抗教会的最高权力与权威。在那种情况下,他就根本不是路德了。

一个哲学原则,而路德则承认信仰和存在的统一,并把这种统一表现为宗教①。后来,正如以哲学形式表现出来的近代原则从怀疑感性存在的现实性和真理性开始,同样地,以宗教信仰形式表现出来的近代原则则从怀疑历史存在的现实性、怀疑教会的权威开始。正是精神的这种强大力量,正是精神对于自己的客观性确信不疑,使得新教与近代哲学保持亲密的亲属关系。

因此,只有在新教中,基督教的 λόγος(词)才变成 σάρξ(肉体),λόγος(词)在从前是 ὁ γδιάθετος、隐蔽的、抽象的、彼岸的,现在成了 προφοριχός(大叫大嚷的)世界精神,这就是说,在新教中,基督教失去了它的否定的、抽象的性质,开始被理解为与人相同,与人自己的本质、意志和精神相一致,开始被理解为人的精神和本性所具有的一些不受限制的、并非否定的本质需要②。

新教植基于其上并产生于其中的那个独立思考的精神原则,主要显现在它敏锐地、批判地把非本质之物和本质之物、随意之物和必然之物、历史之物和原初之物区别开,使宗教的内容简单化,把宗教分析和分解为若干简单的、本质的成分,把形形色色的、多

---

① 例如,路德说过,当你相信基督是你的保护人时,那他就是你的保护人;如果你不相信这一点,那他就不是你的保护人。

② 例如,托马斯·坎皮斯的精神和路德的精神很不相同(前者可以看作是早期天主教的真正而纯洁的精神的某种典型产物)。这两种精神的本质都是宗教,可是在托马斯·坎皮斯那里,这种本质像一个闭门独居的尼姑,她不仅为自身而死,而且为妇女的深奥的本质和内容丰富的使命而死,她拥抱着自己唯一的未婚夫基督,苦恼不堪,逐渐染上肺病。而在路德那里,这种本质像一个朝气蓬勃、身心健康、深受敬重和聪明达理的少女,她具有平易近人的才能,甚至颇为机智、幽默和通达人情,她获得丈夫的承认,把她当作生活的主人和伴侣,两人血肉不可分离。诚然,她要求自己的丈夫不要由于独身生活而过度纵欲,但绝不是要他脱离生活本身。

种多样的宗教对象归结为一个对象，并通过这种归结达到统一，通过排除各种障碍扩大了视野的广度和深度，给思维开辟了活动的场所。它使宗教摆脱许多毫无意义的、不合理的仪式，把宗教变成思想、精神的事情，从而使那曾被教会吞没的人的生命力和生命活动重新转向人，转向理性的、现实的目标，转向世界与科学。在人的这种解放中，世俗的权力——而不是教会的权力——被认作是决定性的、立法的权威。因此，近代哲学之所以在新教中获得世界历史的存在，获得自由的、卓有成效的发展，绝不是由于外界的情况和条件，而是由于新教中所蕴藏的内在必然性。因为，这种开始于新教而中止于《圣经》的把宗教分解为它的简单成分的做法，必然继续延伸下去，直到那些最后的、原始的、超历史的成分，直到那个意识到自己是任何哲学和任何宗教的发端的理性[①]，因此必然从新教中创造出它的真正成果——哲学。当然，这种哲学与它自己的种子大不相同，而且从一般的观点看来（即仅仅根据外表的特征和显明的共同点来判断内在的相似性），这两者之间也没有内在的、本质的联系。

第7节　古代结构的恢复

但是，在刚刚觉醒的、独立思考的、意识到自身的精神，获得从自身中创造出事物、从自身中吸取新材料与新内容这样一种力量

[①] 这里应当回想一下莱辛和利希滕贝尔格关于历史的基督教以及与此相关的其他问题的那些深刻的、值得记忆的言论。

和能力之前,它首先应当具有一种善于接受的性格和一个被接受的、现成的、已完成的世界,在这个世界上,作为现实出现在精神面前的是某种起初只是作为企求、意愿出现的事物,即作为想把令人振奋的、发展的和基本的材料变作自己的本质这样一种愿望出现的事物。正如人关于自身的头一个观念是把自己设想为别人,也就是说,他首先只是在另一个与自己对立的人中看到和认识自己,人只是在另一个在本质上与自己相似的人中达到自我意识,同样地,在近代,人的精神只是通过把自己作为对象加以领会,也就是说,通过认识和同化古代古典作品中从内在方面来说与自己类似的精神,而达到自我意识,同时获得创作的能力。人的精神在成为创造性的精神之前,首先应当在自身中再现出自己的精神、本质和起源的世界。柏拉图、亚里士多德以及古典世界中其他哲学体系和其他著作之所以被人们怀着如此强烈的感情加以接受,怀着如此深切的渴望加以吸收和同化,只是因为热情洋溢的理智在它们之中满足了自己的内心需要,使自己的理性得到拯救和新生,因为刚刚觉醒的、自由的、广博的、独立思考的精神认为这些著作是它自己的产物①。只有通过这样地领会和把握世界(这个世界对于

---

① 在科学复兴时期,对罗马希腊文献的研究不是一种无聊的、消磨时间的活动(在从事这种活动时,人的内心志趣、人的精神、情绪、心情都无动于衷),相反,它是人们怀着景仰和虔诚的心情,怀着宗教的、自我牺牲的敬重和热爱的心情进行的,只有这些心情才是天降之福和真正成就得到保证的守护神,才使这种研究不致变成枯燥无味、消磨时间、折磨精神的事情。正如黑伦在他的上述那本历史书(第2卷第278页)中所说的,研究古典文献的目的,在于"使精神受到教育,这在当时确实应当受到很大尊敬"。克赖策尔这样叙述他称之为摹仿时期的第一个时期:"人们开始认为有教养的多神教徒具有很高的威严,并为他们的卓越思想和雄辩所感动。应当使他们的生活、思想、(转下页)

精神来说尽管是一个客观的、被给予的世界,是一个转述的词,然而它是一个从心里说出的词,它充分表达精神自己心里考虑到并想说出、可是还没有力量和本领说出的话),精神才能达到它自身,下降到它自己的深处,达到与自身的内在统一,只有这种统一才是主动性和创作能力的源泉。因为,创造性的精神恰恰不停留在遗留给它的材料上,不停留在继承下来的世界之中;即使精神感觉到这个世界,并承认这个世界是自己的,但这个世界毕竟是异己的、外在的,在这样的情况下,这个世界就处于自身之外,尽管它与自身是同一的。

第8节 对自然界的新的科学兴趣

当独立思考的、自由的、包罗万象的精神重新苏醒过来并获得客观存在时,像古代多神教的世界一样,自然界也必然重新受到尊重,摆脱简单的创造物这样一个可怜的地位,并在它的宏伟和崇高方面,在它的无限性和本质性方面成为观察的对象。在中世纪,自然界或者陷于完全湮没无闻和被人遗忘的处境,或者只是通过流传下来而且很不理解的物理学这个模糊的媒介物被间接地加以研究;现在,自然界重新成为直接的观察对象,对它的研究成为哲学的重要对象。同时,由于哲学或对自然界——它是一种与精神不

(接上页)创作和言辞全部得到复兴。"参考《道布和克赖策尔研究》第1卷第8页和最近出版的《对古代学园的研究》第80—81页。因此,洛伦佐·德·美第奇的时代不外是古典世界在言辞和行为、感觉和直观、思维和生活方面得到复兴、凯旋和新生的时代。佛罗伦萨本身就是复活了的雅典。

同的存在物——的认识,不是一种直接的、与精神相等同的认识,而是一种由实验、感性知觉和观察决定的认识,亦即被经验决定的认识,因此,经验成为哲学本身的事情,成为有独立思考能力的人类的一个普遍的、重要的任务[①]。

自然科学只是到近代才获得世界历史的意义,才形成它的一部连贯的历史,才出现一系列连续不断的发明和发现。一个事物只有当它以客观的世界原则作为自己的基础时,它才能获得世界历史的意义和影响,对它的研究才能取得真正的成就,它才能创立一部连贯的、按内在必然性发展着的历史。因为只有在这个时候它才是必然的,而且,只有这种客观必然性才是事物得以卓有成效和富有成果地发展下去的原因,因为事物不是从纯粹主观的企图和个人的志趣出发,也不是以它们为转移。可是,一般说来,近代精神和世界的这一客观原则(它包含有新的经验科学的必然性和原因),不外是一种独立思考的、获得独立性和自由意识的精神。

从科学的经验,而不是从与生活、体验相一致的经验这种意义上来说,经验就是这样一种观点:它不是像有时人们认为的那样是直接从自身中产生出来的被自身理解的,不是幼稚的、原初的、自我论证的,而是以一个本质上确定的精神原则作为自己的基础。不言而喻,经验的观点首先以认识和研究自然界这样一种愿望为

---

① 因此,近代哲学的最重要的原则也包含在意大利人卡尔丹诺、别尔纳迪诺·帖勒集奥、弗朗契斯科·帕特里戚(拉丁文为 Patricius)以及乔尔丹诺·布鲁诺的自然哲学观点之中。布鲁诺以极其机智和非常明确的方式,从自然界的神秘的完整性和无限性方面阐述了他对自然界的看法。

前提,这种愿望的产生是由于意识到存在和外貌之间的分裂,由于怀疑事物是否像表面上呈现出的那样,自然界的本质是否能为我目睹手触,这就是说,经验的观点要求我们首先采取批判、怀疑的态度。因此,近代哲学的创始人培根和笛卡尔明确地从经验开始,培根把摆脱一切偏见和成见看作认识自然的条件,笛卡尔则要求从怀疑一切开始。可是,这种怀疑态度本身又首先要求:人的精神以及与此相关的人的个体把自己设想为与自然界有区别。精神认为与自然界的这种区别恰恰是自己的本质,并在这种区别中使自己和自然界成为自己思维的重要对象。只有在这个过程的基础上,人才获得真正的观察和研究自然界的兴趣、爱好和快乐,因为从这种区别中,自然界的面貌才首次使他吃惊,正如一个小伙子开始意识到男女之间的区别时,少女的面貌才使他吃惊一样。人第一次充满了一种不可抑制的、认识自然界的冲动和欲望,认识自然界成为人的最大乐趣。

因此,经验观点要求把精神原则作为自己的基础。这一原则呈现在人的独立思考的意识面前,并以明确的、虽然很不完善和主观的方式体现在笛卡尔身上。因此,笛卡尔是近代自然科学的精神的、间接的缔造者。因为,虽然培根比笛卡尔年纪大些,虽然他在感性和明显性方面与经验观点保持更加紧密的联系和处于更加明显的关系之中,可是实质上他以自我意识的精神的原则为前提,这个精神意识到自己不同于自然界,并把自然界作为一个重要对象与自己相对立,而笛卡尔恰恰头一个把这个原则本身当作哲学的对象。培根是近代自然科学直接的或感性的缔造者,因为在他身上表现出经验本身的需要和必要性,并且无疑是第一次以无情的严峻精神①表达了作为一种方法的经验原则。

---

① 自然科学之所以可以被归结为笛卡尔的精神原则,只是因为现今的自然科学的基本原则在本质方面是与笛卡尔哲学的原则相一致的,这就是说,它们是一些数学的、力学的原则。可是,尽管如此,培根不仅是自然科学的感性的缔造者,像正文中所说的那样,而且是自然科学的真正的缔造者。因为,培根头一个承认自然界的本原性,他认为从数学的、逻辑的、神学的假定和预测中不可能理解和说明自然界,只有从自然界自身中才能理解和说明自然界,而笛卡尔则把他的数学的智力看作自然界的本原。培根按自然界的本来面目接受自然界,通过自然界本身对它作出积极的规定,而笛卡尔只是对自然界作出消极的规定,把自然界看作精神的对立面。培根把现实的自然界当作自己的对象,而笛卡尔只是把抽象的、数学的、被创造出来的自然界当作自己的对象(1847)。

第一章　维鲁拉姆男爵弗兰西斯·培根

第 9 节　维鲁拉姆男爵弗兰西斯·培根的生平

弗兰西斯·培根 1561 年 1 月 12 日生于伦敦，是英国掌玺大臣尼古拉·培根之子。他在少年时期就已才华出众。十二岁时，他进入剑桥大学；十六岁时，他已开始察觉出当时占据独霸统治地位的经院哲学的弊端。这一年，他跟随在法国宫廷工作的英国公使前往巴黎，学习公务。十九岁时，在逗留巴黎期间，他制订了或者至少草拟了他关于欧洲政情考察的计划。可是，他的父亲突然去世，使他不得不回到英国；为了获得谋生手段，他从事于研究本国法律。他参加了格雷律师公会，在那里刻苦学习法律，并取得优异成绩。然而，他并没有把哲学置诸脑后；不仅如此，他在学习法律的最初几年里还制订了对科学进行全面改革的计划。他很快成为一位赫赫有名的法学家，以至被伊丽莎白女王任命为她的枢密顾问官，后来又获得担任御前会议登记员的候补权。可是，在伊丽莎白执政的年代里，他的职位再也没有提升，这显然是由于他与罗伯特·爱塞克斯伯爵的友谊，从而使他与爱塞克斯的堂兄弟罗伯特·谢西尔·波尔立处于敌对地位。波尔立本来就妒忌培根的才能，他利用在宫廷里的影响，激烈反对爱塞克斯伯爵及其友人①。培根虽然早先是爱塞克斯伯爵的友人，并获得爱塞克斯的大力支持，可是后来他却作为女王的法律顾问审讯爱塞克斯伯爵，特别是这个不幸的伯爵被判处死刑而在群众中间引起很大不满之后，他又根据宫廷的委托试图向民众证明政府在这个案件上所起的作用是正当的。由于这个缘故，培根被他的同时代人和后辈指责为忘恩负义，是理所应当的②。

伊丽莎白死后，詹姆士一世执政时期，培根的官运愈加亨通，詹姆士一世连续任命他在英吉利王国中担任某些高级职务。同时，培根由于结婚而使自己的经济情况大为改善。尽管由于在詹姆士一世国王的政府中担任高级职务而需要处理许多复杂的、重要的事务，培根仍然坚定不移地致力于完成自己的全面改革科学的宏伟计划。1605年，他的著作 *De Dignitate et Augmentis Scientiarum*（《科学的完善和发展》）③作为这个计划的第一部分出版了；后来，在某些友人的帮助下，他把这一著作译成拉丁文，增加很多篇幅，在他逝世前的两三年内出版问世④。1607年出版了他的著作 *Cogitata et Visa*（《思想和展望》），这显然是他的著作《新

---

① 马勒：《弗·培根的传记》，译自英文，海牙，1742年，第30页。
② 同上书，第39—43页。
③ 《弗兰西斯·培根关于神和人的科学的完善和发展的两本书》，伦敦，1605年。
④ 《弗·培根的著作》，第一卷，《包含有关于科学的完善和发展的言论》，第9册，伦敦，1623年。

工具》①的基础,或者毋宁说是它的第一个图稿。1610年出版了他的论文《论古代的智慧》(*De Sapientia Veterum*),其中包含有许多有关希腊神话学的深刻见解。1620年出版了他的最重要的著作 *Novum Organom*(《新工具》),这一著作是他的巨著 *Instauratio Magna*(《科学的伟大复兴》)②的第二部分,他打算在这部巨著中包罗当时的全部科学,并在新的基础上加以发展。可是,这一巨著只完成了某些部分。

1617年,培根任掌玺大臣;1619年,担任大法官;此后不久,被封为维鲁拉姆男爵,1620年,获得圣-亚尔本子爵的称号。但他在获得如此辉煌的功勋之后,却遭到可耻的屈辱。议会控诉他滥用职权,接受贿赂;可是,不应把造成这次犯罪的原因说成是卑鄙的贪财欲,而应解释为他的性格相当软弱、过分温顺和逊让③。培根自己恭顺地承认自己的过失,完全听命于法官的宽恕和怜悯。可是,他的恭顺并没有像他所期待的那样感动法官。他被剥夺了全部职位,判处罚款四万英镑,关在伦敦塔监狱里。诚然,国王很快免除了他的罚款,释放了他,后来又撤消全部判决。可是,培根此刻已经退出政治舞台,在安静的幽居生活中专心致志地从事于科学写作活动。他对于过去把太多时间用于宫廷政治活动,从而使崇高的科学事业蒙受损

---

① 我们现在知道在培根的许多早期著作里都隐约地提到《新工具》。
② 维鲁拉姆男爵弗兰西斯·培根:《科学的伟大复兴》,序言后面的小标题为:此书的第二部分,题为《新工具,或对于自然解释的正确指示》。
③ 关于这段可悲的历史,在名人传记汇编(其中大部分是齐格蒙德·雅·鲍姆加滕从不列颠传记中移植过来的,1954年,第一卷,第420—445页)里的培根传记中,有比较详细的叙述。

失,也不是没有惋惜心情的①。他死于1626年4月9日。

他的文集有好几个版本,后人除收入培根的以上著作外,还收入一部分自然科学著作,一部分法学著作和历史著作,最后还收入一部分论文。其中一个版本以四卷集(对开本)的形式于1730年在伦敦出版;另一个版本于1740年也在伦敦出版,收入著作较多;还有两个不太完备的版本,分别于1665年在法兰克福、1694年在莱比锡出版②。劳利、马勒和斯杰芬都写过他的传记③。

第10节 论培根的生平与性格

只有记住作为培根在道德上的错误的基础的那个根本错误,才能正确地评价他的生活和性格中的光明面和阴暗面,既了解他的无可置疑的高尚气质,也了解他的难于解释的错误。这个根本错误在于,他既听取外在必然性这个海妖的献媚呼声,同样又听取内在必然性这位神灵的呼声,听取自己的天才、才能的呼声;他感

---

① "C'est ainsi que Bacon passa du Poste éclatant, qu'il occupoit, à l'Ombre de la Retraite et de l'Etude, déplorant souvent, que l'Ambition et la fausse Gloire du Monde l'eussent détourné si long-temps de l'Occupation la plus noble et la plus utile, à laquelle puisse s'appliquer un Etre raisonnable."(于是,培根从他担任的显赫职位转到闭门读书的退隐生活。他常常感到惋惜的是,由于徒骛虚名而使他如此长期地脱离一个有理智的人可能从事的最崇高、最有益的工作。)马勒,第1章,第126页。

② 新版本中最重要的有:詹姆士·斯佩丁的《维鲁拉姆男爵弗兰西斯·培根的著作》,伦敦英文版,1858年第7版。还有:《培根的生平、书简和随笔》,伦敦英文版,1874年第7版。——德文版编者注

③ 除了上条注释中提到的书简以及出版者斯佩丁提供的传记材料外,1885年出版的E. A.艾博特的专著《弗兰西斯·培根,关于他的生平和著作的叙述》,对于现代传记作家来说是十分重要的。——德文版编者注

觉到自己所负的使命,可是他没有专心致志地献身于对自然界和哲学的研究,而是从事一种有利可图并且使他后来在宫廷和政务方面官运亨通,但是使他与科学疏远的职业;这样一来,他自己就分裂开来,他的精神与他自身的统一就遭到破坏。培根这样谈论自己:"我认为自己被创造出来主要是为了研究真理,而不是为了从事其他事业。因为,我拥有足够的精神灵活性,能够发现最重要的事物,发现不同事物之间之共同点,我又有足够的毅力和注意力,甚至最细微的差别也不会遗漏。在我身上,研究者的激情和怀疑者的耐性,思考的嗜好和论断的审慎,推测的灵活和分类的仔细结合到一起了。我不是古代的崇拜者,我不追求标新立异,我反对任何招摇撞骗。因此,我认为自己有权断言,在我的天赋才能和真理之间存在着一定的亲属关系和共同本质。"①他在写给托马斯·博德列的信中承认,他根本没有从事国务活动的癖好,他总是怀着被迫的心情从事国务活动的。当他在政治上失意之后,他写信给詹姆士一世,请求发给养老金,以便使科学工作不致对他来说只是一种谋生的手段,因为他希望仅仅为研究而生活。

培根的同时代人伽利略在其晚年几乎全部时间生活在"他的友人的领地中,或者在别洛格瓦尔多或阿尔切特里附近的领地中,远远离开了佛罗伦萨的熙熙攘攘的城市生活。他宁愿过这样的生活,因为城市在他看来仿佛是思辨理智的监狱,相反,乡村的自由生活则好像是一本自然之书,它始终摆在每个愿意用自己的理性

---

① 《自然解说导论》,1665年法兰克福出版。这整个导论对于目前这个题目来说都很重要。

阅读和研究这本书的人的面前"。① 斯宾诺莎说:"我们之所以活动着,只是因为我们认识着。"不仅斯宾诺莎的一生,而且所有思想家的生活都证实了这个论断的真理性。莱布尼茨在某个地方说过:"我们是为了进行思考而被创造出来的。生活不是我们所必需的,思考才是我们所必需的。"他有一个被自己整个一生所证实了的格言:"每浪费一个小时,就浪费了我的一部分生命。"但是,真正的思想家、科学家只是为人类服务的,同时也是为真理服务的。他认为认识是最高的善,是真正有益的;发展知识就是他一生的实际目标;因此,他认为哪怕有一个小时没有献身于知识,那也是一个非常重大的损失。既然培根如此坚定地有志于研究自然界和一般科学(只有深居简出,摆脱一切不相干的事务,才有利于进行这种研究),他怎么会走上官场生活这条截然相反的道路呢?它的必然后果会是怎样的呢?由于他具有非凡的才能,他自然是一个有才干的、熟练的国务活动家;但是,尽管如此,他在官场生活中总是感到很不自在,心情不很安宁;他想专心致志于研究科学的心情是不能在政治活动中得到满足的;在这个领域内,他没有必要的中心、支点和坚强的性格,因为,他的本质不在那里,他的重心、中心也就不在那里,因此他四下摇摆不定。他的心灵,他的全部本质和智慧②

---

① 伽利略传记,载于《哲学文献》第 4 卷第 15 分册,1724 年。《致马德……的哲学书简》等。C.布让著《关于伽利略的书简》。

② "他之所以在市民生活中寻找荣誉,只是为了获得用以完成和改善自己科学创作的手段。因为,甚至他一生中最卓越的活动也应当只是有助于他达到这个目的。总之,采用这种达到真理的新方法,这是他的占支配地位的意愿,是他的生命活动的重要源泉。这没有促使他去努力建立功勋,而是使他在这样的努力没有成功时能获得慰藉。当他飞黄腾达时,它使他不会感到烦闷,当他闲暇时,它使他感到快乐。"(鲍姆加滕汇编的不列颠传记,第 313 页)

都不在上述这个领域内,这个领域对他来说是格格不入的,因为它与他的理智的真正志趣是相矛盾的。他处于这样的矛盾之中,必然会犯一些为他的非常高尚的性格的道德本质所深恶痛绝的错误。如果某个人确实感到自己的使命不仅是在一个专门的知识领域内,而且在整个科学中从事卓有成效的工作,在其中创建宏伟永恒的事业,如果他像培根那样制订了包罗万象的普遍计划,力求发现新的原则,把那要求无限地向纵深发展的科学推向前进,把对科学的志趣看作是自己生活的目的和意义,为此,科学成了他的灵魂,他的中心,而科学工作则成了他命中注定的活动领域;超出这个领域,他就很不自在,有陷入歧途、流落异乡之感;如果他容许自己被某种外界的动因和因素所诱惑,去从事一种与科学对立的、脱离科学的职业,那他这样一来就已经为自己后来所犯的错误和迷误奠定了头一个真正的基础;他犯了反对自己神圣精神的过失,因为他虽然没有完全剥夺理应属于科学的智力,可是他毕竟限制科学运用这种智力;他犯了背信弃义的错误,他把理应完全献给自己的合法爱人——科学——的爱情浪费在虚幻浮华的世界中了。由此可见,培根所遭遇的可耻贬职是公正的,甚至可以说是必要的,因为,这样一来,他就补偿了自己最初的罪孽,纠正了对自己理智的真正志趣的背叛,回到自己原初的本质。

即使培根证明科学家也可以是伟大的国务活动家,可是他同时又证明(至少就他自己而言),科学是非常爱妒忌的,科学只把最高的恩典赐给专心致志地献身于科学的人,如果一个科学家给自己提出像培根那样的任务,那他把自己的时间花费在世俗琐事上就不能不使科学工作蒙受损失①。如果培根没有把自己的生活分为两个部分,而像其他伟大的科学家那样全神贯注于科学,那他就不会只限于作一些空洞的声明,只给科学大厦画一个漂亮的轮廓,而对科学的任何一个部门都没有作过深入探讨;那他就会深入研究某些个别的课题,由于他掌握有大量的知识,进行过多次试验和观察,由于他具有非凡的才能,他可能获得某些明确的成果,可能像伽利略和笛卡尔那样发现某些自然规律,他可能不仅用制订计划,而且用对局部问题作全面深入的考察,并从局部上升到一般来证明自己的才智具有普遍运用的能力(真正的、普遍应用的才智也正是表现在这里),他可能对许多事物不会那样轻率仓促地作出判断——总而言之,他可能作出的成果比他实际作出的成果无限地多得多②。

可是,既然培根对思辨的生活有着真正的志趣,那怎么会出现他投身于政治生涯这样的矛盾呢?这只是因为在他的本质、他的理智或他的形而上学精神原则中,存在着二元论。正如下面将要谈到的,虽然培根远远不是经验论者,像后来人们所说的那样,虽然他具有形而上学思维的能力,发表过许多深刻的形而上学思想,虽然在他看来经验不是问题本身,而只是必要的手段,不是本质,

---

① 因此,彼得·海林有充分理由这样说:"遗憾的是,他没有自己的财产,他不能摆脱宫廷和法院的各种事务,他没有充分的资金和助手,以完成自己的计划。"(鲍姆加滕汇编的不列颠传记,第 455 页)

② 培根做了他所希望做的事情,而且做得很充分。他希望只是给将要建造的大厦画一个轮廓,而把建造这座大厦的工作留给别人去做。他知道他想完成的事业不是一个人能够独立完成的,而要依靠无数的人,不是他那个时代所能完成的,而需要将来许多世纪。因此,他经常诉诸未来(1847)。

而只是一个方面,但是,在他身上,在他的精神原则中,已经同时包含有唯物主义精神,像它后来表现出的那样,这种精神沉溺于感性,仅仅专注于外表,仅仅服从于那种感性的、认为只有感性之物才是实在的想象,或者至少处于它的影响之下。不论培根用什么向自己的良心证明他追求高官厚禄是正当的,甚至用上帝对那种在他看来最能获得高官厚禄的人的关怀来证明这一点,可是,只有从自身中涌出和迸发出来的、被世俗的宏伟华丽光辉照花了眼的唯物主义精神,才使他背离自己的真正志向,至少起初没有使他清醒过来,使他脱离科学所需要的形而上学的朴实生活,而醉心于政治生活的富丽堂皇的奢侈场面。因此,他的精神本质的二元论也表现在:虽然他对于物理学(他认为物理学只是整体的一个部分)持有一种完全独立的观点,把物理学和神学截然分开,割断物理学和宗教的一切联系,但是,由于笃信宗教的缘故,他把自己的那些使他那个时代以及其后的时代深感兴趣的纯粹物理学的观念与《圣经》的格言相提并论,从而在世俗的、满脑子尘世念头的物理学"夫人"的周围,罩上一个神圣的光轮①。我认为这就是使他的生

---

① 我们只举一点来证明这种矛盾。他说,只有作为儿童才能进入自然王国(人的土国或科学王国,因为这是一样的),正如只有儿童才能进入天国一样。这个比喻听起来多么笃信上帝啊!可是,哪怕稍微作些分析就能说明情况恰恰相反。只有作为儿童才能进入天国,难道这就是只为天国所固有而且以此与其他王国相区别的特性吗?难道我能够用我献身于上帝时所持的那种心情和思想来接近和研究卑贱的、感性的、自然的事物吗?如果我不把我所具有的美好品质——儿童心情保存下来并献给这种事物,我能用什么表示对它的尊敬呢?这样一来,难道我不是从天国摘下我给予尘世王国的那种东西吗?不过,这里不是详谈这个问题的地方。可是,《弗兰西斯·培根的基督教等》(巴黎,两卷集)一书的作者却认为,培根常常援引《圣经》的格言,这是他笃信上帝的特殊标志。

活二重化的那个形而上学的或精神的二元论。

第 11 节　培根的哲学意义

一般说来,培根在近代科学史上的重要地位和意义,在于他把经验变成不可避免的必然性,变成哲学的事情,变成科学原则本身,而在以前,经验得不到来自上面的支持,只不过是一种偶然的东西,它依赖于那些指导着历史和思想的个别人物的偶然特征和个人癖好。说得更明确一些,培根的哲学意义在于他使经验成为自然科学的基础,从而用客观的、纯粹物理学的自然观取代了从前幻想的①、烦琐的自然研究方法。因为,虽然培根用他那百科全书式的、把当时拥有的全部知识一览无遗的智慧,包罗了整个科学领域,以一种巧妙的方式把这些知识排列起来,加以确定,用许多卓越的提示、思想和评语丰富它们,标志出某些尚未被人探讨的知识领域,开辟一些特殊的科学部门,鼓励和推动人们去开发这些领域。虽然在整个科学领域中他给予自然科学以特殊的地位,但是,在他以统帅的目光所浏览的这个广阔的科学领域内,他的思想和活动的中心毕竟仅仅落在自然科学上面;通过经验从自然界的源泉本身中汲取自己资料的,没有被任何异己的逻辑的、神学的或数

---

① 因此,培根激烈反对帕拉塞尔苏斯。例如,培根在谈到后者时说,帕拉塞尔苏斯没有遮盖自然之光(他如此经常地滥用它的神圣的名字),而是把它熄灭了;他不仅是逃兵,而且是经验的背叛者。可是,培根把他的原则的三位一体——这对于思辨的三位一体论者来说确实是一个有趣的见解!——称为绝不是毫无价值的、在某种程度上还接近于现实的思想。《哲学的动力》第 11 页)

学的因素弄得模糊不清的自然科学,毕竟是他的精神的主要的目标、对象和志趣。因此,培根的历史作用在于,他使建立在经验之上的自然科学成为一切科学的科学,成为我们全部知识的原则、源泉①,而在过去,精神却专注于超自然的和神学的对象,对自然界没有兴趣,因此对于自然界的研究遭到忽视和歪曲,被看作是次要的工作。可是,不论他在自然科学的领域内所做的试验、提示、观察和认识的范围多么辽阔,他的最重要的意义却在于,他提供了经验的方法、工具、逻辑,给可信赖的、卓有成效的经验提供了明确的指南,他使专门领域内的盲目的试验和探索上升为建立在逻辑规律和法则之上的实验技术,从而仿佛把经验的工具交给了不灵巧的、不熟悉经验的、不习惯于经验的人类。因此,绝不能从内容这个词的严格意义上谈论培根著作的内容;可以把近代一切物理学的试验和发明看作是他的著作的内容,即使他没有对这些试验和发明给予明确的提示;他的著作的实质仅仅在于提供了对自然界进行考察和研究的方法、形式和方式,在于对经验的提示。但是,培根不是通常所说的经验论者,尤其不是对比较深刻的原理、对哲学采取否定态度的经验论者。即使他有充分理由把经验——在他看来,经验在自然界领域内代表着思维和感性知觉②的最密切的

---

① 培根把自然科学称为专门科学的源泉。虽然他把一般的科学、第一哲学(philosophia prima,它的前一部分研究许多门科学所共有的原则)置于关于上帝、自然和人的哲学之前,可是,他马上又断定说,在 philosophia prima 的后一部分中(它研究 conditionibus adventitiis rerum[事物的次要条件],例如平衡和不平衡),不应当采用逻辑方法,而应当采用物理学方法研究这些对象。(《科学的完善和发展》第3卷第1页,第5卷第4页)

② 例如,可比较《新工具》第1部分第95条格言。

联系——称为认识的唯一源泉,即使后来他自己首先是为了经验而工作,同时由于他的生活和性格使他分心,他没有时间使个别的感性知觉和经验达到认识的水平;但是,在他看来,经验只是手段,而不是目的,只是发端,而不是结果,理应只有哲学或哲学认识才是这样的结果。他把对"事物的那些永恒的、不变的形式"的认识称为自然科学的目的和对象,因此,在对待自然科学的对象和规定这一对象的方法方面,他所遵循的是纯粹哲学的思想,尽管在他那里这始终只是一种虽被提出但没有得到实施和实现的思想。按照他的见解,对事物形式的认识恰恰是知识和经验的对象和目的。可是,在他那里,事物的形式指的是事物的共相、类、观念,而不是空洞的、模糊的观念,不是恶劣的、形式的共相,不是不确定的、抽象的类;(它指的是)那样一种共相,正如他所说的,这种共相是fons emanationis(流射的源泉),是 natura naturans(生产的本性),是事物的特殊规定的原则,是事物的真正区别、特性由以产生的源泉,也就是特殊之物的认识原则——总之,这种同时从物质上被规定的共相、观念不是居于自然界之上,也不是处于自然界之外,而是自然界内在地固有的。例如,在培根看来,热的概念、观念、类就是运动,而使运动发热的那种规定或差别,就在于这种运动与其他运动形态不同,它是膨胀的。

　　因此,培根摆脱了烦琐哲学或经验的怀疑论,这种烦琐哲学越出特殊之物,又重新陷入特殊之物,它只是继续不停地、无止境地分裂,变得越来越精细,越来越专门,它把我们引向谬误,把自然界变成一个没有出路的迷宫,使我们只见树木而不见森林。因为,按照他的学说,只有那样一种一般之物才是真正一般的,这种一般之物自在地被规定、被区别、被具体化,因此它包含有对特殊、个别之物的认识原则;同时,在他看来,只有那样一种特殊之物才是真正特殊的,这种特殊之物带来光明和认识,它从众多引向单一,从杂多引向统一,使我们能通过它自身或从它自身而认识或发现一般之物。因此,在他看来,特殊之物的质料不应当是一个光秃秃的、庞大的沙堆,我们想爬到它的顶上,可是越陷越深,在上面找不到巩固的立足点,它的每颗沙粒又是由特殊的石料构成的,因此,它的五光十色的闪烁使我们眼花缭乱,什么也看不见了;可是,由自然界的各种岩石非常密实地堆积成的石山,则为我们提供了用以对整体作自由的哲学鸟瞰的坚实基础。

因此,培根绝不是遵循人们所惯用的独断论和怀疑论的方法(这种方法把不可能性、无能变成人的真正属性),断定说人是不能认识自然的;毋宁说,他十分明确地意识到,我们是否能够认识自然界中的实在之物,这完全取决于我们从理智上研究自然界时所采取的方法、种类、方式①。因此,他的精神不满足于认识自然界的外表,他对自然界提出更高的要求,这就是说,他要求自然科学不局限于认识表面现象,而应竭力认识现象的原因,甚至原因的原因②。

培根之所以被大多数人看作是经验论者,某些纯粹的、甚至反哲学的经验论者之所以把他看作是自己的保护人,而他的著作中许

---

① 例如,《新工具》第 37 条格言和《科学的完善和发展》第 3 部分第 4 页。

② 例如,他的著名命题(《新工具》第 2 部分第 2 条格言):"Vere scire est per causas scire"(真正的认识意味着认识它的原因)。(参考同上书第 1 部分第 109 条格言)对于法国经验论者和百科全书派用以理解培根的那种方法,列沙日和德·律克特别提出这一点,参看列沙日的《培根哲学概论等》,巴黎,1802 年,第 1 卷第 60 页等。

多深刻的、思辨的思想之所以在人们评论这些著作时没有引起注意，没有发生任何影响，其原因就在于培根本人，在于他不承认①而且蔑视希腊人的形而上学和哲学。同时，尽管他认为经验仅仅是科学大厦的中层以至于基层，而把赖以眺望自然界的上层留给从经验中抽象得出的哲学，可是，他毕竟把经验看作自己生活和工作的场所，他停留于经验之上。其原因主要还在于，一般说来，他的精神既不是真正哲学的，也不是数学那样思辨的，而是感性的、纯粹物理学的。

因此，培根认为自己的志趣和使命主要是促进物理学的研究，因为物理学不外是"应用的数学"。他的精神正是由于与感性有着内在的血缘关系，因此专注于事物的特征和区别，专注于事物的质，力求从事物的特殊的、质的存在和生活方面去理解事物。质这个概念在他那里是一个起支配作用和决定作用的概念，因此他把经验提到首要地位，如此严肃认真地谈论着经验。因此，质在自然界中只是感性感觉的对象、经验的对象，它只是间接地成为思维的对象，而从它所特有的本质来看，它只是直接的、感性的感觉和知觉的对象。因此培根规定数学在物理学中只处于从属的地位，他这样评论数学："量是数学的对象，当它附着于物质时，它便成为自

---

① 因此，歌德（在关于颜色的学说中）说得很对："（培根）对先辈的功绩，对古代的成就无动于衷，毫不重视，这是令人非常失望的。因为，当他把亚里士多德和柏拉图的著作比作质地很轻的木板，说它们正是因为不是由密实的、有价值的质料所构成，因而易于被时间之流带给我们，这时我们怎么能平心静气地听下去呢。"不过，培根主要是对柏拉图、特别是亚里士多德不满。他对待更古一些的哲学家的态度（这些哲学家认为物质的、感性的原则是自然界的根据），完全是公正的。

然界的一种成分,并在大多数自然过程中成为因果的成分。它应当被看作是重要的形式。当然,在自然界的各种形式中,至少就我所理解而言,量是一种最抽象、最易于与物质分开的形式;由于这个缘故,与其他许多与物质联系得更加紧密的形式相比,人们更加热心于把它提出来,加以更加仔细地研究……。奇怪的是,数学和逻辑其实本应隶属于物理学,可是,它们由于充分意识到自己认识的明显性,甚至宣称要求占据统治地位。"(《科学的完善和发展》第3卷第6章)

在远的方面,培根是独具一格的。因为,在霍布斯、笛卡尔以及他那个时代和后来的其他自然研究者那里,量这个概念在他们的自然观中是一个居于统治地位的概念;在他们看来,自然界是一个只能从其数学的规定性方面加以研究的对象。与此相反,培根则提出质这种形式,在他看来,自然界是一个只能从这个方面加以研究的对象,质是自然界的主要形式。因此,他还说,甚至对于原初的物质,也应当把它同运动和质联系起来加以思考。因此,天文学的对象也只是作为物理学的对象才使他感到兴趣,他主要注意这些对象的物理学特性。他明确地说道:"在我们思考时,不仅需要计算和预见,而且需要哲学的认识。我们期望于哲学认识的是,它不仅向我们解释天体的周期运行,而且给我们提供一把从天然的、毋庸争议的根据出发理解这些天体及其力量和作用的一般的、实体的属性的钥匙。同样重要的是,这种哲学认识深入运动的本质,它不是局限于解释现象,而是指明在自然界的根基中发生的事情,显示出事实的、实在的真理。因此,天文学领域内主要的指导权属于物理学"。(《对理性世界的说明》第5章)因此,他在谈到自己时说道:他特别致力于研究 passiones(激情)或 appetitus materiae(物质的欲望)①。(《新工具》第 2 部分第 48 条格言)

培根关于特殊之物的思想
(摘自他的著作)②

第 12 节 迄今为止科学的悲惨处境

直到目前为止,科学一直处于非常悲惨的境地。毫不奇怪,我们的科学产生于希腊,罗马人、阿拉伯人或近代作家所作的补充数量不多,也不重要;不论这些补充的性质如何,它们都是以希腊人的发现为基础。也许,对于希腊人的智慧来说,缺少的不是言词,而是行动。(《新工具》第 1 部分第 71 条格言)

在希腊人那里,科学还处于幼年状态,因此,希腊人像儿童那样喋喋不休,他们是不成熟的,没有创造能力。足以证明这一点的是,希腊人的哲学以及从其中分出来的科学,在好多世纪的时期内,没有做出一件给人类带来实际利益并能从其中推出原理和思

---

① 所谓激情和物质的欲望,培根所指的不外是扩大、缩小、引力等现象,这些现象既出现在天体上,也出现在地球上,它们是物体的普遍属性,位置的差别对它们不发生影响。

② 我应当在这里一劳永逸地指出:我在翻译每一段时,不仅依据相应的段落,而且依据培根著作中的其他类似段落;一般说来,我在翻译作者的任何一段言论时,都注意作者的思想全貌。培根著作具有许多罕见的、奇怪的用语,有许多具有特殊含义的词,只有根据他自己的词汇才能加以理解和翻译。我还应当指出,我的译文根据情况的不同,时而采用同义词来说明,时而按照原文的实质作简要的摘录。

辨的事业或实验①。可是,无所作为的哲学是毫无价值的。因为,无论对于信仰或者对于哲学,都应根据它们所完成的事业加以评价。(同上书第71、73条格言和序言)

因此,科学就其目前状况而言,同神话中的西拉(Scylla)十分相似:西拉的脸像少女那样,身体却变成狂吠的野兽。这就是说,当从上面看、从脸上看时,亦即从科学的一般命题考察时,这些科学具有一副美丽的、诱人的面孔;如果转向那些特殊的、专门的、在一定意义上构成科学的生殖器官的命题,就会发现这些科学结果变成空洞无物的争辩,正像西拉的身体变成狂吠的狗一样。(同上书前言)

因此,直到目前为止,科学是僵死的,像塑像那样一动也不动地呆在原来的地方,它们没有取得重大的、有意义的成就。(同上)

一般说来,我们的科学只是把早已发现的事物加以排列整理,而没有指出新的发现,因此它们完全不适合于用以发现新的事实或技术;同样地,现有的逻辑也不能帮助我们发现新的真理和新的科学,与其说它有助于发现真理,不如说它有助于把错误固定下来,因此它是弊多利少的。(同上书第1部分第11、8、12条)

三段论由命题组成,命题由语词组成,而语词是概念的符号。如果概念是不清楚的,是仓促地从事物中抽象得出的,那么建立在概念之上的结论、推论也就没有价值了。我们所有的概念,无论是逻辑的或物理的,都是不健全的;它们都是虚构出来的,没有明确

---

① 当培根在这里以及其他地方谈论希腊科学时,法国的谚语"Il veut apprendre à sa mère à faire des enfants"(他想向自己的母亲学习生孩子)完全适用于他。因为,甚至他之所以能够反对希腊科学,这也应归功于希腊科学,归功于从其中产生出希腊哲学的那种精神。

的定义。(同上书第 14、15 条)

直到目前为止,我们还没有真正的、纯粹的而且是一切科学之母的自然哲学。更正确一些说,它被曲解了、被破坏了,也就是被亚里士多德学派的逻辑学、柏拉图学派的自然神学以及第二个柏拉图学派(即普罗克洛等人的学派)的数学所曲解和破坏了。数学仅仅结束或限制自然哲学,而没有开创和产生自然哲学[①]。(同上书第 96 条,第 2 部分第 8 条)

第 13 节　科学目前的悲惨处境及其造成的原因

从前,科学之所以没有能够取得进展的一个普遍性的重要原因,在于它们脱离开自己的根基——自然界和经验,因为,植基于自然界之中的事物才能成长和发展,而仅仅立足于意见之上的事物,诚然也经历各种各样的变化,可是没有向前推进。(《新工具》第 1 部分第 74 条)

科学、特别是科学之母——自然哲学之所以陷于目前这样的悲惨处境,其特殊原因是各不相同的。其中有一种陈旧的、根深蒂固的偏见,即认为人类理智花许多精力顽强地研究经验,研究特殊的、感性的、沉溺于物质之中的事物,仿佛有损于自己的尊严;迷信

[①] 在正文中这样说:"…Per Mathematicam, quae Philosophiam naturalem terminare, non generare aut procreare debet."(……数学必然结束自然哲学,而不是产生和创造自然哲学。)布吕克在他的译本(《新工具》,莱比锡,1830)中是这样翻译的:"……数学虽然能确证新事物,但没有创立新事物。"

和盲目的、非理性的宗教狂热也从来是自然科学的最顽固的和不可调和的敌人,因此,在希腊时代,那些不顾习惯看法用自然原因解释雷电的人们已被指责为亵渎神灵,教父们把那些证明地球是圆的、因而断定在地球那面必定有人存在的人看作是宣传异端邪说;罗马人仅仅研究道德和政治,而在基督教传入后,又只是研究神学,神学吞没了卓越的智慧;直到现在,甚至在献身于自然哲学的人们中间,也找不到一个自由地、全心全意地从事这种研究的人,特别是在近代,自然哲学仅仅被看作是达到另一对象的桥梁;某些哲学家拥有崇高权威和人们对古代的崇拜,这种崇拜是从一个完全错误的世界观中产生出来的,因为,世界的年龄为确定人类的年代提供了唯一正确的、客观的标准,可是人们却把与世界的年龄相比应确定为比较年轻的时代,看作是古代,而把与世界的年龄相比应确定为比较年老、因而比较成熟、拥有更多知识和经验、比早期时代更应受到敬重的时代,看作是年轻的时代;最后,人们对于是否能够克服在研究自然界时所碰到的许多巨大困难,存在着一定程度的胆怯和失望情绪,甚至某些最严肃认真、最明白谐理的人也怀有失望情绪,由此他们形成一种看法,即认为仿佛科学中周期性地出现高潮和低潮,一段时期科学繁荣起来,另一段时期又衰落下去,在一定程度上出现完全停滞的状态。(同上书第79—92条)

第 14 节 全面改造科学的必要性和条件

因此,目前问题在于彻底地医治科学,从其最深刻的基础全面地革新、复兴和改造科学;现在,必须找出新的知识基础、新的科学

原则,因为,把新事物嫁接到旧事物之上,是不能推动科学前进的。(《新工具》第 31、97 条)

彻底改造科学的客观条件在于把科学重新引向它们以往与之脱离的经验、自然哲学。因为,一切技术和科学,如果与自己的根基——经验和自然科学脱离,即使能够获得一种外表漂亮的、适合于学校和生活中日常使用的形式,也不能在范围和内容方面有所进展。天文学、乐理①、大部分机械技术和医学,以及——这是更加令人吃惊的——道德、政治和逻辑科学之所以没有深远的根基,只能停留在事物外部差异的表面,其原因完全在于它们与自然界相脱离,它们不是从自然界中汲取养料,可是只有自然界才能给它们提供其成长所必需的浆汁和力量。(同上书第 79、80、74 条格言)

科学复兴的主观条件在于使精神摆脱各种理论和偏见,使精神用完全净化了的理性重新开始研究特殊之物。因为,建立在科学之上的人类王国,也和天国一样,只有像儿童那样纯洁的人才能进入。(同上书第 68、99 条格言)

存在着四种主要的幻象或偏见,人如果想理解真正的自然哲学,首先必须摆脱这些幻象或偏见。

头一种是 Idola tribus(种族幻象),这是植基于人的本性之中的种族偏见。因为,人的本性不是事物的尺度,像有些人错误地主张的那样,相反,我们的一切观念,不论感性的或精神的,只是以人为尺度而不是以宇宙为尺度形成的。人的理智像一面不平整的和

---

① 乐理在这里是就中世纪所谓 Quadrivium(四门学科)的意义而言,这四门学科包括算术、几何学、天文学和谐音说,即乐理。——德文版编者注

模糊的镜子那样接受事物的光线,它把自己的本质和事物的本质掺和到一起,从而歪曲了自然界。(同上书第 41 条;《科学的完善和发展》第 5 编第 4 页)

四种偏见中以第一种最重要,它的内容如下。

人的理智按照自己所固有的本性,容易设想事物里面存在着比它实际上有的更多的秩序和一致,因此给不一致的、不成对的事物杜撰了某些成对的、一致的东西。(《新工具》第 1 部分第 45 条格言)

人的理智往往只注意自然界中那些可用以证实某种他所喜爱的、被看作是真的见解的事例,而不注意相反的、否定的事例,尽管他经常看到它们。例如,人们只注意得到应验的梦,而忘记无数的没有得到应验的梦。因此,人的理智由于特殊的癖好宁愿重视肯定的事例,而不大重视否定的事例;可是,如果他想确定和论证普遍的真理,他就应当一视同仁地重视这两种事例,甚至应当赋予否定的事例以比肯定的事例更大的意义。(同上书第 46 条格言)

人的理智由于有一种贪婪的、永不满足的求知欲,因此在任何地方都不把自己抑制在应有的范围内,不在适当的地方停止无益的询问和轻率的探讨。因此,甚至对于自然界的普遍原则,它本应是绝对肯定的和直接的,不依赖于进一步的原因,人的理智却要推求它的原因,推求更加普遍的原则。(同上书第 48 条格言)

人的理智特别喜欢抽象化,喜欢抽象的东西,因此随心所欲地把稳定性赋予自然界中飘忽不定的事物。(同上书第 51 条格言)

人的理智特别容易被感觉的迟钝性、不充分性、欺骗性引入迷途,它只注意粗糙地感觉到的东西,在它看来,这种东西仿佛比细致地感觉到的东西重要得多,可是,其实后面这种东西具有更大的意义和重要性。为此,它不研究那些看不见的事物。因此,对于普通的空气以及所有比空气更稀薄的物质(这样的物质是很多的)的性质,迄今几乎毫无所知①。(同上书第 5 条格言和《自然史》第 98 节)

第二种偏见——洞穴幻象(Idola specus)的根据在于个性的阴暗洞穴,它是从个人的特殊性格,从他的气质、教育、习惯等中产生出来的。第三种偏见——市场幻象(Idola fori),是从谈话、语言以及对词的随意使用中产生出来的。第四种偏见——剧场幻象(Idola theatri),是从以前哲学家们的各种各样的教条以及所采用的各种证明方法的规则中产生出来的。(《新工具》第 1 卷第 52—63 条格言)

第 15 节 自然科学的方法

自然科学,也和其余的科学一样,只能依据于经验,因此,自然科学的成功和繁荣只能以经验的成功和繁荣为转移。因此,目前的经验应当让位于其他更加合理的经验。要知道,直到目前为止,人们只是在经验领域的表层上徘徊,并没有明确的道路和计划。例如,化学家们经过辛勤的努力取得某些发现,可是这仿佛是偶然地、

---

① 显而易见,培根在这里对理智的指责,不是针对理智,而是针对人的缺乏理性的特征。因为,如果上述错误是自然界和理智本身的错误,培根便不可能认为这些错误是这样的,而加以批驳。他承认这些错误是如此,并从其中解脱出来;他正是用这一点证明这是某些人的错误,然而正是由于它们不应是其他人的错误,因此,它们不具有客观的、普遍的根据,而只具有局部的根据,也就是说,(它们的根据)在于因袭守旧、匆促仓促、懒惰成性和粗心大意,因为只有这些特性才会使它不去注意否定的事例。它们的根据仅仅在于那些与理性活动相对立的或者约束这种活动的特性之中,也就在于非理性的个人,而不在于理性。

无意地或者仅仅依靠实验发生某种变化而发现的,而不是借助于一定的方法或理论。然而,不按一定方法而听之任之地得出的经验,只不过是在黑暗中摸索而已。(《新工具》第73、70、108、82条格言)

无论是感觉或者理智本身对于经验和认识来说都是不充分的,它们需要某些辅助手段,也就是说,需要一定的监督和指导规则,需要一定的合理的指示和方法。因为,感觉本身是软弱无力的、靠不住的,甚至工具也不能使它的力量有显著增长,因此关于自然界的任何真正的认识,只要这种认识不是主观随意的、有成见的解释,不是 anticipatio(先入之见),而是对自然界的正确解释(interpretatio),就只有通过精确地、专门地观察一切事例和运用熟练的实验才能得到。在这里,感觉只是对实验作出判断,而实验则对事物本身作出判断。可是,听任自然的、不受某种方法指导的理智,则从感性之物直接飞越到超感性之物,从特殊之物直接飞越到一般之物,在那里得到滋养和满足,因此很快对经验本身感到厌倦。(同上书第50、37、19、20条格言)

正如手没有工具就有许多东西不能做出来一样,听任自然的理智也是如此,因此,理智像手一样也是需要工具的。只有通过技术,精神才能驾驭事物。(同上书第2条格言,《科学的完善和发展》第5编第2节)

这种工具的工具,这种精神的工具,这种只有借助于它才能使经验上升为可靠的、卓有成果的实验技术的方法,就是归纳法[①],

[①] "Spes est una in inductione vera."(唯一的希望就在于真正的归纳)《新工具》第1卷第14条格言。

拯救科学只能依靠这种归纳法。

但是,科学的幸福未来赖以得到保证的这种归纳法,不同于迄今为止通常采用的归纳法。因为,后面这种归纳法匆匆忙忙地从感性的、特殊的东西飞到最一般的公理,并立即把这些公理确定为固定不移的真理,变成从其中引申出中间的或局部的原理的原则。相反,这种迄今尚未试用过的、唯一真实的新归纳法,却是从感性的、局部的东西出发,通过逐渐的、不断的过渡,最后才上升到比较普遍的原理。(《新工具》第1卷第19条格言)

归纳法不仅是自然科学的方法,而且是一切科学的方法。到目前为止,这种方法仅仅被应用于探寻原则,中级的和低级的原理则是借助于三段论法从这些原则中推演出来。可是,显而易见,至少在自然科学——它的对象是从物质上被确定的——的领域内,低级的原理不能借助于三段论法可靠地、正确地推论出来。因为,在三段论法中,原理是通过小前提被归结为原则,可是,恰恰是这种证明或发现的方法仅仅被应用于伦理学、政治学这样的通俗科学。因此,既应当把归纳法应用于发现普遍的原理,也应当把它应用于发现局部的原理。(同上书第127条格言;《科学的完善和发展》第5编第2节)

诚然,旧归纳法和新归纳法之间有一个共同之处:它们两者都是从局部之物开始,终止于普遍之物。可是,它们之间存在着重大的区别:前者只是匆促地游历经验的领域,后者却是以应有的谨慎和平静的心情停留在这个领域;前者从一开始就已经确立了不能产生成果的普遍原理,后者却是逐步地上升到真正普遍的原理,从而使科学成为卓有成效的。因为,只有借助于以应有的循序渐进方式和必要的谨慎态度从局部之物抽象得出的公理,才能使我们重新找到局部之物,引导我们做出新的发现,从而使科学成为卓有成效的和大有效益的。(《新工具》第1卷第22、24、104条格言)

由此可见,真正的归纳法完全不同于迄今为止所采用的归纳法。因为,迄今为止通常所采用的归纳法不外是简单地列举一些事例,它是不成熟的,它只是力求作出自己的结论,害怕自己的结论被任何与之相矛盾的事例所驳倒,而它在得出自己的主张时,它所依据的事例比应当依据的事例少得多,而且在这些事例中,只是依据那些在手边的、十分简单的、十分平常的事例。相反,真正的归纳法却采用适当的排除方法和隔离方法来分析、分解自然界,并且只在收集和研究了足够的否定例证,排除了一切对这一对象非本质的规定之后,才对这一对象作出肯定的断定。(同上书第105、69条格言;《科学的完善和发展》第1编)

上帝,可能还有天使也许能够只要看一眼就能作出直接认识事物的论断,可是人只有像上述那样把否定的事例区别开和排除掉之后,才能对事物作出肯定的断定。因此,必须从形式上把自然界加以分解和分离,当然不是用自然之火,而是用心灵的神火。由此可见,真正的归纳法的任务在于使"是"跟随在"非"之后,肯定跟随在否定之后,也就是只有在把一切不属于某一事物的规定与这一事物分开并抛掉之后,才能对这一事物作出肯定的断定。(《新工具》第2卷第15、16条格言)

因此,如果需要研究任何一个具体的对象,例如热,找出它的本质,那么,按照真正的归纳法的规律,这种研究应按下列程序进行。首先,需要把所有那些尽管由不同的物质所组成但都有热这种共同特性（即热的或易于受热的）的东西，例如，太阳光，特别是夏天和中午的太阳光，被反射、被聚集的太阳光，带火焰的流星，引起燃烧的闪电，滚热的液体——总而言之，一切在某个时候接近于火的物体，既包括固体也包括液体，既包含稠密的物体，也包括稀薄的物体（例如空气），编制一个目录。（《新工具》第2卷第11条格言）

然后，必须对相反的、否定的事例编一目录，其中不仅包括一切不具有热的特性可是与具有热这种特性的东西十分相似的物体，例如月亮、星辰、彗星的光，它们是感觉不出什么热的，而且包括对肯定事例的特殊限制①。

在此之后，必须把发热的和易于受热的物体加以比较，确定它们的热的不同程度，也就是说，从那些只具有发热或受热能力、而它的热度绝不能为感觉所感知的物体开始，逐步地达到确实发热的或它的热能为感觉所感知的物体。（同上书第13条格言）

在完成这项工作之后，紧接着是一项非常重要的工作（老实说，归纳法本身只是从这项工作开始），这就是把一切不属于热的本质的规定性排除掉；例如：宇宙之物的规定性，因为这种规定性

---

① 在第一版的这个地方，也如在第11节的结尾部分，我曾对培根的方法提出过指责。可是，我删去了这一段；当我再一次阅读培根的《新工具》和其他著作之后，我确信这个指责是不正确的、肤浅的。在那一段里指出，培根"使我们听命于偶然性的意志，他不是缩短经验的漫长路程，而是把这些路程拉到无限"。诚然，经验是一条漫长的路程，可是，contractio inquisitionis（缩短研究）恰恰是培根的方法的一个环节。《新工具》的整个第二卷都是论述事例的特权，也就是论述那些简化归纳、切中要领的事例。在这方面，可以指责培根的仅仅是，他没有谈到天才或才能，仿佛可以用方法取代它们，或者甚至使它们成为多余的。

不仅为天体所具有,也为普通的、地球上的火所具有;稀薄的规定性,因为像金属这样稠密的物质也可能是热的;位移的规定等。(同上书第18、20条格言)只有作过这些否定之后,真正的归纳法才最后得出肯定的结论,得出关于热的本质的肯定规定。

真正的归纳法同迄今为止所采用的归纳法有这么大的区别,真正的归纳法和经验的方法也同样是大不相同的。因为,经验没有超出特殊之物的范围,它只不过从一种经验过渡到另一种经验,从一种试验过渡到另一种试验;相反,归纳法却是从试验和经验中引出原因和一般原理,然后又从这些原因和一般的原理或原则中引出新的经验和试验。因此,归纳法没有停留在表面,它仿佛不断地上升和下降:上升到一般原理,下降到实验。(同上书第1卷第117、103、82条格言)

第16节 自然科学的对象

使任何一个物体具有一种或几种新的特性,这是人的力量或实践的目的或对象;而认识任何一种简单的特性或质的形式或真正属差,产生自然的自然或流射的源泉,则是人的知识的目的或对象。(《新工具》第2卷第1条格言)

形式的本质属性是这样的。第一,只要形式存在着,那么质或性质也应当存在着,形式就是质或性质的形式,因此,当形式的质存在着的时候,形式总是存在着的,相反,如果没有形式,那也总是没有质,因此,在质不存在时,也就没有形式。第二,形式从另一种比形式自身更加一般的质中引出某一种质。因此,某种东西的形式或质,一定能毫无例外地在这个东西或质所在的一切个别事例中找到;因为,否则它就不是形式了,尽管在某些事例中,也就是在形式比较不受其他性质的限制、阻挠和约束的事例中,形式表现得比较明显。因此,在形式表现于其内的一切事例中,绝不能找到任何一个有矛盾的事例,形式毫无差别地被一切事例所肯定。(同上书第2卷第20条格言)

热的形式可以作为形式本质的例证。在(热的)一切个别事例中,也就是说,在凡是表现出和显露出热的各种各样的物体和物质中,热的形式显然不外是对运动的一种限制或特殊规定。因此,相对于热来说,运动是一个类概念。但是,这并不是说热产生出运动或运动产生出热(虽然这种说法在某些情况下是正确的),而是说热本身或热的真正本质不外是被某些差别所限制的运动,因而是一种被规定的运动。这些差别包括:第一,这样一种规定:热是膨胀的运动,物体通过这种运动力求达到最大的体积;第二,这样一种规定(它是前一种规定的不同说法):热虽然是膨胀的运动,但同时也是向上的运动;第三,这样一种规定:热不是整个物体均衡扩展的运动,而只是物体内部较小部分的运动,同时这种运动不断地受到阻挠和抑制,因此热是一种经常变动的、仿佛熊熊燃烧的、不停地颤动着的、竭力向前推进的、被阻力所激怒的运动,它是火和热之所以汹涌猛烈的原因;第四,这样一种规定:这种渗透的、激怒的运动不是缓慢的,而是急剧的,它穿透物体的细微部分,虽然还没有穿透物体的最细微、最精细的部分。(同上书第2卷第20条格言)

因此,形式不是一种抽象的、物质的或者没有明确定义的观念。形式不外是纯粹自然活动或现实的规律和规定性,它们以同样的方式规定着和确定着任何一种质——例如在一切能接受这种质的物体中的热、光、重量,不论这些质如何各不相同——的特殊本质。因此,热的形式和热的规律是一回事。一个物体的形式恰恰就是它的真正本质,也就是它自身。物体和形式的区别,恰如现象和存在、外表和内在、主观和客观的区别一样。(同上书第 2 卷第 17、13 条格言)

如果有人认为这些形式有些抽象,因为这些形式是一种把不同的物体联结起来的统一,它把这些物体安置在一个种类或范畴之中,例如安置在天体的和地球的热之中,那么,我们仅仅向他指出,正如大家所知道的,自然界各种不同的物体被某些形式或规律联结起来,成为普遍的统一;只有认识这些统一或形式,人的力量才能从自然的普遍过程中解放出来,人的发明才能得到发展和提高。(同上书第 17 条格言)

因此,无处不在的统一应当是自然哲学的最重要的对象,因为凡是使自然界成为统一的东西都给我们开辟了认识形式的道路。甚至自然界中某些十分独特的、仿佛与同一种类中其他物体没有任何共同之处的东西,例如石头中的磁石、金属中的水银、四脚兽中的象,都能帮助我们使自然界达到统一,找出类或共同的质,然后通过真正的差别使它们得到确定。只要我们还没有找到可以解释那些被视为自然奇迹的稀罕物体的特殊属性的某种普遍的规律或形式,只要我们没有使一切异常的或独特的现象依存于某个普遍的形式,从而没有认识到奇迹仅仅包含在这种形式的特殊差异之中,仅仅包含在其他规定性的程度和稀有的巧合之中,而不包含在种类和本质自身之中,那我们就必须孜孜不倦地继续研究。由于这个原因,对于自然界的畸形或其他类似错误,在我们没有找出这些偏差的原因之前,是不应放弃研究的。(同上书第26、28、29条格言)

因此,人的理性应当特别提防不要仅仅停留在特殊的、从属的、有限的统一或形式之上,不要拒绝探寻伟大的统一,不要以为仿佛自然界从根基上来说就是分裂的和千差万别的,不要以为自然界的最高的、无所不包的统一是单纯的精细,是纯粹的抽象。(同上书第26条格言)

因此,自然哲学也应当证实迄今为止被看成是千差万别的事物的统一性,证明这种虚假的差别不是本质的、实体的差别,而只不过是一般的质的变形,通过这样地把差别性和特殊性归结为自然的统一性,就仿佛撕掉了那些遮盖着特殊的、具体的物体中的统一性并使其得不到认识的假面具。例如,直到目前为止,有些人认为太阳的热、动物的热和火的热是几种本质上各不相同的热,只有太阳的热和动物的热才能创造和维持生命,而火的热只会造成破坏和毁灭生命。可是,试验证明,在用火经常地加热的房子里,葡萄藤也能长出成熟的葡萄。这个试验使我们确信火的热也能起太阳的热所起的作用。因此,自然哲学应当抛掉这几种热的虚假的本质差异性,承认它们的活动方式或特性虽然千差万别,只不过是同一种本性或本质的特殊规定或变形。(同上书第35条格言)

因此,自然哲学甚至不应把简单的类比当作荒谬的东西抛弃掉,相反,应当寻找它们,因为它们是认识自然界的统一性这一过程的低级阶段。例如,下面就是这样一个并非荒谬的类比:人是一棵倒立的植物,因为植物的根(根仿佛是植物的头)在下面,而种子部分在上面;相反,人的头(它仿佛是神经和生命机能的根)在上

面,而生殖器官是在下面。(同上书第27条格言)

因此,对形式的认识现在是而且永远是自然哲学的重要对象。因为,谁认识了这些形式,谁就能在极不相同的物体中了解自然界的统一性。因此,只有找到了形式的人,才能有唯一真实的自然观,才能自由地、不受限制地作用于自然界,才能产生出无论自然界的永恒变化、无论深入到细枝末节之中的实验上的努力、无论偶然的原因都不能产生的东西,甚至产生出人从来没有想到过的东西。(同上书第3条格言)

谁理解了物质的普遍的、本质的形式,谁在某种意义上就变成了无所不知的人,因为他借助于这些形式就能知道某种东西可能是怎样的,从而也可以在主要方面知道某种东西在过去、现在和将来是怎样的。(《对理性世界的说明》第5章)

第17节 自然科学的分类

在自然科学的领域内居于最高地位的,只是那种以真正的差别或规定性,亦即从某一点上来说以永恒不变的形式作为自己研究对象的科学,因而这门科学被称为形而上学。(《科学的完善和发展》第3卷第4编,《新工具》第2卷第9条格言)物理学和自然史是两门从属于形而上学的科学。物理学又位于自然史之上,并与形而上学一起构成理论的自然哲学,因为,正如一般科学分为历史(或经验)和哲学一样,自然科学也分为自然史和自然哲学。(《科学的完善和发展》第2编第1节)

1. 自然史分三个部分。第一部分叙述处于自由状态的自然界,也就是叙述自然界中全部创造物不受干扰的、自由的、合乎规律的发展。第二部分叙述自然界的错误,亦即各种畸形和其他反常现象;在这些畸形和反常现象中,不驯服的物质的凶狠和傲慢以及其他强制性障碍把自然界推离它的合乎规律的发展道路。第三部分叙述处于奴隶状态的自然界;把自然界引入这种状态的,是人的活动或技术,它们从根基上改造自然界,震撼自然界的内部,迫使自然界像普罗特伊(Proteus)那样产生出它并不愿产生出的东西。(同上书第2卷第2编,《对理性世界的说明》第2章)

技术不是对自然界的表面补充,它不负有下述这些规定或使命:完成自然界的计划,纠正自然界的错误,或者使自然界在其活动中摆脱可能发生的阻碍。技术或经验(例如,农作学、化学、烹调技术或印染技术等)的产物和自然界的产物的区别,不在于形式或本质方面,而在于生产的、在外部起作用的原因方面,因为,人除了能够使物体相互靠近或分开之外,对自然界没有任何其他权力。因此,人所能支配的只不过是自然界的运动,其余的一切东西都是自然界自身受自己内部力量的推动得以完成的。(同上书)

可是,现在应当以一种与过去完全不同的精神研究自然史,也就是说,只是从它与哲学的关系方面加以研究,而不是就它自身和为了它自身进行研究。因为自然史虽有一个目的,这就是为哲学提供储备、材料;一切经验的小河都应流入哲学的海洋。因此,在自然史中不应当再像过去那样徒劳无益地致力于描写和仔细地陈述事物的多样性以及动物、植物和矿物的品种之间的差别。因为,这些细微差别大部分不过是自然界所作的消遣、玩笑,而对这些差别的描述虽然使我们感到愉快,有时甚至带来好处,但是不会导致知识和科学得到发展。因此,必须努力在事物的全部本质中以及在它们的各个部分中,找出事物的共同点和共同的关系。因为只有它们才能给自然界带来统一性,从而为科学奠定基础。(《新工具》第 2 卷第 27 条格言,《自然的和实验的历史预备提纲》)

2.自然哲学有两个主要部分,即理论部分和实践部分。(《科学的完善和发展》第 3 编第 3 节)

一、自然哲学的理论部分本身又分为两部分:形而上学和物理学。物理学的任务是研究物质和在外界起作用的原因。因此,它的对象是一些变化的、不固定的原因,它们同构成其作用对象的物质一样是千差万别的,例如,火在一种物质中是它的坚硬性的原因,而在另一种物质中又是它的流动性的原因。因此,物理学以一切充塞于物质之中的、变化无常的事物作为自己的对象,相反,作为关于形式和终结原因的科学的形而上学,则以抽象的、固定的事物作为自己的对象。物理学只是以自然界中的存在、运动和必然性为前提,而形而上学还以精神和观念为前提。(同上书第 4 节)

形而上学的第一部分,同时也是最重要的部分,研究某些简单的质(例如,热、冷、密度、重量等)的规律和形式,研究这些质借以变为具体物体的运动或过程的规律和形式,这就是说,研究那些虽然为数不多,可是构成一切具体物体的特性和规定性的基础和本质的形式。因此,在这个限度内,形而上学的研究对象和物理学的研究对象是一致的,可是物理学只是把它们看作外界的、变化不定的原因,也就是看成为形式的简单推动者,看成为 causa efficiens (发生作用的原因)。(《新工具》第 2 卷第 9、7 条格言)

形而上学这门关于形式的科学是最重要的科学,因为只有它能够最出色地解决各门科学的任务：用缩短经验的漫长道路的办法来排除对生命短促和学说浩如烟海的抱怨，也就是说，它把单个的命题联结起来，把它们结合成一般原理，或结合成把所有个别存在物的领域都包罗进去的类，尽管这些存在物的物质是千差万别的。柏拉图和巴门尼德关于万物逐渐上升到统一这样一个卓越思想就是如此，尽管在他们那里这一思想还只不过是抽象的议论。因此，形而上学是最宏伟的科学，因为它使人的理智最少受到事物的多样性的拖累，因为它主要只是研究事物的简单形式，这些形式虽然为数很少，可是它们毕竟用自己相互之间不同的联系程度和联系方式说明了具体物体的千差万别。（同上书）

形而上学的第二部分以自然界中的目的或目的因作为自己的对象。这种对目的的研究恰恰不属于物理学，尽管直到目前为止它被看作是物理学的一个领域；这种看法给物理学带来很大危害，因为它使人们不去研究实在的、真正物理学的原因。因此，德谟克利特和其他一些人——他们不是把上帝和精神的观念当作自然结构的基础，不是从自然界的无数前奏和尝试中引出宇宙的结构，不是从目的而是从物质和必然运动中引出特殊事物的原因——的自然哲学，比柏拉图和亚里士多德的自然哲学根据充分得多。目的论是不结果实的，它像一个献身于上帝而不能生育的姑娘。（同上书）

二、实践的自然哲学也有两个部分：机械学和魔术。前者是由物理学——关于发生作用的、物质的、外部的原因的科学所创立的，后者是由形而上学——关于真正原因和普遍形式的科学所创立的。因为魔术是这样一种科学或技术，它从对隐蔽形式的认识中引出令人惊奇的效果或实验，并通过使发生作用的力和容易感受这些力的物体适当地相互接近,展现出自然界的宏伟作用,它像其他许多东西一样直到如今还不为人们所知晓,而且与目前所说的魔术截然不同。而且,古代的魔术也不应受到轻视;应当仔细研究在那些迷信的、虚妄的、神话般的东西中间,是否有任何植基于发生作用的自然力之中的东西,例如,想象力的诱惑性,提高和加强与遥远事物的共鸣,一种精神对另一种精神、一个物体对另一个物体的魔法影响。(《新工具》第 2 卷第 31 条格言,《自然史》第 10 章)

第 18 节 培根关于某些普遍的自然对象的思想

自然界里不可能有关于原初物质及其特性和活动的原因,自然界就是最原初的(当然,上帝除外)。因此,这种原初物质不是由任何物质、力和活动所组成,它是一个直接的、简明地肯定的事实,应当按它本来面貌去了解它,不要根据任何偏颇的、草率作出的见解加以推断和评定。因为,如果说自然界是可以认识的,那也不可能从任何原因中去认识它,因为,在上帝之后,自然界就是原因的原因,它没自己的原因。恰恰是在自然界里,人们不能无止境地从一个原因追溯另一个原因,因为自然界里的原因不会超出一定的界限。因此,那种超出这一界限、并在达到最后力量时还要询问自然界的原因或自然界的简明地肯定的原则和规律的人,和那种停留在从属的事物上面而不询问这些事物的原因的人一样,都是肤浅的哲学家。(《巴门尼德哲学》第 650 页和《新工具》第 1 卷第 48 条、第 2 卷第 48 条格言)

原初的物质或原初的原则应当是像从其中产生出的事物一样，确实存在于自然界之中。因此，没有形式和运动的物质是虚构、是不发生作用的抽象。而且，应当把原初的物质同原初的形式、原初的运动原则联系起来加以思考。当然，应当把物质、形式和运动区分开，但是不应把它们分隔或割裂开来。同时，应当把物质（不论它是怎样构造的）看作是如此地被确定、被装备、被赋予定形的东西，以便使自然界的一切特性、力量、活动和运动可能成为它的结果和流射。因此，古希腊的哲学家几乎一致认为，物质是能动的，具有某些特性或形式，这些形式又分为许多特殊的形式，并包含有运动的原则。（《巴门尼德哲学》第657—659页）

可是，真正的原则不仅从自身中产生出事物，而且把事物溶解于自身之中。它不仅与那些最大的、为数众多的、令人惊异的和显然强大有力的实体（例如火、空气、水）有着某种内在的同源性和同类性，而且与那些最细小的、稀少的、不易察觉的、仿佛孤零零的和被人遗弃的实体也有着某种内在的同源性和同类性。（同上书，第658—659页）

通过物质的阻力，甚至物质的最细微部分也显示出自己的存在。物质的阻力不容许自己被任何最大的质量或最强有力的动因所破坏或摧毁，或把自己排挤出空间之外，它通过不可渗透的广延给予它们以阻力，仿佛它从自己方面采取各种迂回曲折的途径，以达到使自己显示出来。物质的阻力不是痛苦，像过去人们错误地想象的那样，而毋宁是一种最活动的、最强大的、不可抗拒的力量，几乎就像命运和必然性的力量那样。（同上书，第673页，《新工具》第2卷第48条格言）

物质的总和始终是不变的,既不增加,也不减少。可是,这一总和和物体之间的分配情况却各不相同,一些物体包含的物质多些,另一些物体则包含得少些。(《关于稠密和稀薄的历史》第482页,《新工具》第2卷第40条格言)

一切物体都有聚集的倾向,也就是说,它们都害怕和讨厌自己的某些部分被分割开。因此,液体的和密实的或固体的这些概念,只不过是一些通俗的、肤浅的概念。因为,液体和固体的区别仅仅在于,在液体中,由于它具有同质性,这种倾向要弱一些;而在固体中,由于它具有异质性,这种倾向要强些。(《新工具》第2卷第25和48条格言)

一切物体毫无例外地都具有同化的倾向,或者使自己的异质性增多和加强的倾向,也具有与同类的物体结合起来的倾向。(同上书,《死与生的历史》第7章)

其次,一切物体都具有一定的知觉能力或表象能力,还具有一定的选择能力,借助于这种能力,物体接近同类的东西而避开异己的、敌对的东西。这种表象能力不仅表现在那些由于表象的敏感性而令人惊异的现象中,例如,磁石吸引铁,火焰冲向油,而且表现在最通常的现象中,因为一个物体在与另一物体接近时改变后一物体,或者它自己被后一物体所改变,而且相互知觉不是发生在这种改变之前。例如,物体能察觉它所强行闯入的道路,物体向对它的冲击退让等——总之,到处都有知觉。可是,空气对冷和热的知觉比人的感觉精细得多,尽管人的感觉被看作是冷和热的尺度。因此,表象或知觉能够与感觉分开而单独存在着,因为不属于动物界的物体是没有感觉的。因此,应当把表象和感觉严格区别开。

(《科学的完善和发展》第4编第3节和《自然史》第9章)

　　自然界中的各种物体具有一种贪得无厌的、仿佛从自身不充分和贫乏中产生的、想把其他物体吸收到自身之中的欲望。例如，空气吞没了光亮、声音、烟雾和气味，而且以一种真正贪婪的神态，仿佛它不满足于自身，不满足自己的内容，否则它就不会那么轻快地、性急地吞没它们。因此，水吞没了干燥的物体，后者又吞没了液体。看起来，这种吞没不是强制性的，好像得到双方的同意。因此，这个问题值得仔细地加以研究。因为，通常所谓物质像一个谁都能与之亲近的、接受物体的一切形式的妇女这样一种看法，是一个不明确的概念。(《自然史》第8章第80节和《新工具》第2卷第48条格言)

　　在具有感觉的物体和不具有感觉的物体之间，其特性上有着许多相同之处，唯一的区别在于具有感觉的物体还与理智结合在一起。例如，瞳孔就像镜面或水面那样接受和反映所看见的事物的形象。因此，在属于动物界的物体中有多少种感觉，在不属于动物界的、缺少有生命的理智的物体中也有多少种与此对应的运动和规定性，尽管在后者中运动的种类显然应比前者中感觉的种类多一些，因为感官只有几种。疼痛是这方面的一个显著例子。疼痛的各种不同的种类、形式或性质，例如烧伤的疼痛、冷冻的疼痛等，可能以简单运动的形态存在于不属于动物界的物体之中，例如存在于石头或树之中，当它们被火烧焦或由于严寒而萎缩等；可是，这里当然是没有感觉的。(《哲学的动力》第722页,《新工具》第2卷第27条格言)

　　在自然界各种不同的运动中间有一种非常独特的运动——颤

动(Motus trepidationis),它发生于那样的地方,在那里,存在物仿佛处于某种经常受到禁锢和夹挤的状态,它感到自己处于狭窄的、不愉快的围栏之内,因此总是感到恐惧和不满,或者感到强烈的、战憟的焦虑不安。这种运动不仅发生在生物的心脏和脉搏之中,而且发生在一切动摇于舒适和不舒适这两个极端之间的物体之中,这些物体一方面希望获得比较自由的、不受限制的、广阔的生活,另一方面又害怕彻底打碎由它们的外界的生活和地位所造成的那个狭窄框子①。

第19节 科学、特别是自然科学的目的

科学的真正的与合理的目的在于造福于人类生活,用新的发明和财宝丰富人类生活。因此,科学的目的不是为了满足好奇心和消磨时间,或者为了获得荣誉和受人敬重,不是为了获得夸夸其谈、能言善辩的才能,也不是为了使我们获得金钱和面包。科学不应当是被求知欲折磨的精神得到休息的场所,也不是寻欢作乐的漫游,也不是可以从上面傲视一切的高塔,也不是战斗的堡垒和堑壕,也不是用以发财致富的作坊,而是用以向万物的缔造者表示尊

---

① 关于培根对后来的物理学以及某些专门的物理学问题的观点,可参看费舍尔的《物理史,从科学和技术的复兴开始等》,第1卷第35—40、54—58、62—67等页。毫无疑问,培根在这个问题上仍然非常落后。特别令人吃惊的是,正如费舍尔所指出的,培根虽然知道伽利略的发现,可是他对于重力、机械运动、压力和冲击了解得很差,很不明确,他甚至还赞同地球不动的观念,(《自然史》第8章第791节;《新工具》第2卷第48条格言)或者至少对这个问题没有明确的见解。(比较《对理性世界的说明》第6章)

敬和造福于人类的丰富的货仓和宝库。因此,科学的目的是把镇静的观察和实践的活动结合到一起,就像把土星(镇静观察之王)和木星(活动生命之王)这两颗高贵的行星结合到一起一样。(《新工具》第 1 卷第 81 条格言;《科学的完善和发展》第 2 编第 2 节)

因此,自然科学只有一个目的,这就是更加巩固地建立和扩大人对自然界的统治。人对自然界的这种统治只有依靠技术和科学才能实现。因为,人有多少知识,就有多少力量,他的知识和他的能力是相等的,只有倾听自然界的呼声(使自己的理智服从于自然界)的人,才能统治自然界。不了解原因,就不能产生结果,因为在认识中对我们来说具有原因意义的那种东西,在运用到事业上时就成为正确完成事业的手段、法则或指南。(《新工具》第 1 卷第 3、116、129 条格言;《思想和前景》第 592 页;《哲学的动力》第 684 页)

第 20 节　一般科学的本质以及科学的伟大和对人的影响

科学的本质在于它是存在的反映。因此,一切有存在价值的东西,也就具有认识价值;最低下、最卑贱的事物可以具有与最珍贵、最宏伟的事物同样的权利而成为科学的对象,因为低下、平凡的事物也是像宏伟的事物那样地存在着。科学绝不会因为研究它们就玷污了自己,正如太阳光同样地照耀着阴沟和宫殿。科学不是罗马的卡皮托利丘,不是为了人的荣誉和骄傲而建立的金字塔,而是按照人类理性中的世界形象建筑的神庙。(《新工具》第 1 卷第 120 条格言)

科学是真理的反映。因为,存在的真理和认识的真理是一致的,它们之间的区别仅仅在于,前者是直射的光线,后者是反射的光线。(《科学的完善和发展》第1卷第18页)

科学对人的影响至少是与科学的本质一样崇高。恰恰是科学使人充分意识到自己的脆弱、自己的幸福变幻无常、自己灵魂的尊严以及自己的使命和职责。因此,科学家不是像追逐某种特殊的幸福那样力图增加自己的财产,他们首先关怀公共的幸福,然后关怀自己的幸福;相反,那些不了解道德科学和公共幸福的政治家们,却把自己看作世界的中心,使万物服从于自己,甚至当大家都很穷困的时候也只想到自己,只想挽救自己的财产。(同上书)

科学使人不再幼稚地、过分地赞美事物。因为,我们之所以对事物感到惊奇,或者是由于它们新颖,或者是由于它们宏伟,可是知识使人们确信太阳下面没有任何东西是新颖的。一个了解木偶的结构和牵动木偶的线的人,怎么会对木偶戏感到惊奇呢?在一个借助于科学得以观察宇宙的人看来,地球上有什么东西是宏伟的呢?要知道,在他看来,整个地球以及人及其活动仿佛只不过是一个蚂蚁窝而已。(同上书)

科学消除了或者至少缩小了对死亡和不幸的恐惧(这种恐惧对于形成善良的性格来说是最大的障碍),它使人的精神如此柔顺灵活,以致精神永远不会陷入道德上停滞不前的状态,永远不会沉溺于自己的恶习之中,永远不会不激励自己和不力求上进。当然,对科学陌生的人对此是毫无所知的,他不知道什么意味着沉溺于自身和与自身商讨,他不知道怎样理解那种与日益改进和完善的意识相伴出现的甜蜜生活。因此,从科学对人的影响中可以得出

这样一个结论:真理和善的区别仅仅有如印章和它的印痕的区别,因为真理就是道德的善的印章。(同上书,第34页)

因此,世界上最伟大的力量,最高的、最可敬的统治,就是科学的统治,因为任何权力的尊严和价值都取决于被统治者的尊严和价值。因此,对奴隶和受奴役的人民的统治并不受到尊敬,只有在自由的君主国或共和国里出现的对自由民的统治才受到尊敬。可是,科学的权力比国家的权力高贵得多,伟大得多,因为国家只是对意志的统治,而科学却是对理性、信念、理智的统治;理智是心灵的最高部分,甚至支配着意志。(同上书)

第21节 科学的分类

按照理性心灵的三种能力把科学划分为历史、诗歌和哲学,这种分类是最正确的。科学产生于和依存于这三种能力,其中:历史产生于和依存于记忆,诗歌产生于和依存于想象,哲学产生于和依存于理性。(《科学的完善和发展》第2编第1节)

其实,历史仅仅与受时间和空间限制的个体发生关系。因为虽然自然史似乎也研究类,可是这仅仅由于自然界里属于一个类的个体相互之间是如此相似,以致知道其中一个个体,也就知道所有的个体。因此,自然史也叙述像太阳、月亮这样一些在自己的类中独具一格的个体,或者像畸形者这种通过特殊形象与自己的类区别开的个体。不过,所有这些对象都与记忆有联系。(同上书)

诗歌——不言而喻,这里所说的诗歌只是指关于历史或寓言的创作——也与个体发生关系,可是这种个体是虚构的存在物;虽然诗歌也是仿照现实地存在着的个体的形象创造这些存在物，可是这里完全没有遵守现实的规律，而是按照在现实世界里永远不能实现的愿望去创造和虚构这些事物的。这正是想象的事情。（同上书）

哲学抛开了个体，它不是把感觉的最初印象当作自己的对象，而是把从这些印象中抽象得出的概念当作自己的对象。它遵循自然规律和事情本身的明显性，把这些概念联结起来和分离开来。只有理性才能完成这项工作。（同上书第2节）

这些各不相同的科学的主要部分如下。历史分为自然史（这一部分已在前面谈到）和国家史（Historia civilis）。后者（这里不谈专门的细目）又分为教会史、艺术和科学通史（迄今还没有这种通史）以及本来意义的国家史。诗歌或者是叙述的（narrativa），或者是戏剧的（dramatica），或者是寓意的（parabolica）。（《科学的完善和发展》第2编）

第22节　哲学

哲学①由三个部分组成：由于它以上帝、自然和人作为自己的

---

① 培根这样地谈论哲学的意义及其对认识特殊之物的必要性："有人认为花费在哲学和对普遍之物的研究上的全部精力都是白费的、没有成果的；这些人忘记了力量、生命、认识以及对个别之物的支配都是从这里汲取来的。"《科学的完善和发展》第2编第39页）有人认为一旦人们获得对科学的系统观察，就可以不要基本的哲学，不要认识最一般的原则——这种看法也是错误的。这种错误见解对科学的发展带来很大损害。只有站在高处才能鸟瞰科学的全貌；如果仅仅固守在这门科学的基地上，不利用像天文台那样普遍的（学科），就不可能观察内部的联系和比较遥远的知识领域。（同上书第1编第21页）

对象，因此它分为神学（即 naturalis——自然的，它不同于以《圣经》为基础的 inspirata）、自然哲学以及关于人的哲学。

对自然界的认识类似于直射的光线；对上帝的认识类似于折射的光线，因为上帝是通过异质的媒介物（创造物）被认识的；而对人的认识类似于反射的光线，因为人认识自身，在自身中反射自己。（同上书第 3 编第 1 节）

可是，在这三门科学之先应当有一门普遍的科学，它是其他一切科学之母，可以称之为第一哲学（Philosophia prima）。第一哲学应当包含有那样一些原则，它们不是任何一门特殊科学的私有财产，而同时是几门科学的公共财产。例如，甲和乙与丙相似，甲和乙彼此亦相似这样一个普遍原则就是如此，因为它不仅在数学中有效，而且在逻辑学中也有效；在那里，它构成三段论法的基础。（同上书）

第一哲学也在一个特殊部门中考察事物的相对的或附带的特性，例如：众多性和稀少性，平衡和不平衡，可能性和不可能性。可是，应当用一种与迄今为止采用的方法截然不同的方法来讨论和研究这些对象。譬如说，尽管从前对众多和稀少谈论得很多，可是从来还没有人致力于研究为什么一些生物在自然界里如此众多，而另一些生物却如此稀少。对于物质的同一和差异，对于为什么自然界经常在不同的类之间安插一些中间的、与这两类都有某种共同之处的生物，也很少作充分论证。因此，这些对象都只能从物理学的观点，而不是从逻辑学的观点加以考察和研究。（同上书以及第 5 编第 4 节）

自然哲学及其各个部分已在上面叙述过了。培根从通常的意义上给自然神学或关于上帝的哲学下定义，即把它定义为从自然理性和对世界的考察出发对于上帝的认识，这种认识也给我们详细地阐明上帝的这样一些特性：万能、智慧、善良、正义以及崇拜上帝的必要性。这样一来，只剩下关于人的哲学以及指出这种哲学的各个特殊部门了。（同上书，《科学的完善和发展》第4编）

关于人的哲学或者从孤立的状态，或者从联合中（segregatum aut conjugatum）去考察人，因此它或者是人的哲学（philosophia humanitatis），或者是国家的哲学（philosophia civilis）。在这两种哲学之前，还有一种普遍的科学，即关于人的本性和状况（de natura et statu hominis）的科学。这种普遍的科学又分为两个部分：一是关于人的不可分的本性（natura hominis indivisa）或个性的科学，它既研究人的痛苦，也研究人的卓越性或优越性（de miseriis humani generis et praerogativis sive excellentiis）；另一是关于心灵和肉体的联合或联系的科学（de focdere sive de communi vinculo animae et corporis），它部分地研究肉体和心灵如何相互显示，也就是说，心灵如何从肉体的特性和形式中得到认识，相反，肉体又如何从心灵的特性中得到认识，因此，这是一门关于征兆或特征（de indicatione）的科学，同时，它还部分地研究心灵和肉体如何相互影响，因此它构成一门关于印象（de impressione）的特殊科学。

关于处于孤立状态的人的哲学所包含的部分和人所包含的部分一样多，也就是说，它是由一切研究心灵和肉体的科学所组成。（《科学的完善和发展》第4编第1节）关于肉体的科学是按肉体的理想状态划分的，也就是说，它是由医学（以健康作为自己的对象）、美容学（以美作为自己的对象）、运动学（以力作为自己的对

象)和娱乐术(voluptuaria,以娱乐作为自己的对象)所组成。(同上书第2节)

关于心灵的科学有一部分谈论心灵的实体和能力,有一部分谈论这些能力的应用和这些能力的对象。(第3节)后一部分包括逻辑学和伦理学。逻辑学本身由四个部分组成:研究或发明的技术(ars inquisitionis seu inventionis),检验或判断的技术(ars examinis seu judicii),保存和记忆的技术(ars custodiae seu memoriae),最后,讲述和传授的技术(ars elocutionis seu traditionis)。(同上书第5编第1节)伦理学分为两个部分:关于理想、关于善或道德极乐(de exemplari sive imagine boni)观念的学说和关于指导和精神文化(de regimine et cultura animi,georgica animi)的学说。(同上书第7编第1—8节)

从联合或社会方面研究人的哲学(philosophia civilis),包括有关于社交的学说、关于处事的学说、关于国家及其管理的学说,(同上书第8编)

第23节 培根对基督教的态度

培根的技术和科学百科全书中的结论,构成一种"神圣的"或"具有神的灵感的"神学。培根把这种神学称为人类精神的港口、休息场所和顶点,因为在这里理智所依据的不是由物质事物所引起的感觉的证明,而是精神实体——它是一种比有形实体高尚得多的本质——的证明。这门科学的对象不是理性的事情,而是信仰的事情。培根说道:"正如我们应当不顾自己意志的反对而服从于神的规律一样，我们也应当不顾自己理性的反对而相信神的话语。神的秘密愈加荒诞不经，愈加不可思议，我们对上帝愈加尊敬，愈加相信神的秘密"。(《科学的完善和发展》第9编)因此，培根所从事的伟大改革只扩展到哲学，而没有扩展到神学，只扩展到世俗的、物质的事物，而没有扩展到宗教的、精神的事物。事实上，他是从对神的祈祷开始自己的改革的，为的是不让他所从事的事业使宗教蒙受损害，不让人们超出宗教的界限，不让人们利用充塞于自然界之中的光线去照亮信仰的秘密，不要以此去亵渎这些秘密，不要因此引起对这些秘密的怀疑。由于培根具有这样一些笃信宗教的情绪和思想，因此他被看成基督教自然科学家的典范。应当读一读上面已经谈到的德·律克的 *Précis de la Philosophis de Bacon*(《培根哲学概论》)，也应读一读前面已提到的论文"Le Christianisme de Fr. Bacon ou Pensées et sentimens de ce grand homme sur le Religion"("弗·培根的基督教或这个伟大人物对宗教的思想和情感")。这两部著作的目的都在于强调培根的宗教的、基督教的本质，用以反对把培根看作自己首领的法国经验论者和无神论者。

这两位作者强调培根同法国经验论者和无神论者的区别，他们诚然是正确的；可是，法国经验论者和无神论者认为培根是自己的同道者，他们也同样是正确的。培根是一个二元论的、自相矛盾的人。毫无疑问，他是一个虔诚的、笃信上帝的、甚至是正统的基督教徒，可是他同时也是一个不信教的非基督教徒。他的祈祷，他的宗教信仰，他从《圣经》中摘录的引文，他的最后一本著作 *De Augmentis Scientiarum*(《科学的完善和发展》)，他的其他一些散见于其著作中的宗教思想,这些当然都是他的基督教信仰的最好证明和产物;可是,他的主要著作,他的物理学,他的 Organum Novum(《新工具》),却是他的显然非基督教的、与基督教的本质截然相反的精神的产物和证明。

什么是培根的主要倾向呢? 这就是从自然界中去认识自然界,通过自然界本身去了解自然界,说明那个没有被人的精神或人的本质的杂质所歪曲的自然界。培根如此坚决地看作是必要的实验或工具只有一个目的,这就是不要从自然界与人的直接关系中、自然界对人的影响中以及人的感觉①中去认识自然界,而要从自然界与它自身的关系中、对它自身的影响中去认识自然界,因为,正如培根所说的,感觉只是对实验作出判断,而实验才对事物作出判断。例如,如果我把温暖的手伸进微温的水里,我的感觉就断然肯定水是凉的,可是,我的眼睛借助于温度表却指出相反的情况。因此,现在我们关于水的温度的判断依据于水对水银的影响;我们只是旁观者,可是恰恰由于这个缘故,我们才获得客观的判断。

自然界是物理的、感性的、物质的存在。因此,培根的主要倾向在于以一种与自然界的本质相符合的方式,亦即以感性的、物理的、物质的手段,去认识自然界。然而,恰恰这种感性的、物理的倾

---

① 当我读到海蒙对我的著作的批评时,我恰好写到这一段。我提醒这位作者注意,我在他所指责的《宗教的本质》第 48 节中指的那个自然界,从培根的时代起已经不是"抽象观念",而是具有存在,同时还可参考《哲学原理》第 7 节。(《全集》第 2 卷第 249 页)也许以后有机会时我将再对这一点作详细说明。在这点上,培根是我的辩护人,他的巨大的、独特的意义对于思辨哲学家来说至今还是一个谜。——(费尔巴哈在这里提出的愿望,在他于 1848 年在《模仿者》杂志第 5 卷发表的《对 R. 海蒙的答复》一文中得到了实现。参看本书第 7 卷第 506 页。——德文版编者注)

向是与基督教的本质或精神直接矛盾的。基督教教导说,上帝是那种用词或思想创造世界的精神,而在所有的创造物中间,只有人由于自己具有精神才是上帝的类似物。可是,既然精神、思想和词是自然界的创造者,那么培根作为一个基督教教徒怎么可以指责亚里士多德和柏拉图,说他们从词、范畴和观念中构造世界呢?难道他们不是恰恰在这一点上是基督教的先驱吗?为什么上帝的类似物不能在思想上创造出原型在现实中创造出的那种东西呢?为什么存在的原则不可能是认识的原则呢?既然精神在现实中存在于自然界之先,为什么精神不能在认识中、在主观上存在于自然界之先呢?难道这条道路与神的事物顺序不相符合吗?培根作为一个基督教徒如何走上一条相反的道路、即从感性中引出精神的归纳道路,并把这条道路赞美为真正的道路呢?难道这条道路不会不可避免地导致感觉论、唯物主义和无神论吗?难道我们沿着这条道路走下去不会必然承认物质的、感性的东西是原初的、直接的、非引申出来的东西吗?难道培根自己不是已经说过自然界中存在着没有原因的东西(Incausabilia)、存在着原因的界限吗?既然已经得出最后的、肯定的原因或物质(不管它是怎样的),还要询问另一个原因,那不是荒唐吗?难道从这里不是进一步走向否认自然原因或物质是从虚无中,即从思想或意志(培根自己称它们为超自然的、不可理解的天启)中创造出来而仅仅停留在自然界之中吗?如果"上帝、精神从虚无中创造出自然界或世界"这样一个命题不是意味着世界或自然界对精神来说等于虚无,那么这个命题究竟意味着什么呢?培根怎么会认为对人的精神的原型、因而对精神本身来说是虚无的东西、竟是精神的重要对象呢?竟是人类的幸福依赖于对它的认识的那种对象呢？培根说过："谁想在上帝的这样一句话——天和地消失了，可是我的话没有消失——中找到物质的天和地，那他就是考虑欠周地想在永恒的事物中找到短暂的事物。如果下面这个说法是正确的：谁想在哲学中找到神学即关于天启之物的科学，谁就像一个在死者中寻找生者的人；那么下面这个说法也同样是正确的：谁想相反地在神学中找到哲学，谁就像一个在生者中寻找死者的人。"精神既然在生者和死者之间、永恒之物和短暂之物之间有所选择，它怎么会专注于短暂之物呢？精神是否应当轻蔑地抛弃短暂之物，而专一地研究永恒之物呢？培根作为一个基督教徒怎么会把所谓精神在研究局部的、感性的、充塞于物质之中的事物时使自己的尊严受到损害这样一种见解称为可鄙的偏见呢？难道精神不是如他自己所说的那样是永恒的和不朽的吗？它怎么会从事于研究那些短暂的、低于自己尊严的事物呢？难道上帝——或者，精神自身，这几乎是一样的——不是他唯一尊敬的对象吗？培根怎么能把所谓真理是人生而俱有的、感觉的机能仅仅在于刺激精神而不在于教导精神这样一种见解称为荒谬的、傲慢自负的呢？这种见解是否能在人的精神是上帝的形象和类似物，亦即最高的、真正的本质的类似物这样一种学说中找到自己的根据或者至少找到证实和证明呢？难道人没有在自己的精神与上帝的相似中找到知识的唯一源泉吗？人如何能在自身之外寻找这一源泉呢？培根说，自然界所显示的不是上帝的意志，而只是上帝的威力；自然界足以驳倒无神论，而不足以论证宗教，因为它对上帝没有提出任何肯定见解，因此，严格说来，绝不能从自然界中推出上帝，因为在自然界的物质本质和上帝的精神本质之间没有类似之处,没有相似之处。上帝只是与它自身相一致,而自然界或世界,正如古代人所说的,不是上帝的形象,而是上帝的作品;同样,正如古代人所说的,人不是世界的形象,而是上帝的形象①。培根作为一个基督教徒怎么能够指望上帝的形象打开世俗感觉的闸门,而沉溺于污秽的、不信神的物质之中呢? 难道这不是意味着隐居韬晦吗? 难道这与基督教的学说和遗训是相符合的吗? 不,这是与基督教相矛盾的。在物理学、自然科学的领域内,培根否定了基督教的真理性和有效性。没有任何东西比基督教更加引诱人类离开自然界,没有任何东西比基督教引起或者滋养着更多的、培根称为对自然研究的最大障碍的见解和偏见。因此,培根排除了这些障碍,也就间接地排除了基督教本身。可是,这当然是指他仅仅作为物理学家、自然科学的改革者而言;因为,在自然科学领域之外和与这一领域相并列,他却是一个基督教徒,Comme il faut(像应当是的那样)。

---

① 这一段引自《科学的完善和发展》第 3 编第 2 节,《哲学的动力》,第 XII 页;《思想和展望》。

第二章　托马斯·霍布斯

第24节　从培根过渡到霍布斯

借助于经验，借助于对感性现实的知觉（培根把它赞美为真正的认识道路），我们一般称之为物质、感性或现象的那种东西，变成为精神的目的和重要对象。这与中世纪的那种从内在方面而言是宗教的和形而上学的生活是根本对立的；在中世纪，处于自然界的彼岸、处于眼前的和感性的现实界的彼岸的精神，一方面沉溺于考察神的本质，像在神秘主义中那样，另一方面沉溺于研究一般本质的抽象规定性，像在经院哲学的形而上学中那样。精神原来只是像它的对象那样的东西，现在却变成感性的、物质的东西。正如一个人原来住在与生活隔绝的学校之中，受到严格规章的约束，现在跨出校门，怀着独立自主的意识或情感投入生活一样，人的精神也离开中世纪的中等学校，摆脱教会的法规和旧形而上学的形式本质，进入近代的大学，它抛掉一切不可及的、超感觉的东西，仿佛被感性的激情所激动而献身于唯物主义，同时使自己变得空虚起来。

精神的这种空虚化首先以霍布斯的经验主义和唯物主义体系的形式表现出来。霍布斯希望实现不可能做到的事情，也就是说，他想把经验表述为哲学本身,并使之确立起来①。尽管如此,他无疑是近代最有趣、最机智的唯物主义者之一。正如霍布斯的哲学,或者说得正确一些,霍布斯的唯物主义不是以任何原始的东西,任何绝对的、无条件的东西,任何自我决定、自我运动的东西作为自己的内容和对象,同样地,就形式来说,霍布斯的哲学或他的体系(如果这个词可以应用于霍布斯的话),也不是体系,而是思想的机器;他的思想是纯粹的机械论,像机器那样表面地、松散地组合在一起,机器的各个部分虽然相互联系着,却始终是一种没有生气、没有统一的结合。这种思想像机械操作那样单调无聊、千篇一律和枯燥无味,像偶然性或表面的、机械的必然性那样冷漠和盲目,因为它对事物的各种不同的、特殊的内容漠不关心,把一切事物等量齐观,不加区别,甚至否认任何差别,它把只在某些对象的有限的、从属的范围内有效的规律和范畴,把有限的或外在的机械论的规律,推广应用于一切对象。在霍布斯以及后来的经验论者的经

---

① 把经验,至少那种粗糙的、未曾琢磨的、不完善的经验说成是哲学,这无论如何是一种矛盾。"可是,如果经验是完善的,它就不转化为无限吗?"但我也要反问:难道哲学是完善的吗?当然,对于自己来说,哲学家是完善的,在他看来,他的规定性是绝对的、符合的、最后的、完全必要的和普遍的;可是,在别人看来,在后代看来,这些规定性也是这样的吗?绝对不是,随着时间的进展,任何一种哲学的"绝对知识"将被证明是有限的知识,它的普遍性将被证明是局部性,它的绝对必然性将被证明是暂时的、历史的必然性。只要存在着经验向无限性转化,也就是说,只要世世代代绵延下去,哲学就将转化为无限。因此,思辨哲学对经验论的指责,也适用于它自身。而且,霍布斯的经验论,以及一般说来现代的经验论,绝不是绝对的经验论,而是有限的经验论;因为它在任何地方都把特定的现象变成绝对的本质。例如,霍布斯把计算变成思维的本质,把人在国内战争中的作用变成人的原初的本质。在《利维坦》第13章中,他自己就把国内战争援引为人的自然状态的例证(1847年)。

验论或唯物主义中居于支配地位的逻辑概念,由于它否认一切实体的、无条件的东西,因此只能是相对性或条件性的概念。因为,在这种经验论或唯物主义中,精神本身不是原始的、从自身开始的、原初的东西,而只是被规定、被制约的东西①,它的全部认识和概念都是从感觉的印象和表象中产生的,而后者又是感官和发生作用的对象之间运动的结果,发生作用的对象的这种运动本身又是由另一个东西决定的,后者又是由第三种东西决定的,如此类推下去,直至无穷。因为,在机械运动这个概念之中,没有包含原始性、独立本原的概念,而只包含条件性的概念。因此,经验论没有开端,没有中间环节,没有结尾,也就是说,它没有任何原则。因为,它不是以任何实体概念作为自己的原则,无论它的对象或它的概念都是相对的、有条件的。因此,它不是也不可能是一个体系,尽管它在外表上是连贯的,可是它内部却是不结实的、没有联系的。

但是,霍布斯的体系的重要性和历史意义,它的必然性以及它与近代史的联系,它的申辩和尊严,恰恰在于精神的这种空虚化和异化,在于思想的这种稀奇古怪的物质性。因为,人类精神在走出中世纪修道院那个狭窄阴暗的学校,走出它从前那个离群索居、与世隔绝的狭隘圈子,而进入近代自由的大学生活之后,又陷入另一极端,即把一切观念的、超感觉的东西,一切形而上学都当作毫无价值的虚构抛掉,而这种情况的出现完全是合乎规律的。在思维精神的发展过程中,也如在个人的发展过程中一样,经验论和唯物主义是这样一个时期,在那时,精神从它那个原初的、依然是纯粹

---

① 霍布斯在他对笛卡尔的反驳中说,精神不外是机体的某些部分中的运动。

主观的、并非建立在经验之上的唯心观念的顶峰，投身于感性生活的洪流之中。只有那种从这个充满经验的时期的闲逸生活中返回的唯心主义，才是经过检验的、对自身确信的唯心主义。因此，笛卡尔哲学的抽象的、主观的唯心主义，只有在从英国人的经验论返回到康德和费希特之后（在他们那里，精神又返回到自身、集中到自身），才变成一种内容更加充实、更可信赖的唯心主义①。

第25节 霍布斯的生平

托马斯·霍布斯于1588年生于威尔顿伯爵的领地马尔蒙斯堡，他的父亲是那个地方的牧师。他很早就显露出朝气蓬勃的才华，还在少年时期就进入牛津大学，当时在那里居于统治地位的仍然是从经院哲学观点阐述的亚里士多德哲学。对于他的思想发展来说，他到法国和意大利的旅行所起的影响，大过于学校教育所起

---

① 大概不会有人反对这里赋予经验论和唯物主义的那种意义，因为甚至有一位唯物主义者也把感性的东西说成是纯粹表面的东西，例如，霍布斯在谈到 der great deception of sense（感觉的大骗局）时，也否定感性表象的实在性；因为，唯心主义，如它在经验论的范围内所表现的那样，就是唯物主义本身。还必须指出，这里对经验论是按照它的一般概念来称呼的。霍布斯是一个完全抽象的唯物主义者，也就是说，在他的哲学中居于支配地位的概念是纯粹的物质概念、纯粹的物体概念，或者更正确些说，是抽象的、数学的物体概念，只有量才是这种物体的本质规定性。这种纯粹的、显然是想出来的物体是他的哲学中的实体。但是，在这种纯粹性和抽象性中，这种物体是一切感性的偶性，即一切质的否定性和观念性；也就是说，它不过是一种只有通过思想才能领会的属性，是一种完全抽象的质、量，是物体的实体的规定性。相反，在后来的唯物主义者那里，特别在法国唯物主义者那里，他们的哲学中居于支配地位的概念，则是感性的物质概念、感性的物体概念；在他们那里，沉溺于物质的抽象的形体性之中，变成了沉溺于感性之中，沉溺于感性表象和感觉的本质之中。

的影响。在这次旅行中,通过与这两个国家某些学者的结识和来往,使他开始对当时学校教育的效益和价值有所思考和怀疑。回到祖国之后,他怀着厌恶和反感的心情抛弃了当时的形而上学、逻辑学和物理学,认为它们对生活无所裨益,而且没有得到经验的证实。他转而努力学习希腊和拉丁的哲学家、诗人和历史学家的著作,并把其中图居第德的著作译成英文。阅读这些著作虽然增强了他对学校教育的厌恶,但他自己还没有掌握一定的哲学方法或哲学观点,而是倾向于折衷主义。这一方面是由于他自己的志趣,另一方面也由于他与培根的友好交往的影响,培根很赞赏他,说没有人比他更加敏捷地理解自己的思想。在第二次旅行中,他阅读欧几里得的著作(他开始阅读欧几里得的著作时已经 40 多岁了),这使他确信数学方法及其在哲学中的应用是有益的和适当的。第三次到意大利和法国的旅行对他来说意义更为重大,因为他在这次旅行中结识了伽利略、比埃尔·伽桑狄和麦尔欣,并对物理学发生了兴趣。1637 年回到祖国之后,地方上的人民运动促使他首先以主要精力从事于政治,希望从哲学中获得一种用以对抗他的祖国里的民主倾向的手段。为了躲避内战的灾祸,他又离开英国,再次来到巴黎,特别与伽桑狄过往甚密,并通过麦尔欣的介绍结识了笛卡尔。在这里,他出于关怀自己祖国的命运,并为了论证国王的权力和不受限制的最高权力对维护和平的必要性,他出版了自己的著作 *De Cive*(《论公民》)一书,印的份数不多,后于 1647 年在阿姆斯特丹再版,并增添了注释。

可见,霍布斯在这一著作中提出的政治原则,是与当时在英国居于统治地位的民主的、革命的原则针锋相对的。民主制把君主成分排除于国家之外,把全部权力集中于人民;与此相反,霍布斯却把君主成分变作国家的独一无二的原则,甚至把它理解为国家本身,从而把他的国家变成一个没有躯体的脑袋①。

他又从巴黎回到自己的祖国,但没有在国内参加任何政党,只是与哈维、谢尔登、考勒这样一些科学家来往,从事于自己的哲学探讨。

霍布斯通过他的著作,特别是《论公民》和《利维坦》这两本书(甚至在他死后,牛津大学还把《利维坦》焚毁,以示惩处),不仅在科学方面,而且在私交方面也使他与许多人处于敌对状态。他自己在写给沙姆埃尔·索比埃尔的信中说道:"数学家们与我争论"(由于他对数学的批评引起他们的反对),"许多政治家和教士也与我争论国王的权力问题。其中一部分教士迫使我从英国逃到法国,另一部分教士又迫使我从法国逃到英国。"但是,即使在这里教士们也不让他得到安宁,他们谴责他宣扬异端邪说,甚至谴责他宣

---

① 威尔曼在他的 *Histoire de Cromwell*(《克伦威尔传》)第 2 册中从政治和宗教方面这样地评论霍布斯:"C'etoit dans le spectacle de la revolution Anglaise, qu'il avait surtout puisé l'amour du despotisme, le mépris de la religion, profanée par tant de folies, et ce culte honteux de la fatalite et de la force, auquel il a reduit toutes les croyances et tous les droits. Embrassant le pouvoir absolu par haine pour les fureurs populaires, se réfuqiant dans l'athéisme pour échapper aux absurdités des sectes, ce philosophe incrédule avait été l'un des hommes les plus dévoués à l'autorité royale et l'un des plus ardents ennemis de toute réforme politique etc."("他特别从英国革命的情景中产生了对专制制度的热爱,产生了对由于干了这许多蠢事而声誉扫地的宗教的蔑视,产生了对命运和势力的可耻崇拜,他把一切信仰和一切权利都归结为命运和势力。这位不信神的哲学家由于憎恨人民的狂怒而拥护专制政权,为了躲避各个教派的荒唐行为而把无神论当作避难所。他是王室政权的最为忠诚的信徒之一,同时也是一切政治改革的最坚决的反对者之一等")。

扬无神论。他的最后一批著作是:荷马作品的译本,《关于英国内战的对话》(这一著作未征得他的同意便发表了),《生理学的十日记或关于自然哲学的十本书》,最后是一篇关于人的行为的必然性和自由的论战性文章。

霍布斯有一种幸运,这就是他的精力直至逝世之前始终没有衰退。他死于1679年,享年91岁。他终身没有结婚,认为这是一种最适合于哲学研究的生活方式,尽管他在年轻时代并不是一个憎恶女性的人。

霍布斯只是阅读非常杰出的著作,因此他读的书为数不多。他甚至经常说,如果他像其他学者那样阅读那么多的书籍,他就会与他们一样无知了。

在他自己编辑和出版的文集中(其中一部分是用英文写的,另一部分是用拉丁文字写的),对于哲学史来说最重要的著作有:《哲学原理》,共三册,分别论述自然哲学、人类学和国家学说;《利维坦》,他在这一著作中不仅十分详尽地阐发他的伦理思想和政治思想,而且提出他对于教会和国家、神学和哲学之间的关系的见解;最后是一些关于自由和必然性的论文,这些论文从心理学的角度研究意志自由问题,并按严格的决定论观点解决这个问题。他亲自于1668年在阿姆斯特丹出版了他的拉丁文版全集,其中除上述著作外,还收入了许多数学著作和物理学著作。他的友人奥布里为他写的传记是关于他的生平的主要材料来源。[①]

[①] 这篇传记载于拉道夫·巴瑟斯特出版的著作对《托马斯·霍布斯传记》(1681年)中。最近,莫尔斯沃思在1839—1845年间出版了霍布斯全集的英文版,共十一卷,最后一卷附有索引。这个版本的顺序有一部分不同于原来的拉丁文版。对(转下页)

第26节　霍布斯关于哲学及其内容、形式和分类的思想

哲学的对象是任何一种可以被设想为以某种方式形成的和以某种方式与他物相比较的物体，也就是一切可以加以组合和分解的东西，一切具有形成过程和特性的东西。因此，不是产生出来的或不具有特性的东西，就不是哲学的对象；因为哲学只是从事于从原因中认识特性，或从特性中认识原因。因此，哲学作为纯粹的物体学说把神学、即关于上帝的本性和特性的学说排除于自身之外；上帝是一种永恒的、并非产生出来的、不可理解的东西，简言之，是一切不是物体或不具有物体特性的东西。(《逻辑学》第1章第8节)

因此，无限之物不是哲学的对象。无论人或者其他有限的生物都没有无限之物的观念；只有无限之物才可能有关于无限之物的概念。我们所知道的一切只是我们从自己的感性表象或印象中获得的。知识和理性本身不外是由于外物作用于感官所产生的感觉运动。因此，我们的全部概念都是关于有限之物的概念。关于上帝，我们所知道的只是他存在着，他是绝对的，他是我们的上帝，

(接上页)《哲学原理》一书的个别部分作了不同的编排，可是思想观点在实质上依然没有改变。此外，莫尔斯沃思还再版了霍布斯自己原来用拉丁文写的著作(伦敦，1839—1845)。我们在 Dictionary of National Biography(《我国名人传记辞典》)关于霍布斯的条目中，可以看到近年来对他的传记研究的重要成果。这个条目是 G.C. 罗伯逊写的，他在 W. 奈特出版的 Philosophical Classics(《哲学名著》)第10卷中，还对霍布斯的哲学作了出色的阐述。还可参看特尼斯在弗罗曼出版的《哲学名家》第11卷中对霍布斯哲学的阐述。——德文版编者注

也就是说,他是国王、主人和父亲。(《物理学》第 26 章第 1 节和《论公民》第 15 章第 14 节)

因此,哲学不外是一种通过正确的思维或推论从结果或现象的原因中得出的对于结果或现象的认识,或者从现象或结果中得出的对于它们的可能原因的认识。哲学的目的仅仅在于给人类生活带来利益和优越地位。(《逻辑学》第 1 章第 2、6 节)

由于哲学只不过是关于物体的学说,而物体又有两种,一种是自然所创造的物体即自然物体,另一种是人的意志通过契约所创立的物体即国家,因此自然哲学和国家哲学成为哲学的两个主要部门。可是,由于对国家的认识又以对人的意向、情绪和道德的认识为前提,因此国家哲学又分为两个部分,即研究意向和道德的伦理学和研究公民职责的政治学。(同上书第 9 节)

自然哲学又由本体论(或 Philosophia prima[第一哲学])和本来意义的物理学(或关于自然现象的学说)所组成;本体论研究最一般的对象,研究物体及其偶性,广延和运动,它是关于关系、运动和广延的学说(应用数学和几何学)。(《利维坦》第 9 章和第 1 编、《论物体》)但是,作为"理性之光"的逻辑学[1]又位于这些科学之前,它以思想的符号、名称或词作为自己的研究对象,因为,如果没有它们,便不可能获得任何知识,而我们的思维和推理,正确与否又完全取决于对它们的正确应用。

哲学活动(思维或者推理)不是别的,就是计算。计算在于了

---

[1] 参阅 *Ad Lectorem*(《致读者》)这篇有趣的简短前言,他在那里按照摩西的《创世记》的形式叙述了自己哲学的发展过程。

解两数相加时得出的和与两数相减时得出的差。因此,一切思维都可以归结为加和减的运算;因为,计算不仅限于数,广延与广延、运动与运动、时间与时间等等也是可以加减的。(《逻辑学》第1章第2、3节)

由于思维一般说来不过就是纯粹外表的运算,不过就是加和减,而哲学又只是以被产生出来的和可分解的事物作为自己的对象,因此,在这种意义上,思维也与数学一样,完全是一种证明的科学;只要定义(即基本的原理、证明原则)是正确的,那么哲学的证明也能具有几何学证明所具有的那种可靠性。(同上书第6章第16、13节)

因此,对于那些具有原因和起源的事物,哲学在给它们下定义时也必须指出它们的原因和起源,例如,把圆形定义为由于把一条直线旋转为平面而形成的图形,因为证明的目的就在于认识事物的原因和形成的方式。(同上书)

但是,这种证明是从物质的起源中引出物质,因而是一种先天的证明,我们借助于这种证明只能认识那些其起源依存于我们自己意志的事物。因此,大部分有关广延的命题是可以证明的;因为,每个图形所具有的特性的原因就在于我们自己所画的线条之中,图形的产生依存于我们的意志;因此,为了认识图形的任何一种特性,只需要我们仔细地考虑从我们在画图形时所画出的结构中产生的那一切因素。但是,自然物的原因不在我们的权限范围之内,而且它的最重要的部分——以太是看不见的;因此,我们不能从它们的原因中引出它们的特性,而必须借助于后天的证明从结果和现象中引出它们的原因。同时,由于物理学即关于自然的科学,依据于几何学即关于广延的学说,而对运动——运动产生出自然界中的一切——的认识又以对量的认识为前提,因此在物理学中也有许多可以先天地证明的对象。相反,政治学和伦理学,作为关于正义和非正义、合法和不合法的科学,却是可以先天地证明的,因为我们自身就是契约和法律的缔造者,而契约和法律又是正义和合法的原则和原因;因为,在法律和契约出现之前,就既无所谓合法,也无所谓不合法[①]。(《论人》第10章第5节)

系统证明的特征在于:一、推理的整个系列都符合三段论法的规则;二、各个推理的前提,直至基本定义,都是预先经过证明的;三、定义之后继续发生的过程是按照研究者借以发现每一细节的那种方式进行的,因此,首先得到证明的是那些最接近于最一般的定义的事物,它们构成所谓第一哲学这种哲学的内容,其次是那些完全可以通过简单运动得到证明的事物,它们是几何学的对象;再其次是那些通过冲击和引力这样一些可以看得见的运动而得到证明的事物。由此又过渡到看不见的部分的运动或这些部分的变化,过渡到关于感觉和想象的学说即物理学;最后由此过渡到道德,它考察心灵的运动,如希望、情欲、爱、恨、恐惧,在它们之中包含有职责或政治的原始根据。(《逻辑学》第6章第17节)

---

① 霍布斯用以理解思维和证明的这种方式之所以令人感兴趣,不仅是因为它清楚地表现出他的思想方法的机械的外表性,而且因为其中已经包含有康德的思维观点,如雅各比所理解和阐述的那样。在雅各比看来,思维是外表的机械,只有可以构造出来的东西才是可以理解的,而可以构造出来的东西只能是人自己产生出来、制造出来的东西,因此无限的、永恒的东西是不可能理解的。

第27节　对霍布斯的自然哲学的评论

正如在霍布斯那里,思维这种最内在的精神活动不外是一种完全表面的、机械的计算作业,同样地,在他看来,自然界也不是像有生命的存在物那样的事物,而是——用近代哲学的术语来说——僵死的客体,因此他的自然哲学也不是自然哲学,而只不过是关于物体和运动的学说;因为,在从前的哲学中被称为物体或物质的那种东西,就是近代哲学中被称为客体的那种东西。霍布斯把他的自然哲学完全建立在数学观念的基础之上。在培根那里,数学只具有次要的意义;而在霍布斯这里,数学却具有首要的、起生产作用的意义;可以说,他完全是从数学中创造出自然界来。由于这个缘故,在他那里,自然界中唯一实体的、实在的东西必然就是物体本身,即只具有量或广延这种规定性的物体。这种规定性是唯一本质的、实在的宾词;没有这个宾词,物体就不能存在,也不能被想象。由于物体本身只有作为实体的东西才构成自然界的基础,而物体本身是僵死的、无差别的、相互分离的,因此,要排除物体的这种无差别性和分离性——通过这种排除产生出结合与联系,通过结合与联系而形成生命和规定性,物体变为有规定性的物体,广延变成质的广延——只有通过运动才能实现,而且这是一种以压力、冲击、引力的形式表现出来的机械运动。因此,运动就是规定性的原则。可是,由于在这些条件下,任何一种运动都以另一种运动为其基础,而后一种运动又以第三种运动为其基础,如此类推下去,同时由于运动的原则和开端不可能处于作为单纯物体的自然界之中，因此运动只能由思维的主体纳入自然界，思维的主体把运动作为一个从经验中得出的事实接受下来，运动不是自然界所固有的。感性的质使数学的物体变成感性的、感觉的、物理的物体，使事物得到区分和特殊化，并通过这种区分和特殊化把精神和心灵引入物体。正是由于只有数学的物体、即物体自身被设想为实在的、真实的，因此，在霍布斯看来，这些感性的质必然不外是一些没有本质的偶性，是发生作用的客体和发生反作用的、对立的主体之间运动的产物，也就是感觉主体的现象、形象、表象（Phantasmata）。（《第一哲学》第 7 章第 20 节，《逻辑学》第 6 章第 5 节）

诚然，运动是自然界的原则这样一种看法，是一种深刻的、正确的见解。可是，正如在亚里士多德看来，古希腊自然哲学家的错误在于他们把一种特定的元素当作事物的原则，而这一元素作为特定的东西恰恰不可能是如此千差万别地规定的自然物的共同原则；同样地，霍布斯和笛卡尔的错误（笛卡尔对自然界的看法实质上与霍布斯一样），虽然不在于他们把运动当作物质的规定性和差别性的原则，从而当作事物本身的原则，而是在于他们把一种特殊的、机械的、仅仅从数学方面规定的运动提升为普遍的原则。因此，在数学的观点单独地支配着精神的情况下，不可能形成任何关于生命、关于质的本性和关于真正物理的东西的正确观念。数学家必然把机械运动看作普遍的原则，必然把自然界看作机器，否则他就不能从数学的角度构造出自然界。对于这种数量的自然观来说，那种使自然界具有灵性的质，那种把生命的火花带入自然界的物理的东西，是某种被取消的、观念的东西，是纯粹的偶性，是不真实的东西；而生命本身则被这种自然观仅仅看作是一架机器，不论称它为水压机或其他机器那都一样。

第28节　霍布斯的第一哲学

如果我们不想象对象的特性，而只想象它在我们心灵之外的存在，那我们就有了空间的观念或影像。因此，空间是一个仅仅作为存在着的东西而存在着的对象的观念，也就是说，这时除了想到它在心灵之外的存在，没有想到其他任何一种偶性。（《第一哲学》第7章第2节）

正如物体在心灵里留下自己的广延观念一样，运动着的物体也在心灵里留下自己的运动观念，也就是留下一个按照不间断的先后顺序时而在这里、时而在那里奔跑着的物体的观念。这个观念就是时间。因此，当我们想到运动的先后顺序性时，时间就是运动的观念。可见，亚里士多德把时间称为运动的尺度，并不是完全正确的，因为，我们用运动来测量时间，而不是用时间来测量运动。（第3节）

物体是那种不依存于我们的表象而自在地存在着的东西，它与空间的某个部分相吻合或具有同样的广延。因此，物体是那种具有广延、实体性和存在的东西。（第8章第1节）

相反，偶性是我们借以想象物体的一定的形态和方式。当然，正如人们通常所说的，偶性处于物体之中，但不是像部分处于整体之中那样（因为，在那种情况下，偶性就是物体了），而是像广延、静止或运动处于具有广延、静止着或运动着的物体之中那样。偶性不是为一切物体所共有，而只是为某些物体所具有；即使物体没有

消失,偶性也可能消失。可是,如果没有广延或形状,物体就既不可能存在,也不可能被想象。(第 3 节)

物体的广延就是物体的大小,或者也就是有些人称之为实在的空间(spatinm reale)的那种东西。但是,这种广延不是像想象的空间那样依存于我们的观念:因为广延是想象的空间的原因,是那存在于心灵之外的物体的偶性,而想象的空间则是心灵的偶性。(第 4 节)

与物体的广延相符合的空间(即想象的空间、臆想的空间),被称为物体的位置,而物体本身被称为处于某一位置。但是,位置不同于大小,因为物体保持着同样的大小,而不保持同样的位置。位置只不过是关于具有某种大小和形状的物体的观念,而大小则是物体所具有的偶性;位置只是想象的广延,而大小却是实在的广延,或者是具有广延的东西。(第 5 节)

运动是不断地否定某一位置或离开某一位置而达到另一个位置。运动只能在时间中被想象。由于时间是运动的观念,因此,不在时间之中想象运动,那就意味着在没有运动观念的条件下想象运动。(第 10 节)

如果物体在一定时间内处于同一个位置,它就是处于静止状态。如果物体即使在瞬息时间内也不停留于某个特定位置,那它就在运动着。物体在移动着,因为它现在处于与先前不同的位置上,并将继续移动,因为它离开现在的位置并将达到另一位置。因此,在运动借以进行的空间的任何一个部分中,都可以区别开三个时间因素:现在、过去和将来。(第 11 节)

静止的物体如果不被处于它之外的另一物体把它推出静止状

态,就将永远处于静止状态。同样地,一切运动着的物体如果没有处于它之外的另一物体阻碍着它的运动,就将永远地运动下去。因为,如果不承认外界的阻碍,那就没有理由说明它为什么在现在而不在另一个时间静止下来,因此它的运动将会同样在时间的每一点上停止下来,而这是不可想象的。凡是运动着的物体,如果没有被另一个运动着的、与它相抵触的物体所阻碍,就将以同样的速度和按同样的方向永远向前移动。(第19节和第15章第1节)

因此,在先行的静止之后出现的任何运动的直接发生作用的原因,就是另一个运动着的、与它相接触的物体。任何一种运动都只是以另一种运动作为自己的原因。(《物理学》第26章第1节)

霍布斯在他的几何学之后,在从数学上论述了运动和广延的关系之后,转入论述本来意义的物理学,他是从感觉开始论述这种物理学的。根据他的那种抹煞一切差别的思想,他也把机械的运动法则作为感觉的基础;尽管如此,这里也能发现一些值得注意的见解。

第29节　霍布斯的物理学

由于感觉者的表象和影像并非总是一个样子,而是每当感官时而注目于这些对象,时而注目于那些对象时,感觉中也就不断地形成新的表象和影像,旧的表象和影像则逐一消逝,因此这些表象和影像是感觉者的变化。但是,任何变化都是变化者的内在部分的运动;因此感觉也不外是感觉者的内在部分的运动。由于运动只能由一个运动着的、与之相接触的物体所引起,因此感觉的直接原因就在于触动和挤压感官的那种东西。因此,感觉是一种内在的、由对象的最细微部分的运动在感觉者身上所引起的、并通过感官的中间部分传播到感官的最内在部分的运动。但是,针对这种由对象引起的、通过神经和皮肤传达到大脑并由此传达到作为一切感觉的源泉的心脏的运动,产生出一种阻力和抵抗力,或心脏的一种企图通过向外推挤的运动使自己从对象的印象中摆脱出来的努力,而这种向外推挤的运动恰恰由于这个缘故仿佛是某种外在的东西。因此,任何感觉中都存在着两种互相对立的运动,一种是对象的印象或作用,另一种是感官的反作用或反应;只有从这种持续了一定时间的反应中,才产生出形象或感性表象。(《物理学》第25章第1、2、3、10节和《利维坦》第1章)

　　人们通常把感觉或感性知觉理解为借助于形象、即通过对形象的比较和区分所得出的关于对象的判断。这里所指的这种含意的感觉,必然是与记忆联系着的,这样才可能把在先的东西和在后的东西加以比较和区分。因此,感觉也要求形象具有多样性,以便把它们相互区别开来。例如,假设某个人除视觉外没有别的感觉,而且总是注视着同一个对象,而这个对象在形状和色彩上又没有任何差别和多样性,那么这个人虽然注视着和凝视着,可是等于什么也没有看见。我总是感觉到同一个东西或者我什么也没有感觉到,这本来是一回事①。(《物理学》第1章第5节)

　　由于感觉的本质在于运动,因此感官不能同时被两个对象所

------

① 在霍布斯的著作中,特别在他的物理学和经验心理学中,包含有这样一些卓越的思想和见解。《论人》一书的第11—14章最为出色。

推动,从而形成关于两个对象的两个形象。在同一时间里,只能感知一个对象。(第6节)

当对象在场时,形象由以产生的那种感官运动名为感觉;当对象不在场、可是影像保留下来时,这种运动则名为幻想或想象。因此,想象是一种由于离开对象而减弱和暗淡了的感觉。(第7节)

感觉的主体是感觉者自身,即生物,因此,说得正确一些,是动物或生物注视着,而不是眼睛注视着。客体是被感觉者。因此,我们所看见的其实不是光,而是太阳;因为光、颜色、声音、温暖以及其他感性的质,都不是客体,而是感觉者的表象或影像。正如客体本身中的所谓感性的质不外是物质的运动(客体通过这种运动以各种不同的方式作用于感官),同样地,光、颜色等感性的质也是我们内部的不同的运动;因为,运动只能产生运动,无论在睡梦时或者在觉醒时的现象或质,只不过是感觉者的影像、偶性,而不是客体。正如对触觉感官的压力引起摩擦的表象,对眼睛的压力引起光的表象,对耳朵的压力引起声音的表象一样,我们所看到或听见的客体也通过压力引起表象,尽管这种压力是看不见的。因此,如果颜色和声音处于客体本身之中,那它们就不能脱离客体;可是我们在镜子对可看见的客体的反射中,在山谷对可听见的客体的反响中,确实看到颜色和声音与客体脱离的情况。可以看见的客体往往出现在我们确知它们不在的地方,并且在不同的地方有不同的颜色,还往往同时在不同的地方出现。(第9和10节)

质——例如,光——的形成是按下述程序发生的。太阳这个物体通过自己的运动把它周围的以太推开,从而使以太中的那个离太阳最近的部分运动起来,再由此推动它的较远的部分,最后直至这个运动触动和挤压眼睛的前面的或外面的部分,由这里又传到生命的最里面的中心——心脏。心脏所发出的相反的运动沿着与向内推进的运动所经历的途径相反的方向前进,最后以视网膜或神经表皮的向外推动的运动为结束。这种向外推进的运动恰恰就是光或者关于发光体的表象。(第 27 章第 2 节)

第 30 节　对于霍布斯的道德和政治的概述和评论

霍布斯的哲学,或者说得正确一些,他的经验,完全不理解精神和心灵。他的哲学把思维的领域限制在物质的领域内,只把物体当作哲学的对象,认为只有物体是可想象的,认为只有物体具有现实性和实体的存在,因此,这种哲学中涉及的不是心理学,即关于心灵的学说,而只是经验的人类学。因此,在这种哲学中,只有作为感性的、单个的、经验的个体的人才能成为道德的对象。可是,由于这种哲学以单个的、感性的个体为基础,把这种个体判定为实在的,因此,道德的基础——意志,即感性个体的意志,与个体的感性和个别存在相联系的意志,也必然是感性的,也就是说,是一种非精神的、非道德的意志,即欲望、企求。由于意志的体现者和主体,即单个的个体是被外在条件决定的,是由客体的机械的影响和作用决定的,简言之,是纯然地、完全地被决定的,因此,意志在这里也必然是一种被规定的、从属的东西,它不外是一种由自己的对象本身所引起的血液和生命精神的运动。其次,由于个体不仅是单个的,而且必然是独特的、与其他个体有区别的,因此意志

(它以单个的、独特的、有区别的个体作为自己的基础)的对象——善,也只是独特的、有区别的、纯粹个体的,也只是相对的。任何事物就其自身来说既无所谓善,也无所谓恶,感性的个体才是善或恶由以确定的尺度。因此,善只具有起良好作用、令人愉快、提高兴趣和带来利益的意义,恶只具有带来灾祸、令人不快、造成损害的意义。从这种观点来看,最大的善必然是保全生命,而最大的恶必然是死亡。(《论人》第11章第4、6节)

由于人只有作为感性的即单独的个体才能成为霍布斯的经验的对象和基础,并且只有在这种感性的单独性中才被确定为独立的、实在的,因此在他的经验中国家也必然不是原初的和自在地存在着的,而仅仅或者是通过暴力和征服、或者是通过个体之间的自由协商和契约而产生和建立的①。因此,在国家出现之前,必然存在着单个的个体具有不受限制的独立和自由的状态,即所谓自然状态。国家是这样一些个体的联合,这些个体在其感性的单一性和个别性方面被设想为独立的、实在的,并且由于它们的感性的单一性具有这种独立性和实在性,因此对于一切联合以及对于它们的相互关系,不仅是冷漠的,而且是敌视的。因此,国家只能是一种强制的状态或统一,这种统一不是机体的统一,而是一种压服权

---

① 被称为国家的那个强大的怪物,是一种假象,仿佛是一个人造的人。但是,它在力量和作用方面远远超过自然的人,而它被构想出来正是为了自然人的幸福和安全。(《利维坦》第1编第1页)如果人能够自己控制自己,即按照自然规律过日子,那么人就既不需要国家,也不需要任何强制的统治。(《论公民》第6章第13节注释)有两种国家:一种是自然的国家,它的权力是父亲般的、专制的;另一种是法律的国家,也称为政治的国家。在前一种国家,君主通过自己的意志获得臣民;在后一种国家里,公民通过自由的决定为自己选择君主。(《利维坦》同上)

力的统一,这不是一种隶属的权力,而是一种征服的权力,即盲目的、粗糙的、机械的权力。虽然个人在国家中获得了"公民"的称号和规定性,可是对于那个专制地进行压制的国家来说则失去了全部权利;个人对于他的同胞来说只保留对个别事物的有限权利①,而不是像自然状态中那样每个人对一切事物都有权利,但是,他们在国家之中却处于国家之外,在联合之中却处于联合之外,即处于所谓的自然状态,也就是说,他们仍然是一些单个的、自在地独立的个人。因为,公民就其自身来说,按其本性来说,对于国家的联合和统一是漠不关心的;只有当他们能够在国家中获得他们在自然状态下由于到处进行战争而得不到的愉快生活时,才会改变这种冷漠态度。因此,这群松散的、互不关心的个人必然只有借助于一种强制性的、拥有无限权力的统治力量才能联合起来;由于这个缘故,统一、国家只能存在于最高的、绝对的国家政权之中。因此,不论这种政权是几个或一个专制君主的统治,它始终是民族、国家本身②。当然,status civilis(公民状态)是一种不同于 status natu-

---

① 在国家形成之后,每个公民只为自己保留下愉快、平静的生活所需要的那么多的自由,其余的自由都被剥夺,为的是使它们不再造成危害。在国家之外,每个人对一切都有无限的权利;可是,这样一来,他实际上就不能获得平静安宁的快乐生活。在国家之中,每个人的权利都受到限制;可是他由此而使自己的生活有了保障。(《论公民》第 10 章第 1 节)

② Quod de civitate verum est, id verum esse intelligitur de co homine vel coetu hominum, qui summam habet potestatem; illi enim civitas sunt, quae nisi per summam corum potestatem non existit. (适用于国家的东西,也适用于拥有最高权力的人或会议,因为他们组成了只有依赖于最高权力才得以存在的国家)。《论公民》第 6 章第 4 节) Civitotem in persone Regis contineri(国家包含在统治者的个性之中)。(同上书第 6 章第 13 节注释)

ralis(自然状态)的状态,甚至是对自然状态的强制性的否定、否认,因为它否定了单个的个人在道德和自然状态下必然有的那种实在性,夺走了个人对于国家的全部权利、自由和独立;可是,与此同时,国家却仍然处于自然状态①,尽管恰恰是专制统治构成国家,构成公民状态和自然状态之间的区别。因为,专制君主具有自然状态下每个单个的个人所具有的那种对一切事物的权利;由于这个缘故,它恰恰也是一种自然状态。因此,公民状态和自然状态的区别仅仅在于:在前一种状态中,一个人或几个人手中集中掌握在后一种状态中所有的人所具有的全部权利。最高国家政权所具有的这种绝对不受限制的权力,使这种权力等同于自然状态下每个个人所具有的天然的自由;由于它不是被限制的和被规定的,因此它始终是非道德的、非精神的、非有机的,是一种否定国家概念的、粗野的自然力量。

从霍布斯的国家权利学说的全部基础中产生出来的这种矛盾,特别来源于霍布斯把权利仅仅理解为天然的自由,他把权利概

---

① 正如霍布斯所推论的那样,这一点已经包含在最高国家权力的起源之中。人们把自己的势力和权力、即自己的全部权利交给几个或一个统治者。诚然,统治者的权力和权利,按形式来说,即就它是别人交给的这一点来说,不同于另一些人的天赋的、自然的权利;但是,按内容来说,它相同于其他人所拥有的权利,即不受限制的、绝对的自然权利。那些把权力交出的人可能说:我们把自然界给予我们的权利交给你一个人,为的是你能用这个非常丰富的宝藏,用这个汇集在一起的权利,获得那种为维护和平与秩序所需要的权力。我们为了进入和平与秩序的状态,才走出自然状态,我们把你一个人留在自然状态,以便你从你的这个拥有充分权利的丰富宝藏中,给你原来的、可是现在被你弄得两手空空、赤贫如洗的同胞一些十分菲薄的权利。因此,通过建立对自然权利的无限权力,便形成一种掠夺别人的权利并加以严格限制的状态、即 status civilis(公民状态)。

念和国家概念分开,把权利从国家移到想象的自然状态之上。相反,国家只具有对不受限制的天然自由或自然权利加以撤消或限制的意义①。诚然,最高的国家政权拥有过分完备的、不受限制的自然权利,可是,正是由于这种权利被集中到几个人的手里,因此处于国家政权之下的人民所拥有的,只是原来那种不受限制、但现在受国家限制的权利的一点少得可怜的残余。因此,国家虽然一方面仿佛与自然状态相对立,可是另一方面又与自然状态没有质的区别,没有使人们得出一种就概念和内容来说与自然状态有质的区别的观点,没有使人们上升到道德、精神的阶段,它不过是一种受限制的自然状态。

这一点从霍布斯对于国家的目的的看法中也能得到说明。国家的目的在于取得和平以及建立在此基础之上的人民的即公民的或者毋宁说人群的幸福。可是,幸福就是保全自己与获得使身心愉快的生活享受。国家之中的生活是这样一种生活,在这种生活中,彼此互不关心的、受到国家法律的限制和约束的个人,和平共处,过着愉快有益的生活;而在自然状态下,个人是不受限制的和互相敌视的,处于到处交战的状态,过着不愉快的、有害的生活。愉快生活当然不同于不愉快的生活;但是,这两种生活具有一个共同的概念,即作为单个的自然个体的人处于感性的主观性范围之内;在愉快的生活中,也如在不愉快的生活中一样,我同样地处于

----

① 权利是一种天然的自由,它不是法律创造的,是不能完全取消的。即使废除了法律,这种自由仍然完全存在着。这种自由首先受到自然法则和神的法则的约束,其次受到公民法律的约束……因此在法律和权利之间有着很大的区别。法律是枷锁,而权利是自由,它们是根本对立的。(Imper. 第9章第3节;《论公民》,第13章第15节)

自然状态。由于国家的目的在于使个人即 dissolutae multitudinis（零散的众人）获得肉体上的健康,因此国家只不过是对自然态状的一种限制,也就是说,它只是约束和限制个人,因此这些个人仍然不具有任何精神的和道德的规定性与质,相互之间仍然是外在的,对于自身和自己的感性自我来说,仍然是兽性的和残酷的,就像在自然状态中那样,不过他们现在不再以破坏和平、安全和幸福生活的战争形式表现出自己的残酷性罢了。

当然,随着国家的形成,也就在国家之中产生了普遍意志、普遍理性和个别意志、个别理性之间的区别,从而排除了存在于自然状态和道德中的关于什么是善和恶的不确定性和相对性。可是,这种普遍的意志和这种普遍的理性只是通过权力才成为普遍的,也就是通过最高国家政权的为所欲为、独一无二和压倒一切的意志才成为普遍的,而最高国家政权正是由于自己具有无限权力而处于自然态状。它之所以是普遍的意志,只是因为它拥有发号施令的权力;这不是就它的内容而言,它的内容对一切都是漠不关心的,因而它本身与掌权者的独断专横没有区别。最高国家政权所吩咐的事情(不论这种事情按其性质和内容来说是否普遍的,即真实的和合法的,那都无关紧要)就是合法的,而它所禁止的事情就是不合法的。由此可见,作为自然状态的基础的独断专横原则,也就是国家的最高原则[①]。

[①] 合法的统治者通过他的命令确定什么是合法的,通过他的禁令确定什么是不合法的。(《论公民》第12章第1节)最高权力的执掌者不受国家法律的约束。(Imper. 第6章第14节)因此,与合法性、正义性一样,公民的德行仅仅在于绝对的服从(obedientia simplex),(《论公民》第6章第13节和第12章第2节)即在于盲目的、毫无(转下页)

第31节　关于霍布斯的道德

痛苦和快乐的感觉不同于以上考察的感性的知觉或感觉。这种感觉不是产生于心脏对外在刺激的反应,而是产生于从感官的最外面的部分推向心脏的运动。由于心脏是生命的原则,因此从感觉推向心脏的运动必然以某种方式促进或者阻碍生命的运动即血液的运动,并且以快乐或痛苦的形式表现出来。正如从向外推进的运动中产生出来的表象仿佛存在于我们之外一样,痛苦和快乐的感觉由于产生于向内推进的运动,因此仿佛存在于我们自身之中。(《物理学》第25章第12节)

正如感性的客体是表象的原因一样,它们也是快乐和痛苦或企求和厌恶的原因,因为,企求和厌恶之区别于快乐和痛苦,只不过有如企求区别于享乐或未来区别于现在一样。要知道,企求也是快乐,厌恶也是痛苦;但是,企求是对于愉快之物的快乐,厌恶是对于不愉快之物的痛苦,这种不愉快之物不是现存的,而是仍在期待的。因此,我们企求某种东西,并不是因为我们希望这种东西(因为希望本身也是企求),我们厌恶某种东西,也不是因为我们不希望这种东西,而是因为企求也如厌恶一样,是由所企求或所厌恶

(接上页)区别的、不受任何内容决定的服从;因此,法律的原则即什么是合法和不合法的原则,以及与此相关的国家本身的原则,只不过是那个仅仅服于主观的、不确定的道德法则的统治者的纯粹的、空洞的、没有内容的、完全形式的意志,也就是说,是一种纯粹的专断专横,它的命令之所以具有普遍的客观效力,不是出于它的内容或基础,而只是因为它是必须执行的。

的客体本身引起的,或者是这一客体所引起的那种想象中的快乐或痛苦的必然结果。表象存在于企求之先,因为,我们只有通过经验或者感觉才能知道,我们所看见的事物是愉快的还是不愉快的。如果企求存在于思考之先,那么这种企求就称为意志。意志和企求的对象是相同的,只是观察的角度不同罢了。(同上书第 13 节和《论人》第 11 章第 1、2 节)

因此,人所拥有的希望和不希望的自由并不比动物所拥有的多一些,因为,在企求者那里,企求总是有充分原因的,企求本身是这种原因的必然后果。因此,无论人的意志或者动物的意志,都不具有摆脱必然性的自由。当人希望某种东西时在人的心中发生的情况,不同于其他动物在经过思考之后希望某种东西时心中发生的情况。但是,如果我们把自由理解为我们希望做什么就做什么的能力,而不是理解为希望的能力,我们就可以认为人和动物都拥有这种自由。(《物理学》,同上)

我们所切望的一切,名为善;我们所规避的一切,名为恶。但是,没有任何东西可以称为绝对的善,因为一切善总是对某些人来说是善,都是相对的。根据人、时间、地点以及其他情况和条件,某些事物被称为善,某些事物被称为恶。(《论人》第 11 章第 4 节)

最高的善或幸福,也如最终日的一样,在现实生活里是达不到的;因为,一旦达到最终目的,一切企求也就停止;如果人达到最终目的,那对他来说并不是幸福,他甚至不再感觉,因为一切感觉都是与某种企求或厌恶联在一起的,而没有感觉就意味着没有生命。可是,最大的幸福就在于永远无阻碍地从一个目的达到另一个目的。甚至在快乐中,快乐也仍然是对希望之物的企求,即快乐者的

心灵穿过快乐对象的各个部分的运动；因为生命是不停息的运动，它如果不能按直线前进，便按圆圈旋转。（同上书第 15 节）

第 32 节　关于霍布斯的政治

所有的人生来就是平等的，对于一切事物都拥有权利。因此，只要人们生活在国家之外，处于纯粹的自然状态之中，那么，由于人们的贪欲，由于人们处于平等地位，由于人们对一切事物都拥有权利，因此必然爆发一切人反对一切人的战争，必然出现这样一种状态，在这种状态中，可以为所欲为，既无所谓合法，也无所谓不合法。但是，这样一种权利绝不是有益于人的，因为它的结果几乎等于人们仿佛没有任何权利。由于这种状态必然引起人们相互恐惧，由于人们确信一切人反对一切人的战争极其有害，使他们不可能达到每个人生而俱有的保全生命的目的，因此，人们越出这种状态去寻求和平。因此，人们放弃他们对于一切事物的权利，通过契约互相承担义务并联合起来；契约是自然规律或道德法则要求缔结的，以求维护和实现和平，而和平也同样是理性或自然规律、道德法则所要求的，以便同心协力地进行活动。但是，为了达到这个目的，也就是说，为了维护安全（这是自然界或理性规定的、制约着和平的规律所要求的），只有一个简单的协定或者一个没有共同权力的团体（个人由于害怕惩罚而服从于它）是不够的。为了达到这个目的，还需要有一种形式上的团结（unio），这种团结要求各个人的意志完全服从于某一个人的意志。因此，为了建立和维护和平，唯一的手段是每个人把自己的全部力量和权力交给某一个人或一个由一些人组成的会议,从而把所有人的意志归结为一个统一的意志,也就是说,一个人(或一个会议)代表了所有单个的人,而每个人也认为自己应对这个人的所作所为负责,并使自己的意志和判断服从这个人的意志和判断。于是,所有的人联合为一个人格。这种联合是通过人与人之间缔结的契约实现的,仿佛每个人对另一个人说:我把我的支配自己的权力和权利交给这一个人(或一个会议),条件是你也把你的权力和权利交给同一个人。这样一来,人群就变成一个人格,于是形成国家,即那个庞大的利维坦或有死的上帝;我们之所以能在不死的上帝的统治下获得和平与庇护,应当归功于这个有死的上帝。(《论公民》第 1—5 章和《利维坦》第 17 章)

除了这个其意志代表着所有人的意志的人之外,任何一个公民或者所有的公民加在一起,都不能认为自己就是国家。国家只是这样一个人格,他的意志根据众人所缔结的契约具有普遍意志的力量,从而利用这些单个的人的力量和能力使大家都得到庇护与和平。(《论公民》第 5 章第 9 节)

这个会议或者人——他的意志是每个人的意志必须服从的——在国家中拥有绝对不受限制的、不可分让的权力。因为,他的手中握有司法审判的宝剑,他就是立法者,他委任法官和官吏,他决定什么是合法的,什么是不合法的,他取缔有害于和平的学说和见解。他无论做什么事情,都一定不会受到惩罚。他不受国家法律的约束,因为国家法律就是他的命令。公民没有任何自己无权占有的财产;因为他的意志制约着所有单个人的意志,而国家才是财产的源泉。在国家中拥有最高权力的人不能对公民做任何不合法的事情,因为不合法的事情就是破坏契约;但是,最高国家权力并不由于契约而对任何人负有责任。因为,举例来说,君主国是从人民的权力中产生出来的,人民把自己的权利即最高权力交给一个人,但当君主从人民那里获得自己的权力之后,人民就不再是人民了,也就是说,不再是人格了;由于人民不再是人格了,因此对人格的责任也就消失了。(同上书第 6、7、12 章)

因此,国家体现在国王身上或者一般地体现在最高国家权力之中。可是,为了理解国家这个概念,把人民和人群区别开来是很重要的。人民是统一的,具有统一的意志,还可以认为它具有统一的行动;可是对于人群则不能这么说。在任何一个国家里,都是由人民来管理;甚至在君主国中,也是由人民通过一个人的意志进行统治,因为人民愿意这么做;而人群则是由公民、臣民组成的。在民主政体和贵族政体中,选民是人民,而公民是人群。在君主政体中,臣民是人群,国王是人民。因此,国家背叛国王这样一种说法是完全错误的;因为这是不可能的,只有人群可能背叛人民。(同上书第 12 章第 8 节)

而且,由于国家的建立并不是为了它自身,而是为了公民,由于人们为了生活得更加愉快才自愿加入国家,因此统治者的唯一的和最高的职责就是关怀人民的幸福。(同上书第 13 章第 2、4 节)

第 33 节 对霍布斯的国家权力的批判考察

霍布斯的国家权力,也如他的全部经验一样,分裂为全然的对立和矛盾。在他的著作中无疑能看到一些就其本身而言是深刻和正确的思想,可是甚至这些思想也由于它们由以被理解和表达的方式,而消失在自相矛盾之中。例如,下述观点无疑可以归入这些就其本身而言是正确和深刻的思想之列:国家不仅是社会,而且是统一体;道德只有在国家(当然,这里指的是就其本质、就其自身而言的国家)中才是现实的,才具有普遍的、客观的、确定的存在;只有随着国家的形成,才有了用以确定合法和不合法、善和恶的普遍尺度,从而才能确定普遍意志和个别意志之间的区别;最后,还有一个与此相关的观点:理性仅仅存在于国家之中,人在国家之外则处于野兽状态①。但是,统一思想被统一这个词的定义所损害,因为这不是在单一之中有区别的、持续的、整理就绪的、即有组织的理性的统一,而是傲慢自大的统一;它之所以是统一,只是因为它代替了将被联合的东西,它是那种独一无二的、从而自以为是普遍的个别性或主观随意性的统一。因为,Cives(公民)对于这个Unio(统一)来说仍然是单纯的人群,仍然是 Multitudo dissoluta(零散的众人)。关于统一和国家的定义使得第二个观点也站不住脚;因为合法与不合法、善与恶的原则,普遍理性或普遍意志,只是一种形式的意志,即一种虽然是被授与的,可是事实上非常傲慢的和粗鲁的权力,一种把自己看作是统一和普遍性的专断专横,不论这种权力是许多人的 Corpus(联合)也罢,或者元老院也罢,或者只是一个人也罢。公民的意志和理性不是包含在统治者的意志和理性

---

① 自然状态和公民状态之间的关系,即自由和服从之间的关系,相同于情欲和理性、动物和人之间的关系。(《论公民》第 7 章第 18 节)关于 cognitio privata(局部知识)和普遍知识,即国家理性之间的区别,可参考:例如,同上书第 12 章第 1 节和《利维坦》第 29 章。关于国家是道德的普遍尺度,可参阅《论人》第 13 章第 8、9 节。

之中,毋宁说是被后者吞没了,公民的权利沉没于国家政权的权利的深渊之中,尽管最后公民作为国家的目的重新出现于存在的阳光下,因为公民的幸福就是国家的目的;可是,正是由于国家(它本应是理性和客观道德的存在)被归结为一种简单的、以满足个人的肉体幸福为目的的手段,从而不仅使头两个观点,而且使第三个观点也被否定了。因为,国家起源于对自然状态的否定,可是,正是由于把满足人群的肉体幸福,也就是使作为单个的、感性的个体的人能够获得经验上的愉快生活当作国家的目的,因此国家的目的在本质上说仍然是一种自然状态,尽管现在这种状态是愉快的,已经摆脱了普遍战争的拖累和损害。因此,按本质的概念来说,国家和自然状态之间的区别也被否定了。

第34节 霍布斯对宗教的态度

"霍布斯是否是无神论者,还是一个问题。"有些人把他"划入无神论者之列,并把他抛弃在那里";可是,贡德林却在这点上为他辩护①。"霍布斯既不是一般的高级僧侣的朋友,也不是英国的高级僧侣的朋友。他的'黑暗王国'(僧侣的统治,特别是天主教僧侣的统治,《利维坦》第44—47章)既不利于这些僧侣,也不利于教皇。可是,谁从僧侣和教皇那里拿走某种东西,谁就是异教徒和无神论者。谢尔登恰恰应当属于这一类人,因为他指责他们征收宗教什一税;霍布斯比谢尔登走得更远些:他把婴儿和水一齐泼掉,

---

① 《贡德林著作集》第14卷,片断,1717年。

他有一种特殊的哲学和神学。"

有些人指责霍布斯主张无神论,其头一个根据是,在霍布斯看来,只有物质的、物体的东西才是实在的,因此他认为上帝是一种物体。相反,霍布斯在《利维坦》的附录中为自己辩解:"如果可能的话,请你给我指出《圣经》中'非物体的'或'非物质的'这样的词。我却能向你指出,全部神性都活生生地体现在基督身上。使徒说,我们大家都生活于和活动于上帝之中。可是,我们大家都是有广延的。有广延的东西如何能处于没有广延的东西之中呢?《圣经》中说,上帝是宏伟的;可是,没有物体性,宏伟是不可能想象的。"这一指责的第二个根据在于,霍布斯把上帝的特性(例如智慧)说成是一些不可理解的属性,这些属性只是作为尊敬的标记被加诸不可理解的存在物。对于这一指责,贡德林指出:"我不了解为什么把那些认为……上帝的特性是 incomprehensibel(不可理解的)的人看作是无神论者,因为所有的 Theologi(神学家)都承认,proprie(老实说),我们对上帝的特性和他的整个本质都毫无所知,毫不了解,而不是因为上帝所有的一切都是无限的,对于上帝我们只能作 en général(一般的)论述。"贡德林说得很对。霍布斯不是无神论者,至少不是比我们的同时代人更加地道的无神论者。从局部的、实在的方面来说,他当然是唯物主义者、无神论者;可是,en général(一般说来),他却是有神论者。上帝是一种物体;可是他是什么样的物体呢?是像空气、光、水、太阳、月亮、星辰、石头、植物、动物和人那样的物体吗?不!只是 en général(一般的)物体,没有物体性的物体;因此对于这种物体,我们毫无所知,不可想象,无法加以描述。霍布斯说(《利维坦》第 31 章):"如果不想给上帝一个不符合于自然理性的称号,那就应当仅仅采用一些否定的词汇,如无限的、永恒的、不可理解的、或者一些最高级的词汇,如最高的、最伟大的,或者一些不确定的名称,如善良的、正义的、神圣的创造主,如此等等,以便用这些词来表达对他的尊敬和仰慕,① 而绝不是想以此说明上帝是什么。对于上帝的本质,只有一个称号:他存在着(Unicum enim naturae suae nomen habet:Est)。" Quid sit——本质、内容、肯定之物属于无神论、世界、感性,而纯粹的"存在"则属于有神论、神。可见,霍布斯没有否认上帝;可是他的有神论按其本质、按其内容来说,和现代一般的有神论一样,也是无神论;他的上帝只不过是一种否定的本质,或者毋宁说是一种非本质。

如果要更加详细地论述霍布斯对基督教的宗教和教义的态度,那就还必须指出,在他看来,所谓积极的宗教只是国家的事情,国家就是上帝的王国,(《利维坦》第 35 章)国家的领袖也就是教会或宗教的领袖②,是上帝的代表和代理人,"上帝的意旨只有通过国家才能被人们所认识",(《论人》第 15 章)因此,霍布斯作为一个驯服的公民使自己的意志服从于自己国家的法律,根据同样的理由,他也使自己的理性服从于国教的教义。至于他在内心里对基

---

① 这句话说得很对,上帝的宾词只不过是人的精神、人的情感的宾词。在霍布斯的著作中可以找到一些关于宗教及其起源的卓越见解;当然,这只限于那些非基督教的宗教(1947)。

② "世俗的事务和宗教的事务必须服从于一个主人,否则,它们两方都要受到损害,这不仅由于在国家和教会之间,在世俗政权的代表者和宗教政权的代表者(其中一方握有司法之剑,另一方握有信仰之盾)之间发生争执,而且,更坏的是,还由于在各个基督教徒的内心之中爆发基督教徒和人之间的斗争"。(《利维坦》第 39 章)

督教信仰的神秘性的态度,可以从他的下述评论中得到详细说明:"信仰的神秘像一些有益于治病可是辛辣的药丸一样,应当整个儿一口吞下;如果把它们细细咀嚼(即用舌头加以品味),那通常不得不把它们吐掉"。(《利维坦》第 32 章和《论公民》第 18 章第 4 节)

第三章 比埃尔·伽桑狄

第35节 伽桑狄的生平和他在哲学史上的意义

在经验论的复兴者和促进者中间,霍布斯的同时代人和友人之一比埃尔·伽桑狄占有显著位置。他在1592年1月22日生于尚太尔西耶,这是法国迪尼主教区所管辖的一个小地方。他最初担任迪尼大教堂的首席神甫,后来在巴黎 Collège Royal(皇家学院)担任数学教授,1655年10月24日死于巴黎。他在青年时代不仅研究当时在学校里居于独占统治地位的亚里士多德哲学,而且他自己还作为哲学教授讲授亚里士多德哲学达数年之久。但是,通过阅读西塞罗、比埃尔·拉穆斯、路易斯·斐微斯等人的著作,他很快就不再崇拜亚里士多德了。他对亚里士多德非常不满,以致他上午还宣称自己是后者的信徒,下午就反驳他的观点。因此,他的头一部著作就是矛头指向亚里士多德,至少是反对那个被学校当神一样崇拜的亚里士多德。这一著作是本着怀疑主义精神写成的,它自称为奇谈怪论①,其实它的目的在于指出亚里士多德哲学的奇谈怪论。他对学校中的哲学家们说:"据说太阳具有形式和质料,据说空气具有形式和质料,据说雨具有形式和质料,据说石头、树、人也具有形式和质料。多么宏伟的哲学啊! 万物都具有形式和质料。这样一来,我们就认识万物了! 为什么我们还要辛辛苦苦地研究自然界呢?"伽桑狄说,由于亚里士多德哲学统治的结果,"全部哲学几乎对自然界毫无所知"。(《奇谈怪论地反对亚里士多德派的研究》第 2 编第 6 个习题)德谟克利持和伊壁鸠鲁的那种从感性地确定的原则出发,把自然界分解为它的元素的原子论,必然比亚里士多德的哲学更加投合于他自己对于经验的自然研究的爱好。当时其他一些思想家也注意到这个方面。培根就已认为德谟克利特胜过于亚里士多德。克洛德·德·伯里加德医生(死于 1663 年)和约翰·克里索斯托姆·玛格涅鲁斯医生在他们的 *Democritos Reriviscens*(《德谟克利特的复活》)中,试图使原子论得到新生。伽桑狄首先由于写了一些从历史上理解和复兴在中世纪已完全湮没无闻的伊壁鸠鲁哲学的著作,博得人们的赞扬。他叙述了伊壁鸠鲁的生平以及他的道德意义;他详细地注释第欧根尼·拉尔修的十书,并亲自对伊壁鸠鲁的哲学作了系统的阐述②。培尔称他为人文主义者中间最优秀的哲学家,也是哲学家

---

① 这一著作的标题为:*Exercitationes paradoxicae adversus Aristoteleos*(《奇谈怪论地反对亚里士多德派的研究》)。

② 这些著作的标题是:*De vita et moribus Epicuri*(《论伊壁鸠鲁的生和死》)、*Animadversiones in X Librum Diog. Laertii*(《对第欧根尼·拉尔修的十书的评论》)、*Syntagma Philosophiae Epicuri*(《伊壁鸠鲁的哲学体系》)。

中间最有学识的人文主义者。这话说得很对,因为伽桑狄在哲学史上不仅是一个复述别人思想的、博学的哲学史家,而且是一个独立思考的思想家。他在自己的 *Syntagma Philosophicum*(《哲学体系》)中系统地叙述了哲学的各个部分。他的著作于1658年以六卷对开本的形式在里昂出版。头两卷包括他自己的体系;其余几卷是历史的和评论性的著作。沙姆埃尔·索比埃尔写过他的传记[①]。

伽桑狄虽然以古代的原子论作为自己的依据,可是他也坚持思想的独立性。因此,他愤怒地对亚里士多德的信徒们说,你们多么卑鄙啊!对于与宗教相关的事情,理性当然必须服从于信仰,可是对于与自然界相关的事情,你们的理智却拜倒在这个或那个哲学家的脚下!你们多么懒惰啊!你们不是用自己的眼睛,而是用亚里士多德的眼睛观察自然,你们不是研究自然界本身,而只是研究亚里士多德关于自然界的著作!你们还多么胆怯啊!你们不相信自己的力量和才能,而认为自然界已经被某个天才穷尽无遗了,自然界已经不能创造人、而只能创造猴子了,仿佛自然界已经不是原来那样,因此不能像过去那样产生出伟大的才智了。(《奇谈怪论地反对亚里士多德派的研究》第1编第11个习题)伽桑狄本着这种精神指责亚里士多德的追随者,同时也本着这种精神接受伊壁鸠鲁的哲学;这就是说,他不是作为猴子,而是作为人;不是作为反刍动物,而是作为一个独立思考的思想家。他与伊壁鸠鲁的分歧,不仅在于伊壁鸠鲁不赞同基督教的神学,而伽桑狄自己却很不

---

① *De vita et moribus Petri Gassendi*(《比埃尔·伽桑狄的生平和去世》),刊载于上述全集的前面,后于1662年在伦敦以单行本出版。

彻底，而且在于伊壁鸠鲁的学说不能适应理性和自然科学的成就，因此，在这方面，伊壁鸠鲁只不过是伽桑狄自己思想上的一个历史起点，是伽桑狄在出色地、鲜明地阐述现代物理学和天文学的发现方面的一个历史起点①。

第 36 节　伽桑狄的逻辑学

哲学是对智慧的爱，也是对智慧的研究和应用，而智慧是心灵的一种正确地思考事物和正确地立身处世的素质。因此，哲学以真理和德行作为自己的主要对象，从而以物理学和伦理学作为自己的主要部门。这两个部门的基础知识是逻辑学。这是一门不研究任何特殊对象的普遍科学。物理学和其余的科学，研究它们所涉及的特定对象中的真实之物；而逻辑学则给它们指明道路，提供一般的规范和法则，运用这些规范和法则，就能使它们始终站在真理的大道上，而在陷入迷途的情况下，也能依靠这些规范和法则认清迷途之所在，重新走上正确的道路。因此，可以把逻辑学定义为一种如何正确地思考即正确地想象（bene imaginari）、正确地判断（bene proponere）、正确地推论（bene colligere）、正确地整理（bene

---

① 沙勒在其自然哲学史第一卷中正确地断定了伽桑狄的作用。不改变我对哲学史的全部观点，我就不能以一种与目前叙述方式不同的方式来纠正和扩大我以前对伽桑狄的评论。遗憾的是，在修改自己对伽桑狄的叙述时，我手中只有他的 Exercitationes（《奇谈怪论地反对亚里士多德派的研究》）和 Animadversiones in Diog. Laert.（《对第欧根尼·拉尔修的十书的评论》），而它们只能给伽桑狄的全部著作提供一个简略的概貌（1847）。

ordinare)的技术。(《逻辑学》第2卷第6章)

至于认识和真理标准,那就必须采取怀疑主义和独断主义之间的中间道路。我们有两个真理标准:一个是感觉,我们通过它获得对象的标记;另一个是精神或理性,我们通过它并借助于推理认识隐蔽的本质。因为,我们通过感觉感知某种东西,通过理性领会某种东西,一切理性知识都来源于感觉,因此感性标记必然先于理性,感性标记引导理性去认识隐蔽的本质。例如,我们把从皮肤渗出的汗当作一种感性标记,并由此推出皮肤具有毛孔,尽管感觉既没有使我们辨别出这些毛孔,也没有向我们指出这些毛孔。在进行这种推论时,我们还借助于一些毋庸置疑的原理和原则,我们通过归纳法从感性事物中推出这些原理和原则,并把它们保存在记忆之中。在这个问题上,我们大致是这样推论的:汗水是一种物体,任何物体都是通过某种媒介物从一个位置移到另一个位置,因此汗水也必须通过皮肤这种媒介物才能渗出。但是,皮肤本身是一种物体,由于任何物体都不能进入已为另一物体占有的位置,由于两个物体不能同时处于同一个位置,而如果皮肤是一个严密完整的物体,汗水就不能从皮肤中渗出,因此皮肤一定是有毛孔的。同样地,我们从心灵的表现和活动中,不仅推出心灵的存在,而且推出心灵的本质;我们对心灵活动的种类了解得愈多,我们对心灵的认识也就愈加完备,从而认识到心灵具有许多种特性。因为任何事物的本性都不是不可分的,因此事物没有一个关于特性和质的范围。尽管感觉有时欺骗我们,因而不是可以信赖的标志,可是居于感觉之上的理性能够校正感觉的知觉,因此理性在对标志进行校正之前不会接受任何标志,而且只有在这个时候才对事物作

出判断。(同上书第 5 章)

精神中的任何观念或表象(即事物的形象)只能产生于感觉。天生的瞎子没有任何关于颜色的表象,天生的聋子没有任何关于声音的表象,因为他们没有借以获得这些表象的感觉。即使某个人没有任何感觉也能活下去(但那是不可能的),那他也没有关于任何事物的表象,因而不能想象任何事物。因此,理性中的任何东西无不首先存在于感觉之中;精神是一块 Tabula rasa(白板)这样一些著名原理是有其正确性的。因为,主张天赋观念的人们不能证明他们的论断。(*Inst. Log*, *P. I*; *De simpl. Rerum Imagin. can. Ⅱ*)

一切表象或者通过感觉铭刻在精神之上,或者通过把一些得自感觉的表象加以组合和联结,或者加以扩大或缩小而得以形成。例如,我通过转嫁或比拟的办法从人的形象中形成关于巨人或侏儒的形象;又如,我们把关于一个已知城市的表象转嫁于一个未知的城市,或者用一个可尊敬的白发老人来比拟不能为感觉所感知的上帝。(同上书第 3 章)

一切通过感觉印入的表象都是个别的,精神则从个别的、彼此相似的表象中形成一般的表象,它或者把相似的因素汇集在一起,或者,如果个别的表象虽然在某些方面相一致、可是又包含有许多差别,那就撇开这些差别,只汲取其中相互一致的成分。更加一般的表象又是从较不一般的表象中形成的。个别的表象对事物的各部分和特性表现得愈充分,它也就愈加完善;而一般的表象对个别事物所具有的共同性表现得愈加完全,愈加纯粹,它也就愈加完善。(同上书第 4、5、8 章)

第 37 节 对伽桑狄的知识起源理论的评论

伽桑狄关于一般观念的起源的理论只是似是而非的推论,而不是真实的认识。企图 realiter(实际地)从个别表象中推出真正一般的表象,即从个别中推出一般,这无异于企图从颜色中推出光一样。因为,个别之物只是外表上而不是实际上先于一般之物;而一般之物按其本性、按其概念来说却先于个别之物。因为,一般表象是精神的,而且我们只有通过 Salto mortale(殊死的飞跃)才能从感性之物过渡到精神之物。因为,一般的表象是真实的、思考的、理性的表象,也就是思想,而没有任何思想从而根本不能思考的精神或理性,当然不是精神或理性,正如不发光的光就不是光一样(因为就这方面来说,理性如果不是思维或思想的活动,那又是什么呢?),可是上述理论却从感觉中推出精神、理性。但那就很难理解:怎么能从没有理性过渡到理性、从没有思维过渡到思维、从没有思想过渡到思想呢?怎么能从感觉中产生出理性呢?因此,在这个问题上,莱布尼茨曾这样出色地评论洛克(后者对概念和认识的起源问题实质上提出一种与伽桑狄相同的理论):"他没有充分注意到,本质、实体、同一性这些概念以及真理、善等概念都是天赋的,因为精神本身就是天赋的,也就是说,它执行着天赋的职能,在某种意义上说,所有这些概念都是精神自己发现的。因此,确实可以说:除了思维本身之外,思想之中没有任何一种东西不是首先存在于感觉之中。"因此,伽桑狄的表象理论的原则在于把精神、心灵、理性与单一的、感性的、特定的个体等同起来,或者更正确一些说,混同起来,这种做法主要是在近代才流行起来,并且几乎成为一切关于认识和心灵的理论的基础。因为,个别的、感性的、特定的个体作为感性的、个别的存在物必须通过感性之物才能达到思维,达到关于一般之物的意识;但是,一般的观念和思想 realiter(实际上)不是形成于或产生于个别的、感性的表象,正如理性 realiter 不是形成于每个个体之中,并与每个个体一道形成。当然,在个体看来,一般的观念和思想是这样形成的,可是这种形成只是对个体而言,只是似是而非的,不是真实的、实在的形成。由此可见,在这种理论中,假象被当成实物①。

第 38 节　伽桑狄的物理学或原子论

原子是物的第一个原则、第一种物质。但是,不应像通常那样把原子理解为没有任何部分、没有任何广延,因而只不过是一个数学上的点;而应理解为一种如此结实、如此坚硬和紧密以致自然界中没有任何力量能使它分裂的东西。特定的即复合的物体由于夹杂有许多空隙,因而是可分裂的,直至分裂为原子即物体的原初成分,而原子由于本身不含有任何空隙,因而是绝对结实的、不可分

---

① 对伽桑狄的认识论的这种批评是从我在自己的《哲学原理》第 9—18 节中阐述的观点提出的,在那里,人把上帝的本质变成理性,因此,不可能谈什么关于理性和一般概念的起源,正如从有神论的观点不可能谈什么上帝的起源一样。可是,由于经验指出了理性的起源,因此,从这种观点看来,就只能承认这种起源具有似是而非的或主观的意义了。

裂的、不可分割的。因为，正如世界上存在着没有任何物体的纯粹虚空一样，世界上也存在着结实的、其中没有任何空隙、因而也没有任何分裂原则的物体。原子由于极其细微，因而最敏锐的视力也不能察觉出它。原子的必要性在于世界上必须有一种最原始的、不能产生也不能消灭的物质，各种物体最后都分解为这样的物质。因为自然界不能从虚无中创造出任何事物，也不能把任何事物变成虚无，因此在分解复合物时必然留下某些再不可能分解为其他东西的不可分解之物。伊壁鸠鲁和卢克莱修关于不能从虚无中产生出任何东西的论断仅仅在自然界的范围内才是正确的，而物质的永恒性和不灭性也只在下述意义上才是正确的，即只有当世界被创造出来并保存下来时，世界的任何一个部分都不会毁灭或者被摧毁。(《物理学》第 1 编第 3 册第 5 章)

原子按其本质特性或按其本质来说，是没有差别的，因为原子都同样是结实的，同样是有形体的和单纯的。但是，原子也有一些特殊的特性，即广延、形式和重量或重力，并通过这些特性而相互区别。因此，原子不是那种没有广延，也不能产生广延的点，因为，人们说得很对：不可分的东西和不可分的东西加在一起，不能产生出广延。可是，原子虽然具有若干部分，因而具有广延，但它是不可分的和不可消灭的，因为它异常结实，不包含任何空隙，因此它的各个部分仅仅在思想上是可以区分的，事实上它不是许多部分，而毋宁是一个非常单纯的本质。这些部分是异常地、不可比拟地、绝对地细微的，τά δλαχισα(极细微的)、Minima(最小的)。对感觉而言最小的部分也是由亿万个原子所组成，因而比原子无限地大得多。这听起来可能令人感到奇怪，可是我们的视觉觉得非常细小的东西,对自然界本身来说仍然非常庞大的;我们的最精密、最纤细的区别力结束的地方,也就是自然界的纤细的、细微的区别力(仿佛是敏感性)开始的地方。自然界在一颗麦粒上所区别开的部分,比人在高加索山上,甚至在整个地球上所区别开的部分还要多。原子虽然异常细微,但是它们有不同的形状,因为它们各自有其广延,而形状不外是广延的界限和规定(terminus ac modus magnitudinis)。原子的形状诚然是不可领会的,但并不是无限的。原子的第三种特性重力或重量,不外是它们的一种天然的、自我运动的力量和能力,或者是它们的一种天生的、原初的、与自身不可分离的对运动的趋向和倾向。运动有两种:一种是天然的运动,即原子由于自己的重力所产生的向下的运动,另一种是反射的运动,即原子在其与另一原子相碰撞时向后弹回的运动。反射运动的原因既在于虚空的本性,因为虚空不能抵住向后弹回的原子,也在于原子本身的本性,因为它们非常结实,不可能互相渗透,因而在碰撞时必然被弹回。一切原子都以同样的速度运动着。伊壁鸠鲁的先验学说认为,一切原子尽管在重量和质量上有差别,可是都按同样的速度运动着。这一学说得到了经验的证实:一切物体不论在大小和质量上如何不同,但都以同样的速度从高处落下。(同上书第6、7章)

由此可见,原子和虚空(它与原子是不可分的)是物的原则。但是,不能像有人错误地理解伊壁鸠鲁那样把这一点理解为:仿佛世界或者短暂的、复合的物体是由原子和虚空组成的,就像由两个部分或两个复合的、构成的原则所组成一样。因为,并非原子和虚空都是物体的成分,只有原子才是物体的成分,虚空不过是原子分隔开来时所利用的场所。既然虚空不是物体,那如何能由虚空组成物体呢?虽然虚空存在于物体之间,但是虚空不是物体的一部分,正如空气虽然存在于我们的鼻、口和肺之中,但不是我们身体的一部分。(同上书第8章)

但是,绝不能像伊壁鸠鲁所理解的那样去理解原子,而应作些限制,去掉某些规定性。例如,应当去掉原子的下面这种规定性:原子是永恒的、不能创造的和数量无限的。诚然,应当把原子看作原初的物质,但是应当记住,原子归根结底是上帝创造的,上帝把原子变成这个可见的世界,然后让这个世界按照它自己的但由上帝赋予的力量和规律发展着。还必须去掉原子的这样一种规定性:原子从自身中获得运动的力量和能力;因此,应当承认原子之中只有可动性,而实际的运动力量却是从上帝那里得来的,上帝在创造原子时也在原子之中创造了运动的力量,并使这种力量不断地发生作用,因为上帝支持着万物,并参加到万物之中。但是,伊壁鸠鲁的错误主要在于:第一,他慎重其事地断言,世界的原因不是上帝,而是偶然性;第二,世界被创造出来,既不是为了上帝,也不是为了人。因为,事实上,上帝是世界的那个创造万物和支配万物的原因。不过,即使承认上帝是自然界的最高统治,也不应由此否定那些按照上帝意志产生的、起着自己独特作用的特殊原因。因此,在解释自然界的任何一种活动时,不应立刻求助于上帝,好像上帝是这种活动的唯一原因,而在这些活动之间没有任何自然的原因;上帝只不过是普遍的原因罢了。(同上书第1编第4册第6章)

第39节　对伽桑狄的原子论的批评

这样他把原子的原则及其规定性同神学关于上帝创造、参与和引入运动力的观念结合到一起，这种做法的矛盾性和主观随意性便立即显露出来了。因为，运动或它的原则和能力是与原子不可分的。原子是一种单纯的、不可分的东西，它自在地存在着，与其他原子分离开。伊壁鸠鲁的虚空不外是原子概念中的这种分离的感性表象、感性表现。但是，只能设想同时有许多原子。不可能只有一个原子，而是有许多原子，有无数的原子。因此，一个原子与其他许多原子处于外在的、它自己漠不关心的关系之中。运动是关系和分离的规定性——这种规定性与原子本身是一致的——的感性表现、感性现象；原子必然被冲撞、被挤压或者被推动。绝不能设想原子没有运动原则，可是运动却是上帝赋予它的，而且必然是上帝赋予它的，那么这种原子应当意味着什么呢？应当如何理解上帝和原子一起活动呢？原子本身是绝对的无神论者[①]，或者至少是不信教者，它对上帝漠不关心，正如在伊壁鸠鲁那里上帝对世界和原子漠不关心一样；原子是专制君主、独裁者，它们不能容

---

①　西塞罗：de Nat Deo（《论上帝的本性》），第 1 编第 44 页。与伽桑狄一样，玛格涅鲁斯在他的 Democritus（《德谟克利特》，海牙，1658 年第 268 页）中也说："那种承认原子的观点和关于上帝是创造主的思想绝不是矛盾的。"一般说来，那些承认无神论或倾向于无神论的基督教物理学家，都宣称他们与无神论的联系并不是必然的，或者甚至是偶然的。培根甚至说，原子论必然导致有神论。任何有局限性的自然原则必然要以超自然的原因作为自己的补充——这句话是说对了(1847)。

忍任何人分享自己的权力,它们独自构成自己的世界。

正如运动和自由思想与原子论原则不可分离一样,下述论断也是与原子论原则不可分的:世界,即具体的、特定的和由原子组成的物体的顺序、总和,或原子本身的顺序、总和,是偶然性的产物。因为,特定的物体只是原子的结合;虽然原子按其概念来说与其他原子有联系,可是这些以集合体的形态处于结合或联合之中的原子相互之间依然是外在的,它们对于这种结合或联合漠不关心,因而这种结合或联合是偶然的。在原子的原则中,不包含任何根据、任何必然性,以致它必须与其他原子相联合或以某种方式结合为特定的集合体;它仅仅处于一种外表的即偶然的联系之中;世界不过是一个集合体,而不是一个体系,它没有统一性和必然性,它是偶然性的产物。外表的必然性容易与原子论的原子连到一起,但是这种必然性和偶然性是没有区别的。因此,把原子看作物的原则,就无异于把偶然性看作世界的原则。可是,即使撇开其他的矛盾和漏洞不谈,创造活动和原子之间的联系又应当是怎样的呢?因为原子是不可分解的,是世界上不可分的原初之物和终结之物,它在表象中即在与时间的关系中是永恒的和不死的,正如卢克莱修所说的那样。(《物性论》第 5 卷第 237、501、520、545 等页)

不过,伽桑狄恰恰是在他的这种不彻底性中表现出他是一个非常彻底的原子论者;他恰恰是在自己的这种矛盾中达到与原子论原则相一致;正是由于他的思想如此地不连贯,他才能在他的思想中充分地表现出原子论的精神。因为,正如具体物体中的原子之间的联系是外在的、偶然的,同样地,他的原子论原则和他的其他思想或正确观念之间的联系也是外在的、偶然的；很难设想在他的原子论原则和他的其他思想或正确观念之间有什么内在的联系，正如很难设想在一些被结合起来的原子之间有什么内在的统一性一样；他的思想是一个外在的、偶然的集合体。正如原子仅仅在没有任何物体的地方移动，仅仅在虚空之中相互碰撞、相互联系，同样地，在伽桑狄的头脑里，他的原子观念和他的其他观念也只是在没有任何思想的地方即在思想的虚空中才能联系起来。

因此，伽桑狄在原子论和基督教神学观念的这种联系中表现出早在培根和霍布斯那里已经出现的矛盾；这种矛盾在于，他思考的方式不同于他感触和感觉的方式；他有一条使他与宗教原则相对立的思维原则，这个宗教原则与那个应称为他的精神的主要形态、基本对象的东西，因而是它自身之中客观的东西，处于根深蒂固的矛盾之中，如果可以把某种确定的东西当作这位折衷主义的、有多方面修养的思想家的精神的主要对象，看作决定性的矛盾。这就是那样一种矛盾，它在近代和现代以各种各样的和非常显著的形式表现出来，最后竟达到这样的地步：只给理性剩下一些像物体的空壳那样的终极的、空洞的概念，而把全部内容都塞入心灵之中。人们把上帝从理性的庙堂中驱逐出来，把它赶到心灵的隐匿所、养老院、Asylum ignorantiae(无知的避难所)之中，把一切神圣的东西当作从温室培育出来的、经不起新鲜空气的花草，从开阔的、明晰的、鲜明的、自由的思维世界，移植到虚构的、诡辩的感觉那个舒适的温室里；这样一来，人们在白天里停留在理智的开阔的活动领域内，也就是说，他们在头脑中是无神论者，可是，在心灵里、在黑夜里、在理性的背后，却暗地里是世界上最虔诚的基督教徒、最信奉宗教的人，正是由于这个缘故，他们把灶神当作上帝一样敬重。

第 40 节　伽桑狄的精神学说

由于伽桑狄处于自相矛盾之中，由于他的思想是主观随意的，因此他也放弃其他一些与原子论原则相联系的论断，并以一种与这一原则根本对立的方式给上帝下定义，断言精神是无形体的和不死的。如果伽桑狄不打算反驳笛卡尔，而是力图认真地认识和理解笛卡尔，那他在精神方面不会停留在不明确的观念的范围内，尽管他对精神也以下述原理的形式发表了某些比较深刻的哲学思想。

要解决精神是否不死这个问题，首先必须解决悟性或者理性（因为这是精神的最主要的、最优秀的部分，因而也是意志的根基）是否是某种非物质的东西这样一个问题。首先，悟性是某种不同于幻想或感性想象力的东西；因为悟性是我们心中的一种通过推理以获得对下面这种东西的认识的能力，这种东西是我们不能感性地想象的，我们对于它不能形成感性的形象。与表象不同，悟性没有借以想象物体的物质形象，而不用物质形式去理解的东西就是非物质。第二，只有精神具有反射的活动，只有精神能理解自身和自己的活动，特别是它知道它在认识着。可是这种机能超出了有形体的自然界的能力，因为一切有形体之物都与一定的位置连在一起，它不能指向自身，而只能指向其他的、与自身不同的东西。由此得出这样一个命题:任何事物都不能反作用于自身。诚然,看起来可能会以为有形体之物的活动仿佛又回到它自身,但是,事实上,这是它的某一部分作用于另一部分。第三,我们不仅形成普遍的概念,而且想到普遍性的本质和原则本身。可是,由于普遍的东西是一种与个别性的一切物质条件和区别分离开的东西,因此,完成与物质的这种分离的精神也必然是脱离物质的。动物不能在离开一切物质的条件和区别的情况下认识和思考普遍性或普遍的本质,例如,动物不能认识和思考人的人道、人性;动物不能想象抽象的东西本身,而只能想象具体的东西;它们不能想象颜色,只能想象有色的东西,不能想象滋味,只能想象某个确定的、有这种或那种滋味的东西。最后,至于精神的对象,那它不是某种特定的东西,精神包罗所有的一切,它的对象是无限的,因为一切真实的事物,一切本质作为本质来说都是它的对象。因此,它的认识能力伸延到各种各样的事物,既包括有形体的事物,也包括无形体的事物,尽管有许多障碍妨碍它认识许多事物。因此,精神是无形体的;因为,如果它本身是物质的,它就不能想象任何无形体的事物。可是,由于精神或者理性灵魂是无形体的,因此,它必然是不死的;因为,凡是无形体的东西都没有任何质量和部分,它不可能被分割和分解成这些质量和部分,它必然始终是它现在这个样子;因为,无论在它自身中,或者在他物之中,都没有它将被分解的原因,因此它必然永远地继续存在着①。

---

① 《物理学》第 2 卷第 111 页;*Membr. post* 第 9 卷第 2、4 章;*Membr. post.* 第 14 卷第 2 章和《物理学》第 1 卷第 1 页,第 4 卷第 3 章。

第41节　对伽桑狄的评论

　　但是,在这里也一眼可以看出,那个把原子看作世界的原则的伽桑狄,和这个从灵魂的无形体性中推断出灵魂的不死性的伽桑狄,是很少联系的。他在一个地方断言:即使承认物体是非短暂的,那也不能否定他的论断的正确性;因为即使物体可能是非短暂的,那么精神尤其应当是如此。这种论断完全不符合逻辑,它如何能与原子相一致呢?因为原子除虚空之外不承认其他任何的无形体性,在原子看来,没有形体和不存在是一回事。当然,这与伽桑狄的原子是一致的;可是这些原子与它们自身是不一致的,它们是自相矛盾的;因为它们不是绝对结实的、坚固的和不容任何分割的,它们不是已武装起来能抗御任何攻击和侵犯的伊壁鸠鲁战士,相反,它们是主观随意者的最恭顺的奴仆,是一些非常胆怯的、好心肠的、准备从身体里掏出自己的心而不作任何抗议和自卫的村夫。因为,既然它们一开始就已十分容忍地容许别人掠夺自己,并且已经充分证明它们是恭顺的和心甘情愿的,那么,随着时间的推移,这些赤贫如洗的穷汉最后毕竟会甚至失去自己的不可分解性。(《物理学》第3编第14册第2卷 Fol. 628)然而,这种不可分解而又可以分解的原子究竟是什么呢? 其实,既然原子被设想为创造出来的,因此原子的不可分解性这个规定性也就自然而然地被否定了;因为不可分解的东西恰恰应当是原初的、不能超越的,没有任何原则居于它之上,不论这种原则是怎样的。不过,为了给这种矛盾提一些谅解的理由,那只要指出在伽桑狄看来原子本身其实只具有假设的意义和存在就足够了。

第四章 雅科布·波墨

第42节 雅科布·波墨对于哲学史的意义

思维精神的历史现在把我们从经验论的那些享有盛名的祖先的高贵的、外表富丽堂皇、宏伟壮丽而内部却颇为简陋的宫殿,引向格利茨鞋匠雅科布·波墨的那间外表如此破旧、如此难看可是内部却藏有珍宝的茅屋。这是 Ne sutor ultra crepidam（鞋匠熟悉自己的鞋楦）这个普遍适用的原则的一个明显例外,它从事实上证明,历史的精神、普遍的精神不外是人的精神,它不管人格、地位、出身以及外部资产的情况如何,把人们从湮没无闻的尘埃和黑暗中引出来,使他们成为自己的器官,成为自己本质的宣告者。历史的观念有如地下源泉,它们往往从最意料不到的地方突然涌现出来,从这样一些人之中涌现出来,他们没有受过教育,没有学过外语,没有必不可少地阅读过本国和外国的书刊,而只是通过道听途说,至多是通过阅读乡村报纸,知道一点关于精神世界的消息。因此,如果不与历史联系起来对这些人进行考察,就会觉得这些人的出现仿佛是一种奇迹;因为这些人自己也觉得奇怪,不知道自己的思想是如何产生的,认为它们是一个谜,仿佛是来自天上的启示、提示或感悟;而在某种意义上说,他们确实是如此①。

雅科布·波墨是一个神秘主义者,如果可以把这个如此含糊而且在近代如此受到轻视的词用来标志像他这样一位卓越人物的话;可是这个从事于思辨研究的神秘主义者却力图在神秘主义的范围内摆脱神秘主义,争取达到明确的认识。他的思想的基础和立足点,是那样一些陈旧的神学观念,它们把思维的纯洁阳光变成虚幻的霓虹色彩照射到精神的阴云密布的昏暗背景上。因此,在许多仅仅抓住他的基础之中的昏暗因素的人们看来,他只不过是一个神秘主义者,或者甚至是一个宗教的空想家、幻想家;他落到某些根本不想认真思考问题的人手里,被他们推崇为他们的志同道合的伙伴,因为他们不能把形式和内容、外表和内涵区别开,不能把作家的特征和作家的本质区别开,他们不知道如何把"静水常深"(就其崇高的、高尚的意义而言)这个古老的谚语应用到他身上。因为,他的精神的本质内容,他经常谈到并力图用他所掌握的各种手段加以证明和阐释的那种本质内容,他经常

---

① 雅科布·波墨在叙述他如何开始自己的写作活动时这样地谈论他自己:"在永恒的自然之光照耀到我身上之前,我像一切俗人那样对崇高的宗教信条很不理解,对自然界更不理解。我对永恒自然之光如此怀念,因此我开始把自己所知道的写成回忆录。因为,精神像闪电一样刺穿了我,我看见永恒的深渊,或者像倾盆大雨那样,冲击着它所能冲击的一切。在我这里发生的情况也是如此,我开始像学校里的学童那样写作,非常勤奋地把我所知道的记录下来。"雅科布·波墨对自己的反对者巴·蒂尔肯说道:"听说,你这个诽谤者!如果你掌握了这个世界的技巧,那我便掌握了上帝世界的技巧;你的技巧是你学得的,我的技巧却是上帝的恩赐。"(《对巴·蒂尔肯的第一个辩白》,前言,第27、28、93条)

用最纯粹、最崇高的语言,几乎用科学的确定性从他的那些模糊观念的垃圾堆里挖掘出来,使之呈现于意识的光亮之下的那种本质内容,是哲学性质的。按他的本质思想内容来说,他不仅与斯宾诺莎和笛卡尔有着内在联系,而且一般说来也与近代哲学有着内在联系。因为,他的思想的本质内容就在于他对精神的看法,在于他如何把上帝理解为活生生的、现实的即有意识的精神,在于他力图说明精神的意识和认识的起源,亦即这种意识和认识的结构,而且这里所说的精神是就它的无限的意义、上帝的意义而言。

过去基督教时代的思想家们早已把上帝设想为精神,可是,一方面,他们只是就无形体性、非物质性、单纯性等空洞的、形式的和否定的规定性而言;另一方面,他们只是就意志、知识和思想这些积极的规定性而言。这些规定性只是作为奠基性的本质概念,即基质概念(它是过去思想家们的 Terminus a quo 和 ad quem[出发和到达的界限])的宾词和特性提出来的;因此只能得出一些论断和保证,而不能得出有生气的规定和认识。因此,虽然上帝被想象为精神的宾词或精神的本质,但不是被想象为精神。由此可见,他们不是从精神的生命展现于其中的、精神内在地固有的或客观的规定性中来理解精神。

诚然,三位一体学说,正如某些思想家所阐述和断定的那样,也是作为精神、作为意识的上帝的结构,或者是作为上帝的意识的结构;如果撇开那些含糊不清的术语,撇开这种结构由以表现出来的形式,那么这种结构只有一种含义,只有一种思想内容,即上帝是意识①,是意识精神,是万物的原则。但是,在三位一体学说中,正如从旧的、形式主义的形而上学(它只是进行分裂并使所分裂之物变成独立的)观点对这一学说所规定和发挥的那样,意识的因素作为人格、作为基础或者实体变成独立的,而作为基础被固定下来的差别重新溶解于本质的统一中,并在上述形式规定或宾词中结合为精神本质的概念。这三种区别只是人格的区别,而不是本质的区别,它们溶解于上帝或精神本质之中,正如溶解于它们自己的统一之中一样。上帝或者精神本质仅仅被理解为完全肯定的或积极的东西,或绝对美好完善的本质。这样一来,由于肯定的规定性是唯一现实的和绝对的规定性,是上帝的规定性,因此,与肯定性

---

① 莱布尼茨早已指出这一点,他说,"Pour rendre ces notions([即]divines personnes als trois differents concrets respectifs dans un seul concret absolu)plus aisées par quelque chose d'approchant, je ne trouve rien dans les créatures de plus propre à illustrer ce sujet, que la réflexion des esprits, lorsqu'un même esprit est son propre objet immediat, et agit sur soi même, en pensant à soi même et à ce qu'il fait. Car le redoublement donne un image ou ombre de deux substances respectifs dans une même substance absolue, savoir de celle, qui entend, et de celle, qui est entendue. L'un et l'autre de ces êtres est substantiel, l'un et l'autre est un concret individu, et ils diffèrent par des relations mutuelles; mais ils ne sont qu'un seul et même, un substance individuelle absolue."(为了使这些概念(即三个神灵作为一个具体的、绝对的神灵中的三个不同的、具体的、相互关联的本质)更加易于比较,我在这些著作里没有找到其他任何见解比对精神的下述看法更加适合于说明这个题目了:同一个精神既是自己的直接对象,又作用于自身;既想到自身,又想到自己所作的事情。因为,这种一分为二提供了一个绝对实体之中的两个相互关联的实体的形象或影像,即一个理解着,另一个被理解着,这两个存在物都是实体的,两个都是具体的个体,它们的区别在于相互关系的不同;可是它们只不过是同一个实体、一个绝对的、单个的实体。)[莱布尼茨对一本反对三位一体学说的著作的评论。杂文集,第 4 卷]莱辛关于这个题目的著名论断也指出这一点。当然,不应当从意识的通常的、一般的意义上来理解意识。

和完善性相区别的规定性,即与上帝的区别,一般说来可以理解为自然界,而在道德方面可以理解为恶的原则,它只具有否定的、非存在的意义。因此,自然界和创造物中的肯定的东西,作为肯定的或美好的东西来说,诚然是上帝的或者发源于上帝,可是,自然界中否定的东西,即那使自然界区别于肯定完善之物、区别于上帝的东西,则被理解为纯粹否定的、非上帝的,它不具有任何肯定的起源,不具有任何实在的原因,从它对于认识的起源来说,它被规定为不可认识的、不可理解的,因为善的规定性被假定为绝对的、唯一实在的规定性。因此,与上帝的对立或与上帝的区别(如上所述,可以把这种区别称为自然界)原来处于上帝之外,上帝已不能被规定为有生命的、实在的精神性;因为,正如雅科布·波墨对上帝所理解的那样,只有当上帝在自身中包含有与自己的区别,并在这个他者中、在这种区别中变成自己的对象,显现出自己和变成意识时,上帝才能成为有生命的精神。上帝自身之中的这种与上帝的区别,是上帝的和一切的现实性和自发性的唯一源泉,是独立生命的本源,是那从自身中创造着和汲取着的生命的意识①。如果

---

① 雅科布·波墨的信徒迪佩尔在其著作 Fatum fatuum(《盲目的必然性》,阿尔扎纳,1730 年版)中的下面这段话,可以作为这 论点的阐述和证明:"正如目前的 切创造物都包含有一个精神的活动者,它把外界的物质排列起来,并赋予生气,同样地,我们的悟性也能在上帝自己的本质中,在上帝创造出万物之前,看到某种类似的现象。因为,如果不是这样,那就绝不能理解,上帝在他自己的本质中如何具有完善性,如何能够是心满意足的和极其幸福的,假使在上帝的本质中没有一个使现实性得到规定和认识的消极基础,以致过分抽象的 Metaphysicunculi(形而上学)和经院哲学的幻想家通过给上帝的本质下一个荒谬的定义,把上帝称为 Actum purum〔纯粹的活动〕或单纯的活动,从而给无神论提供根据;因为,如果上帝本身只是一种活动,那他就不能由自身组成……而必须在自身之外有一个他能施展其活动的对象。"(第 127 页)

与上帝的区别被置于上帝之外,那么精神、自我意识只不过是主体用来表述上帝和归诸上帝的一些主观的规定性、宾词;只有当上帝把自己作为精神构造出来,只有当上帝作为精神超时间地产生于他自身之中时,精神、自我意识才能成为内在的自我规定。但是,只有当上帝的否定之物包含在上帝本身之中时(正如雅科布·波墨在后面的阐述所指出的,这种否定之物正是由于包含在上帝之中,因此对上帝而言不是否定的),意识、精神才不是僵死的宾词,而是上帝自身的有生命的自我规定。因为,在雅科布·波墨看来,如果没有区别,没有对立,没有一分为二,也就不可能有认识,不可能有意识;只有在他者中,在与自己的本质相一致的对立中,某物才能得到阐释,被人领悟。如果自然界不是作为一种与上帝相统一的东西处于上帝本身之中(在这种统一中,上帝既处于自身之中,同时又为着自身,以便把自然界包括在自身之中),如果自然界被移出于上帝之外,那么上帝就仅仅成为个人,成为个人的本质,这种本质虽然通过主体被想象为精神和意识,可是实际上它不是精神和意识,它不来自于自身,因为如果把上帝和自然界(它是意识的条件)的对立置于上帝之外,那么上帝和自然界的区别也就处于上帝之外,而处于与上帝相区别的主体之中,但这就不是上帝的自我区别了。

还必须特别指出,雅科布·波墨经常重复他的上述这些本质思想,并在阐述他的神智学一般原理时,把令人惊叹的明确性和极大的深刻性结合到一起;可是,在他所提出的那一大堆五光十色、杂乱无章的细节中,就像在极其离奇的神话世界里一样,读者们觉得眼花缭乱,分辨不清,一切确定的概念都消失了。出现这种情况的原因不仅在于他缺乏任何用以掌握对象并加以适当规定的方法、逻辑和工具,也不仅在于他在表述对象时不是采用便于认识的思想规定性,而是采用精神生活和感性的形式以及感性的特性来规定对象,于是形成了一些像感觉和感性知觉那样模糊不清的观念;而且他在阐述自己的思想时,还往往采用一些随意杜撰的、稀奇古怪的标记和辅助手段。不仅如此,原因还要深远一些。雅科布·波墨是一个神智论的或宗教的自然哲学家。他不仅打算向我们阐明如何从上帝的本性中产生出上帝的精神,而且打算向我们阐明如何从上帝的本性或本质中产生出现实的自然界,他想说明太阳、月亮和星辰、天和地、火和水、山和石头、树木和草、动物和人、法国人和瑞典人、疥疮和麻风是怎样产生的。总而言之,他想向我们揭露天文学、物理学、地质学、矿物学、生理学和病理学的全部秘密,他确信,既然万物都产生于上帝,因此万物都能从上帝那里得到说明,基督或上帝那里隐藏着全部知识的宝藏,因此,为了认识万物,只需要认识上帝就足够了。他想授给我们关于事物的知识,而且是十分专门的知识,可是他对于这些事物毫无所知,没有任何认识,至多只有一些非常肤浅的知识,这些知识只不过是事物在他的理智和幻想中留下的印象。因此,他在这里陷入极其主观随意的、毫无根据的、有时十分荒谬和极其庸俗的幻想之中,就毫不足奇了。雅科布·波墨和培根恰恰是背道而驰的。培根从外界、从经验中引出一切;与此相反,波墨这个 Philosophus Teutonicus(条顿族的哲学家)却先天地从上帝中、即从自身中引出一切。雅科布·波墨体现出人类的无知,却自以为像上帝那样无所不知。但是,雅科布·波墨之所以给许多人造成一种令人迷惑的印象,除了他使用的语言有其特色外，其原因恰恰在于他的这种对自己无所不知的信念没有被经验的抗议所破坏，而处于一种神妙的、怡然自得的无知状态，恰恰在于他的富于情感的、幻想的、没有被尘世间令人醒悟的感性之光所照亮的世界观处于一种神秘的、半明半暗的状态之中。因为，这种穿过教堂五颜六色的窗户或昏暗的玻璃射到这个鞋匠的茅屋的光线，比那穿过洁白的、没有涂上颜色的窗户射进来的或者直接从自然界的手中得到的光线，更加投合许多人的口味①。

雅科布·波墨之所以使许多人感到有一种令人迷惑的魔力，还可以从下述这个方面加以阐释和说明。由于他缺乏清楚的、简明的思想形式，缺乏开朗的、发达的哲学方法，因此，在他那里，认识之树由于没有得到纯洁思想的阳光的照耀，不是端正地、笔直地向上成长着，他那里的一切都是乱七八糟地挤在一起，他的思想内容仿佛被压缩到一个狭窄的空间，因此雅科布·波墨的整个建筑物获得鞋匠的茅屋那样的大小和外形。同时，由于人们一般说来只是在狭小的范围内才感到幸福，因此，在许多人看来，住在鞋匠的那间矮小狭窄的茅屋里，比住在纯粹哲学的那座高大广阔的厅堂里更加舒适自在。因为，空间愈是广大，视野愈是开阔，单一、个别之物便从开阔的视野中消失，自己就像一个点消失于整体之中。

---

① 在这方面，A.鲁格从斯梯林的传记中引出的下面这段话很能说明问题："当他们谈到永恒本质的车轮或斜视等词汇时，他们感到精神特别振奋。他们一连好几小时研究那些魔术的图形，认为摆在自己眼前的魔符是活生生的、移动着的；因为，在眩晕状态下获得和生动地感受那些稀奇古怪的观念，是一种极大的乐趣。"《鲁格全集》第1卷）原来竟是如此！愈是荒谬的东西愈是深刻。

但是,在狭小的空间里,人却感到像在家里一样,他虽然觉得拥挤,但没有从视野中失去自己的有限存在,他手边以提纲挈领的方式掌握着自己所需要的一切。

第43节　雅科布·波墨的生平

雅科布·波墨在1575年生于旧赛登堡,从前这是离上劳齐茨的格利茨不远的一个小市镇。他的双亲是贫穷的、没有地位的农民。据说,他在年轻时看见过一些神秘的景象。例如,有一次,他离开平常一块在田野里放牧的其他村童,独自跑到附近的一座山上,在山顶发现一个洞口,他走进洞里,看见一个装满黄金的大容器,这个景象使他如此惊讶,吓得他迅速跑开。可是,他以后再也找不到这个敞开的洞口了。他在农村学校里念了一点书,勉勉强强学会写字,其后被送到鞋匠那里当学徒。他学会了手艺,到外地作过一次徒步旅行,1594年回来后不久就当上师傅,并结了婚。

雅科布·波墨经常到教堂去,勤奋地学习《圣经》。可是,他也阅读其他宗教著作以及炼金术和自然哲学的著作,例如帕拉塞尔苏斯的著作[1]。后来,他与某些学者的交往对于他的思想的形成也起了推动作用,这一点从他的著作中,从他的一些明确声明中,得到清楚的证明。例如,他在其著作《黎明女神》(第10章第27节)中说:"我读过许多名家的著作。"当时那些使他的心情激动不

---

[1]　关于这一点,可参考阿尔诺德的《教会和异教徒的历史》,第2卷第17编第14章第17和59节。

安的宗教争论,那次由于看见一个闪闪发光的锡器加上自己的生动幻想而使自己精神十分兴奋的偶然事件,后来那种不是由任何外在原因引起的精神兴奋状态,首先是他自己的精神、天才,促使他把自己的笔当作他那负荷过重、激动不安的心灵的避雷针。他的精神的头一个成果,或者用他自己的话来说,他的顿悟的头一个成果,是他于1612年写成的《黎明女神》。有些人认为这是他的最卓越的著作,这种看法是错误的,因为,他后来的著作在清楚、准确和明确(一般说来,雅科布·波墨的著作具有这些特色)方面远远超过这一著作[①]。可是,作为他的才智的头一部最粗糙、最直接、没有经过批判的作品来说,这却是他的一部最有趣、最重要的著作。《黎明女神》是他只为自己写的。可是,某个"颇有名气的贵族"在拜访雅科布·波墨时,看见这部手稿,对它深感兴趣,很快把它抄写出来,因而闻名于世。格利茨的大神甫格雷戈里乌斯·里希特在知道这部手稿后,曾在神甫会议上公开谴责,甚至辱骂它的作者。雅科布·波墨在遭到眼光短浅、心肠狠毒的僧侣们的卑鄙攻击时,表现得非常谦逊和自尊。他被禁止从事写作,有一段时期甚至被逐出城外,可是不久他又胜利地回到城里。在六七年的时期内[②],雅科布·波墨执行市参议会的命令,没有写任何著作;可是,后来在他的友人的鼓励下,他认为精神的命令高于市参议会的禁令,因此又积极地从事写作,直至逝世为止。在他的晚年,由于

[①] 雅科布·波墨自己曾谈到他的《黎明女神》:"上帝赐给我们那么多的恩惠,以致我们在其他一些书里写得比第一本书清楚得多。""在某些地方,这一点还具有几乎是魔法般的意义"。(《对巴·蒂尔肯的第一个辩白》,前言,第44、59条)

[②] 可参考雅科布·波墨对格·里希特的辩白,诽谤文的第3部分。

"经常从事写作"(《神智学书简》第 34 封),他甚至丢开自己的手艺。

1624 年,当他在外旅行时,染病发烧,被送回格利茨家中。他死于同年 11 月。在他逝世前几个小时,他问自己的儿子托比亚,是否他也听见一种美妙的音乐?他的儿子回答说没有听见,他吩咐儿子把门打开,以便听得更清楚一些。后来,他又问现在几点钟了。人们回答说,已经两点多了。他说:"这还不是我的时刻,三个小时以后才是我的时刻。"刚刚过六点,他死去了,临终时对他的亲属告别说:"我现在到天国去了。"

西里西亚的贵族亚伯拉罕·冯·弗兰肯贝格写过雅科布·波墨的传记。他这样地描述雅科布·波墨的个性:"他的外貌不大漂亮,身材不高,脑门很低,两边的太阳穴突出,鼻子稍微有些弯拱,白发苍苍,几乎是天蓝色的眼睛很像所罗门殿堂的窗户,短短的、稀疏的胡须,声音低沉,可是言辞悦耳,行动谨慎,谈吐谦逊,态度温顺,安于困苦,心地善良。"他的著作在 1675 年、1682 年、1715 年和 1730 年出过好几版,最近一版是 1831—1847 年间由席布勒出版,共 7 卷。《雅科布·波墨的全部著作的详细摘要》或《他的奇特用语的……Clavicula(详解)》,于 1718 年出版于阿姆斯特丹。在哈姆贝格尔的《德国哲学家雅科布·波墨的学说》(慕尼黑,1844)中,包含有对于雅科布·波墨及其学说的著作的详细评述[①]。

[①] 在近来出版的著作中提出:H. A. 费希纳:《雅科布·波墨及其生平和著作》,格利茨,1857 年;Alb. 派普:《德国哲学家雅科布·波墨》,莱比锡,1850 年。比较一下弗朗茨·巴德尔在他的全集第 3 卷和第 8 卷中对雅科布·波墨所做的研究,是特别有意义的。——德文版编者注

对雅科布·波墨学说的阐述

第 44 节 纯粹的统一

我想,如果四种元素连同星辰和自然界都消失和终止了,再也没有自然界或创造物了,那在这个世界上还剩下什么呢?回答是:还剩下自然界和创造物发源于其中的那种永恒的统一。在没有任何创造物的地方,会有什么呢?那里有永恒的、不变的统一,它是唯一的善,在这种善之后或之前,没有任何仿佛给予它以某物或从它那里拿走某物,或者从其中产生出这种统一的东西。那里没有任何基础、任何时间、任何位置,只有唯一的上帝或者不能表述的唯一的善(Clavis 或详解等,第 2 节)。上帝既不是自然界,也不是创造物;他在其自身中是的那种东西,就其自身而言,既不是这个,也不是那个,既不宏大,也不深远。他是一切存在物的非基础和基础,他是永恒的单一,在那里既没有基础,也没有位置。对于他的创造物来说,他是虚无,可是他又通过万物而存在着。(《神智学书简》47,第 34 节)

关于上帝,绝不能说他是这个或者那个,他是恶或者善,也不能说他在自身中具有差别;因为,上帝在自身之中没有自然界,也没有情感和创造物。他在自身之中没有基础,没有统一意志,对于自然界和创造物来说,他是永恒的虚无;他自身中没有任何痛苦,也没有任何趋向于他或者背离于他的东西:他是唯一的本质,在他之前或在他之后没有任何他可以从其中汲取或者获得统一意志的东西；他也没有任何产生他或给予他的东西；他是虚无，又是万物，他是世界和一切创造物处于其中的那个统一意志。在他之中，一切都同样是永恒的，都没有开端，都有同样的重量，都没有度量和目的；他既不是光明，也不是黑暗，既不是爱，也不是怒，他是永恒的单一。(《神赐的选择》第1、3章)

第45节　自我区别的统一

这种没有基础的、不可理解的、非自然的和不能创造的意志，在其自身中只是单一，它既是虚无，又是万物。这种意志被称为唯一的上帝，同时也就是唯一的上帝。上帝在自身中理解和发现自身，并从上帝中产生出上帝。(《神赐的选择》第1、4章)

这就是说，这种原初的、没有开端的、既不是恶也不是善的统一意志，在自身中产生出统一的、永恒的善，这是一种可以理解的意志，是那没有基础的意志的圣子，但它在没有开端的意志中同样是永恒的，这后一种意志是前一种意志的永恒的感受性和可发现性，因为虚无在自身中发现某物。因为可理解的意志是圣父的力量和精神肉体，是神的中心，在这个中心里，原初的意志就是某物（同上书第22章），不能发现的意志即没有基础的意志，通过自己的永恒地发现之物，把自己引向对自身的永恒直观。(同上书第5章)

没有基础的意志称为永恒的圣父，没有基础的意志的那种可理解的、被生出来的意志则称为他的被生出来的或天生的圣子。因为他是没有基础之物的存在(Ens)，没有基础之物在这种存在中理解到自己处于基础之中。没有基础的意志通过可理解的圣子或存在所达到的终点,名为圣灵,因为圣灵从自身中引出被理解的存在,并把它纳入意志的结构或生命之中,即纳入圣父和圣子的生命之中;被引出之物就是企求即永恒虚无的发现之物,因为圣父、圣子和圣灵总是看见和发现自身,因而被称为上帝的智慧或直观。(同上书第6章)

永恒的虚无通过眼睛或永恒的视力理解自身,把自身看作自己的自我直观性、感受性和可发现性。(同上书第8章)一切力量、颜色、奇迹和本质,都处于这种永恒的自我直观或智慧之中;可是,万物都具有同样的重量和度量,而没有特性。自我直观是一种在自身中被发现的、对某物的企求或欲望,是一种希望特性得到显现和发现的企求;(同上书第9章)在这里,一切力量只是一种统一的力量,这种力量是那处于自身之中、处于统一的意志和本质之中、没有任何差别的、可感受的和被发现的上帝。(同上书第12章)因为,绝不能说发怒的上帝或仁慈的上帝,因为这里既没有引起发怒的原因,也没有产生爱的原因,因为上帝本身就是唯一的爱,他把自己纳入纯粹的爱和三位一体之中,并把自己产生出来。(同上书第21章)

因此,从永恒的统一中产生出三种结果:愿望——圣父;企求——圣子;精神——圣灵。统一是愿望自身,企求是愿望的真实本质和愿望中的感受性的永恒快乐,而圣灵则是通过力量的企求或意志的感受性而发出的意志。如果在永恒的统一中没有三位一体的这种渴望的感受性和涌出的活动,统一就会成为像虚无那样的永恒的静止,那就既没有自然界,也没有创造物。(《详解》第3—11节)

第 46 节　对前两节的说明

由此可见,在雅科布·波墨看来,无基础之物或"安静的虚无"(但它之所以是虚无,并不是就它自身而言,而仅仅是对可理解的、可感觉的自然界而言),或那作为从一切特定的本质和概念、一切情感和自然中摆脱出来的统一的上帝,并不是僵死的统一,而是从自身中产生出自我直观的愿望、生命。上帝在对他自身的直观中,已经处于自然界和创造物之外;无基础之物在基础上理解自己,虚无在某物中理解自己,也就是说,上帝在这种统一中,已经是一个自我理解、自我直观的上帝。因为,不应当把那种在基础上、在某物中理解自身并从基础上重新出发的[①]东西作为某种特殊的东西,而与自我直观的活动划分开,毋宁说应当把它理解为同一个活

[①]　从某些段落来看,雅科布·波墨似乎认为,仅仅从上帝中出现永恒自然之时起,上帝中才出现差别。但是,应当把这一点理解为,只有随着自然界中出现对立,差别本身才显露出来,从而成为现实的、特定的差别;不应当理解为,仿佛在自然界出现之前,上帝中没有差别,同时也没有自我直观。不过,上一节的内容与永恒自然的关系,以及与第一节内容的关系,是雅科布·波墨的著作中最含糊不清、最难于理解的段落之一。我在 1847 年已指出,这种情况的出现是由于雅科布·波墨在这里,当然也在其他地方,可是特别在这里,处于实证神学和他自己的自然神学的矛盾之中。从他的自然神学的观点来看,自然界是意识的原初之物、基础和对象。可是,与此同时,他又承认有一个积极的、现成的、三位一体的、用自己的纯粹的词创造出自然界的上帝。因此,他又把区别和意识置于上帝之中,可是,在上帝那里并没有区别和意识得以存在的基础和根据;于是他希望从虚无中创造出某物。诚然,这种虚无就是万物;就好像从万物中抽掉它们的想象力和想象的总和一样。可是,这样一来又出现了一个新的、雅科布·波墨也无法解决的困难,这就是如何从抽象之物中产生出具体之物,如何从关于对象的观念中产生出真实的对象。

动。第一个某物、第一个规定、第一个存在、第一个被上帝设置和论证的东西,就是作为自我理解者和自我直观者的上帝本人;在自我直观中,上帝作为自己所直观的东西成为自己所固定的客体。不可理解的、没有基础的意志恰恰是在可理解的意志中发现自身;也就是说,在自我直观之先被思维的无基础之物,是与虚无相同的,它只是一种意志,一种对自我显现、即自我理解的"渴望";它只是"一种没有基础的眼睛",一种永恒的纯粹的注视和直观;它只有在自我直观中才成为它自身,并在这种对自身的专注中、这种自我形成中,成为单一、某物、自我、自身。但是,由于直观者和被直观者在这种自我直观中是同一的,而且是没有区别和没有本质的单一,因此这种自我直观本身只是一种纯粹的直观和注视;而且,在这种自我直观中,没有设置一定的差别、一定的内容;无基础之物、虚无被纳入其中的基础、某物,和无基础之物、虚无一样,也是不确定的、没有区别的,因为基础虽然是对无基础之物的理解、规定和体现,可是除了没有本质的无基础之物外,它没有任何其他的内容,没有任何其他的规定。因此,在这种自我直观中,单一之物仍然停留在它的没有基础的、不可理解的统一之中;这种自我直观还不是自我认识,因为自我认识以内容上的差别、对立为前提;认识是与对善和恶的认识一道形成的,它只是植基于对立的原则之中。当然,在那种只是单一之物和统一意志的东西中,直观还不可能是认识。诚然,圣父在圣子之中发现自身,不可理解的意志在可理解的意志中发现自己;圣父作为从圣子中出发的东西,作为在理解中对自身理解的东西,在自身的可发现性和感受性中进入自身和回到自身;可是自我发现和理解只是一种纯粹的自我感觉,而且是一种完全不确定的、还没有差别的、与自身相同一的自我感觉。这是统一、爱和喜悦的自我感觉,而不是痛苦和差别的自我感觉;这就是说,这种自我感觉等同于心灵在其溶解于与它相统一的、通过爱连接起来的他者时所有的那种感觉;它不等同于那种从对立的他者中产生出痛苦或区别,从而成为对善与恶的自我意识和认识的自我感觉。用雅科布·波墨的话来说,这是一种纯粹的、爱和愉快的生活,在这种生活中,各种感觉都处于最密切的协调一致之中,在那里,在对立之物(引起快乐和痛苦)的感觉中,以及在许多以不同方式加以规定的知觉和感觉中,感觉、知觉还没有分开和区别开;可是,在那里,一切特定的、区别的和被区别的感觉都溶解在统一的幸福状态中,溶解在爱和快乐的自我感觉中。

因此,现在就要谈到确定的区别起源于不确定的区别,自我认识起源于自我直观;谈到对立原则的起源和雅科布·波墨称为"永恒的自然"的那种东西的起源。

第47节 对立的必然性

没有对立,任何东西都不能显现出来;如果镜子的一面不是黑暗的,那在透亮的镜子里就显现不出任何形象。因此,矛盾是那样一种平衡的显现,这种平衡在平静的永恒中冷漠地飘荡于自身之中,没有光明,没有黑暗,没有快乐,没有痛苦。可是,这种什么也不知道或者在自身之外什么也没有的矛盾,是在哪里进入平衡的、安静的永恒之中呢?如果人们希望获得一种并不存在的东西,那么这样的欲望就会引起恐惧和痛苦。因此,隐蔽的生活是没有乐趣的：由于孤寂的永恒在自身之外没有任何东西，因此它在自身之中寻求对自我显现的乐趣，因为力量、权力和宏伟，甚至所有的一切都藏在它的胸怀之中。黑暗的地狱和光明的地狱，都是通过《圣经》上的词从心里发出呼声：我创造出光明，又创造出黑暗；我赐予和平，又造成灾难。我是作出这一切的主人，为的是使人们无论在日出或日落之后都能看出，除我之外，没有任何事物。（《旧约·以赛亚书》第45章第6节）

因此，普遍统一的自由分裂开来，可是仍然是一种没有分的、温和的统一。它寻找光明和力量，并使自己在欲望中成为恐惧和黑暗。因此，它在从黑暗到光明中产生出自己：因为黑暗唤醒了火，火唤醒了光明，光明显现出形象和图像中的智慧的奇迹，这些形象和图像把它们从自己的温和的自由（从智慧和奇迹的镜子中）引入黑暗的欲望，并被隐蔽在这种欲望之中。（《三个原则：对标题中的图像的说明》）。

145　　没有矛盾，任何东西都不能把自身显现出来；由于它没有任何与自己相对立的东西，它就总是从自身中走出，而不能重新回到它自身。可是，由于它没有重新回到它自身，即回到它原来从其中走出的那个地方，因此它对自己的起源毫无所知。

单一的事物除了单一之外，别无所知；虽然它本身是好的，可是它既不知道恶，也不知道善，因为它自身中不包含任何可能使它成为可感受的东西。因此，我们也可以这样地从哲学上推究上帝的意志，我们说，如果隐秘的上帝只是一种单一的本质和意志，没有把自己连同自己的意志从气质（统一）的永恒知识（智慧）中引出并纳入意志的分离性之中，没有在不可领悟性中把这种分离性纳入自然界和创造物的生活之中,从而使这种分离性无可争议地存在于生活之中,那么上帝的隐秘的、其自身只是单一的意志如何能显现出来呢?认识本身如何能处于单一的意志之中呢?

既然上帝被称为上帝,因此他除了自身之外不能想有任何东西。因为,无论在他之前或在他之后,他没有任何自己能够想有的东西。如果他想有某种东西,那么这种东西便从他那里涌出,而成为他自身的对立物,在这种对立物里面,永恒意志希望有某物存在于自身之中。可是,由于这种某物只是单一的,因此意志没有在其中发现任何优越性;由于这个缘故,没有基础的意志开始分开,并把自己纳入本质之中,以便它能活动于某物之中。(《关于上帝的直观》第1章第8—10、17节)

读者应当知道,一切事物都是由是和非组成的,不论这些事物是上帝的还是魔鬼的、地上的还是其他任何的。作为是(正面的、肯定的、积极的东西)的单一是纯粹的力量和生命,是上帝的真理或上帝本身。它本身是不可认识的;如果没有非(反面的、否定的东西),那在是中既没有快乐,也没有重要意义,也没有感受性。非是是的对立物,或者是真理的对立物,以便使真理显现出来并成为对立物处于其中的某物,在这种某物中,永恒的爱成为活动的、可感受的、可希望的和可喜爱的。但是,绝不能说,是和非是相互分开的,是两个并列的事物;它们只是一个事物,但被分为两个本原,形成两个中心,因为每一个都在自身中活动着和希望着。

如果永恒的意志自身不分解,不把自己纳入愉快之中,那就没有任何形态,也没有任何区别,所有的力量都仿佛仅仅是一种单一的力量;那样一来,也就没有任何理解,因为理解产生于众多性的区别之中,因为每一种属性都注视着、检验着和希望着另一种属性。

快乐也处于同样的情况之中,如果愉快(即一种据为己有或攫为己有的本质性)必然发生,那就应当有一种自身对自我感受性的欲望,即自身对愉快的意志,这种意志不同于统一的意志。因为,统一的意志只希望一种统一的善,它本身就是这种善,它只是希望自己处于平衡之中;可是,涌出的意志则希望不平衡,以便与平衡区别开,并成为自己的某物,成为永恒的视力所看见和感觉的某物。从这种自身的意志中产生了非,因为这种意志把自身引入特殊性之中,即引入自身的愉快之中,它希望成为某物,而不等同于统一,因为统一是涌出的是,即永远地自我扩散的是,一种非感受性的是,因为,除了在回避的意志的愉快之外,除了在非之中,这种统一没有任何它能在其中感觉自身的东西。非是是的对立物,是在非之中显现出自身,是在非中获得它所希望的某物。

因为,单一之物在自身之中没有任何它能够期望并加以分裂使之成为两个的东西;它不能在统一中感觉到自身,只能在一分为二中感觉到自身。因此,应当对基础作这样的理解:被分离的意志从永恒愿望的平衡性出发,除了自身之外没有任何它能够希望的东西。但是,由于它对于那种既是虚无又是万物的统一来说是某物,因此它把自己纳入对自身的欲望之中,并渴望着自身以及它由之涌出的统一。

它为了对可感觉的爱的企求而渴望统一,以便能在自身中感觉到这种统一,同时为了运动、认识和理解而渴望自身,以便能在统一中成为分离性,并产生出力量。尽管力量既没有基础,也没有开端,可是它在愉快中变成区别,并从这种区别中产生出自然界。

这种分离的意志把自己引入欲望之中,欲望像磁石那样吸引着,统一则是涌出的。现在,是和非处于对立之中,因为涌出的东西是没有基础的,而吸引的东西则创造着基础。虚无希望走出自身,以便显现出来;而某物则希望进入自身,以便在虚无中成为可感觉到的,并使统一在虚无中被感觉到。由此可见,无论在外面或在内部都是不平衡的。

吸引的第一种属性是非,这种属性不同于作为统一的是,因为它在自身中创造出黑暗即善的丧失。(《神智学问题》第 3 个问题,7—10 和 14)

第 48 节　对二分为上帝和自然界这一过程的说明

我们现在又回到自我直观,以便从它出发来解释永恒自然的起源。雅科布·波墨引用《圣经》上的用语,把永恒自然和自我直观、智慧区别开(他把智慧称为圣父对圣子所说的永恒地说出的词,即已说出的、定形的、严密的词),同样地又把永恒自然和自然,即有开端的、处于时间之中的自然区别开,这个世界的创造物处于后一种自然之中。(《神赐的选择》第 1 章第 30 页)

因此,没有基础的意志在自我直观中,或者在一切色彩、德行和力量处于其内的智慧镜子中,精神地而不是实体地、独立地直观着自身,并从而成为渴望的意志、欲望。没有基础的意志或纯粹的意志,由于它"像虚无那样稀薄",(《基督的化身》第 1 章第 9 节、第 2 章第 1 节)因此就它自身和为它自身来说,是一种使处于它之中的色彩、力量、德行和本质得到显现,从而得以被"理解和形成"的企求。这种追求显现的企求和爱,意志对作为意志的自身的这种否定,由于它作为一种稀薄的意志仿佛就是虚无,因而变成一种希望在智慧的镜子中看出自己是什么的欲望①,由于它除了自身之外没有任何其他对象,因此它希望着和渴望着自身:也就是说,在自我直观中并与自我直观一起,产生了一种对自我和自身的追求,一种对自我显现、自我区别以及某种自我认识的欲望。意志塑造着自身,凝视着自身,仿佛被自身迷住了,对自身产生偏爱,与自身一致起来;它借助于想象把自己在镜子中的形象铭印在自身之中,并用这种想象的印象产生出一种把想象变成实在的、确定的形状、形式和本质的欲望,即变成某物、承认自身和自我的欲望②。

可是,人的欲望恰恰是对安宁与和平的破坏、中断和排除,是心灵

---

① "虚无是对某物的渴望"。(《论地上的和天上的秘密》第 1 页)

② 事实上,在雅科布·波墨那里,想象、想象力无论在主观或客观方面都是一种创造的原则;他不是从纯粹的意志或思维中,而是从想象力的矿穴中引出一切事物。厄廷格尔说:"雅科布·波墨体系中的主要概念,是一种既不是物质的又不是纯粹精神的、而是对精神和物质都漠不关心的 ens penetrabile(贯穿的存在物),所有的哲学家都没有这个概念。"(《斯维登博尔选集》第 4 卷,1776 年,第 32 页)这个 ens penetrabile 不外是想象力的对象化的本质,这种想象力就"既不是物质的又不是纯粹精神的"。在雅科布·波墨关于天使的言论中,我们获得关于他的这种最内在的本质的明显的说明和体现。天使不是别的,就是人的具体化的原型或本质,就是神人。"天使既没有肠,也没有肌肉和骨头。可是,由于上帝的力量,也是仿照与人相似的形象被塑造出来,具有与人相似的各种肢体,但他没有生殖器,也没有肛门,因为它不需要它们。"(Aur. 第 6、10 章)但是,天使是用嘴吃东西的,这就是说,为了做做样子而已。天使是一种虚构的、有形的或无形的存在物,是想象所塑造的存在物。这种不能感觉的感觉本质、非物质的物质本质,即想象所塑造的本质,一般说来就是上帝的本质、雅科布·波墨的本质(1847 年)。

的平衡和统一的分裂,同样地,这种欲望也是与那平衡的、自相一致的意志的分离,是这种意志的分裂,是一种厌恶。因为,欲望是吸引的、吞噬的,是一种否定性,是对自身的专注,仿佛要把在没有基础的意志中所包含的要素都汇集到自身之中,从而把在没有基础的意志中同等程度地、没有区别和没有规定地包含着的色彩、德行和力量加以界说、定形、规定和分离。"欲望渴望着从单一进入众多,同时把众多引入单一。本质通过欲望而被发现,欲望在本质之中点燃了火。"(《关于六个点》第 3 章第 18 节)这种欲望,这种主观性,这种分离和区别的精神,或者这种分离的、特殊化的精神,这种个性的、自我反映的、希望变成某物的精神,就是上帝中的永恒自然,就是自然界的原则、基础;在这种自然界中,原来精神地、非本质地、因而没有区别和形态地包含在上帝之中的事物或本质,便进入分离、区别、特殊性、个性和独立性之中。欲望、永恒自然是上帝之中的黑暗,是上帝的光亮的、没有被任何区别所中断的、均匀的镜子或本质之中的昏暗;因为,当意志就是欲望或者变成欲望的时候,意志就强烈地渴望着;它像虚无一样稀薄,它被压缩而变得灰暗起来,因为欲望是一种紧缩,是集结到自身,并且作为这样的东西,也是一种凝缩、一种不透明性,仿佛是一个昏暗的内核。"善或光明也仿佛是虚无。可是,由于某物进入虚无之中,因此这种某物是一种不同于虚无的东西;某物生活于自身之中,生活于痛苦之中,因为哪里有某物,哪里也必然有痛苦,痛苦产生出和支持着某物。某物是黑暗的,并使生活之光变得昏暗,而单一就是光明。"(《关于六个点》第 3 章第 6、8 节)诚然,呈现在欲望之前的和从欲望之中抽出的虚无或无基础还不是光明,因为,只有与黑暗相区别,它才变成光明。然而,它毕竟是一种没有被任何区别弄得昏暗和中断的平衡和单一,是一种按思想来说是光亮的、透明的东西,或者是光明自身;当意志在欲望中被压缩和变得灰暗时,它就变成特定的、现实的光明。因此,上帝只是在厌恶中、在黑暗中才作为上帝显现出来,他自己才真正成为可感觉的和可认识的。"你是否说:黑暗是神灵的原因?不!可是,没有黑暗,上帝就不能显现出来,那就既没有自然界,也没有创造物。"(《对巴·蒂尔肯的第二个辩白》,145)现在,上帝只是在光明中和作为光明被显现出来。因为,永恒的、统一的善,纯粹的爱和自由,只有通过黑暗、欲望以及永恒自然的对立(一切生命和本质,以及一切痛苦、悲伤和争执都植基于这种对立之中),才作为无上的慈祥之光、作为绝对的善显现出来;只有到这个时候它才成为像有益的、令人宽慰的、亲切的善那样可感觉的。无基础之物的那种从一切自我性和个性中解脱出来的统一,从黑暗欲望的基础出发,又回到自身,作为统一和自由显现出来:它在纯粹的自我享乐中、在对自身的一定认识和一定意识中(它在其中仅仅把自己看成为善),不同于善和恶、是和非、幸福和痛苦都处于其中的永恒自然。因此,在雅科布·波墨看来,上帝之所以被称为上帝,只是因为他是光明;可以说,只是根据他的光明面,根据光明的宏伟和庄严,才称之为上帝。上帝只知道和只希望作为善的自身;可是,由于善只有作为善才能显现出来,善只有在自己的对立物中才具有明确的自我认识,因此,与善的自我认识联系在一起的,同时还有对善和恶的认识,还有一个无限的分离过程。可是,这种对善和恶的认识,这个分离过程,是上帝之中的非上帝,是上帝之中的一种与上帝不同之物;根据这一点,就不把他称为上帝,而称之为永恒的自然;永恒自然是上帝之中的 Natura naturans〔生产的自然〕、自然的原则,因此它不同于作为上帝的上帝,因为上帝只是从自身中产生出上帝,只是自己的没有开端的原则。雅科布·波墨把上帝内在地自我显现的永恒过程——在这一过程中,上帝在自身中产生出自然,并从自然本身中产生出作为有意识的精神的自身——和火的过程相比较。火作为一种毁灭性的东西,就是上帝之中的分离、分裂、自为存在、否定性的原则,就是欲望和永恒自然;而从火中发出来的、亲切地和柔和地散播着和传播着的光亮,则是肯定性的原则,是永恒的统一和自由,这种统一和自由从欲望把光亮禁锢于其中的自然之火中解脱出来,并在这种解脱中、在与火的分离中作为光明显现出来。"正如在点火时我们理解到两种本质,一种在火中,另一种在光明之中,从而理解到两个原则,同样地,我们也应这样地理解上帝。火在它的痛苦中向我们指出处于欲望(Scientz)①中的自然,而光明则向我们指出上帝的爱火;因为光明也是火,不过是一种给予的火,因为光明把自己给予万物,并在它的这种给予中成为生命和本质。处于火中就是死亡。当永恒的虚无在火中死亡时,便从死亡中产生出神圣的生命,这不是死亡,而是从痛苦中产生出爱的生活。由此可见,虚无或统一把永恒的生命纳入自身,以便成为可感觉的,可是它又作为虚无从火中走出;同时我们看到,光明从火中发出之后,仍然不外是一种可爱的、给予的、活动的力量。因此,应当(在欲望

---

① 雅科布·波墨所说的"Scientz","并不是指科学,而是指一种 ziehe Ens,即一种酸涩的、吸引的属性"。因此,它与欲望是相同的。

的分离中,当火和光明分离的时候)把火理解为永恒的自然。在永恒的自然中,上帝说,他是一个愤怒的、仇念深重的上帝,是吞没一切的火,这种火不称为神圣的上帝,而称为上帝的愤怒,因为它吞没了欲望作为分离性包含于自身之中的那种东西。"(《神赐的选择》第 2 章第 35、33 节)

上帝把自己的意志纳入对自然的欲望,以便使自己的力量能在光明和宏伟中显现出来,并成为快乐的王国。因为,如果在永恒的单一之物中没有产生出自然界,那么一切都是静止的。但是,自然界把自己引入痛苦、感受性和可发现性之中,从而使永恒的静止运动起来,使力量成为响亮的词。(《神赐的选择》第 2 章第 16 节)

第 49 节 永恒自然的本质和特性

自然不外是自身的、形成的欲望之快乐特性,欲望在有生气的词即有生气的力量的分离中把这些特性产生出来,并在这里把特性纳入本质之中。这种本质被称为自然的本质,而不是上帝本身,因为上帝虽然贯穿着自然,可是只有当上帝的统一被引入自然的本质之中,并使自然的本质成为像光的本质那样的本质之物时,上帝才能为自然所理解。光的本质在自然界中自在地活动着,并贯穿着自然界,否则,上帝的统一就不能被作为渴望着的快乐的自然界所理解。(《对某些要点的详解》,25)

自然界从上帝的感受性和知识所涌出的词中产生出来,是知识和感觉的经常不断的构成和形成。词通过智慧所创造的东西,就是自然界在特性中构成和形成的东西。自然界像一个木匠,他把已为精神设计好了的房屋建造出来。因此,在这里也应当这样地理解,永恒的精神在上帝的智慧中、在上帝的力量中所设计的并纳入观念之中的东西,就是自然界在特性中所构成的东西。(同上书 26、27)

自然界就它的原初的基础来说由七种特性所组成,而这七种特性还可无限地再加以划分。欲望是自然界的第一种特性,它创造了酸涩、尖锐、坚硬、寒冷和本质。因此,正如我们所知道的,欲望是个性的基础,以便从虚无中产生某物;正如我们应当认为的那样,欲望是这个世界的发端,通过这个发端,上帝把万物纳入本质之中。第二个特性是欲望的运动或引力,它刺穿、粉碎和截断坚硬之物,它把有吸引力的欲望割断,把欲望引入众多之中,它是深沉痛苦的基础,也是生命的真正根源;它是这个世界的开端,是作为上帝意志的造物主借以把万物从 Mysterio Magno(伟大的秘密)引入形式之中的那些力量的分裂者或分离者。第三种特性是酸涩的坚硬性被破坏时的感受性,它是恐惧和自然意志的基础,永恒意志希望在这种感受性中显现出来。这种感受性是火的原因,也是精神和感觉的原因。如果没有感受性,意志就会对特性一无所知,因为意志只是统一的。前面这三种特性构成愤怒、地狱以及一切邪恶事物的基础。(同上书 28—31 和 41—43)

第四种特性或永恒自然的形式是精神之火,光明在其中作为统一显现出来,因为火的光辉产生于涌出的统一,这种统一被传给自然的欲望,而火的痛苦和燃烧,作为炎热来说,则产生于前面三种特性的尖锐的毁灭性。(同上书 48、49)这一点是这样发生的,永恒的统一或自由是温柔的静止,它由于爱的力量而等同于温柔的善行;我们不能说在自然界之外、在上帝的统一之中的温柔性是怎样的,自然界的这三种特性是尖锐的、痛苦的和可怕的;这三种痛苦的特性构成通过词或神的呼吸而形成的涌出的意志,也构成统一:因此,意志渴望着统一,而统一渴望着感受性,犹如渴望着火的基础一样。因此,一个渴望着另一个,这种渴望犹如恐怖或闪电一样,犹如把钢和石头相互摩擦一样,或者犹如把水浇到火上一样。(同上书 48、49)

在这一转瞬间,统一便感觉到感受性,意志便接受了柔和的统一,从而统一成为火的光辉,火成为爱情的燃烧,因为火从柔和的统一中获得本质或力量。火是上帝的统一的伟大的爱的对立物:因为,这样一来,永恒的快乐便成为可感觉的,这种统一的感受性被称为爱,即上帝的统一之中的燃烧或生命;由于这种爱的燃烧,上帝被称为仁慈的、可爱的上帝,因为上帝的统一爱着或贯穿着火的痛苦意志。因此,火和光明构成了万物的生命。(同上书 50、54、57)

第五种特性是爱情的火或光明的力量和世界。这第五种特性指的是一种与天使世界不同的原则,因为这是统一的运动,在这种运动中,火的自然界的一切特性都在爱中燃烧着。在点燃的蜡烛上,可以看到与火的基础和活动相类似的情况。在点燃蜡烛之前,蜡烛上的一切都并列地存在着,没有任何一种特性在其他特性之先显现出来;在点燃蜡烛时,我们看见了火、油、光亮、空气以及从空气中得出的水,原先隐藏在统一基础之中的所有四种元素都在其中显现出来。由此可见,在火的特性中,上帝的统一得到区别和显现。(同上书 58、61、62)

永恒自然的第六种特性是声音、声响或理解,因为在火光之中一切特性都变成有声响的,声音是一切特性相互补充于其中的那种理性。从神圣的三位一体的启示以及统一的涌出来说,这种声音或声响是上帝的起创造作用的词,即永恒自然的理性,超自然的知识通过这种理性得以显现;从自然界和创造物来说,这种声音是上帝的认识,自然的理性在这种认识中认识上帝。因为,自然的理性是上帝的理解的对立物和涌出。(同上书 69、70)

第七种特性是本质,它是其他六种特性的主体或容器,它们在这种容器中都是本质的,犹如灵魂与肉体一道那样;在第七种特性中,一切特性都处于气质之中,犹如处于统一的本质之中一样[①];正如它们都是从统一中产生出来,同样地它们又回到一个基础之中;尽管它们以不同的方式和特性活动着,可是无论在什么地方都只有同一种本质,它的力量被称为药酒,即一种神圣的、贯穿的本质。(同上书 73)

在这七种特性中,必须经常理解两种本质。第一,深渊。这种特性指的是上帝的本质,即上帝的意志以及上帝的涌出的统一,这种统一从自然中涌出,把自己纳入对于尖锐性的快乐之中,永恒的爱通过这种尖锐性成为可感觉的和活动的,它包含有某种痛苦的东西,它在这种东西中可能显现出来和被认识,它从这种东西中重新成为可爱的并作为痛苦的自然被产生出来,而自然在爱中又转化为永恒的快乐王国;当爱显现在火和光明之中的时候,它便用火

[①] 厄廷格尔(在上面援引的著作第五卷第 385 页)这样地解释最后两种特性:"第六种特性是一切感性、Perception(知觉)和 Apperception(统觉)的源泉。卡巴尼斯学派的信徒把它称为 Jesod(根据)。第七种特性使万物共同处于被称为真正实体的、未被破坏的形体性之中,而精神的本质则借助于前面六种特性的完善顺序和共同作用而获得自己的未被破坏的形体。"

焰烧穿自然,正如太阳烧焦野草、火烧化铁一样。(同上书 36)

另一种本质是自然特有的本质,这种本质是痛苦的、折磨人的,它是造物主的工具,因为凡是没有痛苦的地方,那里也就没有要求解脱和完善的欲望,而凡是没有要求改善的欲望的地方,那里的事物就停顿于自身之中,因此永恒的统一通过自己的涌出和分离而进入自然之中,以便有一个它能在其中显现出来的对立物,以便它能爱某物同时反过来被某物所爱,从而成为可感觉的活动和愿望。(同上书 37)

特别应当指出,第一种特性和第七种特性经常被看作是一种特性,同样地,第二种特性和第六种特性、第三种特性和第五种特性也被认为是如此,只有第四种特性是中间环节,因为按照上帝的三位一体的启示,自然只有三种特性。欲望作为第一种特性属于圣父所有,它只是精神,而在第七种特性中,欲望是本质的。第二种特性属于作为上帝力量的圣子,这种力量在第二种特性中只是精神,而在第六种特性中则是理性的力量。按照上帝的启示,第三种特性属于作为圣灵的上帝,它在第三种特性的开端中只是火的精神,而在第五种特性中则显现出伟大的爱。由此可见,上帝的启示按照三种特性涌出:这种涌出在第一个原则中,在光明之先,是自然的,而在第二个原则中,在光明之中,是精神的。(同上书 75—79)

第 50 节　论七种特性

这七种特性或质,通过它们各种不同的结合,可以往前或往下再无限地加以区分,也可以往后归结为三个或两个原则,即光明和黑暗。这七种特性或质是雅科布·波墨的神秘主义的最重要、最有教益的部分；因为它们是现实的原则，上帝根据这些原则创造自然界或世界，同时也创造他自身，使自己得到实现，并从虚无中创造出某物："因为虚无被纳入自然界中，以便从虚无中产生出痛苦（即某种确定的、质的东西），产生出可感觉的东西。"(《对巴·蒂尔肯的第一个辩白》第365节)雅科布·波墨无数次地谈到这些特性，可是，尽管他经常谈到它们，尽管他力图把光明和秩序引入上帝的这种混乱之中，但当他处理这些特性的特殊规定时，他仍然是模糊的、混乱的，而不是始终一贯的。例如，他在一个地方把某种特性看作是原初的，而在另一个地方却把它看作是派生的；他在一个地方采用心理学和动物学的规定和术语，而在另一个地方却采用纯粹物理学的规定和术语。尽管如此，基本内容仍然是清楚的。

雅科布·波墨是一个宗教的感觉论者，一个神智学的唯物主义者。他从下述原理出发：从虚无中产生出虚无；可是，万物都是从上帝之中或者由上帝那里产生出来的，因此万物必然处于上帝之中；因此，时间中的即现实的自然以永恒的自然为前提，地球上的物质以上帝的物质为前提。"上帝从虚无中创造出万物，而这种虚无就是他自身。"(《物的标记》，第6、8章)"由于上帝创造出这整个世界，因此，除了他自己的本质之外，除了从他自身之外，他没有任何其他的物质可以从其中创造出世界来。我们不能说火、痛苦或酸涩存在于上帝之中，更不能说空气、水或土地存在于上帝之中；可是，我们看到这些是从他那里产生出来的……万物都来源于上帝。"(《关于三个原则》第1、3、5章)"自然界和创造物的深渊就是上帝自身。"(《关于上帝的直观》第3章第13节)"当你看见深渊、星辰和地球时,你就看见你的上帝,你也生活于和存在于这个上帝之中……。如果所有这一切存在物不是上帝,那么你也不是上帝的形象……。如果你是一种不同于上帝自身的另一种物质,那你如何能成为上帝的孩童呢?"(《三重生活》1、51,《黎明女神》第23、4、6章)但是,雅科布·波墨在他的神智学想象中由以推出自然界的那种东西,实际上是从自然界中,而且从感性的、时间的自然界中推出和引出来的。因此,永恒自然的这七种宇宙学的同时也是神智学的特性或质,不外是从自然观中抽出的质,雅科布·波墨把这些质变成创始的普遍原则。对于雅科布·波墨用来标志自然界的基本原始特性的那一切词,如酸涩性、碱味、痛苦、温柔、流动性、移动性、燃烧性、声响或声音、光、闪电、热和冷、火和水,都不应从譬喻的意义上去理解,而应从本来的意义上去理解。他自己在《黎明女神》第四章中说过:"我的见解是天上的、精神的,但同时又是真实的、真正的,因此我没有想到除这些字母所表达的事物之外的其他事物。"他后来对此又补充说:"如果你想看见天上的、上帝的壮丽和宏伟,想知道它们是怎样的,那里的植物、喜悦或快乐是怎样的,那你就仔细地看看这个世界吧,看看从地球的硝石(基质、本质)中长出什么样的果实和植物吧……。这一切就是天上的壮丽景色的模型。"例如,当谈到上帝之中的声音时,那这就是指现实的声音,因为地球上一切发出声音和响声的东西,都是从上帝的声音中产生出来的。尽管如此,上帝的这种原初的声音却不是感性的、物质的、可以听得见的声音。不!它是精神的声音、想象的声音或者思想中的声音。一切物质部处于上帝之中,但不是作为物质,而只是作为它的"力量"、质或特性;不是胆汁本身,而是胆汁的苦味；不是坚硬的石头本身，而是石头的坚硬性——一切都处于上帝之中，但只是作为精神、抽象、理智和想象的对象。因此，上帝之中的水是"精神的水"，上帝之中的火是"精神的火"，即作为模型的火、作为模型的水。因此，雅科布·波墨明确地把这七种质称为"精神"。在他那里，这些质一般说来不只是物理的质，而且同时也是动物的或心理的力量：意志、痛苦、欲望、渴望、恐惧、愤怒、饥饿——可以说，这就是精神和自然的同一性。在他看来，这些质是感性的本质，是人格化了的特性或抽象；它们希望着、感觉着、品味着，像新娘和新郎那样互相亲吻着和拥抱着。总而言之，永恒的、上帝的、自然的天堂里的生活和活动，与这个时间的、感性的自然界里的生活和活动没有什么不同——"衷心的爱，愉快的会见，芳香的气味，美好的滋味，爱情的感觉，亲切的接吻，一块吃喝玩乐，谈情散步。""哦！但愿永远如此！"(《黎明女神》第9、38、39章)谁不想住在这个天堂里呢？但是，我们仍然深深地陷入第三个原则之中，即陷入这个堕落的、时间的、感性的、粗糙的物质的世界的原则之中，在这个世界里，美味和芳香，爱情和亲吻，可惜都不是永恒的。

第51节 可见的自然界及其起源和特殊形态

除了上帝之中的光明和黑暗这两个原则之外，第三个原则就是可见的世界，即第三个基础和发端；它是从内在的基础上，即从前两个原则中引出来的，并被纳入创造物的形式和形态之中。这个可见的世界发源于上述那个精神世界，也就是发源于涌出的神力,它是精神世界的对象或对立物:精神世界是可见世界的内在基础,可见世界处于精神世界之中。可见世界不外是七种特性的流出。他在 Mysterium Magnum(《伟大的秘密》)第 6 章第 10 节中说:"这个外在世界是精神之火和精神之水的烟雾或蒸气,这两者都导源于神的世界,然后又导源于黑暗世界;因此,它是恶和善……与精神世界相比,它只是烟雾或雾气;因为它是从六种活动的特性中产生出来的,在第七种特性中,犹如在天堂里一样,它处于静止之中,静止是永恒的安息日,上帝的力量在这一天也停止活动。"(《详解》127、81、82)

由火、光明和黑暗组成的精神世界,隐藏在可见的、元素的世界之中,并通过可见的世界进行活动,通过分离者及其流出,按照每一事物的形态和特性,灌注在一切事物之中。(《关于上帝的可见性》第 3、19 章)

可是,任何一种特性在自身中都有自己的分离者和创造者,它完全按照永恒统一的特性决定着自己。因此,每种意志的分离者又从自身中引出无限众多由以产生的特性。在每种力量中,都有一个作为自己欲望产生出来的对立物。在力量的对立物中,这种自身的欲望又把自己从自身引向对立物;这种流出的欲望由此变成尖锐的、严峻的和粗糙的,并凝结起来变成物质。正如从光明和黑暗中,从尖锐和温柔中,从火或光亮的特性中产生出内在力量的流出一样,物质也是这样产生出来的。力量的流出伸展得愈远,物质就变得愈加外在、愈加粗糙,于是从一个对立物中产生出另一个对立物,一直到最后产生出粗糙的泥土。(同上书第 10、11、41、42 章)

不过,我们应当正确地引出和指明我们在金属中看到的硬和软产生于其中的那种哲学的基础。因为,任何一种像金属和石头以及树、草等那样坚硬的物质,在自身中都具有珍贵的药酒(它是上帝的 Mysterii Magni[伟大的秘密]的类似物和对立物,因为一切力量都处于平衡之中,它被正确地称为极乐的世界或上帝的快乐),还具有力量的高尚精神,如在创造物的骨骼中所看到的那样,它作为最珍贵的药酒存在于光明的力量中,作为最浓的甜味存在于骨髓之中,相反,在血液中只有火一样的药酒①。

这个世界的本质中一切柔软、温和和纤细的东西,都是流出的、自行产生的,它在永恒的统一方面是这种本质的基础和原因(因为,除了作为永恒单一之物的运动,这种永恒的统一是最温和的),因为,统一始终是从自身中流出的,因此,不应把纤细的本质,例如水和空气中的纤细的本质,理解为感受性或痛苦,因为同一种本身在其自身中是统一的。但是,那些坚硬、密实的东西,如骨骼、树木、草、金属、火、土、石头以及诸如此类的物质——上帝的力量和运动(在运动中,上帝的意志和作为力量的自我结合到一起)的

---

① 在雅科布·波墨那里,药酒起着一种巨大而又非常神秘的作用。"它是外貌或光泽的原因,它是一切创造物之所以注视着和生活着的原因"。"它赋予事物以力量和美,它不是事物,可是在事物中活动着,促使事物成长和开花。""它在芳香的草中是一种令人感到惬意的甜蜜和滋润;如果没有药酒,那草就既不能开花,也没有香味。""一旦血液流光了,仿佛装在瓶里或处于阴影之中的药酒也就消失了。"(《三个原则》第12和13章)因此,它是事物的精髓、生命的液汁,它"既不是纯粹的精神,也不是纯粹的水,而是精神和存在物或肉体之间的中间物",正如在雅科布·波墨的上述摘要的Clavicula(详解)中所说的那样。波墨的信徒厄廷格尔在他的《斯维登博尔选集》(第五卷,1777年)中对它作了这样的解释:"肉体的最珍贵的药酒处于骨髓之中,它不仅是流动的,而且是发亮的,因为它是火的光辉。""化学家称它为 Spiritum rectorem(统治的精神),有时还可能看见它。""物质不能思想,可是药酒属于思想,天上的盐——'最珍贵的物质是盐。'"——是思考的基础。(第253—258页)

影像处于这些东西之中,并与自己的分离者相结合,即与上帝欲望的流出相结合——则是珍贵的珠宝,或者是上帝的力量跟粗糙之物相撞时迸发出来的火花,因而是坚硬的、火一般的,它以上帝的不可理解性为其根据,在那里,永恒的单一之物经常被引入三位一体的基础之中,以便使力量活动起来,可是,对于自然界自己的意志流出来说,也如对于意志的引入来说,它仍然是紧密结合着的,它借助于统一的力量并通过自然界进行活动。

对于珍贵的药酒(它是统一与平衡的感性对立物)也应这样理解:在它是最珍贵的那些地方,它大部分与坚硬性紧密结合在一起,因为药酒之中的统一处于运动性之中,即处于活动的感受性之中,因而是隐秘的;但在纤细方面它并不与那种感受性联系在一起,它在所有事物中都是同样的,正如水和空气对于所有事物来说都是同样的,并处于一切事物之中,但是,干燥的水(火的水)是真正珍贵的基础,在那里,统一活动的纤细力量处于中心之中。因此,应当把秘密理解成这样:柔软的和纤细的东西产生于统一,产生于它从 Mysterio Magno(伟大的秘密)中的流出,它最接近于统一;相反,上帝的启示在力量与活动中的最珍贵的基础,则在于火的坚硬性①,干燥的统一是一种气质,各种力量的分离性都处于其中,因为,凡是力量不处于意志的统一之中的地方,意志就是可分

――――――――

① 在雅科布·波墨看来,自然界中凡是具有无差别的统一和平衡的性质的东西(在一切都处于分离状态的自然界里,它们当然是有其界限的,也就是说,它们相互规定,相互区别),凡是具有自我给予的、传递的、穿透一切的普遍性的东西,如光和空气,是统一的天然对立物,是上帝的没有情感、没有区别的意志的天然对立物,它在这种统一中具有自己的基础和起源。相反,石头、金属、骨骼这样一些物质,却是包含在自身(转下页)

的,在这种对 Medicis(医生)来说应当察觉出的东西中,绝不能认为有很大的力量。(同上书第 36—48 章)

因此,我们在这里有了几个例子,说明雅科布·波墨怎样地从上帝的本质中引出石头和骨骼、空气和光亮、土和水。我们还补充下面两段话,作为他的宗教的自然哲学的例证。"在酸涩的质是 Primus(首要的)的地方,硝石(即自然界的基质、七种特性或源灵的物质总和、原初的物质)是凝结的和干枯的,因此形成坚硬的、密实的石头;但是,在酸涩的精神以及苦味的精神是 Primus 的地方,便形成刺人的沙,因为愤怒的、苦味的精神粉碎了硝石。"(《黎明女神》第 18 章第 11 节)"稀薄的水寻找山谷,它是生命的谦逊;它不像酸涩的、苦的和火的质那样地翱翔高飞。因此,它始终寻找地面上最低洼的地方,这恰恰表现出柔和的精神。"(同上书第 19、70、71 章)

第 52 节 恶的起源

可看见的、现今的、现实的物质世界是恶的活动场所;按照雅科布·波墨的基督教宗教观念,恶之所以得以存在甚至应当归功于对上帝的背离——魔鬼和亚当的堕落;因为,在堕落之前,人既

(接上页)之中,作为统一显现出来、作为光明被确定下来的统一的对立物,它们不再是原初的、安静的、仿佛没有意识的爱,而是火一般的、自我意识的爱,是爱的燃烧。因为,在这些物质中,温和的与坚硬性即自我的形式的对立相区别的统一,是在这种对立中显现出来的、可感觉的、特定的统一。例如,骨髓作为一种柔软的、流动的、自我给予和传递的东西,作为骨的养料,具有光、空气的性质,因而也具有自我统一的性质;可是,在这里,这种统一是一种凝结的、封闭的、在其对立中活动的、消除对立的、否定的、火一般的、个别的统一,因此是一种比任何其他统一更加珍贵的统一。

不是男的,也不是女的,而是兼而有之,因此那时人既没有性器官,也没有牙齿,也没有胃,也没有肠,因而也没有天然的臀部。我们之所以具有这一切唯物主义器官(它们甚至在基督教世界里也起着如此巨大的作用),也应归功于亚当和夏娃的罪孽。因此,我们应当在这里特别强调指出和说明雅科布·波墨关于恶及其起源的概念,尽管这一概念已经包含在以上对他的思想的全部阐述之中。这是这个主题的重要性以及它的困难所要求的。

在雅科布·波墨看来,恶是否定性的原则,也就是统一被排除的原则,是分离、区别(差别)以及与此相关的对立的原则。因此,自然以及精神、某物、存在和意识的起源,与恶的起源是同一个活动,具有相同的起源。如果上帝与自身没有区别,没有分裂为二,那它就既不是精神,也不是知识,也不是自我意识,"因为在一个单一的、没有任何分离的本质中,就只有单一,而没有任何知识"。(《详解》第13节)只有从否定性、分离和区别的原则中,才能产生出有自我意识的精神。可是,否定性的原则是恶的原则,是某物之所以变成与自身相区别并在这种区别和分离中使自己的自为存在得以确立的原因。"因为,一切恶的意志都是魔鬼,犹如一种对特殊性的独立意志,一种与整个本质相分离的意志,一种幻想。"(《神赐的选择》第2、12章)因此,上帝只有通过魔鬼即否定性的原则,才变为精神;因为,只有通过上帝从自身走出、流出,与自身相区别和分裂为二,使自身与作为他者的第二部分相对立,并从这种走出中、这种分裂为二中又返回自身,这样他才能使自己对自己显现出来,变成个性。但是,上帝的自我意识,作为最神圣的、统一的、最原初的区别和分裂,是一切区别的原则,从而也是自然界的原则。"智慧是知识,是无基础的统一的主词或对立物;它是上帝本性的最大秘密,因为力量、色彩和德行显现于它之中;理性就是它之中的力量的分离性,它本身就是上帝的理性,就是上帝的直观,统一就显现于这种直观之中。"(《详解》第18、19节)

理性产生于其中的自我意识是差别的原则、即区别者。理性是某物得以存在着的原因;没有理性,没有上帝本质的原始分裂,一切便都是单一的,因为理性是分裂者、分离者和分开者,从而是某物的创造者。理性作为伟大的分裂者是某物的原则,可是同时也是一切自我性、一切特殊性、一切顽固性、一切专横、一切固执己见和冷酷无情的原则;它作为你的和我的分裂者,是一切反感、战争和争执的源泉。因此,存在的原则、某物存在着的原则,和恶的原则是一个原则,或者,也可以这么说,质的原则和恶的原则是一个原则;因为某物只有作为有区别的、有特性的和有自我意志的东西才能成为某物;质是一种背叛的、自私自利的、分离主义的意志,用雅科布·波墨的话来说,是一种饥饿的精神,一种专横独裁,一种顽固的、固执的分离性,这种分离性作为对他者怀有恶意、企图消灭他物的欲望表现出来,作为贪欲、贪求表现出来。但是,自然界是存在和某物的王国,质和特性的王国,以及一切特殊的本质和事物的王国,因此,自然的原则和恶的原则是一个原则。可是,自然的原则,Natura Naturans(产生的自然)的原则,就是上帝之中上帝的对立物和对象,它在上帝之中是与否定性原则相一致的;借助于这一原则,上帝在自身之中分裂为二和相互区别,把这种区别出来的东西作为他物与自身对立起来,并从这种分裂过程中产生出自己的自我意识之光,因此,自我意识的原则和自然的原则,即上帝之中的自然,永恒的和原初的自然的原则,是同一个原则。"一切本质的本质只是一种统一的本质,可是它在其诞生(即自我规定)时分裂为两个原则:分裂为光明和黑暗、快乐和痛苦、恶和善、爱情和愤怒、火和光,并从这两个永恒的本原中产生出第三个本原,按照两种永恒欲望的特性产生出对自己的爱情游戏的创造。一切本质的最大秘密是这样一种事物,它在自身中是永恒的,可是在它的发展和显现中(所谓显现,雅科布·波墨指的是一种内在的、永远发生于上帝之中的、与上帝的自我意识的起源相一致的启示),它从永恒的永恒性变为两种本质,即善与恶。"(《物的标记》第16章第11、26节)因此,恶的起源、恶的原则就在上帝本人之中[①],因为这一原则与否定性、发展的原则相同,它存在于一切事物和本质之中;因为,一般说来,恶的原则就是某物借以使自身和自己的特殊性得到肯定的那种东西,它在对自身的肯定中否定了他物,并恰恰在这种否定中成为自我的本质,成为自我。"这是人和一切创造物的死亡和不幸:这些特性相互斗争着,每种特性都是自高自大的,都按照自己的意志以为自己是合格的,由此产生了疾病和悲哀……每种特性都力求达到平衡,犹如本质力求达到自身和超出自身。"(《伟大的秘密》第11、17章)"万物中都有毒素和恶意:然而情况恰恰应当是如此,否则就没有生命,没有活动性,也没有色彩、德行、厚和薄或者任何感觉,而是一切都是虚无。"(《三个原则》前

---

① 雅科布·波墨在他对巴·蒂尔肯的第二个辩白(第140条)中说:"如果按照你的方式说,上帝在万物中是强大有力的,而这又是真的,那我就必须说,上帝就是万物。他是上帝,他也是天堂和地狱,也是外部世界;因为万物都发源于上帝、并处于上帝之中。"

言,第 13 节)因此,在雅科布·波墨看来,魔鬼是自然界的盐,没有它,万物就只是没有滋味的浆汁;因为,一切区别或种类的原则也就是恶的原则。但是,在上帝那里,恶的原则不是恶的原则,而是善的原则。诚然,上帝的自我分裂和区分在上帝那里用自我意识点燃了个性和自我性的火;可是,这种个性只不过是统一的形式、外壳,统一的内容却是一切本质的无私丰满。这种个性只是纯粹爱情的极乐意识;上帝的自为存在是从上帝的自在区别中、从他自身与对立物的对立中产生出来的,这种存在不是区别的自为存在,而毋宁是那种与区别不同的、自我显现的统一和自由。上帝仅仅显现于自己的对立中,显现于与自身的区别中;如果上帝不把这种对立的反作用置于自身之中,上帝就不会知道他自身。但是,这种自我意识是关于自己的善的意识、爱的意识,并且作为爱的自我意识而成为快乐、幸福的源泉;上帝是幸福,因为他把自己看作上帝。因此,否定、对立和分裂的原则,恶的原则,在上帝那里则是善的原则。否定的东西在上帝那里却是肯定的东西。否定性、个性的火在上帝那里只是一种有益的、可爱的爱情燃烧,是爱和善的火;恶的原则在上帝那里只不过是造成下述现象的原因[①]:自我性的形态中的肯定之物和善,进入情感之中,变成移动的、活动的、可感觉的东西,变成活跃的、自我认识的东西。"恶属于形成和活泼,善属于谎言,严峻的或厌恶的东西属于快乐。"(《三个原则》前言,第 14 节)原先那种单纯的、安宁的、不动的统一,只有通过对立物的设

[①] "善把恶或令人厌恶的东西吞入自身之中,仿佛强制性地把恶拘禁在善之中,因为恶必然是生命和光明的原因。"(《关于六个点》,第 3 章第 2 节)

置,通过与自身的区别,才变成自我区别的、否定的、自我的、燃烧的、火的统一,并仅仅由于这个缘故才变成活动的、有生命的统一。因此,在上帝那里,否定性的火是与光明和统一相同的,恶在上帝那里(或在自身之中)只不过是善。"在上帝的王国里,也如在光明的世界里一样,被正确地认识的不会多过一个原则:因为光明握有统治权,其他的痛苦和特性都是像神秘之物那样隐秘的,因为所有它们都应为光明服务,都把自己的意志交给光明,因此,恶的本质在光明中变成光明和爱情的欲望,变成温柔。虽然酸涩、苦、恐惧和痛苦这样一些特性永远处于火之中,也处于光明的世界之中,可是其中没有任何一种显现于自己的特性之中,所有它们加在一起只不过是生命、活动和快乐的原因。在黑暗的世界里是痛苦的东西,在光明的世界里却是善行;在黑暗中是令人恐惧、惊骇和战栗的东西,在光明中则是快乐的欢呼,则是铃声和歌唱;如果在原初的状态中没有这样严重的痛苦,那就不可能出现这样的景象。因此,黑暗世界是光明世界的基础和原始状态,可怕的恶是善的原因,并且是上帝的一切。"(《关于六个点》第3章第1—5节)"在这个世界里作为地球的相似物和镜子的一切东西,在上帝的王国中则十分完善地处于精神的本质之中。在天堂里(即在作为上帝的上帝之中),一切都是善;在地狱里是恶、恐惧和痛苦的东西,在天堂里则是善和快乐,因此一切都处于光明的痛苦之中。(《物的标记》第16、22、20章)"上帝那里没有任何愤怒,只有纯粹的爱;只有在爱借以成为活动的那个基础上,才有愤怒的火,而在上帝那里这却是快乐王国的原因。"(《神智学问题》第三个问题,27)"如果统一的爱不是处于火的燃烧状态,那么爱就不是现实的,那在统一中就

没有快乐或运动。"(同上书18)

　　因此,恶是一种绝对的、永恒的因素,是上帝的生命本身中的一种因素;可是,在上帝那里,恶只不过是力量、能量、严格性、强烈性和热情,也就是主观性或自我性,是善的形式。恶在这里所起的作用,相同于情欲在人类生活的更加低级的领域内所起的作用。情欲在这里是恶的原则;可是,只有当情欲与善相分离而变为自身的生命时,情欲才成为恶的原则和恶本身;情欲就其自身来说是爱的原动力、能量、火、形式和精神。可以说,那种在肉体之中没有魔鬼的善,那种在自身之中没有恶的原则和因素,没有个性、活力和情欲的火的善,并不是精神的善,而是愚蠢的善。

　　只有在自然界里巨大的显现分离过程中(在这一过程中,万物获得独立的特性和分离的存在,从而显现出来),只有在这里恶的原则才成为恶的原则;只有当恶与善分离开来,进入自己的特殊存在时,只有当形式本身变成内容,个性本身变成本质和对象时,只有当火与爱情相分离,不再是爱情的火,而变成毁灭性的愤怒之火、自私自利之火时,只有在这个时候,恶才变成恶自身,才变成恶的恶,并且作为恶被显现出来和成为现实的①。可是,这种分离活动是一种与上帝的原始的分裂和区别活动不可分的活动;它早已

----

　　①　在这点上,雅科布·波墨说得很中肯,可是,恰恰在这点上,他又完全沉没于神学幻想和胡思乱想之中,而没有解决困难;他不能解决困难,这当然是完全可以理解的。倒霉的是,这种困难两次出现在他的面前:一次是在魔鬼堕落的时候,另一次是在亚当堕落的时候。他求助于自由意志。但是,自由意志如何能够越出上帝的和谐,这个问题自然是绝对不可理解的和荒谬的。从神学的幻想世界到现实的世界,是没有任何通道的(1847)。

存在于上帝之中,可是它在上帝之中只是因为它是自然界的中心和原则。它在上帝之中,犹如在永恒自然之中一样;永恒自然又把自身作为这个时间的、感性的自然界产生出来,使之得以实现,并在这个自然界中获得它自己的明显的、发达的存在和表现。既然恶只有在创造物中才获得它的特定的、发达的存在,因此,那种就自身而言与意识的永恒分裂相一致的活动也是在创造物中才发现自己的特定的现实性,或者只有在创造物中才是一种特定的、真实的、现实的过程和活动。"当谈到上帝的愤怒意志,谈到上帝自身与爱情相背离并想成为形象的东西时,那就应当理解为这只是对创造物而言。不应当为堕落这种过失指责上帝,而应当指责在"否定"之后在创造物中形成的力量。这种力量是粗心大意的,变成为谎言;这不是上帝,不是爱情燃烧于其中的那种没有展开的愤怒力量,而是创造物。"(《神智学问题》第 9 个问题,7、8)可是,与此同时,由于上帝中的愤怒之火是创造物的原则,因此必须把这一过程的原则重新置于上帝之中,因为只有在善和恶、光明和黑暗都处于其中的永恒自然的对立物中,上帝才点燃了关于他自身的意识、即关于光明、统一的意识。

由此可见,在雅科布·波墨看来,恶是绝对必要的,否定性的规定是一种绝对实在的规定。因为,正如从以上所述中清楚地说明的,恶是一切精神和生命的原则。

"如果生命之中没有令人讨厌的东西,那也就没有感受性,没有意愿,没有活动,因此生命中也就既没有理性,也没有知识;因为,只有一个意志而没有任何分离性的事物,感觉不到那种促使它运动的厌恶心情,因此它一动也不动地待在那里。"(《论神的直观》

第 1 章第 9 节）"生命由许多意志所组成,每种本质都可能有一个意志,而且事实上也有一个意志。每种形式都与另一种形式相敌对,不仅在人那里是如此,在一切创造物中也是如此。"(《关于六点》第 3 编第 4 章第 2、3 节)

生命的起源就是恶的起源,恶不能与生命分开,不能看作是与生命分离的,因此可以首先设定生命然后才问:恶是怎样表现出来的或者恶是怎样从生命中发展起来的？恶虽然是一种与生命、精神相同的东西,可是它是绝对必然的、原始的,不能像询问生命的起源那样询问恶的起源,因为在恶本身之中就包含有原始性的概念。因此,在雅科布·波墨那里,当恶作为恶进入与善相分离的自身存在之中并显现于这种存在之中时,恶并没有绝对必然之物或独立本质的意义,像在古代的二元论那样。毋宁说,甚至当恶作为恶进行活动时,它是借以达到善的原因、手段和诱因,是善得以显现、感觉和认识的一种手段,否定是自身的否定或对自身的否定；魔鬼只是对自身来说才是魔鬼。恶是它自己的最大的敌对者和反对者；这就是说,用雅科布·波墨的话来说,恶是一种可怕的痛苦,是地狱的火,是永恒地发生的剧痛,因而是一种要求安宁、和平、善以及回到原初状态的欲望,在这种原初状态中,恶与善是一样的,恶只是善的复活、振奋和燃烧。"如果没有痛苦,那么快乐也就不会对痛苦显现出来。恶必然是善对恶本身显现出来的原因,而善必然是恶从它的狡猾性和邪恶性方面对善显现出来从而使万物成为可见之物的原因。"(《伟大的秘密》第 28、68、69 章)"最大的恶必然是最美妙之物的原因。"(同上书第 10 章第 62 节)这个恶的概念同时也说明上面援引过的雅科布·波墨用以表述统一和精神的那个定义。真正的和现实的统一不是原初的、发端的统一；真正的精神不是那种未与自身分裂的、统一的精神,而是那种进入恶的地狱似的痛苦和差别的剧痛之中并通过排除差别本身、通过与自身相一致而回到自身之中的精神;因为只有这样地重新回到自身,它才成为一种可感觉的、显现的、活动的和有生气的精神。"对自由的企求(雅科布·波墨在另一个地方把自由称为精神)渴望重新回到平静之中,犹如回到虚无之中,它又从欲望的严峻的黑暗渗透到自身之中,犹如渗透到处于敌视的愤怒之外的自由之中,它只有在严峻的挤压中才变得强烈起来,它是一种活动的、感觉的生命,它的自由是强烈的(个性的、自我的、振奋的),它是一种在自由中成为快乐王国和产生出快乐王国的光辉。"(《物的标记》第 3 章第 18 节)可是,这个过程也发生在人之中。恶的不安、苦闷和痛苦,促使人从自己个性的差别重新回到自己的原始状态和起源之中,并且把永恒统一的意志包括到自己个性的形式之中,这种统一现在只有在与痛苦的恶相对立中才能被当作统一,当作甜蜜的温和,当作善行加以感觉和认识。"恶或者厌恶促使作为意志的善重新奔向自己的原始状态即上帝,并激起对作为善良意志的善的渴望。因为,一种在自身中只有善而没有痛苦的事物,是不会渴望任何东西的,因为它不知道任何它所能渴望的更加美好的东西。"(《关于上帝的直观》第 1、13 章)

第 53 节 雅科布·波墨的人本学

我们从恶和罪孽的起源(要知道,在其起源方面应归功于罪孽的、并非幻想的、神学的人,而是实际存在着的人)过渡到人,并从人过渡到雅科布·波墨的神智学的真正的钥匙和杠杆。雅科布·波墨说:"人自身就是一本蕴藏着全部秘密的书;人自身就是一本关于一切本质的本质的书,因此人是上帝的类似物,在人之中蕴藏着伟大的秘密。"(《神智学书简》第 20 封第 3 节)"你想在星辰深处的某个地方找到上帝吗?你在那里是找不到上帝的;到你的心中,到你的生命发源的中心去寻找他,你将在那里找到上帝。隐蔽的人就是灵魂(因为上帝光辉中的爱情就在你的心中发芽开花),就是上帝自身的本质……你怎么没有权力谈论上帝呢?要知道,上帝就是你的父亲,你自己就是上帝的本质。"(《关于三个原则》第 4 章第 7、8 节)关于他自己,雅科布·波墨说:"我写作时不是根据关于人的学说或者科学著作,而是根据我自己的、展开在我心中的书;这本关于崇高形象(即上帝形象)的书,作为上帝的崇高的类似物,已经为我翻开了,我已在这本书里找到了我的学说……我不需要其他的书。我的书只有三页,这是三个永恒的原则……我能在其中找到世界的基础和全部秘密。"(《神智学书简》第 12 封第 14、15 节)"在你自身之中就有这三个原则……,你想到哪里去寻找上帝呢?到你的那个发源于永恒自然的心灵之中去寻找上帝吧,上帝就诞生在那里。""你心中的那个渴望着光明的黑暗,是第一个原则。你心中的光明的力量(借助于这种力量,你不用眼睛而用精神进行观察),是第二个原则(自己的神性)。发源于精神、引向自身和充实着自身的、物质肉体由以成长出来的那种欲望的力量(意志的力量),是第三个原则。"(《关于三个原则》第 7 章第 16、26 节)因此,在雅科布·波墨看来,人是一切本质的本质原型,是他由以说明一切和产生出一切的本质。"当我们谈到天空和各种元素的起源时,我们说的不是离我们很远的那些遥远的事物,而是我们的肉体和灵魂之中发生的事物,没有任何事物比这种起源离我们更近了,因为我们生活于和翱翔于其中,正如我们生活于和翱翔于我们的母亲之中一样。"(同上书第 7 节)可是,雅科布·波墨不是把人的心灵、意志、精神看作抽象的、形而上学的本质,而是把整个的人、把与肉体联系在一起的精神看作产生出上帝和世界的原则。"正如肉体诞生出灵魂一样,上帝的七种精神(质)也诞生出圣子,正如灵魂在被诞生出之后是某种独立的、但毕竟又与肉体联系着并且没有肉体就不能存在一样,圣子在被诞生出来之后也是独立的,但若没有圣父也是不能存在的。""肉体意味着七种精神源泉,意味着圣父(永恒的自然),灵魂①则意味着天生的圣子(真正的上帝)。"(《黎明女神》第 15、4、5 章)"当然,无论在哪里,那种可以理解的东西就是上帝的愤怒(第一个原则),否则这种东西就不是难于理解的。"(同上书第 14、99 章)"酸涩的质('原初的精神',永恒自然的第一种特性)是锋利的。可是,它本身之所以是锋利的,其目的是想通过它的紧缩以形成 Corpus(肉体),否则就既没有上帝,更没有创造物。"(同上书第 13、69、70 章)因此,人的坚硬的、紧缩的、可触摸的即有形体的本质对他来说是首要的原则,是黑暗和火的原则;光明、灵魂的原则只是在与这一原则相对立中被点燃的,因为黑暗渴望着光明。因此,如果斯宾诺莎说,上帝是一种有

---

① 雅科布·波墨在这里赋予灵魂的这种意义,在他后来的著作中通常赋予精神、心或"灵魂的精神",并把灵魂称为原初的原则、圣父的本质、自然生活的基础。

广延的本质,那么,与此相反,雅科布·波墨则说,上帝是一种有形体的本质。这就是在上面关于雅科布·波墨的导言中所作的那个晦涩难解的、思辨的说明之真实的、简明的意义:自然界必然属于上帝,自然界是上帝的一个组成部分,因为自然界是感性的、有形体的本质的总和,或者只不过是一种有形体的本质。波墨的信徒厄廷格尔说:"由此可见,如果从肉体的东西中排除掉尘世的肉体性所具有的那些缺陷,那末肉体的东西就是一种实在性和完善性。这些缺陷有不可贯穿性、阻力、粗糙的混合。"(上面引证的文集第五卷第 381 页)这就是说,上帝是一种物质的、有形体的本质,可是上帝的肉体是那样一种肉体,它没有使肉体得以成为现实的肉体的那些规定性,它只是幻想的对象,只是那个与幻想十分接近的感官——眼睛的对象,因此它只是一种视觉的、幻想的本质。

由此可见,雅科布·波墨不是把人的死亡、灵魂从肉体中抽出、灵魂和肉体的分离看作原始的、基础的本质,而是把灵魂和肉体的统一、人的生命或有生气的本质看作原始的、基础的本质。可是,这种有生气的本质不是静止的、封闭的,而是活动的、自我发展的,它不是单纯的本质,而是分裂的、对立的本质。"一个没有感觉到痛苦的人如何能谈论快乐呢?一个没有看见过或经历过斗争的人如何能谈论和平呢?"(《关于解释标题图形的三个原则》)"在一切创造物中,主要在作为上帝的类似物的人之中……,我们发现恶和善、生和死、快乐和痛苦、爱情和敌对、忧愁和欢笑。"(《对三个原则的补充》第 3、4 节)因此,对立是万物的源泉,甚至是上帝生命的源泉。可是,人之中的斗争和分裂是从哪里产生出来的呢?它们是从欲望、情欲中产生出来的。欲望是自由和统一的丧失。欲望是对某物的渴望,这个某物不是离得很近,至少对我来说不是离得很近,而且它只是想象的对象,只是精神的本质,只是纯粹的模型或思想,而思想却与虚无是一样的。然而,欲望恰恰希望某物存在着;欲望是非精神的、物质的,它希望能拥有、占有和享有某物。当我什么也不渴望时,我便处于和平、自由和平衡之中;可是我也就没有任何质,我成了虚无。只有在欲望中,我才获得特性,我才成为特定的本质,成为饥饿的、口渴的、好色的、爱好虚荣的和自私自利的本质,成为自我、某物;因为,我在欲望中起初通过想象,然后通过行动把所渴望之物的特性铭刻在我自身之中。可是,正是由于欲望把我固定在某物之上,因此它是自由的死亡,是那与自由相同一的幸福和统一的死亡,是一切痛苦和悲伤、一切恐惧和不安的源泉。欲望是"猛烈的、火一般的、锋利的、痛苦的、严峻的",因此它具有某些原始的特性、永恒自然的特性;它是一切本质和生命的基础。"欲望构成了本质,而不是构成意志,"也就是说,不是构成精神。(Signat 第 2 章第 7 节)

"可是,不安(欲望)是安宁的追求者。它使自身成为自己的敌人。不安的欲望追求自由,追求安宁和平静,"即追求"作为它的灵丹妙药的虚无"。(同上书第 18 节)因此,人渴望摆脱欲望的约束而重新回到自由,渴望结束情欲的斗争而获得安宁与和平。"一旦你把某物纳入自己的欲望之中,那末这个某物就已是一种与你合在一起的东西,那你就应当把它看作是你自己的本质。然而,如果你没有把任何东西纳入你的欲望之中,那你就从万物中解脱出来,同时又支配着万物;因为你对任何事物都不感兴趣,那你对于万物来说成了虚无,万物对你来说也成了虚无。"《关于超感觉的生命》

第 9 节)啊,原来竟是如此! 谁不再渴望任何事物,谁就有了一切;他的安宁的、没有情欲的、漠不关心的、不确定的精神,就是上帝的虚无和万物的原型。因此,人自身中具有上帝的全部秘密和万物的原则。"欲望的特性产生和创造出黑暗的本质,而自由企求的特性则创造出光明的本质,如金属以及一切与此类似之物。"(*Signat* 第 3 章第 16 节)可是,万物都可归结为光明和黑暗。

这一节里所考察的问题是雅科布·波墨的神智学和心理学中最精彩的部分。雅科布·波墨是一个十分深刻可是不很自觉和未受过教育的心理学家。他关于欲望的本质、关于情欲的痛苦、关于对自由和精神同一性的企求、关于没有情感的情感言论,尤其非常深刻和真实,非常富于诗意和令人激动,因为他对自己所想、所说的一切都有所感受,因为他从各种痛苦和快乐的源泉中、从感觉中汲取自己所论述和阐述的材料。雅科布·波墨是下述这个论点的最富于教益同时也是最为有趣的证明:神学和形而上学的秘密在心理学中找到了自己的说明;形而上学不外是"神秘的心理学";因为他所使用的一切形而上学的和神学的规定性、术语,都具有病理学和心理学的意义和起源。"爱情、温柔、仁慈和希望中的宽容"——人的这四种德行或情感,是"上帝的四种元素",(《关于六个点》第 10 章)也可以说是上帝的基本的心理因素;因为在它们之间既没有斗争,也没有痛苦,也没有欲望;它们是上帝的平衡、统一和自由的情感。相反,"傲慢、吝啬、嫉妒和愤怒或恶意"则是"魔鬼的四个元素,它们是从黑暗的自然中、即从酸涩、痛苦、恐惧和火中产生出来的",(同上)因而是这个粗糙的、邪恶的物质世界的存在和本质发源于其中的基本心理本质;因为,正如我们所看到的,世界之所以是今天这个样子,至少应当归功于恶、魔鬼。"例如,从前的水像空气那样稀薄",不像现今的水"那样清凉,那样浓厚","现今的水是致命的,它翻滚着和奔腾着"。(《黎明女神》第 16 章)只是通过魔鬼的无情的寒冷,尽有通过这种心理学的"否定性",水才变成像今天这样清凉、浓厚的本质。

同时,雅科布·波墨的人本学也是我们可以由以过渡到笛卡尔的一个唯一的支点①。正如笛卡尔从自身出发并在自身之中寻找哲学原则一样,雅科布·波墨也是从自身出发并把自己当作"我自己的书,这本书就是我自己",(《书简》第 34 封第 9 节)也就是说,他把人看作自己进行构想和思考的基础。然而,自然意识是与自我意识不可分的。正如笛卡尔从自身出发观察世界,并在自身之中和在自然界这部巨著中寻找科学一样,雅科布·波墨也是如此。他在谈到自己时这样说过:"我有一位老师,他就是整个自然界。"(《黎明女神》第 22 章第 11 节)这句话,也如波墨著作中的其他许多言论一样,使我们想起了帕拉塞尔苏斯,后者也同样说过:"只有自然界才是我们的老师。"

---

① 不过,把雅科布·波墨放在目前这个位置上是不恰当的。最好把他放在本书的结尾部分,因为他是唯一的一个德国人,他的学派是与霍布斯、笛卡尔、斯宾诺莎和莱布尼茨相对立的。为了反对这些哲学家的抽象的、形而上学的、唯心主义的本质,他的学派提出了感性的本质,当然,它只是以神秘的、幻想的方式提出的。它主要反对灵魂的"单纯性",从而也反对上帝的"单纯性",因为上帝只不过是一个从灵魂中引出、抽出的概念。沃尔夫说过:"经验心理学为自然神学提供它的原则。"(《经验的心理学》第 7 节 1847 年)

(在《基督教的本质》第 10 章和第 24 章中,在《宗教本质讲演录》第 17 章中,包含有对雅科布·波墨的重要论述。载本书第 6、8 卷。——德文版编者注)

第五章 勒奈·笛卡尔

第 54 节 笛卡尔的生平和著作

勒奈·笛卡尔,1596 年 3 月 31 日在土伦省的拉海出身于一个古老的、著名的贵族世系。早在少年时期,他就表现出永不满足的求知欲,因此他的父亲把他戏称为哲学家,送进耶稣会专科学校念书,以培育他的才能。在那里,在所有的同学中间,他在数学方面尤其出类拔萃。正如他自己所叙述的,他怀着极大的学习热情听老师讲课,阅读古典作家的著作;他不满足于专科学校里的一般课程,还力所能及地读了许多以极其罕见和十分离奇的事物为题材的著作[①]。尽管他对学习怀有很大兴趣,尽管他对科学的学习付出巨大精力,可是他在总结自己的学习时却发现那个鼓舞着自己致力于学习的希望没有实现。对于那些有益于生活的事物,他

[①] S. Cartesii: *Dissertatio de Methodo*, p. 4, Amstelodami, 1650.（勒奈·笛卡尔:《谈谈方法》,第 4 页,阿姆斯特丹,1650 年）这里按照埃尔策维尔的版本（R. D. C. *Opp. philos.* Edit. Ⅲ; Appendix 1649）,引证了笛卡尔的其他著作,并注明有关页码;这一版本中收入了第五种和第六种异议以及笛卡尔对它们的答复,还有笛卡尔写给迪内和沃厄戚的信。

没有像自己在学习中所盼望的那样获得明确清楚的认识,而毋宁说陷于怀疑和迷误之中,以致他竟至于认为自己过去所做的全部努力,除了使自己认识到自己愚昧无知外,别无其他收获。因此,一旦当他有机会离开这个专科学校,他就扔开书本,不再学习,认为这种学习是空洞无益的。他决心以后再也不研究科学,而到他自身之中,或者到世界这本大书之中寻找知识。起初,他把自己的时间用于学习骑术,甚至把击剑术当作他的一篇短文的题材①。有一段时期,他住在巴黎,在上流社会中寻欢作乐;后来,他又完全退隐,过着离群索居的生活,几乎整整有两年时间沉湎于研究数学和哲学。他二十一岁时,自愿到军队中服役,起初在荷兰人的军队里,然后到巴威略人的军队里,最后在帝国的军队里,"他不是想在世界的舞台上充当演员,而是希望做人类生活中各种各样的事件和事变的观众。"②为了通过自己的直接考察了解各个地区的自然景色和各民族的特殊习俗,他还作了广泛的旅行。

从这次旅行归来之后,他在巴黎住了好几年,时而呼朋集友地广泛交游,时而与世隔绝地过着隐居生活,埋头于科学研究。1629年,为了避开频繁的访问和其他某些使他感到累赘的交游,他断然离开自己的祖国,迁居荷兰,长期住在这里,以求遵照自己的格言"Bene qui latuit, bene vixit"(隐居生活是美好的生活)和"Illi mors gravis incubat, qui notus nimis omnibus ignotus moritur sibi"(沉痛的死亡等待着那些虽然在许多人中间享有盛名、但对自

---

① 巴耶:《笛卡尔传》,第1卷第8章。
② 同上书,第9章。

己却毫无所知的人们),不受干扰地、埋名隐姓地为哲学而生活,实现自己的科学观念。这个目的他在这里毫无阻碍地达到了。1637年,他匿名发表了他的头一部著作,题为 Essais Philosophiques(《哲学评论》)。它包含有 Discours de la Méthode(《谈谈方法》)和三篇关于屈光学、气象学和解析几何学的论文。《谈谈方法》叙述了作者自己的发展过程、他的方法的规则以及他的哲学的一般原理。后来,《哲学评论》被译为拉丁文。1641年出版了他的《第一哲学沉思集》(Meditationes de prima Philosophia),他着手写这一著作为时甚早,但由于出外旅行和从事数学与哲学的研究,招致中断。这个标题下面还附有这样的说明:这一著作论述上帝的存在和灵魂不死,附有某些学者对它提出的异议和作者的答复[①]。在笛卡尔与之申辩的反对者中间,特别突出的有霍布斯、伽桑狄以及巴黎的神学家阿尔诺,后者是冉森教派的领导人之一。当笛卡尔在世时,在他亲自参与下,《第一哲学沉思集》及其附录被译成法文。1644年,《哲学原理》(Principia Philosophiae)出版,它包罗了他的整个体系:认识论和形而上学,自然哲学和精神哲学;作为对这一著作的补充,1649年出版了《论灵魂的激情》(Les Passions de L'âme)一书。同样地,当这位哲学家在世时,《哲学原理》被译成法文,《论灵魂的激情》被译成拉丁文。

[①] Renati Descartes: *Meditationes de prima Philosophia*, *ubi de Dei existentia et animae inmortalitate. His adjectae sunt variae abjectiones virorum doctorum in istas de Deo et anima demonstrationes cum responsionibus auctoris*. Paris 1641. (勒奈·笛卡尔:《第一哲学沉思集,论上帝的存在和灵魂不死。附有某些学者对上帝和灵魂的证明所提出的异议以及作者的答复》,巴黎,1641年)

笛卡尔通过自己的哲学招致许多反对者，其中有令人厌恶、故意挑剔的神学家吉斯别尔特·沃厄戚，他把笛卡尔的哲学指责为无神论。他玩弄阴谋诡计，使得乌特勒支大学禁止讲授笛卡尔哲学，并且对笛卡尔造谣诽谤，掀起各种各样令人厌烦的纠纷。但是，笛卡尔通过自己的哲学也获得了许多拥护者和崇拜者，甚至博得了富有才智和学识的伊丽莎白公主（普法尔茨选侯弗里德里希五世的长女）和瑞典国王克里斯蒂的友谊和恩典。克里斯蒂邀请笛卡尔去他的宫廷专心致志地研究哲学。笛卡尔虽然不乐意去，但最后还是接受了这个邀请①，于 1649 年离开荷兰，离开他所喜爱的"哲学的隐居之所"，迁居斯德哥尔摩，但第二年，即 1650 年 2 月 11 日就死在那里。在他逝世后，出版了他的许多涉及数学、物理学、形而上学和道德问题的《书信集》，他的一些关于人、胚胎的形成和光的论文，还有一些从他遗留下来的手稿中得到的其他著作和提要。他的著作在阿姆斯特丹由埃尔策维尔用拉丁文出版过几个版本的全集，各个版本收集的著作多少不等，最完备的是 1670—1683 年和 1692—1701 年出版的两个版本。第一部法文全集于 1724—1729 年在巴黎出版；维克托·库赞于 1824—1829 年出版了最新的版本。巴耶为他写了传记：*La vie de Mr. Descartes*（《笛卡尔先生传》），1691 年；1693 年出版了这一传记的提要②。

---

① 笛卡尔之所以不乐意去，主要是他对自己面临的不幸怀有某种预感或预兆，事实上这种不幸就是他的逝世。早在 1648 年，他在写给比埃尔·夏努的一封信（R. Cartesii Epistolae[《勒奈·笛卡尔的书信集》]第 1 卷，第 44 封）里写道："二十年来我作过多次旅行，结果都是如此不幸，以致我害怕将来会陷入剪径贼之手或遭到覆舟之祸，或者失去自己的财产，或者失去自己的生命。"

② 在这点上，特别可参看布伊埃的《笛卡尔哲学史》第一卷。——德文版编者注

笛卡尔的大部分拥护者和崇拜者都住在荷兰和法国。其中最著名的是议会律师克洛德·德·克列谢利耶和医生路易·德·拉·福惹,他们共同出版了笛卡尔的遗著;其次是当时颇有名气的物理学家雅克·罗果,他是克列谢利耶的女婿,以及他的另一个女婿比埃尔·德·夏努,后者在1645—1649年间是法国驻克里斯蒂宫廷的大使,克里斯蒂通过他的关系与笛卡尔建立联系;最后是怀有自由主义思想的天主教神学家安都昂·勒格朗;在阿姆斯特丹,有在启蒙运动方面颇有贡献的新教神学家巴尔塔扎·贝克尔;在伦敦,首先是哲学家阿尔诺德·海林克斯[①]。

笛卡尔的哲学

第55节 怀疑是哲学的发端

笛卡尔把怀疑作为哲学的发端,但这不是指对这个或那个对象的真实性的怀疑,不是只涉及某些对象而不触动被怀疑者的一般范围的那种怀疑,而是完全的、一般的、包括被怀疑者的整个范围的怀疑,即对一切凡是不能通过自身得到确定,因而可能引起怀疑的事物的怀疑。但是,他从怀疑出发,并不是像怀疑论者那样为了怀疑而怀疑,而是为了获得确定性而怀疑;他把怀疑看作为了认

---

① 在刚才提到的Fr.布伊埃的《笛卡尔哲学史》中包含有对笛卡尔的追随者和友人的详细介绍。最近,C.阿达姆和P.塔德经过仔细校订后重新出版了笛卡尔与其友人的通信:《全集》,巴黎,1897年(科学院法文纪念版)。——德文版编者注

识坚实明确的原则所必需的条件和方法。笛卡尔这样开始他的《第一哲学沉思集》第一章:"好多年前我就认为,我从少年时起就把许多虚妄错误的见解看作是真实的,其后在此基础上建立的一切也是不可靠的,因此我认为如果我打算在科学中建立某些坚实持久的东西,我就必须在一生中至少把一切见解彻底扔掉一次,然后重新从基础做起。因此,为了摆脱我在童年时期由于不能适当地运用理性而接受的那许多偏见,我必须对一切并非完全明确肯定的事物提出怀疑。其中最主要的偏见是关于感性事物的存在的见解。感觉有时欺骗我们,而智慧则要求我们不要过分信赖那些哪怕只有一次欺骗过我们的事物。其次,我每天在梦中都感觉到和极其生动地觉察出无数实际并不存在的东西,以致我没有一个可以信赖地把梦想的东西和真实的东西区别开来的标准。因此,我必须怀疑感性事物的存在;不仅如此,我还要怀疑物质的自然界、广延等简单的和一般的对象,甚至怀疑数学的真理,因为许多人已经被它们所欺骗,原来认为它们是可靠的,后来却证明它们是错误的;然而,首先是因为在我们的思想中自古以来就有这样一种根深蒂固的看法:存在着一个无所不能和创造出我们的上帝。因为,我们不知道是否由于上帝这样地创造出我们,以致我们经常被那些自以为最清楚、最可靠的东西所欺骗。"(《第一哲学沉思集》第1章,《哲学原理》第1章第1—5节)。

笛卡尔用以表达和表现他的怀疑的那种方式根本不是哲学的,他的怀疑的根据显然非常脆弱。怀疑的最后根据表现出很大的脆弱性和不彻底性。笛卡尔如何能够把关于无所不能的上帝的古老见解当作怀疑的根据呢?对于这个见解,他甚至不知道是否它是真实的？既然这只不过是一种见解，那他就应当把它排除于自身之外。而且，应当考虑到笛卡尔还仅仅处于自己哲学的门外，处于它的开端，而不是在它之中；这些根据只表现出他借以达到自己哲学原则的某种主观的方式，因此它们在这方面是无关紧要的，即使它们更坏一些，它们也不会排除怀疑的必要性。因为怀疑的真正的、本质的根据（下面将要谈到），并不是上述那些根据，而是他的哲学的基础本身；"我思故我在"是这样一种必要性：世界历史的精神要求笛卡尔认识的那种精神（诚然只是就它的最初的、最简单的、最抽象的形式而言），只有通过怀疑才能得到理解，只有通过怀疑才能得到认识。因此，笛卡尔并非仅仅做出他怀疑着的样子，像某些反对者指责他的那样，而是确实怀疑着，并被与他一块怀疑的人所了解；当然，这是指与通常所理解的笛卡尔的怀疑不同的另一种意义而言。只要指出笛卡尔的反对者仅仅注意他的怀疑，而没有注意到怀疑的动作（它是主要的），没有考虑到他的怀疑和它的一定的出发点及其结果之间的一定的方式和联系（这也同样是极其重要的），只要指出这一点，那么他们用以反对笛卡尔的怀疑的全部论据就站不住脚了。诚然，笛卡尔由于自己在用语上疏忽大意、不确切、不灵活、甚至幼稚，由于他用以表达自己的大部分思想的那种方式是非哲学的、不连贯的，这也给这种论据提供了口实。任何怀疑，只要它不是漫无目的，不是不着边际的空谈，不是以主观随意性作为自己的出发点，都以否定的形式包含着从其中得出的结果。真正的怀疑是一种必要性，这不仅因为它使我摆脱掉妨碍我认识事物的那些成见或偏见，从而成为获得这种认识的主观手段，而且因为它符合于通过它所认识的事物，处于事物本身之中,因而是用以认识事物的唯一手段,是事物本身所给予和规定的。因此,真正的哲学怀疑无论如何不是没有前提,而是以结果为前提;在哲学家看来,结果不是存在于怀疑之先,而是从怀疑中产生并且与怀疑一道形成;其次,在哲学家看来,真正的哲学怀疑以那种从这种怀疑开始的哲学的精神和一般观点为前提,哲学家持有这种观点并不是随心所欲的,就像他 ad libitum(随意地)离开坐椅然后又回来坐在上面那样,而是由世界历史和自己哲学的精神决定的,因此它是一种必然的观点。由此可见,笛卡尔的怀疑不是一种主观随意怀疑,不是既可以从它开始,也可以不从它开始;它是一种从他的哲学原理中必然产生出来的方法,是用以认识他的哲学原理的唯一手段。但是,笛卡尔的怀疑之所以是一种必然的行动,不仅因为只有借助于它才能发现他的哲学原理,而且因为他只有通过把怀疑、否定当作哲学的发端,才奠定和能够奠定那种新的、自由的、从自身开始的哲学的开端和基础①。

感性的人认为那种作用于他而为他所感觉到的东西是现实的,因为它作用于他,他把自己看作某物存在着或不存在的尺度,他把事物的那些可以感觉到的特性看作事物的存在,因此认为笛卡尔怀疑事物的存在,仿佛就是否认我们看见事物,否认我们感觉

---

① 关于笛卡尔的哲学以及一般的哲学思想在什么方式和什么程度上可以称为新曲,我在这部《哲学史》论述培尔和莱布尼茨的那两卷中作了比较详细的说明。于厄在他的 *Censura Philos. Cart.*(《笛卡尔哲学批判》)第 8 章第 8 节中为了否认笛卡尔哲学的这种新的性质所采用的那种推论方式,是荒谬的,根本不值一驳。笛卡尔在写给迪内的信中把自己的哲学称为最古老的,因为它由以出发的原理是以往一切哲学家所共有的,是人类精神自来就有的。参阅《哲学原理》第 4 章第 200 节(1847)。

到事物的坚硬、柔软等；在这种感性的人看来，笛卡尔的怀疑自然是非常荒谬可笑的。但是，马勒伯朗士对笛卡尔评论得很中肯："Descartes, qui vouloit établir sa philosophie sur des fondemens inébranlables, n'a pas cru pouvoir supposer, qu'il y eût des corps, ni devoir le prouver par des preuves sensibles, quoiqu'elles paroissent très convaincantes au commun des hommes. Apparémment il savoit aussi bien que nous, qu'il n'y avoit qu'à ouvrir les yeux, pour voir des corps, que l'on pouvoit s'en approcher et les toucher, pour s'assurer, si nos yeux ne nous trompoient point dans leur rapport, Mais…il aimoit mieux se rendre ridicule aux petits esprits par des doutes, qui leur paroissent extravagantes, que d'assurer des choses, qu'il ne jugeoit pas certaines et incontestables."（笛卡尔希望把他的哲学建立在巩固的基础之上，他认为自己无权假定物体存在着，也不应当用感性的证据来证明这一点，尽管在大多数人看来感性的证据是极其令人信服的。显然，他和我们一样知道得十分清楚，为了看见这些物体，只需把眼睛睁开就行了，为了确信我们的眼睛是否在这点上欺骗我们，也只需要走过去摸摸这些物体就行了。可是……，他宁愿由于提出怀疑而被浅薄的人们看作是滑稽可笑的[他们认为他的怀疑是稀奇古怪的]，而不愿相信那些在他看来并非是确实可靠和无可争议的事物。）（《对寻求真理一书的第一册的说明》第211页）在感性的人看来，在感性观点的范围之内，事物的感性存在是一种毋庸怀疑的实在；这种感性的存在一般说来不会被任何一个唯心主义者所怀疑。可是，问题恰恰在于，这种感性的、显现出来的存在是否是一种真实的现实,是否是一种能够成为思想的支柱的存在。不过,由于在笛卡尔那里怀疑只不过是他的哲学的发端,只具有区别和抽象的意义(这一点下面将要谈到),因此这里不是更加详细地研究和评论唯心主义的意义,特别是主观唯心主义的意义的地方。

第56节　对怀疑进一步规定和说明

笛卡尔继续说:"但是,如果我仅限于怀疑,那是不够的;毋宁说,为了更加准确地达到确实可靠,我应当把自己所怀疑的一切看作是虚假的、非实在的。可是,由于我怀疑一切稍可怀疑的事物,把它们排除掉,认为它们是非实在的,因此我能容易地说服自己,相信既没有上帝,也没有天空,也没有物体,甚至我自己也没有肉体,但是不能相信正在思考这件事的我是不存在的,因为如果认为某种东西思维着,可是它在思维着的时候又不存在,这种想法是自相矛盾的。因此,Cogito,ergo sum(我思故我在)这种认识是最基本的、最可靠的。"(《哲学原理》第27节)

因此,精神的存在①是哲学的原则。精神是最可靠的、最实在的②。因为,即使我怀疑一切,甚至认为什么东西也不存在,但我不能怀疑精神及其存在。相反,由于我(作为精神或者在我是精神

---

　①　我们精神的存在是最高的哲学原则,因为没有任何东西的存在在我们看来是可靠的。(《书信集》,第1卷,第118封)

　②　在笛卡尔的思想中,可靠性和实在性是相同的概念。例如,可参考《哲学原理》第1章第11节和《第一哲学沉思集》第2章,他在那里把物质的东西说成是可怀疑的、陌生的、异己的。

这一范围之内)怀疑一切稍可怀疑的事物,也就是把一切与作为精神的我相分离、相区别的事物称为非我、非精神,把它们与我区别开和分离开,因而在我的精神中把一切对我来说或在我看来是别人的、对象的事物,甚至一切精神的对象,但主要是感性的对象都排除掉,把它们的实在或存在否定掉,正是在这种怀疑中,我确信我的存在,确信我自身,这种怀疑恰恰就是对我自身的确信,这种对与我不同的一切对象的否定,恰恰就是对我自身的肯定。因此,当我怀疑即思维——因为怀疑就是思维——的时候,我就存在着;我思维着和我存在着,这是一回事,没有什么不同。当我怀疑一切在我看来与我不同的事物的存在,并在这种区别中认为它们与我相对立,当我认为在我之外不存在任何事物,因而否定与我对立之物的实在,这时我恰恰借助这一点使自己与自己发生关系,肯定自己的实在;对那些与我分离、与我对立之物的实在的否定,就是对我自己的肯定。对于对象、对于与我对立之物的这种分离、这种否定,就是怀疑,而怀疑也就是思维。因此,我思维着,我存在着,这是一回事,这是头一种确定性,是哲学的原则。

因此,在笛卡尔那里,这种怀疑不是通常意义的怀疑,而是 Habere pro falsis(认作是虚假的)、Fingere(想象)和 Supponere non esse(对非存在的假定)、Evertere(推翻)、Rejicere(拒绝)、Negare(否定),用哲学术语来说,也就是抽象、否定或否认,而且是对一切与我们不同之物的否定,甚至是对数学真理以及其他一切精神对象的否定,因为,它们虽然是精神的,可是毕竟是对象,是与精神本身不同的,而作为与精神不同的东西便是不可靠的。可是,感性事物特别不可靠,因为它们与精神离得最远,区别最大,因而最不可靠(Resp. ad ll. Objcet. ;De rebus omnibus praesertim corporeis dubitare[对第二种异议的答复:对一切事物特别是有形物体的怀疑]);这一点特别应当予以注意,因为笛卡尔只是在与感性之物的区别中、在对感性之物的否定中理解和规定精神的。在笛卡尔看来,怀疑具有否定和抽去的意义,具有精神同一切对象特别是感性对象相区别的意义;这一点不仅在他的《沉思》的整个发展过程中,在精神的结果和概念中(在精神如何从怀疑中产生出来那种方式中),清楚地表现出来,而且甚至对那样一些人来说也是清楚的,这些人认为他们可以从哲学家的确切用语中得出哲学家想说的意思,他们不是按照精神和意义而是按照词和字母去确定哲学家的言论的内容。关于这种怀疑(dubitatio),他是这样表述的:"这是认识精神的本性以及精神与物体的区别的最可靠的方法。因为,当我们在与我们不同的一切事物中体验出我们自己的本性时假定这种本性可能建立在谬误之上,那就很显然,任何广延等都不属于我们的本性,只有思维属于我们的本性。"①因为,一切不属于我们自身的事物都是虚妄的这样一个假定,一切事物都不存在这样一个论断,难道与区别不是一回事吗?难道区别不就是承认某种东西不是这样或者是这样吗?难道那些被看作是纯粹虚妄的事物和精神的区别,不就是承认这些事物是虚妄的根据吗?因此,

---

① 《哲学原理》,第 1 章第 8 节。这段话的内容以及笛卡尔认为怀疑只不过表示抽去和区别这样一种看法,还在下面这些段落中得到阐释和证明,他在那里说,人们之所以难于认识精神的本质,难于相信自己思想的真实性,只是"因为他们从来没有把精神和肉体清楚地区别开来",(《哲学原理》第 1 章第 12 节)"从来没有把精神和感觉分离开来,没有把精神提升到有形事物之上。"(《谈谈方法》)

差别和区分不就是这一切所归诸的主要的环节、问题吗？感性之物和精神的区别并不是像两个在价值和实在性方面相同的事物那样相互区别同时在这种区别中安静地并列共存。精神可以怀疑一切而不能怀疑自己的存在，精神在这种怀疑和区别中肯定了自身，把那些被它看作是虚无的、不实在的东西与自己区别开；因为，与最可靠的事物相区别的事物，当然是不可靠的，与最实在的事物相区别的事物，当然是不实在的。可能有人反驳说，笛卡尔不可能知道任何确实的事物，因为他怀疑一切；对于这种反驳，笛卡尔回答说：" 当我说我思故我在这个命题最基本、最确定时，我并没有由此认为我们不必要预先知道什么是思想、什么是存在、什么是确实性等，没有由此否认必须知道先有存在才能思想这个真理，不过因为这些都是最简单的概念，它们本身并没有表示任何实在的东西，没有表明任何肯定，因此我把它们看作是无关紧要的。"（《哲学原理》第 1 章第 10 节）在另一著作（《写给克列谢利耶的信》）里，他说："我仅仅抛弃偏见，而没有抛弃那些不必加以肯定或否定就能认识的概念。"

第 57 节　对"我思故我在"这一命题的发挥

我思故我在：这是确实可靠的，这是不可动摇地真实的。但是，在这个我思故我在中，什么是我的思维？什么是我的存在呢？[①]　我

[①] 为了更好地表现笛卡尔的沉思过程，这里保留了他借以表述他的沉思的那种独白方式。

的思维不是指向任何感性对象或精神对象,不是通过指向这些对象得到确定;它没有把任何与我不同的事物作为自己的对象;我的思维不是那种借以认识事物的思维,不是认识的思维。因为,我已经把我的精神和一切对象分离开,把一切对象抛弃掉。那么,至少从我现在所持的观点看来,什么是我的思维呢?它不外是怀疑,不外是关于什么也不存在的假定,不外是把自己同物体以及一切物质的东西区别开和分离开,不外是对它们的实在的否定①。当我说我思故我在,什么是我的存在呢?这是否指我行走着、吃喝着,总而言之,指我完成了我们在生活中借以判断和确定一个人是否存在着的那些机能?或者,这是否指我一般地存在于这个感性世界之中?是否根据我与可感知的事物保持联系这一点来确定某物存在着或不存在?不存在任何我仿佛存在于其中的空间和时间,不存在任何对象,简言之,不存在任何我与之相联系的感性世界,不存在我借以行动或吃喝的肉体,因为我已经把一切感性事物抽掉了,把它们和我远远地分离开了,把它们当作虚假的、不可靠的东西抛弃了。因此,在"我思故我在"这个命题中的存在怎么可能有下述意义,即我把自以为毫无疑义地确定的存在看作是不实在、不确定的东西呢?我的存在是否可能与思维相区别或相分离呢?

---

① 在他的《谈谈方法》第 28—29 页上,还有一段这样阐述他的哲学原理(尽管这一段里所谈的和其他段落里所谈的没有本质区别):"我注意到正是由于我以这种方式把所有其余的一切当作虚妄的东西抛弃掉,我才绝不可能怀疑自己的存在。我在最严格的自我体验中发现,尽管我能够把自己的肉体想象为不存在,正如我把自己处于其中的世界和地方想象为不存在,但是我不可能怀疑自己不存在,因为正是从所有其余的一切都是虚妄的这样一个假定中,也如从其他任何思想中一样,显然会得出我存在着这个结论。"

如果存在与思维有区别,而思维与我不可分离①、不可分割,与我唯一地、独特地、绝对地相等同,那么我的存在也属于那一类与我分离的、应受怀疑的事物;存在在我看来是不确定的,可是思维是最确定、最毋庸置疑的②,是与我不可分离的。可是,存在如何能够与我分离呢? 因为,那样一来,它便是感性的存在,是感性的、对象的东西;可是我已经把一切感性的东西作为不确定的东西扔掉了。我思维着,我不能怀疑这种思维;怀疑本身就是思维。但是,我同样也不能怀疑我存在着;因为当我思维着的时候,我就存在着。不可能设想在我的思维和存在之间存在着区别,我的思维就是我的存在,两者是完全同一的。我可以从存在开始过渡到思维,或者从思维开始过渡到存在,我始终认为它们是统一的。难道存在是某种与我不同的东西,就像物体、对象那样;难道我能够把它从我身边扔掉,以致即使我的存在被扔掉了,我仍然保持原状,正如我把所有其他东西扔掉,我仍保持原状一样? 是否存在恰恰是一种甚至在思想上我也不能与之分离、不能把它抽掉的东西? 是否存在是一种与我直接等同、与我不可分离的东西?因此,它与思维是同一的,因为只有思维才与我是同一的:如果我不思维,我(当然是作为精神来说)也不存在。同样,如果我从思维开始,我也能

---

① 思维是唯一的一个我不能与之分离、不能想象其不存在的事实。因此,我的存在是确实可靠的。但在什么范围内是确实可靠的呢? 在我思维着的范围内,因为,在我停止思维的那一刹那间,我自己也停止存在,这并不是不可能的。(《第一哲学沉思集》,第2章)

② 独立于肉体的精神是一种确实存在着的本质。(《谈谈方法》)在这点上可参看上一节里引证的书信中的那段话。

达到确信思维和存在的统一性。难道我的思维不就是对一般的事物、对象的实在性的怀疑,特别是对物质的事物、对象的实在性的怀疑,也就是说,难道我的思维不就是指与这些事物、对象相区别,把它们抽掉,不就是指与那些不是我的、不属于我的而是别人的、不同的东西相分离?可是,当我这样地把自己区别开和分离开时,难道我没有涉及自己,难道我不是相信自己吗?难道这种思维不就恰恰是我自己的状况,不就是对我自己的肯定,因而不就是我的存在吗?难道我不是在这种思维中直接认识作为思维者的自己吗?难道我不是通过这种方式认识到我自己是什么吗?难道我不是在这种把自己和一切与我分离、与我不同的事物区别开来的活动中意识到我自己吗?可是,难道这种意识、这种在与其他事物的区别中使我自己得到肯定的思维不就是我自己的最可靠的确定性吗?难道这种意识不就是与我不可区分地、不可分离地相同一的东西吗?而作为这种与我不可分割地同一的东西,它不就是我的绝对无可怀疑的、绝对直接的本质即我的存在吗[①]?

为了说明以上所述,还必须指出如下几点。一、笛卡尔明确说过,他所理解的思维不外就是意识(也就是那样一种思维,它正是

[①] 可是,建立在这种与感性存在相区别而与思维相等同的存在之上的,只能是感性的存在;正如我在后面将要指出的,当人有意识地否认感性存在的真理时,他就无意识地承认了这一真理;一切所谓"精神的"或"非感性的"存在都只不过是神秘化了的、作过掩饰的感性存在——所有这一切,笛卡尔在《第一哲学沉思集》第3章中都间接谈到了;他在那里写道,尽管他把自己只是看作思维的本质,可是他毕竟意识到自己没有一种可以借以在下一瞬间仍然保持目前这个样子的力量。因为,在这里从与感性相分离这样一个观点加诸思维本质的那种存在,如果不是感性的、短暂的存在,那又是什么呢?(1847)

在怀疑中、在区别中肯定了自身或精神,它所指向和涉及的不是对象,而是自身):"我把思维这个词理解为在我们这些有意识的生物中发生的一切,因为它是我们意识的对象。"因此,在他看来,理性、意志、想象甚至感觉都与思维相同一。因为,理性、意志、想象甚至感觉都是意识;在它们之中,我都证实我自己,肯定我自己;甚至在感觉中,可以说,我也怀疑感性对象的存在,也就是说,我把自己与感性事物区别开和抽出来,并在这种区别中察觉出自己是实在的、自身的;我在与他物的区别中确信我自身以及自己的实在。在想象中,在感觉中,我也处于这种与自己不可分割的状态之中,处于与自身的统一之中,也就是说,处于这种自我确信之中,就像在思维中那样。

二、"我思故我在"这个命题不是像从前某些人认为的那样是一种推理;相反,绝不可能设想还有什么看法比认为这个命题是一种推理更加违背笛卡尔的本意、思想以及他的明确言论了。他明确地说过:"因为,当我们把自己看作思维的存在物时,这并不是一个通过推理得出的概念;同样地,我思故我在这个命题也是如此,存在也不是通过三段论法从思维中推出来的。这里只不过通过直觉的活动承认一个简单地给予的事实。这一点从下述情况中可以明显地看出来:谁打算通过三段论法把这个事实推出来,他就必须拥有一切思维着的东西都存在着这样一个大前提。可是,每个人都只有通过自己的经验,通过理解到他不存在就不能思维才能获得这个大前提。"①斯宾诺莎在阐述笛卡尔的哲学时也明确指出:

---

① 《对第二种异议的答复》;勒奈·笛卡尔:《致克列谢利耶的信》,第143页;《书信集》第3卷第114页。(参考第223页)

这不是推理。(笛卡尔的《哲学原理》第1卷第4页)由于他的不彻底性(对于这种不彻底性,我们已作过谴责,但因为笛卡尔是哲学的开创者,我们也不应对他过分谴责),由于他在叙述和表达自己的思想方面非常笨拙,因此他在这里也使用一些笨拙的、易于引起误解的表达方式,例如他说:从我的怀疑中应当得出我以及与我相似的存在物存在着的结论。(《第一哲学沉思集》第3章)他的下述说法也同样是笨拙的,是违背或者曲解他的真正思想的;他说,我们怀疑一切并认为什么也不存在,但不能由此怀疑我们在思考这件事时自己的存在:对此他又补充说,因为,假定某个思维着的人在他思维着的时候是不存在的,这个假设是自相矛盾的。(《哲学原理》第1章第7节)这一段话的不一贯性在于他把完全非本质的时间观念掺和到这里来了,而对于有思维能力的读者来说本来用不着指出这一点。

三、伽桑狄反驳说,笛卡尔为了证明他存在着,不需要作那么多的证明;他从其他任何一种活动中都能同样地证明这一点,因为一切活动着的东西都必然是存在着的。这个反驳完全没有根据,它违背作者的思想,仅仅依据于最一般的感性观点。当然,如果笛卡尔像伽桑狄想象的那样,只是想证明自己的存在,证明这个个别的、经验的主体的存在,而不是证明精神的存在,只是想证明感性的、经验的存在,证明现象的存在,而不是证明实在的、无可怀疑地确定的存在(这种存在只能是那种与无可怀疑地确定的、同精神不可分的、为精神所固有的思维相一致的东西),那么伽桑狄是说对了。可是,伽桑狄以及其他那些过去或现在作出诸如此类反驳的人应当考虑到,即使在感性观点的范围内,存在和存在之间也有着巨大的差别；绝不能无所选择地、随心所欲地随便从任何一种活动出发来证明存在；舒舒服服地吃饱肚子的存在是一种比饿着肚子的存在更加实在得多的存在；人在享受美味食品时比在排泄它们时感到更加实在的存在；如果说从饥饿、呕吐等活动中得出的结论和从享受美好食品等中得出的结论之间存在着差别，那么从思维中得出的结论和从排泄或者其他活动中得出的结论之间也必然存在着差别。因此，从一般精神的观点看来，特别是从笛卡尔所规定的那种精神的观点看来，一切感性的东西、一切感性的活动都是不确定的、不实在的。笛卡尔这样答复伽桑狄的反驳："如果你断定说，我能够从其他任何一种活动中证明我的存在，那你就大错特错了；因为，除了思维之外，我完全不相信其他任何活动具有这里所说的那种形而上学的确定性。例如，除非行走的意识就是思维，否则我就不能推断说：我行走着，因而我存在着。这个推断是否确实可靠，仅仅取决于思维，而不取决于肉体的运动；在睡梦中不会发生这种运动，尽管我想象自己在行走着；因此，从我认为自己在行走着这一点中，我只能推断出那个认为自己在行走着的精神的存在，而不能推断出行走着的肉体的存在。"（《对第五种异议的答复》第1、11节和《第一哲学沉思集》第2章）对于精神来说，即对于那种抽去感性之物、与感性之物相区别、在这种区别中认识自己和肯定自己、把这种区别看作是自己的积极规定的精神来说，对于笛卡尔所规定的那种精神来说，只有与精神本身的意识、与精神对自身所具有的那种确定性相一致的东西，或者精神在与自身的统一中直接地看到和认识的东西，与精神离得最近、精神在其中没有想到其他事物、没有与自己疏远和分离的那种东西，才是确实可靠的。

所有那些与精神分离的、与精神相区别的东西,首先是那些感性事物、感性活动、感性存在,在精神看来都是不确定的、不实在的。因为,精神的存在,它的肯定、它的积极规定、它的自我确定,恰恰在于它与感性之物的这种区别之中;正是由于这个缘故,感性之物和一切感性的存在,作为与自我确定的、直接地和绝对地无可怀疑的即绝对肯定的精神不同的东西,是值得怀疑的、不确定的、不实在的。伽桑狄的反驳没有意义还表现在,按照笛卡尔的观点,思维不是各种活动之中的某种特殊活动,也不是与其他活动并列的活动;在笛卡尔看来,思维不具有特殊力量的作用,不是某种与精神不同的东西,而是整个精神本身,是精神的本质;正如笛卡尔正确地所做的那样,只能认为存在与那种作为绝对肯定的东西、作为本质的活动相同一,而不能无所选择地、随心所欲地认为它与任何一种特殊的活动相同一。如果这一点还需要其他证明,那么由此也能证明,"我思故我在"这个命题不是推理;因为推理要求有一个 Terminus Medius(中词),即把大前提和结论联结起来的第三者、中间者;因此,为了从特殊活动中推出存在,就要求有本质:也就是预先必须证明这个活动仅仅是特殊的,还是一般的、本质的。但是,在本质和存在之间没有第三者,它们是通过自身同一的即直接地同一的。

第58节 对精神的一般的和比较精确的规定

笛卡尔接着又说:"即使我怀疑一切,抽掉一切,但我仍存在着;我从这一点中同时也知道我不外是一种思维的存在物。因为,只有思维是与我不可分的,即使我认为一切都不存在,但只要我思维着,我就存在着,因此,思维是我的实体,我是思维的存在物。然而,这种思维的存在物是什么呢?这是一种能够怀疑、理解、肯定、否定、意欲、想象和感觉的存在物。因为,难道我自己不就是那个怀疑一切但又理解某种东西、断定一些事物为真理同时又否定另一些事物、希望知道更多的事物而不愿受骗、还能违背自己的意志想象许多事物和感知许多事物的存在物吗?在这些活动中,有哪一种能够和我的思维区别开?有哪一种能够和我自己分开呢?因为,还有什么事情比我自己怀疑着、理解着、欲望着这件事更清楚、更确实可靠呢?可是,我恰恰就是那个想象着的人,因为,即使任何所想象的对象都不存在,可是我的这种想象力仍然具有肯定的存在,它属于我的思维,同样地,我也是那个感觉着的人"。(《第一哲学沉思集》第 2 章)

"因此,我确信我是思维的存在物。可是,为了使我确信某些东西,还需要什么呢?什么东西给予我这种信念呢?这不外是这样一种认识:这头一个命题仅仅包含一个关于我所断定的事情的清楚明白的概念。但是,如果我如此清楚明白地理解的东西可能是虚假的,那么这个概念就不足以使我确信这个命题的真理性;因此,我可以把下述命题确定为我的认识的一般原则:我清楚明白地理解的一切,都是真实的。"(《第一哲学沉思集》第 3 章)

"由于我是在对一切感性的、有形的东西的抽象中,并通过这种抽象、通过对它们的存在的否定,发现自己的本质,认识到只有思维是我不能抽掉的,因而思维就是我的本质;我由此认识到对我自己作为精神或思维存在物的认识,即对精神的认识,完全不取决于对感性事物的认识(关于感性事物,我甚至根本不知道它们存在着);在我通过想象、即感性表象所领会的事物中,在一切感性地表象的事物中,没有任何东西属于精神或者我自身的概念。"(《第一哲学沉思集》第 2 章)"因此,精神不需要任何属于物体的形式或属性,就能完全地、清楚地认识自己;精神的概念中不包含任何属于物体概念的东西。"(《对第四种异议的答复》第 123 页;《对第五种异议的答复》第 59 页)因此,精神确实是与肉体有区别的;因为,没有肉体,我也能清楚明白地理解精神。我知道我存在着,我知道除了我是能思维的存在物之外,没有任何东西属于我的本性或我的本质——从这一切中我有权作出这样的结论:我的本质仅仅在于我是思维的存在物。因为,正如下面将要说明的,尽管我有一个与自己紧密相连的肉体,可是我仍然确信我确实是与肉体有区别的,即使没有肉体我也能够存在。因为,一方面,对于我自己是能思维而没有广延的存在物,我有一个清楚明白的概念;另一方面,对于肉体是有广延而不能思维的存在物,我也有一个清楚明白的概念。(《第一哲学沉思集》第 4 章)因此,我们的精神既没有颜色,也没有气味,也没有滋味,也没有其他任何属于肉体的品质;因此,不可能借助于感性表象来理解精神,也不可能构成关于精神的形象,因为心灵或者精神只有借助于纯粹的理智才能得到理解。(《书信集》第 3 卷第 113 页,第 1 卷第 30 页)但是,精神并不是不可理解的;相反,由于我们是通过精神来理解万物,因此精神比万物更加易于理解。的确,与任何有形体的事物相比,对精神的认识更加容易、更加可靠;因为我们对于精神已经有所理解,而对于其他任何事物的存在,我们仍然表示怀疑。精神是世界上最确定、最清楚的也是任何人都最明白的。这一点表现在,我们对于某种实体的属性知道得愈多,我们对于它的本性也就了解得愈清楚,正如我们能够区别蜡(譬如说)的各种属性,如硬度、白色等,同样,我们也能区别精神的许多属性,首先是对白色的认识这样一种特性或能力,其次是对硬度的认识这样一种特性或能力,如此等等。可是,由此就应得出这样的结论:在任何一种事物中,都不可能认识像在我们精神中那样多的属性;因为我们在其他任何事物中认识多少种属性,我们也能在精神中列举出多少种属性,因为精神认识着这些事物,因此它的本性是人人都最清楚的。因为,甚至触觉和视觉也是精神的规定性、属性。这里所指的不是通过感官在我们身上引起的感觉(也就是说,不是指向感性对象、表现出感性对象的规定性、确定感性之物与我相区别的那种感觉),而是感觉的意识(也就是与思维相一致、与我的自我确定性相一致、与我和自身的关系相一致的感觉)。(《对第五种异议的答复》第62页,《哲学原理》第1章第8节)其次,从精神和感性之物的分离中还可以看出,对于纯粹的精神对象没有真正的记忆,因为精神对象在第一次出现时,也和在第二次出现时一样,被同样清楚地考虑到;思维的存在物为了完成自己的(思维)活动并不需要其他任何对象,尽管当它考察物质事物时,也能把这种活动推广于物质事物。(《书信集》第2卷第16封;《致克利谢利耶的信》,《书信集》第144页)

第59节 笛卡尔的精神哲学的真正意义和内容

在笛卡尔那里，精神为了确信自己的存在和实在，只需要思维就行了，而当它思维着的时候，它的本质仅仅在于思维；可是，这种精神究竟是什么呢？是否确实存在着这样一种能够而且已经与肉体以及一切感性之物分离的、抽象的精神呢？这种精神是否只不过是笛卡尔所作的一种主观的抽象，抑或是一种客观的、实在的抽象呢？精神，如笛卡尔对它理解的那样，在被称为自我或自身的那种东西中，具有一种与它符合而且最明确地标志出它的特征的表现，还具有它的现实性。精神，当它把一切有形之物与自己分离开，把它们作为异己的（rem alienam）、不属于它的、与它不相同的东西排除于自身之外时，就在这种分离和区别中获得它的积极的规定性；精神，只有当它思维着的时候，才存在着，也就是说，它的本质仅仅在于思维，而且是指思维在笛卡尔那里所具有的那种意义而言，在这种意义中，精神不外就是意识、自我确定性，不外就是那种使自己和肉体区别开的对自身的关系；它不外就是自我或自身，或者就是精神，因为精神就是自我或自身；任何一个人，尤其是受过教育的人，都在这种与有形的感性之物相分离和区别中不知不觉地把自己理解为精神，或者，说得更确切一些，理解为自身、自我，不论他是从宗教上、实践上还是从哲学上作出这个区别。因此，自身是确实地存在着的，同样地，在笛卡尔看来，精神也确实地存在着。诚然，在现实中，自身往往是特定的、有区别的，并处于多种多样的联系之中；可是，哲学家的使命恰恰在于把对象本身区分出来，因为只有通过这种办法才能使对象的真正的现实性、真正的本质表现出来。笛卡尔自己就说过："有些人之所以在探讨哲理的时候，没有坚持正确的道路，而得出另一种见解（即不同于笛卡尔的下述论断：精神比肉体更加确实可靠，更加为人所知晓），其真正原因就在于此。他们没有把精神和肉体充分清楚地区别开来。虽然他们认为自己的自我的存在比所有其他事物更加确实可靠，可是他们毕竟没有注意到，在这个证明过程中，只能把他们的自我理解为他们的精神。"（《哲学原理》第1章第12节）

从笛卡尔的真正含义来说，"我思故我在"这个命题所表达的不外是精神的本质、整个精神自身或者精神的概念和定义。可是，由于笛卡尔离开正确的哲学思维而采用通俗的观念，由于他没有严格遵循自己的思想，因此他把怀疑作为一种临时的认识手段与精神的积极规定区别开，或者至少他在叙述中没有说明，那种他在其中放弃怀疑观点而从事于对精神和其他对象作出积极规定并构成精神的本质的思维，和那种他由以开始的思维是如何发生关系的，他也没有说明思维和怀疑是没有区别的。这样一来，怀疑原来只不过是为了认识主体所采取的一种观点，只不过对于从主体中推出的原则来说是某种外表的东西，它对进一步规定和认识精神不发生任何影响。可是，即使不重复以上所说的一切，但只要把笛卡尔的零散的思想按照严格的顺序排列起来，精确地加以考察，就能看出怀疑是精神的客观的和内在地固有的形成过程。想要得出笛卡尔所指的那种精神概念，必须一开始就注意采用怀疑的方法，不要把怀疑和精神的积极规定分隔开来；在"我思故我在"这个命题中,包含有精神自身的本质和概念。笛卡尔把精神和肉体区别开,他说,精神按其整个本质而言是与肉体不同的。然而,什么是这种区别呢?这种区别在于思维,而精神的本质也仅仅在于思维。当笛卡尔发现和确定精神的区别时,当他把"我思故我在"说成是他的哲学的原则,而在前面引到的另一段落中又把这一命题表述为"我们精神的存在是哲学的最高原则"时,这种思维究竟是什么呢?这种思维如果不是怀疑,那它又是什么呢?而怀疑如果不是与物体和感性之物相分离、相区别,不是把物体和感性之物抽出来,那它又是什么呢?笛卡尔说:"所谓思维,我指的不外是意识。"可是,笛卡尔所说的意识难道不就是自我确定性吗?而自我确定性难道不就是与物体、与一般感性之物的自我区别吗?精神在这种区别中证实了自己的绝对的和直接的实在性,可是,精神的这种自我区别不就是对感性之物的存在和实在性的怀疑,或者对它们的否定吗?[1] 因此,难道怀疑和意识不是相同的吗?精神有别于

---

[1] 笛卡尔的这个观点是正确的,在历史上得到了论证;在他的精神中,正如上面所指出的,确定性和实在性即真实性和本质性是相同的;"我是精神"这个判断表示称赞、肯定,而"我是肉体"这个判断则表示谴责、否定、贬低——这一切从他的下述言论中可以清楚地看出:笛卡尔不是从物体即感性之物中,而是从自身中推出上帝、引出上帝;在他看来,首要的和最高的、最真实的和最本质的本质,不是与物质的本质属于同一个类。"上帝中没有任何东西与外界的即有形体的事物中所包含的东西相似。"(《对第三种异议的答复》)"有形体性的本性自身中包含着各种各样的缺陷。"(《对第二种异议的答复》)可是,精神的、思维的本质,最高的本质,神则不外是人的那种通过想象高度地增强、扩大和延伸到无限的思维的本质。"通过精神之物增强到无限,于是形成关于上帝的理性以及上帝的其他属性的观念。"(同上书)因此,关于上帝存在的证明就其真正含义而言,只不过证明:自我确定的、自我意识的思维的本质就是上帝的真正本质。既然我确信自己的本质的真理性,因此,我也理所当然地确信我的观念和思想的真理性。(1847)

肉体,而这种区别就在于思维;可是,思维与怀疑相同一,而怀疑又与区别相同一,因此,精神通过自我区别而与肉体相区别;精神之所以成为精神,因为它思维着;它之所以有别于肉体;就在于它有别于它自身。怀疑(当然是指它在这里所具有的那种意义而言)是精神的本质,精神就其实质而言是对感性事物的实在性的怀疑。或者,从正面来说,精神的本质是意识,精神不外是意识,不外是我思故我在,也就是说,不外是我思和我在的直接统一;因此,我的本质就是那种同时也是直接性、我的自我确定性的思维。可是,严格说来,符合于上述定义的精神,不外就是自我或自身。因此,笛卡尔所作出的积极的认识,哲学以及人类精神自笛卡尔以来在关于精神的概念或学说中所作出的积极的进步,就在于他(对事物的一切认识都是从区别开始的)最清晰、最明确地把精神和感性的有形之物区别开来;他不是停留在精神不同于肉体这样一个不明确的词句和思想上,不是停留在对非物质性、无形体性和不可分性提出一些否定的、不确定的、不提供任何认识的定义,而是积极地把这种区别、这种非物质性和单纯性规定为精神的活生生的自我区别,也就是说,他把它们置于思维、意识的活动之中①,并把现实的、活生生的、自我确定和自我意识的精神,或精神自身,当作哲学的原则。

由此可见,当伽桑狄和阿尔诺指责笛卡尔,说笛卡尔没有证明思维不是物质的东西,说他首先应当证明这一点,因为这正是主要

---

① 因此,富有才智和学识的笛卡尔主义者约翰·克劳贝格在他的 *Defensio Cart.*(《对笛卡尔的辩白》)(阿姆斯特丹,1652年,第1卷第34章第56个注释)中说得很对:"positivus conceptus(积极的概念)、非物质的或无形体的本质就在于它们是思维的、理性的和意愿的本质。"

问题所在,这时他们完全误解了笛卡尔。如果想理解笛卡尔,那么归根结底应当注意的主要问题,恰恰就在于他使精神概念摆脱了空洞的幻影,摆脱了非物质性或无形体性这样一些空洞的、什么也没有说明的宾词,而从一些生动的、充满精神的规定性中理解精神概念,尽管他对这些规定性没有作透彻的探讨。因为,"我思故我在"这个命题的意义恰恰在于我把自己和肉体、物质的东西区别开来,由于这个缘故和正是在这一点上,我被区别开来;我的自我区别就是我的区别。精神和物质的区别、精神的非物质性以及精神自身和它的存在,就在于它与肉体不同,在于它把肉体作为他者从自身中分离出去,也就是说,在于它思维着;因为,对肉体的这种否定、这种分离自然不是感性的,而是精神的,它就是思维。如果我没有被区别开来,那我就不能把自己区别开来。对于我被区别开来这一点的证明,就在于我把自己区别开来。我的这种区别就是我的意识,就是对我自身的确信,就是我的自我,而作为对我自身的这种直接肯定,也就是对一切有形体的、物质的东西的绝对否定,也就是无限地确信我就是自我本身,而不是他者,不是肉体。并不是这样:精神是非物质的,它思维着,仿佛非物质性本身是一个宾词或普遍的宾词;同样也不是这样:精神思维着,因为它是非物质的;而是这样:精神之所以是非物质的,因为它思维着和当它思维着的时候①。它

---

① 因此,笛卡尔主义者路易·德·拉·福惹在他的 *Tractatus de Mente humana*(《论人的理性》)不来梅,1673 年,第 13 章第 4 节)中说得很中肯:"难道笛卡尔不曾认为精神不具有广延吗?笛卡尔当然是这样看的!可是他没有像(经院哲学)学派那样说:这就构成了精神;精神之所以成为精神,只是因为它没有广延;相反,他说:精神之所以是没有广延的,就是因为它是精神,即思维的本质。"

的非物质性、它的无形体性仅仅是它的思维、它的意识；因此，它是否具有形体这个问题是提得不恰当的，而要求证明这一点，也是一种纯粹的误解。

笛卡尔哲学的缺点按其内容来说就在于，他把自我当作整个精神；他只是从对自我的关系方面（主观方面）理解精神，并把这种关系看作精神的全部本质；他认为只有精神和肉体的区别才是精神的积极规定性，因为，虽然他把这种区别积极地规定为思维、意识，可是这种思维本身又只与自我发生关系。只是与肉体相区别和从肉体中抽出来（否定性），因此，他停留在精神和肉体之间的对立上。从这个缺点中又产生出他的哲学，特别是他的自然哲学以及他关于精神和肉体的联系的观点中的其他某些缺点。但是，撇开笛卡尔所固有的那种通常是不精确、不彻底的缺点不谈，他的精神哲学——它按篇幅来说是笛卡尔哲学中最小的部分，而按内容来说却是他的哲学中最重要、最有意义的部分——的缺点，从其形式来说在于他没有清楚地理解和系统地发挥他所依据的精神观念，而这个观念恰恰非常重要。他重新把活生生的精神变成抽象的、空洞的本质，把在思维中直接确信自己为精神——这就是说，精神在思维中和通过思维意识到它自身，意识到自己的非物质性，意识到自己与有形之物的分离，意识到自己的实在性——的精神概念，变成单纯性和不可分性这些没有精神的形式；而且，在他把精神变成形而上学的本质之后，他又把思维、意识加诸精神，作为精神的特性，正如他把广延加诸广延的本质一样。因此，他陷入二元论，在这种二元论中，广延的本质也和精神一样具有独立性和实在性，而在当初，精神却被看作是直接地、原始地确实可靠的和实在的。

第 60 节 转向客观的认识原则

现在,精神对于自己、对于自己的实在性,具有确定的认识,并从这种确定性中获得认识的原则,即它借以认识什么是确实可靠的东西的尺度,这就是说,它看来像它自己和自己的存在那样清楚明白的事物,都是真实的;也就是说,凡是精神像观察它自身那样清楚地观察到的事物,凡是它在与自身的统一中认识到的事物,凡是没有破坏它的自我确定性的事物,凡是没有使精神与它自身分离的事物,凡不是他者、异己者的事物,都是真实的。

但是,这个尺度或者这个准则仅仅是确定性的原则,而不是认识和真理的原则,因此,这个尺度本身还不足以使精神确信它清楚明白地看见的事物确实是真实的;也就是说,不足以使精神确信除了与它的自我确定性直接相同的认识之外的其他认识的真理性,确信这类认识的对象的实在性。精神和肉体(或者感性之物)按其本质来说是不同的,它们处于相互对立之中;可是,正如以上所述,它们不是像任何其他两个具有同等权利和同样实在性的对象或事物那样对立着,而是下述这样:精神由于与肉体相对立,因而与肉体有区别,它是确实的、肯定的和实在的;相反,肉体由于与精神相对立,因而是值得怀疑的、不确实的和(首先从精神自身的观点看来)不实在的。因此,精神作为与肉体相对立之物,胜利地庆贺它自己的独立性和实在性而怀疑其他事物的实在性,它不能从自身出发,即从对自身的确信出发来确信有形体之物的实在性;它只有在确信那种绝对实在、绝对肯定的和无限的本质的实在性时,才能做到这一点。这种无限的本质不是处于区别和对立的范围之内；在它面前，作为对立之物的双方便在有限实体的共同种类中一致起来，同时在它的干预下，双方就像两个小国在一个更大更强的国家的干涉下不仅放弃它们的区别和对立，同时也放弃它们之间的你死我活的斗争。

笛卡尔并非仅仅以一种极其非哲学的方式和采用某些通俗的神学观念，来表达这样一种思想，即通过确信上帝观念的实在性以间接地确信自身的客观确定性，他同时还以一种随便的、非哲学的方式从自我意识过渡到关于上帝的意识和上帝的存在。他没有阐释和说明原来只不过是一种自我确定性、只不过表示精神与自身的关系的思维，如何变为对象的思维，如何达到自在的区别，达到上帝观念以及一般地达到观念，达到各种不同的思维方式，(*modos cogitationis*,《第一哲学沉思集》第 3 章)因为这些观念不仅与思维相等同，而且同时也是思维之中的区别；他没有这样做，而是提出发现和感知的观点。因此，他在天赋观念这个类中找到了上帝观念，因为他把观念分为被创造出来的(factas)、从感觉中产生出来的(adventitias)观念和天赋的、原初的(innatas)观念。(《第一哲学沉思集》第 3 章)在这个方面，可以原谅笛卡尔，甚至可以为他辩解，因为他只不过想找到一个可以信赖的确定性原则，因此他不必解决观念如何从自我确定的思维中产生出来这样一个困难问题。可是，当他在自己哲学的这一部分中把创造观念应用于精神（精神的存在和精神的思维是直接一致的），谈到在创造时被灌输和移植于精神之中的天赋观念，认为怀疑——它起初与精神的自我确定性相一致，并且是精神的本质性和独立性的表现——只具有平凡的证明意义,也就是说它是一种附属的、不完善的本质,(《第一哲学沉思集》第 4 章)简言之,他把精神或作为精神的自身与经验的、个别的、感性的个体或主体等同起来,这个时候,他的这种不彻底性和疏忽大意却是不可原谅的。笛卡尔如何从上帝观念过渡到上帝存在的确实性,其方法和方式是如下这样的。

第 61 节 无限实体的观念

"我在自身中发现的观念,按其形式来说,亦即在它们只不过是我的思维的某些方式、规定这一范围之内,相互之间是没有多大区别的;可是,按其内容来说,按其所代表的对象来说,它们之间就显示出巨大的区别。因为,显而易见,那些向我表现出实体的观念比那些仅仅向我表现出偶性的观念崇高得多,按其内容或对象来说也实在得多和完善得多,也就是说,前者比后者包含有更多的客观实在性;其次,无限实体的观念比有限实体的观念包含有更多的客观实在性。可是,同样清楚的是,发生作用的或完全的原因至少必须包含与结果同样多的实在性。因为,如果结果不是从原因那里获得它的实在性,那它能够从哪里获得这种实在性呢?原因又如何能够把它自身中不含有的实在性给予结果呢?因此,某物不能从虚无中产生出来,比较完善的东西不能从不完善的东西中产生出来,包含较多实在性的东西不能从包含较少实在性的东西中产生出来。这不仅对那些具有自己实在性的结果来说是如此,而且对那些在其中仅仅考虑到客观的(表象)实在性的观念来说也是如此。(《第一哲学沉思集》第 3 章)观念所包含的客观实在性愈多，它们的原因必然愈加完善。我们不可能具有那样一种对象的观念或形象，这种对象的原型的确在自身中包含有观念的全部完善，它不存在于我们之中或我们之外。观念的原因必然确实在自身中包含有一种实在性，这种实在性在观念中仅仅是客观的。(《哲学原理》第1章第17、18节)可是，在我所具有的一切观念当中，只有一个观念是那样地崇高，包含有那样地无可计量的完善性，以致我确信我不可能是它的原因，因为我在自身中的确或在很大程度上(eminenter)不含有那个观念的客观实在性。这个唯一的观念就是无限实体、上帝的观念。因此，上帝是这个观念的原因，这个观念只能从上帝那里来到我的心中，因此上帝必然存在着。因为，尽管实体观念处于我的心中，因为我自身是实体，可是，无限实体的观念不可能来自我的心中，因为我是有限的；它只可能是真正无限的实体在我的心里产生出来的[1]。我不是仅仅通过否定有限之物来理解无限之物，比如说就像通过否定运动来理解静止那样，而

---

[1] 不论笛卡尔怎样力图证明上帝观念不可能来自于人，可是他自己又清楚地暗示上帝观念是发源于人的。例如，他在《谈谈方法》第四章里说道："我了解到无论怀疑，无论不稳定性，无论悲伤以及诸如此类的东西，都不属于上帝，因为我自己就愿意摆脱它们。"可是，难道其他的宾词不也是如此吗？难道我不是同样地愿意摆脱依赖性、有死性、有限性吗？因此，无限的本质如果不是那种没有任何特性或有限性——我自己就愿意摆脱它们——的自我本身，那它又是什么呢？因此，当笛卡尔赞同伽桑狄的下述见解时，他的论据是软弱无力的：人具有一种使自己达到如此高度完善的能力，以致这种完善程度仿佛是超人的，然后又把这种能力看作是这种超人的本质存在着的证明。当然，从笛卡尔的观点来看，这种证明对他来说是必不可少的，因为如果上帝观念即那种摆脱了现实性和感性的各种限制的本质的观念只不过是一种思想，那么没有肉体的精神也只不过是一种思想，那样一来笛卡尔所构造的整座大厦就失去基础和实在性了。如果上帝不存在，那么，从上帝观念或上帝信仰的观点来看，必然一切都是虚无；因为上帝是一种把全部实在性、一切本质都融合为一的本质，即想象的本质(1847年)。

是通过积极的、真实的观念来理解无限之物。因为,我清楚地了解到,无限实体比有限实体包含有更多的实在性,因此无限实体的概念在某种程度上比有限实体的概念先出现于我的心中,也就是说,上帝的观念比我自身的观念先出现于我的心中。因为,如果我心中没有完善本质的观念,如果我没有通过把自己与它相比较而认识到自己的缺陷,那我如何能够知道我怀疑着、我愿望着,也就是说,我缺少某种东西,我不十分完善呢?上帝的观念、无限本质的观念,由于它包含有比其他任何观念更多的客观实在性,由于它是最为清楚明白的,因此也是最为真实的观念。即使我们能够设想这个观念所代表的那样一种本质不存在,但我们至少不能设想关于这种本质的观念没有表达任何实在的东西。可是,这个观念是非常清楚明白的:因为我清楚明白地理解的那一切实在的、真实的和完善的东西,都完全包含在这个观念之中。(《第一哲学沉思集》第3章)然而,正如上面所指出的,这个上帝观念只能从上帝自己那里来到我的心中,因此上帝是存在着的。我既不能从感觉中汲取这个观念,因为上帝的任何规定性都与外界的或有形体的对象的规定性不相类似;我也不能通过扩大其他观念而获得这个观念,因为,如果我心中没有一个完善本质即上帝的观念,那么我从哪里获得扩大一切有限的完善性,即想象更加伟大、更加崇高的完善性的能力呢? 我也不能虚构出这个观念,因为我既不能从它那里拿走任何东西,也不能给它增添任何东西。因此,这个观念是我生而俱有的,正如我自身这个观念是我生而具有的那样。上帝观念是上帝在创造时铭刻在我心中的他的印章。(《对第三种异议的答复》第10页,《对第五种异议的答复》第65页;《第一哲学沉思集》第

3章）

"上帝观念不是我们创造或虚构出来的,它不是表达任何离奇古怪的东西,而是表达一种永恒的、现实的本质,因此上帝必然存在着;——这一点从下述情况中可以特别清楚地看出来:在一切观念中,只有上帝观念不仅含有可能的和偶然的存在,而且含有绝对必然的和永恒的存在。我清楚明白地理解到永恒的存在属于无限实体的本质,正如我同样清楚明白地理解到,我对于任何一个数字或图形所证明的一切都属于这个数字或图形的本质。上帝的本质和上帝的存在的统一这个概念的明显性和确定性之所以变得模糊起来,仅仅是因为我们对于一切事物往往习惯于把存在和本质区别开,从而也认为上帝的存在和上帝的本质是分离的,因此可以想象上帝不是存在着的。但是,仔细地考察一下就会看出,上帝的存在不能和上帝的本质分开,就像三角形的三个角之和等于两直角不能与三角形的本质分开,也像谷的观念不能与山的观念分开一样,因此,设想上帝这种最完善的本质不存在即不完善,也如设想只有山而没有谷一样,是自相矛盾的。因此,从我只能设想上帝存在着这一点中,就应得出结论说:存在和上帝是不可分的,上帝确实存在着。但是,这并不是因为我的思维要求某种东西是如此而不是其他,相反,这是因为上帝存在的必然性本身迫使我和决定我这样地想而不是别样地想;因为我不能随心所欲地设想上帝是不存在的,设想这种绝对完善的本质是不完善的,就像我能够随心所欲地设想我自己是某种想象的生物,譬如说没有或者长有双翼的马那样"。(《第一哲学沉思集》第 5 章;《哲学原理》第 1 章第 14 节)

第62节　关于上帝存在的证明

其实,某些经院哲学家,特别是安瑟伦,部分说来奥古斯丁[①]已经从上帝的本质或上帝的观念出发提出上帝存在的证明,即通常所谓本体论证明;在笛卡尔之后,莱布尼茨-沃尔夫学派以多少有些变化的形式继续对这种证明进行论证。可是,还在笛卡尔在世的时候,这种证明已经遭到猛烈的驳斥,而在近代,大家知道康德对它进行过批判,后来黑格尔在他的《逻辑学》(第三卷)中又对康德的批判做了认真的研究。正确地理解这一证明以及从前的证明,可以把它的主要内容归结如下:一、上帝观念不仅是必然的(不是创造出来的、随意的)、普遍的、与精神的本质相同一的(天赋的)观念,而且按其对象或内容来说还是一切观念中最完善、最实在的观念,因此它与所有其他的概念或观念是不同的。它是一切观念中最真实的、绝对肯定的观念,因此,只有当人们忽视这个观念和所有其他观念的本质区别,忽视它的所有其他观念的优越之处,把它和任何一个随意的主观表象等同起来,只有在这种情况下才会觉得从这个观念向存在过渡是令人奇怪的。笛卡尔说过:"我的论据以及它的证明力量不是依据于一般观念(idea)的本质,而是依据于我们的上帝观念的特殊性质。从这一点可以看出其他任何观

[①] 路易·德·拉·福茹在他的《论人的理性》(*Tractatus de Mente humana*)的序言(praefatio)中,对奥古斯丁的思想作过比较;一般说来,奥古斯丁的思想与笛卡尔关于精神本质的思想是相类似的。

念不可能具有这种特殊性质,因为它意味着必然的存在。这种存在属于绝对的完善,我们应当想到上帝是这种绝对的完善。"(Ren. d. Cart. *Notae in Program. quoddam etc.*〔勒奈·笛卡尔:《对提纲的意见等等》〕第 187 页)二、上帝观念具有必然的存在;只能设想上帝是存在着的;上帝的存在和他的本质是不可分的和没有区别的。笛卡尔自己也没有更加清楚明确地阐释上帝的存在和本质,没有阐明这两者在上帝之中的统一。因此,为了阐释和发挥这一思想,只要简略地说明以下这一点就足够了:在有限本质那里,存在和本质是不同的或者是分离的,这就是说,它的本质是精神的,而它的存在是感性的,正是由于这个缘故,这两者是不同的、分离的。例如,人的本质就在于人的精神性、理性或者人们称之为其他名称的特性;可是,人的存在是通过感觉所感知的许多单个的人。上帝的本质是清楚明白的,上帝的存在由于与他的本质相一致,因此也像他的本质那样清楚明白,那样明亮清晰;相反,在人那里,存在却好像是观念的日蚀。有多少个人,在他们的本质的太阳中就有多少个斑点;它们把本来是清楚明白的本质弄模糊了。我不能在人的观念中认识人的存在,因为人的存在是许多个存在着的人;我不能借助于理性的光辉看出人的存在;在观念或本质与存在之间有一条鸿沟,因此存在和本质不是直接相联的,存在是偶然的、被制约的和从属的,它只是可能的,而不是必然的。我只有借助于感觉、感性直观,才能了解人的存在,即存在着的人的存在;只有本质才是通过理性来认识的。但是,在上帝那里就没有这种分裂,他本身就是他的存在——Ipse suum Esse est;(《对第五种异议的答复》第 74 页)因此,和他的本质一样,他的存在也隶属于理性，存在和本质一道都是通过理性被观察和理解的。上帝的存在清楚地反映出他的清晰的本质；因此，他的存在和他的本质都是在一种光辉中被看出的，都是通过同一个器官即理性的眼睛被理解的。上帝的本质概念同时也就是他的存在概念；在他那里，本质和存在是一致的，因此对他的本质和存在的思维和认识也是同一个动作。上帝的存在和他的本质没有区别，也就是说，他的存在是本质的，而不是感性的，因此，为了确信他的存在，我不需要理性之外的任何器官；因此，为了确信他的存在，我不可能也不需要越出理性或观念的领域，而进入感性经验的领域或其他未知的领域。"上帝存在的证明是从绝对完善的本质这一观念中产生出来的，这个观念是我在自身中发现的，它构成上帝观念的内容，正如人们通常对上帝理解的那样。事实上，从对这种本质的思维进而达到对他的存在的认识，是很容易的；因此可以说：思考上帝和思考上帝存在着，这几乎是一回事。"(《书信集》第3卷第CXIV封)三、从这里又得出，关于上帝存在的证明，尽管笛卡尔把它说成是证明，并把它纳入推论的形式之中，但是，仅仅按形式来说，而不是按本质、对象或实体观念来说，它才是推论或证明。这里的主要问题在于，上帝观念是这样一种东西，在它之中，本质和存在是没有区别的。这个观念本身就是上帝存在着的证明。这个观念本身就是对上帝存在着这一点的信念和证据；上帝只能被想象为存在着；当我想到上帝，当我获得关于上帝的观念时，我就已经确信他存在着，否则，我就不会有关于他的观念。存在不是通过第二者或第三者与本质相联系；我不是通过第二者或者通过与第二者的联系才确信上帝存在着；对上帝的存在的信念不是来自任何其他地方，正是来自他的观念。上帝的观念就是他的存在的证明。因此,证明的形式仅仅是外表的,并没有给对象增添任何东西,它只不过是当时和后来的一种习惯,即把一切都纳入一些便于主体理解的数学的或逻辑的证明形式之中。思维着上帝和确信上帝存在着,这不是一种本身有区别的、分开的和间接的动作;这种推论和证明的形式不外是把分开的或者至少是有区别的东西联结起来,因而它在这里是无关紧要的。笛卡尔自己就说过:"如果我们的成见没有妨碍我们,如果感性对象的形象没有从各个方面扰乱我们的精神,那我们就不会有任何比上帝更早、更易于接近的认识对象。因为,还有什么东西就其自身而言能够比最高本质或上帝的存在——存在必然是上帝的特性——更加明显呢?"(《第一哲学沉思集》第 5 章)接着又说:"可以清楚地看出,在其他一切自然物的概念中仅仅包含自己存在的可能性,而在上帝的概念中不仅包含这种可能性,而且包含他的存在的必然性。仅仅根据这些理由,不用借助于其他思想,就能得出关于上帝存在着的信念,而且是一种直接地显而易见的信念,就像二是偶数、三是奇数以及如此等等那样。"(Ration. mor. geom. disp.[《关于几何学方法的说明》])

四、伽桑狄反驳笛卡尔说,笛卡尔把存在归入上帝的完善性或特性之列。"可是,无论在上帝那里或在其他任何地方,存在都不是完善性或特性,而只是完善性的前提。因为,凡是不存在着的东西,既没有完善性,也没有不完善性;凡是存在着和具有较多完善性的东西,它所具有的存在不是作为其他完善性之中的一种,而是作为这种东西本身以及完善性得以实现的条件。"(《第五种异议》)笛卡尔对此回答说:"我不理解既然可以把'特性'(proprietas)这个词理解为任何特征或关于某一事物可以表述的一切,就像这里应当理解的那样,那为什么不能把存在称为像无所不能那样的特性呢? 相反地,在上帝那里,必然的存在是一种就严格意义而言的特性;因为只有上帝具有这种特性,只有在上帝那里,它才是本质的组成部分。"(《对第五种异议的答复》第 74 页)无论如何,伽桑狄说得很对:存在不是完善性,不是特性或特征。可是,这种错误的认识并没有否定观念的真理性;要知道,全部问题在于:存在和本质处于那样一种关系,在这种关系中,存在失去了单纯的完善性的意义,而获得完善性的完善性、实在性的实在性的意义。

笛卡尔的反对者还对他提出另一种反驳,例如耶稣会教士加勃里厄尔·丹尼厄尔在他的讽刺性的《游览笛卡尔的世界》中就提出过这种反驳。按照笛卡尔的见解,上帝是确定性的原则。他只是通过确信上帝的存在才得以确信,他清楚明白地理解的东西是真实的。另一方面,笛卡尔又从存在必然包含在上帝观念之中这一清楚明白的认识,确信上帝存在着;可见,他是用后者来证明前者,又用前者来证明后者[①]。但是,必须指出,精神并不是通过对上帝存在的确信,而是直接地达到对自身的确信,对自己存在的确信(因为恰恰是这一点使它成为精神,成为意识),同样地,它根据自己就确信和能够确信它清楚明白地理解的东西是真实的。其次,上帝与其说是确定性的第一原则,不如说是确定性的补充、证

[①] 《游览笛卡尔的世界》(*Iter per Mundum Cartes*),阿姆斯特丹,1694 年,第 83—84 页。不论笛卡尔在这部颇为有趣的、而且对于了解他的哲学史来说相当重要的著作中如何遭到嘲笑,但在这一著作中同时也承认他的功绩。

实和客观认可的原则,对于精神来说通过它的清楚明白的概念所确信的东西,的确是真实的。但是,矛盾仍然被保留下来;矛盾包含在事物本身之中,即包含在精神之中,因为精神就是自身;因此,到了后来,在近代各种道德的、宗教的甚至哲学的观点中,仍能看到这种矛盾,而且表现得比在笛卡尔那里更加尖锐得多;这些观点把作为自身的精神当作自己的原则,因此应当把这些观点看作是笛卡尔哲学的渣滓、沉淀物。

第 63 节　客观确实性和认识的原则

笛卡尔继续说:"上帝是无限的本质,它包含有全部完善性,因此我也确信上帝绝不会欺骗我,绝不会把我引入谬误;因为欺骗、谬误都是非实在,因此它们作为非实在之物是不可能为上帝这种绝对的实在所具有的。"(《第一哲学沉思集》第 4 章)毋宁说,上帝是最高的真实性,是光明的源泉。因此,如果把上帝看作我们的谬误的真正的和确实的原因,那是与上帝的本质相矛盾的,由此必然会得出结论说:良知或上帝给予我们的认识能力,只要它理解某一对象,只要它清楚明白地认识这一对象,那它所理解的对象就绝不会是不真实的。因为,如果上帝给予我们的认识能力是贻误人的,使我们认假作真,那么上帝确实应当被称为骗子。这样一来就消除了我们从前的怀疑,我们也就不再怀疑,我们是否由于本性的关系,在那些最明显的事物方面也会受骗。(《哲学原理》第 1 章第 29、30 节)因此,由于确信上帝的实在性和真实性,我现在也确信物质事物的存在;因为我不是从我自身中产生出关于物质事物的观念,相反,它们往往是违背我的意愿和在我没有参与的情况下形成的。毋宁说,我清楚地了解到它们是从事物本身中产生出来的;如果它们不是产生于事物本身,而是产生于其他任何地方,那么上帝就欺骗了我们,因此物质事物的确存在着。同样地,我也确信我和肉体紧密地联系在一起。因此,任何认识的确实性都取决于对上帝的认识,所以在我们认识上帝之前,不可能完满地认识任何事物。(《第一哲学沉思集》第6章和第4章)

由此可见,在上帝的意识中,精神从单纯的自我确定性的观点上升到真理和无限性的意识,可是它不能越出它自身;因为上帝的意识本身又只是对它自身的确信,上帝对它来说只不过是对它根据自身所确信的那种东西的证实和证明,只不过是对它清楚明白地理解的东西是真实的这一点的保证。"毫无疑问,上帝能够创造出我清楚明白地感知的一切;除非我没有十分清楚理会某种东西,我从来不认为上帝不可能创造出这种东西。"(《第一哲学沉思集》第6章第35页)由此可见,在笛卡尔那里,上帝至少在这个方面已经具有他在近代几乎在各个场合都具有的那种意义;重大的区别仅仅在于:在笛卡尔那里,上帝是对进行思维的精神的肯定,而在后来,上帝却获得仅仅是对心灵的主观愿望的证实、肯定这样一种意义。

第 64 节 向自然哲学过渡

对于精神来说——精神把肉体当作不属于自己的东西,排除于自身之外,并在这种分离和区别中把自己理解为精神——自然界恰恰是它最感兴趣的认识对象;因为正是在这种区别中,精神把自然界确定为本质的对象,而自然界则把精神的全部注意力吸引到自身,使精神产生一种想认识自然界的强烈欲望。正是由于精神只是把自然理解为与自己相对立,而又把自己理解为与自然界相对立,因此对自然界进行考察和研究成为它的本质自身的兴趣①。因此,笛卡尔不能够相当迅速地过渡到自然哲学;而只有在自然哲学中,他才感到舒适自在,自然哲学是他最感兴趣的。可是,从那种把自然界规定为他物、规定为精神的对立物的观点来看,自然界只有作为物质才是精神的对象。对于这种精神来说,只有确实可靠的东西才具有实体性、真实性或实在性;在精神来看,确实可靠的东西就是真实的,也就是说,它清楚明白地理解或想象的东西,就是真实的。在精神来看,实体的自然界并非那个通过嗅觉、味觉、触觉和视觉感知的自然界,简言之,不是那个通过感官规定的、可感知的自然界,因为感觉是模糊的、不清楚的和不可靠的;对于精神来说,只有那个可以清楚明白地想象的、确实可靠的、显然可见的自然界,才是真实的自然界。可是,这种抽象的、抽掉感性特质的、仅仅与精神相对立的、显然可见的自然界,恰恰就是物质,或作为物质的自然界,而且广延就是这种物质的本质规定性。诚然,物质是与精神直接对立的,因为物质使非精神的东西成为非

---

① 可是,与培根、霍布斯一样,笛卡尔同时也具有实践的兴趣,即通过认识自然去促进人类的幸福,他不是依靠超自然的恩赐,而且借助于自然的手段以消除人类的痛苦。他说:"听一听吧! 你们这些灵魂的保护人,我们的精神如此地依赖于气质和机体的素质,以致我必须认为,如果有某种手段能够使人变得更加聪明、更加敏慧,那就必须到医药方面寻找这种手段。"他还对此补充说,只有通过认识自然,才能摆脱肉体上和精神上的无数痛苦。(《谈谈方法》第6卷第53页)

精神的东西，使物体成为它现在这个样子；物质的本质规定性只能是广延。但是，这种把自然界看作单纯的物质并把物质看作单纯的广延的观察方法，恰恰是一种与自我确定的精神相一致或者与精神最不疏远的观察，它与精神离得最近，不让精神与自己相分离；在这种观察中，精神仍然处于它自身之中，处于意识到自身和确信着自身之中，处于与感性之物分开和分离之中①。因为，物质作为单纯的广延，它本身是与感性的规定性分离的，它只是精神的对象，它是一个清楚明白的概念，而作为这样的概念，它是对精神的肯定，是精神的自我确定性的表现。诚然，对物质的观察是精神的让步，可是这种观察不是疏远，它没有使精神和自己分离开，它没有把精神从自己的自我确定性的晴朗天空推入感性表象的昏暗之中。可是，对自然界的这种可靠的、明显的、没有使精神与自己疏远的、没有把精神从它的神座上拉下来的、没有把自己与感物之间的分离抛开的观察，恰恰只不过是对自然界进行数学的或数量的观察②；因为，在这种数学的或数量的观察中，自然界只能作为物质、广延、客体，而且只有作为这样的东西，它才是实在的。

笛卡尔自己说过，他在自己的自然哲学中只是依据于那种作为几何学的对象的物质，只是把数学原则运用于物理学。"我坦白地说，在我看来，物质概念在其被应用于有形物体时只不过表示那些可以随意地使之分开、移动和变形的东西，数学家称之为数，并

---

① 在这点上可参考前面引证的维鲁拉姆男爵培根关于量的那段言论。

② "它们(即数字、图形，简言之，数学的对象)的真理性是如此清澈明晰，并且与我的本性是同质的。"(《第一哲学沉思集》第 5 章)

把它作为本门科学的对象,数学家所考察的仅仅是部分、图形和运动。"(《哲学原理》第 2 章第 64 节)物质虽然是抽象的,可是具有实在性,它不是精神的虚构——关于这一点,笛卡尔这样解释说:其实,物体不是通过感觉我想象,而仅仅是通过理智、悟性被领悟的,也就是说,物体中真正存在着的东西、真正客观的东西,只是那种被悟性所理解的东西,只是那种作为悟性的对象的东西。("笛卡尔致布列谢利耶的信",《书信集》第 147 页)"在我看来,物质世界本身不是通过感觉、不是通过表象活动,而是通过悟性被理解的,不是通过视觉和触觉,而是通过思维被理解的。"(《第一哲学沉思集》第 2 章)

第 65 节 自然哲学的原理

一般说来,物质或物体的本质并不在于它是坚硬的、有颜色的或者有重量的,也不在于它以其他方式作用于感官,而仅仅在于它具有长、宽、高这三个向量。可以把重量、颜色以及在有形物质中觉察到的所有其他品质排除掉,而不致损害它的本质,因此它的本性并不依赖于这些品质。(《哲学原理》第 2 章第 4 节)如果我们打算把物体定义为感性的或叫感知的实体,那么我们仅仅是从它与我们感官的关系方面对它下定义,因此没有指出它的整个本质,只不过指出它的一种特性;因为它的本质的存在并不依赖于人的存在,从而也不依赖于感官。(《书信集》第 1 卷第 27 页)一切感性的特性仅仅是存在于我们意识之中的某种感觉,它们与物体本身是不同的,正如疼痛与引起这种疼痛的物体的形状和运动不相同一样;这些特性只不过是运动或运动的停止,只不过是物体各部分的不同的状态和组合;它们并不表示任何实在的东西,只不过是我们的意识或思维的某些模糊的、不清楚的规定性或观念。(《对第六种异议的答复》;《第一哲学沉思集》第3章)物体的本质仅在于广延。然而,可能有人对此反驳说,我们能够使大多数物体变得稀薄,也能够使它们凝缩,物体在稀薄时的广延大于凝缩时的广延;而且,物体的实体和其数量有区别,而数量本身又与广延有区别;其次,当我们设想某个地方只有广延时,我们不能说那里有一个物体,只能说那里有一个空间,而且是虚空,而虚空在大家看来又只不过是虚无罢了。(《哲学原理》第2章第5节)

但是,如果这指的仅仅是我们清楚明白地理会的那种东西,那么稀薄和凝缩不外是形态的变化罢了。稀薄的物体就是那些在其各部分之间有许多间隔、而其中充满着其他物体的物体。物体之所以是凝缩的,只是因为它的各个部分相互接近,或缩小它们之间的间隔,或完全消灭那些间隔;在后一种情形下,物体就处于绝对密实的状态。不过,物体并不因此就比物体的各个部分相互分离从而占据较大的空间时具有较小的广延;因为间隔中的广延并不属于这一物体,而属于充塞于这些间隔之内的物体,正如一块充满液体的海绵,按其各个部分来说并不比当它挤干和压缩时具有更大的广延,而只不过在那时具有较大的孔隙,因而分布于较大的空间。(同上书第6节)

至于数量,那么它只是按表象方式来说,而不是就它自身或真实地不同于有广延的实体。同样地,空间或内在场所也不是真实的、而只是就我们的表象方式而言,不同于其中所包含的有形实体。因为,长、宽、高三向的广延不仅构成空间的本质,也构成物体的本质。区别仅仅在于,在物体中,我们是从个别、特殊方面观察它们,认为它们随物体的变化而变化,而在空间中,我们则从一般方面观察它们,因此,我们认为,只要充塞于某一空间之中的物体在那些借以确定其空间的外界物体之间保持同样的大小、形状和位置,那么,不论这个物体发生怎样的变化,空间本身的广延并不因此也发生变化。如果我们从某一物体(例如,石头)中把一切不属于它本身的东西抽掉,那我们就易于看出空间和物体的统一:首先,可以把硬度抽掉,因为,如果石头液化了,或者变成粉末,它就不再有硬度了,可是它并不因此就不再是物体了;其次,可以把颜色抽掉,因为许多石头是透明的,完全没有颜色;再次,可以把重量抽掉,因为火焰尽管很轻,仍然被看作是物体;最后,可以把冷、热以及所有其他特性抽掉,因为,或者就石头来说可以不考虑这些特性,或者即使这些特性发生变化,石头也不会失去其物体的本性。在把这些特性抽掉和排除之后,在石头的观念中除了长、宽、高的广延外,就没有剩下任何东西了。但是,这种广延中还包含有空间的观念,而且不止包括充满物体的空间,还包括空虚的空间。区别仅仅在我们的表象方式。当我们把石头从它所处的那个场所或空间移去,我们就认为它的广延也随之消失,因为我们认为广延是个别的,是与空间分离的;可是,对于石头所处的空间的广延,我们却认为即使那个空间现在被其他任何物体所充塞,或者甚至被看作是空虚的,这种广延却仍旧保留着。在这里,我们所考察的是一般的广延,它可能是石头的广延,也可能是其他任何物体的广延,只要这些物体在那些借以规定其空间的外界物体之间保持同样的大小、形态和位置。由于空间的广延或内在场所的广延(因为这二者是一样的)与物体的广延没有区别,因此它显然不可能是那种在其中没有任何实体的虚空。我们从物体是有长、宽、高三向量的广延这一点中,可以推断出它是一个实体,因为如果认为虚无具有广延,那种想法是自相矛盾的。这个推论也适用于那种被假定为空虚的空间,因为这种空间中存在着广延,那么其中必然也存在着实体。(同上书,第8、10—12、16节)

从有形实体和广延、空间的统一中可以推断出,当一个容器中装满铅、黄金或其他那样重和硬的物体时,并不比其中装满空气或者被认作虚空时,装有更多的物质或有形实体。因为物质各部分的数量并不取决于它们的重量或硬度,而仅仅取决于广延,但同一容器中的广延始终是相同的。其次,由此可以推断出不可能有任何按其本性来说不可分割的物质部分。因为,如果有这样的物质部分,那么,不论我们想象它是如何细小,它也必然是有广延的,我们总是能够在思想上把任何一个部分分割为两个或者更多、更小的部分,从而认识到它的可分割性。因为,没有任何东西是我们不能在思想上加以分割,从而没有任何东西是我们不能由此认识到它是可分割的;如果说有某种东西不可分割,这与我们的认识是矛盾的。(同上书,第20节)

世界或有形实体的总和没有任何广延的界限。天上和地下的物质是相同的。如果存在着无数的世界,那它们必然由同一种物质所组成,因而不可能存在着许多个世界,只能有一个世界;因为我们清楚地知道物质——它的本质仅仅在于广延——充塞于任何世界必然处于其中的一切可能的或想象的空间,同时我们在自身中没有发现关于其他任何物质的观念。因此,在整个宇宙中只存在着同一种物质;因为一切物质都只是由它具有广延这一点决定的。我们在物质中清楚地感知的一切特性,都可以归结为它是可分割的,它的各个部分是运动着的,因此从物质的各个部分的运动中得出的所有这一切规定性,都属于物质本身。因为我们仅仅在思想上把物质加以分割,并未使物质稍有变化,物质的多样性或它的各种形态的差异都取决于运动。可是,运动即位置的移动(因为我们想不出有其他的运动),就是物质的一个部分或物体从其紧相邻接的物体或被认为静止的物体,移近于另一物体。(同上书,第21—25节)

运动的原因有一部分是普遍的和本源的,它是世界上一切运动的一般原因;有一部分是特殊的,物质的个别部分由于这种原因而获得它们以前所没有的运动。普遍的原因就是上帝,上帝当初在创造物质时同时也创造出运动和静止,并且仅仅赖于上帝的自然参与,才使物质中始终保持着像他当初纳入物质之中那样多的运动和静止。因为,尽管运动在运动着的物质中不外是这种物质的确定或变异,可是它具有一定的大小或数量,这种数量虽然在物质的个别部分中有所不同,可是整个说来却始终是相同的;因此,如果物质的某一部分的运动比另一部分快一倍,而后一部分比前一部分大一倍,那么无论在小的部分或大的部分里,运动是相等的,一个部分运动愈慢,与它相等的另一部分就运动愈快。我们还看出,在上帝那里,不仅他的本质的不变性,而且他的活动方式的不变性,都是一种完善性。因为上帝在创造物质时把不同的运动授给物质的各个部分,同时使这整个物质始终保持他在创造它时所处的那种方式和关系。由此可以合理地断定,上帝也使物质中始终保持同样大小的运动。(同上书,第36节)

从上帝的这种不变性中,我们可以认识到下述这些自然规律,它们是个别物体中各种运动的次要的和特殊的原因。其中第一条规律是:每一事物,只要它是单纯的和不可分的,它本身将永远保持同一状态,只有通过外在的原因才会发生变化。例如,如果它是静止的,那么,除非由于外在的原因,它本身是绝不会运动起来的;如果它运动着,那么,只有通过另一物体的阻碍,譬如说空气的阻力,迫使它静止下来,否则它将永远运动下去。第二条自然规律是:物质的每一部分就其自身和个别地看来,都是力图直线地而不是曲线地继续自己的运动。因此,每个沿着圆周运动着的物体,始终力图离开它所画的那个圆周的中心。第三条自然规律是:当一个运动着的物体碰到另一物体,而它继续按照直线运动的力量小于另一物体的阻力时,它便按照另一方向运动,因此它失掉的不是自己的运动,只是运动的方向;如果它的力量大于另一物体的阻力,它便使另一物体与自己一道继续运动,而它从自己的运动中失去的部分等于它传导给另一物体的那个部分。可是,一个物体作用于另一物体的力量,或者一个物体抵抗另一物体的活动的力量,仅仅在于它力图保持自己处于其中的那个状态。因此,联结着的东西具有某种阻止分离的力量,分离的东西具有某种保持分离状态的力量,静止的东西具有保持自己的静止状态,从而抵抗可能使它发生变化的东西的力量,运动着的东西具有保持自己的运动状态,也就是使自己的运动保持同样的速度和方向的力量[①]。(同上书,第37—43节)

[①] 在费舍尔的《物理学史》第一卷第 322—327 页和第 355—360 页上,可以找到从物理学的观点对笛卡尔的一般的和特殊的运动规律的评价。

第66节 对笛卡尔的自然哲学原理的批判

笛卡尔的自然观的主要的和基本的缺点,不仅在于他认为物质的本质只不过就是那种十分单纯的、抽象的广延规定性,而且在于他所依据的,一般说来,就是那种与运动相脱离的物质本身,他认为这种物质是自然界里的唯一实体,他只是从肯定的规定方面,而不是也从否定的规定方面去理解物质,他不承认物质本身的缺陷,不了解物质作为一种单纯的物质是否定它自身的。只有运动才能消除物质部分在单纯的广延和外表位置方面的无差别性,使这些部分从它们的僵死的无差别性中惊醒过来,使这些部分发生强烈的震动,从而使物质失去无差别性这种规定性(这种规定性使它们成为单纯的物质),在物质之中产生出差别和物理的特性,在一定程度上使物质非物质化,赋予物质以灵性。因此,运动是生命的第一种抽象形式,或者是一切品质和一切生命的第一个抽象原则。笛卡尔的自然哲学的主要缺点在于,他没有从物质本身中引出运动,不承认运动来自物质并包含在物质之中,而是求助于上帝的力量,从外面把运动纳入自然界之中[①]。和霍布斯一样,笛卡尔

[①] 亨利·莫尔在写给笛卡尔的信里反驳说,物质是一种模糊的生命。"由此得出一种特别与我的意旨相投合的观点;物质尽管是一种微弱的生命,可是毕竟还是生命,因为它在我看来确实是神灵的一种最遥远、最后的反映;物质并非仅仅是广延和不可分性,它同时也是某种活动,也就是说,它或者处于运动状态,或者处于静止状态,而你自己也承认,运动和静止这两者确实意味着某种活动。"《笛卡尔书信集》,第1卷第LXX封第215页)

也承认物质就它自身而言还不足以构造出自然界,因此,部分地由于意识到这个缺点,部分地通过经验,他们把运动纳入物质,从外面把运动和物质联系起来;可是,他们不承认对运动的这种需要不仅是主观的,而且是客观的,是物质本身的需要;运动对物质来说绝对是本质的,是从物质本身中产生出来的必要性。为了把事情说得形象一些,可以说运动不外是从物质自身的胃中掀起的一种对于它自身的厌恶,是从它自己的内脏中掀起的一种对它那空洞迟钝的无差别性的愤怒,这种愤怒促使它从自己的绝对无精神性的睡梦中苏醒过来,回到特定生活的有差别的阳光之中。

不论笛卡尔的自然哲学的基本原理有多少缺点和多么抽象,不论他提出多少过于草率和没有根据的假设,譬如说关于涡旋的假设,但他毕竟作出巨大的功绩:他使自然哲学焕然一新,他提出一种新的、从独立精神中产生出来的、包罗整个自然界的世界观,同时在专门的自然科学领域内也给予人类精神的活动以强有力的推动,为后来的发明和校正奠定了基础,他自己还发现了若干正确的规律。可是,他还有更大的功绩,这就是他头一个明确地提出精神的、普遍的、形而上学的或思辨的原则(这一原则乃是经验观点的基础,特别是立足于经验之上的自然研究的基础),并赋予这一原则以客观的、普遍的意义。因为,正如上面所指出的,经验要求把这个精神原则当作它由此出发的一个精神的、隐蔽的条件,这个原则构成笛卡尔哲学的精神,尽管他只能对它作十分抽象而且非常局限的表述。因此,自然科学特别是物理学,在本质的和一般的部分,也就是说,在形而上学或自然哲学部分,直到现代仍然保留着笛卡尔的哲学观点,尽管大多数物理学家不是笛卡尔主义者,而更多地倾向于无神论。无神论在本质上和笛卡尔的自然哲学没有什么不同，因为，和笛卡尔的自然哲学一样，无神论也是立足于纯粹的机械论和唯物主义之上。因为，笛卡尔的自然哲学的一般原理，他关于把自然看作单纯的物质、把运动看作外在的或以不可理解的方式与物质联系着的东西的观点，他关于微孔、关于物质的无差别性的观点，都构成后来的物理学的基础。

第67节 精神和自然的对立的消除以及对此的批判

笛卡尔的自然哲学，也和一切立足于他由以出发的一般原理或与此类似的原理之上的自然观一样，把那个被看作是僵死的、机械的、外在的自然界当作自己的对象。因为，这种自然哲学在把自然界当作自己的对象时，只是注意自然与精神的区别，注意自然与精神的对立，精神被看作是一切生命的原则，而自然仅仅被看作是物质。诚然，从笛卡尔哲学的观点来看，精神借助于关于无限实体（它不处于任何对立之中）的存在这种意识，达到消除精神或心灵与物质的对立，因而从这种观点来看在某一点上表现出生命的观点，即关于精神和物质相统一的观点。但是，这并不是真正的统一。精神概念和物质概念是两个截然不同的概念；一切物体的规定性都可以归结为广延，广延是它们的普遍本质；可是，一切精神的活动或规定性，如意愿、感觉、想象，都以思维、表象或意识作为自己的普遍本质。物体的活动和精神的活动毫无共同之点；思维作为精神的规定性的普遍本质，和广延作为物体的规定性的普遍本质,按其种类来说就是不同的。物体按其本性来说始终是可分割的,而精神则是绝对不可分割的;因为思维的本质自身中没有若干互不相同的部分,它是一种完全同一的本质。因此,一切适用于物体的东西,对精神来说却必然是不适用的;这两者是相互排斥的①。它们就其概念来说是独立的、互不依赖的;这两者就自身来说都是完全的或完美的实体②。因此,精神和物质不可能达到活生生的、有机的、从这两者的概念中产生出来的统一,只有思维着的人、主体才能把它们联结起来。它们就自身而言仍然是分离的;由于这种统一仅仅是随意的、主观的,不是包含在物质和精神的客观的概念规定性之中,因此它们不过是一种组合。如果把精神和物质认作处于片面的相互分离性之中,固定在这种分离性之中,并

---

① 一切物体的过程都属于广延的一般概念;与物体的过程相并列,还有另一种过程,即所谓精神的过程,如理解、意愿等,我们把它们包罗在思维、知觉、意识这样一些概念之中。思维的活动与物体的过程没有任何相似之处;适用于一切精神过程的思维概念和适用于一切物体过程的广延概念,完全是互不相容的。(《对第三种异议的答复》)我领悟出在精神和物体之间存在着巨大的差别。物体按其本性来说是可以分割的,精神却显然是不可分割的。因为,当我观察精神或我自身时(在我只不过是思维的本质、精神这个范围内),我不能把自身区别为若干部分,我只能把自己理解为一个完全统一的、不可分割的本质,它的各种能力,如思维、意愿等,不应称为部分,因为意愿着的精神,同时也在思维,反之也是如此。(《第一哲学沉思集》第9章)关于精神,我们不仅清楚地知道,没有肉体,精神仍存在着,而且知道我们可以断定精神中没有任何属于物体的东西。(《对第四种异议的答复》)

② 只是对于由精神和物质构成的人来说,笛卡尔才把精神和物质称为不完全的实体。(《对第四种异议的答复》,第122页;笛卡尔:《对提纲的意见等等》,第180页)不用说,当笛卡尔把精神和物质等量齐观时,他是违背自己哲学的真正思想的,因为,直接可靠的和绝对真实的存在,仅仅属于精神,而不属于物质;笛卡尔虽然不能否认以物质作为自己对立面的精神是不完善的,可是他也应当承认物质的不完善性不在于通过它在一种本质中与精神的联系,而在于它自身(在于它对于它自身是怎样存在着和怎样被观察的),也就是说,恰恰应当在它的分离中发现它的缺陷和贫困。

把这种分离性假定为它们的正确真实的概念,可是又必须把这两者结合到一起,在这种场合下,组合这个范畴或思想规定性便是可以借以理解这种结合的唯一东西。因为,组合恰恰是这样一种结合,在这种结合中,被结合的东西仍然是未结合的、相互分离的。因此,在这种结合中,并没有达到统一,反而由此产生出矛盾;因为物质和精神是直接对立的、分离的,并且在这种分离中是独立的、互不相容的,可是毕竟又结合在一起。"显而易见,思维本质的概念和广延本质或运动本质的概念,作为完全互不相容的东西,相互之间是没有任何依赖关系的。如果认为这些被我们十分清楚地理解为不同的、独立的本质,竟可能被上帝理解为不是独立的,那就自相矛盾了。当我们遇见思维和物体运动这样的本质在同一个对象之中结合起来,像在人身上发生的那样,那么由此得出的绝不是它们按本性而言的统一,而仅仅是组合的统一。"(《对第六种异议的答复》第 156 和 157 页)诚然,笛卡尔说,精神处于肉体之中并不是像船长站在他的船里那样,而是十分密切地和肉体结合到一起,仿佛与它相掺和,因而在某种程度上与它组成一种本质;(《第一哲学沉思集》第 6 章)可是,这只不过是经验加诸他的一种论断,正如笛卡尔自己所承认的,(《书信集》第 1 卷第 30 封;《第一哲学沉思集》第 6 章)经验通过简单的感觉已经教导我们:心灵和肉体组成一个东西。这些论断不是来自他的原则,不是来自被他看作精神和物质的客观规定性的那种规定性;因此,它们没有改变事情的本质,没有消除肉体和灵魂的不可调和性,肉体和灵魂从一开始就被规定为两个独立的实体。因此,笛卡尔在这一点上自相矛盾的程度,比在其他任何问题上更加严重。例如,他说过精神与人的肉体相联系,这一点其实并不是精神的本质;(《对第四种异议的答复》)心灵和物质的统一仅仅是一种"通过组合实现的统一",而不是"按其本性而言"的统一;可是后来他又说,精神"与肉体是在实质上联系着的",这两者的统一是一种"实质的统一"。(同上书)而且,笛卡尔自己非常清楚地了解到,按照他的精神概念,要把精神和物质结合起来会碰到多么巨大的困难;因为同时既必须把这两者理解为不同的,又必须把它们理解为相同的,因为认为这两者是结合着的,这只不过意味着认为它们是同一的。(《书信集》第1卷第30封)笛卡尔试图采用下述方法排除同时既要理解精神和物质的区别,又要理解它们的同一时所碰到的困难;他区分开三种认识方式,三种本源的、普遍的概念:第一,精神的概念;第二,物体的概念;第三,精神和物体相结合的概念。心灵的概念是纯粹理智的概念,换句话说,心灵仅仅是借助于纯粹悟性来理解自身;物体也可以借助于纯粹悟性来理解,可是最好是通过悟性与想象相结合来理解;而肉体和心灵的结合以及一切属于这种结合的东西,通过悟性或者通过悟性与想象相结合只能模糊地理解到,可是通过感觉(per sensus)却能理解得十分清楚[①]。(同上书)

[①] 在笛卡尔的著作中,也能找到一些隐约地谈到精神和物质的统一的言论,可是这些言论非常不连贯。例如,他在谈到有机体时说道:"它是一种统一,而就其器官的配置来说,它是不可分割的,因为所有这些器官都是相互依赖的,割掉其中一个器官,就意味着对整个身体造成损害和残缺。"(《论灵魂的激情》,第1部分第30条)可见,他在这里承认肉体具有单纯性和不可分割性这样的规定性,而一般说来他认为只有精神才具有这些规定性。他还说:"虽然任何人都可以把心灵设想为物质的——这其实只不过意味着没想心灵是与肉体联结着的——可是后来发现心灵是与肉体分离的。因此,如果认为心灵具有广延,这只不过意味着认为心灵是与肉体联结着的。"(《书信集》第1卷第30封)这段言论也既不连贯,又很含糊。

正如以上所述,笛卡尔哲学在精神与物质的结合或者不结合上所碰到的困难,产生于他仅仅从被意识的自我的规定性方面去理解精神,同时又把被意识的自我理解为心灵,理解为精神本身;因为,从这种与肉体相分离并把这种分离看作自己的积极的、完全的和本质的规定性的精神来看,与肉体相结合是不可能的。自我恰恰是取消肉体和心灵的直接联系的那种东西,它在人那里仅仅是通过与自己的肉体相分离而产生的;精神在使自己与肉体分离时,把肉体看作不属于它自身的东西,看作单纯的物质。一般说来,由于笛卡尔作为近代哲学的开创者,还没有完全摆脱过去的形而上学精神,从而不能严峻地、彻底地和明确地阐述和贯彻作为他的哲学,即精神哲学的基础的那些观念,而把不可分割性和单纯性这样一些否定的、不明确的、幽灵般的形式或规定性运用于精神,这样一来,他就加剧了这种困难。其实,他仅仅把精神和物质的真实的、明确的区别,精神的非物质性,置于思维或自我意识的统一之中,而单纯性或不可分割性只不过是这种统一的抽象表现,这种表现与精神的关系,有如幽灵与真实的精神、阴影与活生生的本质的关系。可是,正如单纯性只不过是自我意识的统一这种活生生的、具体的规定性之贫乏的、抽象的幽灵,从而不是我们可以借以规定和认识精神或心灵的那种积极的规定性,因此从这种贫乏的规定性出发,绝对不可能理解精神和物质的统一,不可能理解单纯的本质与复杂的本质的结合。

由于笛卡尔仅仅把自我意识看作精神的本质,在他看来,意识的或思维的自身就是整个心灵或整个精神(因为,他没有把心灵和精神区别开;凡是没有意识和意志的地方,也就没有心灵,而只有物质),因此,从他的哲学中必然得出的结论是:动物是单纯的自动装置、机器,动物的一切运动都不外是机械运动①,都不是从精神原则中得出的。一般说来,必然得出的结果是:笛卡尔在解释生命现象和心灵现象方面,是一个纯粹的唯物主义者。在他看来,一切不在我们自身、不在我们意志的参与下发生的活动和运动,都是不在心灵的参与下发生的,因而只是按照物质的或机械的方式发生的。"因此,我们的一切不在意志的参与下进行的活动,如我们和动物在呼吸、行走以及进行其他活动时往往出现的那样,仅仅取决于我们肢体的结构和生命力的活动,这种活动是由心脏的热所激起并通过大脑、神经和肌肉引起的,正如自动机的运动仅仅是通过弹簧的力量和齿轮的装置产生一样。"(《论灵魂的激情》第1部分第16节)他在这本书的第13节中又说:"如果有人用手迅速地在我们眼前挠动一下,好像要打我们似的,那时,即使我们知道他是我们的朋友,他这样做只不过是闹着玩,丝毫不会伤害我们,可是我们仍然禁不住要闭一下眼睛。这一点证明,眼睛这样地闭一下,并不是我们的心灵要这么做(因为闭眼睛是违背我们的意志的,而意志是心灵的唯一的或者至少是最重要的活动),而是我们身体的机械要这么做,手在我们眼前的动作在我们的大脑里引起另一种运动,这种运动使生命力活动起来,牵动肌肉,使眼睑闭了下来。"

---

① 笛卡尔在著述他的《第一哲学沉思集》之前,在他的一本早期著作里就早已提出他关于动物的这种观点,但这个问题并不因此有所变化。参见巴耶:《笛卡尔先生传》,第1卷第2章。笛卡尔证明,动物没有自己的语言,因此动物不能思维;他认为动物的这个缺陷,不是由于动物缺少某些器官,而是由于缺乏思维。(《书信集》第1卷第54、67封)

第68节 关于笛卡尔哲学的结论性意见(1847)

笛卡尔的哲学在许多方面是非常富于教益的,特别是因为它如此坦率、如此明白地阐述了人的精神观念的起源,把精神看作是一种独立的本质,以与一切有形体的、感性的、物质的事物区别开来。笛卡尔把广延看作物体以及一切物质之物的绝对的、无所不包的和穷尽一切的本质。可是,思想是没有广延的,没有长、宽、高的,因此思维不是有形体的力量,而是某种完全无形体的、非感性的东西。当我把某物变成万物时,这种某物的对立面必然是来自万物的虚无,我只能用非物质的、无形体的、非感觉的、无广延的以及其他诸如此类否定的、什么也不确定和什么也不说明的宾语或词,来规定这种来自万物的虚无。什么是这种来自一切有形体之物的虚无呢?可以借以回答这个问题的唯一的一个能够说明某种东西的、肯定的规定性,就是思维,而这也就是说,精神是思维的本质。可是,用这一点可以说明什么呢?我用思维的本质来说明思维,也就是说,我把结果变成原因,把现象变成本质,把机能变成个性;我把思维看作思维的基础、前提,简言之,我把思维变成它自身的原因。那种被理解为 Causa sui(自身的原因)、被理解为就是它自身的本质,只不过是这种思维的本体论的、对象的表现,这种思维从思维自身中解释思维,把思维看作思维的宾词和主词即本质和基础。笛卡尔说,我闭上自己的眼睛,塞着自己的耳朵,设想没有世界、没有感觉、没有肉体,只有我存在着。我甚至设想自己没有肉体,因而我是一种没有形体的本质;也就是说,我的行为像鸵鸟一样,当它没有看见什么东西时,就认为自己不会被看见了,它认为当它排除掉危险的意识时,也就同时排除了危险的存在。在思维时,我没有意识到自己的头脑、自己的大脑,同样地,在注视时我没有意识到自己的眼睛,在倾听时——当然,在我健康的时候,在我能听到自身的情况下——我没有意识到自己的耳朵。在思维时,我全然不知道思维与大脑的联系;可以说,我只知道什么东西在外面和前面,而不知道什么东西在里面和后面,只知道什么是为我的,而不知道什么是自在的,简言之,我只知道它按其产物、按其思想来说是什么,而不知道它按其最后的本质、按其原因来说是什么①。人不了解思维的生理学的基础和本质,这种无知就成为心理学、灵气学及其女儿——神学的基础、原则,成为柏拉图主义、基督教(它不外是通俗的、感性的、集中的柏拉图主义或一般的唯灵主义)、笛卡尔主义、费希特主义和黑格尔主义的原则。笛卡尔在他对伽桑狄的反驳所作的答复中说道:"由于我觉察到我是思维的实体,并对这个思维实体形成一个清楚明白的概念,这个概念中不包含任何属于有形实体的成分,因此我有充分根据断定,当我认识

---

① 正如头脑或者那种通过想象把自己人格化为本质的思维活动说,我是一种不依赖于肉体、不依赖于大脑的本质;同样地,眼睛或者视觉活动也可以说,我在注视时对于瞳孔、对于虹膜、对于泪腺、对于玻璃体、对于水晶体、对于视网膜,都没有感觉,都无所知晓,对于这许多形形色色的物体——它们引起视觉活动的绝妙感觉——的张力、运动和机能,也毫无所知,因此我是一种非物质的、无形体的、自在地存在着的本质。诚然,结果是那种"按概念来说首要的东西"。因为机能就是器官的使命,可是,把结果变成现实中的首要的东西,把与其条件分离的结果人格化为独立的本质,然后从精神引出自然,亦即从结果中引出结果的基础、条件和前提,这是一种思辨的手法。

着自己时,我不外是思维的本质。"可是,人对自己知道得多么少哟! 至少当人为了神的本质而忘掉自己的本质,为了精神而忘掉肉体,为了自己的思想和幻想而忘掉现实的时候,情况就是如此。我如何能够确信,我不认识的那个自我与我所认识的那个自我是一致的呢? 也许,我无意识地是的那种东西完全不同于我意识到自己是的那种东西,我如何能够达到处于我的意识之后的那种东西呢? 是否有任何把这种未知的、处于意识之后的东西纳入意识之中的手段呢? 有的;可是这不是思维,至少不是抽象的思维;这种思维仅仅对我说:我不外是思维的本质。这是感觉、知觉,它向我无可辩驳地证明,我是一种与我的肉体紧密相联的、有形体的、感性的本质。可见,按照笛卡尔的哲学,思维本质和有形本质的这种统一或结合,只涉及想象、想象力和感觉;思维本身、概念、理智或悟性仍然是在与大脑相分离并独立于大脑的情况下发生作用的。笛卡尔哲学主要是或者归根到底是用悟性、思维的概念本身来证明思维的这种独立性,或者从悟性、思维概念本身中推出这种独立性;因为,在所有其他概念中,例如在数学的概念中,想象力的作用是显而易见的,或者至少是不可否认的,可是,"关于思维的实体,关于精神,则不可能构成任何形象、任何表象";精神只有通过它自身,思维只有通过思维,才能得到理解和说明。

笛卡尔的哲学在下述这个方面确实前进了一步:它把精神设想为一种看不见的、非物质的、幽灵般的本质,这种本质与可见的人或物体又相类似,它通过肉体而具有广延;这种哲学认为精神的本质就在于意识、思维的活动。我思维着,voilà tout(这就是一切);思维活动不是像分娩那样的活动,不是像吃、喝、尝、嗅、听、看那样的活动;思维是一种与所有这些活动(我们认为感性的本质就限于这些活动)不同的、与它们不能比拟的、本源的、只有通过它自身才能理解的活动。可是,笛卡尔随即又把这种活动表现为独立的本质,把它列入与感性本质的种类不同的种类之中,从而表明他自己仍然站在虚幻的唯灵主义的基地上;因为事物或存在物、实体的概念必然地——这之所以是必然的,因为这个概念只能从知觉中抽象得出——以感性实体的形象为前提;从笛卡尔不仅把本质概念应用于广延,而且也应用于思维中,已经可以清楚地看出这一点来。因此,《游览笛卡尔的世界》一书的作者在看到两个笛卡尔主义者的、与他们的肉体分离的精神出现在他面前时,正确地指出:"几天之前,我在笛卡尔的著作中读到,心灵的本质在于它是一种思维的实体,因而是没有广延、没有形态、没有颜色的。可是,这如何与我现在所看到的情况相一致呢?你断定说,你是单纯的精神;可是我在你身上看到各种颜色,看见你具有人的形态,看见你与我一样也是具有广延的本质。看在上帝的面上,请为我解决这个矛盾吧!"神智学者厄廷格尔在斯维登博尔选集(第5卷第242页,这一著作已在谈到雅科布·波墨时引证过)中,正确地批驳了唯心主义对思维的解释,即把思维解释为一种单纯的、思维的本质:"唯心主义者说,凡是断定物质能够思维的人,都是唯物主义者。可是,思维属于一种直到现在无论用Physici(物理学的方法)或Metaphysici(形而上学方法)都不能理解的存在物。勒·卡先生称它为两栖动物,称它为肉体和心灵之间的中间实体。"(不用说,这是一个幻想的定义!)"任何实体都不能从天生的、内在的力量中思索出Simplicité(单纯性),可是,思维、沉思和显露自身则与大脑的 Meningibus(质料)和 Membranis(外壳)有联系,与肉体中的 Aequilibrio solidorum et fluidorum(固体物质和液体物质的平衡)有联系,而且与整个血液循环有联系。希波克拉特说过:Magna vis sanguinis ad intelligentiam(对理性来说,血液的力量是巨大的)。"*Principia Philosophiae antiquissimae et recentissimae etc.*①(《古代和近代哲学原理……》,阿姆斯特丹,1690年)一书——这是一本根据犹太神秘哲学的精神写的著作,用以反对笛卡尔、霍布斯和斯宾诺莎——的匿名作者反对笛卡尔把精神和肉体割裂开来,他也说得很对(第110—116页):"如果精神在本质上与物质不同,那为什么精神需要一个这样组织起来的肉体呢?譬如说,为什么要注视就需要一双这样绝妙地构造和组织起来的、有形体的眼睛呢?为什么为了看见有形体的对象,就需要有形体的光呢?如果它从头到尾都是精神的,绝不是有形体的,为什么它需要这样多种多样的、有形体的器官呢,而它们与它的本质又毫无共同之处?其次,为什么当肉体疼痛时精神或心灵也如此难受呢?如果心灵之中没有任何有形体的东西,那么,既然心灵具有另一种全然不同的本性,为什么它会由于肉体的创伤而深感痛苦呢?如果我们不承认,尽管心灵在生命力和精神性方面远远高出于肉体,但心灵和肉体仍具有相同的本质,那么这确实是一些无法解答的问题。"

---

① 这本非常罕见的著作的全名是 *Opuscula philos*, *quibus continentur Princip*. *Phil. ant. et rec. ac Philosophia vulgaris refutata*(《哲学论文集,其中包括古代和近代哲学原理》和《对庸俗哲学的反驳》)。在 *Vogtii Catalogus Librorum Rariorum*(《福格特罕见著作目录》)第505页上,注明这一著作的出版者或毋宁说真正的作者是弗·默·冯·黑尔蒙特,而莱布尼茨却认为这是公爵夫人康罗维伊。

可是,笛卡尔哲学在人类思想史上还取得另一个十分重要的、应当毫无保留地予以承认的成就。如果说基督教是从提出"上帝就是精神"这个命题开始的,那么,与此相反,在笛卡尔那里,近代——它的本质在于通过肯定基督教去否定基督教——却是从提出"我是精神"这个命题开始的。如果说基督教从抽掉世界开始,把某种本质置于一切之上,认为当万物还未出现时,这种本质已经存在着,它从虚无中创造出世界而又沉没于虚无之中,那么笛卡尔也是从同样的虚构开始;不过,这个杜撰世界不存在、否定世界的存在的本质,却是自我、精神、思维者。笛卡尔主义者维蒂希在他那篇附于 Antispinoza(《反驳斯宾诺莎》)一书之后的"Comment. de Deo."("关于上帝的注释",阿姆斯特丹,1690 年,第 355 页)中说道:"我们必须抽掉一切时间,并在思想上排除一切物体的存在,如像笛卡尔在他的《第一哲学沉思集》第一章中所做的那样,我们仅仅想到我们这些思维者存在着,上帝存在着,而不考虑任何运动以及运动的特性和连贯性。这样一来,我们就把上帝的存在理解为永恒的存在,这种存在排除了开端、终结和连续存在的不完善性。"这岂不是极其清楚明白地表明,这种客观的本质只不过是一种没有世界、没有时间、没有物体的主观本质、抽象本质罢了,只不过是那个把世界、时间、物体抽象掉的人自己的本质罢了?因此,上帝——上帝就是精神,他通过自己的意志和悟性产生出万物,万物之所以具有自己的本质,应归功于他的思想或观念,万物之所以得以存在,应归功于他的意志所作出的决定,与他的本质相比,一切感性事物都是虚无——无非是唯心主义的本质,无非是人自己的精神;而在基督教中,人的精神却被想象为与人不同的、客观的本质。这种认识即神学和人本学的认识的最初萌芽,在笛卡尔那里已经出现了。在他那里,客观的、神的唯心主义已经变成主观的、人的唯心主义。在笛卡尔那里,自我意识已经在"上帝的意识"中苏醒过来,人对自身的信赖已经在对上帝的信赖中苏醒过来。"上帝能够做到我清楚明白地认为可能的一切事情。"(《对第四种异议的答复》)上帝是对我的本质的真实性和无限性的确信,是对我的思想的有效性和正确性的确信,是对下一情况的证实:对于那些我清楚明白地理解的事物,我是正确的,我没有弄错,没有受骗①。诚然,这里没有提出任何新见解。例如,奥古斯丁曾经说过:"如果不朽的肉体是某种美好的(值得期望的、bonum[良善的])东西,那我们为什么要怀疑上帝也给我们创造出那样的肉体

---

① 关于笛卡尔哲学的这个重要方面,还应补充一点意见。笛卡尔在他的《第一哲学沉思集》第五章中发表了这样的议论:我借助于精神或悟性清楚明白地理解的东西,是真实的、是某物。因此,我清楚明白地看出那种联结着的东西,是不可分的。可是,存在的完善性是与完善的本质不可分的,因而完善的本质是存在着的。这种完善的本质如果不是表达完善思维的本质,不是表达清楚明白的概念的本质,那它又是表达什么呢? 只有那种与感性和想象分开的概念或悟性,才是清楚明白的;只有清楚明白的东西才是真实的、存在着的、现实的。然而,上帝是最清楚明白的。"任何人如果尝试一下把注意力集中到自己的完善性上面,他肯定会在其中发现比一切创造物中更加丰富得多、更加便于清楚明白地认识的材料。"(《对第一种异议的答复》)为什么? 因为上帝只能被理解或思考,而不能被感性地想象。因此,上帝如果不是那种把自己表现为对象、把自己肯定为真正本质的清楚明白的概念或悟性,那又是什么呢?(在这里)肯定上帝的存在,就意味着肯定清楚明白的概念的真实性或存在,意味着肯定与有形体性和感性相分离的精神的真实性或存在。因此,笛卡尔总是把"对上帝的认识和对我们精神的认识"结合起来,把"上帝的存在和我们的没有肉体的思维精神的存在"结合起来。(《谈谈方法》)上帝的肯定的宾词只能是:他是精神、理智、思维;可是,上帝的否定的和不确定的宾词,如完善、无限、宏伟,只能归结为他不像人那样由于与物质、肉体相联系而受到玷污和限制。

呢?"这句话也说出了同样的意思:上帝是对人的意愿和思想的肯定。可是,在笛卡尔那里,这个真理显得特别引人注目,因为,在他那里,自我意识表现为有别于上帝的意识或对上帝的正确信仰,而宗教的自我意识,或者更正确一点说,宗教情绪却是把自己的意识移植于和沉没于对象之中,把自己与自己的对象混同起来。因此,笛卡尔哲学还作出这样一种功绩:在基督教信仰还拥有专制权力的时代里,它重新向人们灌输对自身的信赖,对自己理性的信赖。正如于厄在指责笛卡尔学派不信神时所批评的那样,笛卡尔学派太大胆了,或者用神学家的话来说,太胆大妄为了,以致竟敢主张明显性也如信仰一样,有权要求人们对之服从。可是,于厄对这个学派所作的另一个指责才真正是指责,这就是:这个学派除了哲学、数学以及人体解剖学之外,轻视其他一切科学,其中不仅包括历史科学,也包括自然科学。因此,尽管我们从前说过,从笛卡尔哲学的观点来看,自然界是人最感兴趣的对象,可是这仅仅指的是笛卡尔所考察的那个自然界。无论从客观唯心主义或从主观唯心主义的观点来看,也就是说,无论从上帝的唯心主义或从人的唯心主义的观点来看,任何人都不具有真正的自然感觉:在它来看,感性事物是虚无,而自然界却全然是感性的。唯心主义者不会超出他自身。例如,克劳贝格在上面引证的那篇文章中说过:"谁考察过自己精神的那种超越于有形物体的、与上帝相似的本性,谁就会认识到把自己的思想用于思考那些有形体的、世俗的事物是有损于人的尊严的。"[①]莱布尼茨这样地评论这个克劳贝格(顺便说一

---

① 参看第 59 节注释。

句,克劳贝格自己曾经写过一本物理学):"克劳贝格断定说,他知道应当如何表述精神的本性,可是他不愿意说出来。"他在思考时常常沉湎于强烈的兴奋状态,而且死于这种状态①。这确实是笛卡尔学派的一种地道的死亡方式!要知道,心灵与肉体相分离,死亡,这就是笛卡尔哲学以及一切唯心主义哲学的原则。

---

① 杜登出版的《全集》,第Ⅵ卷,第296页。显而易见,《游览笛卡尔的世界》一书的作者在这本书的第一卷中嘲笑笛卡尔哲学的秘密,即心灵和肉体的分离时,想到了这件奇闻。当然,他能在笛卡尔本人的著作中为这种嘲笑找到充分材料。

第六章　阿尔诺德·海林克斯

第69节　阿尔诺德·海林克斯对笛卡尔哲学的探讨

在所谓偶因论的创始人阿尔诺德·海林克斯(1625年生于安特卫普,先任卢汶大学教授,后任莱顿大学教授,死于1669年)的著作中,笛卡尔的哲学获得有趣的和透彻的探讨;因此,值得对海林克斯作一些专门的、尽管简略的阐述和说明①。

像在笛卡尔那里一样,海林克斯哲学的原则也是精神,而这种精神的本质也是思维;不仅如此,和在笛卡尔那里一样,这种思维也只不过是指那种与感性之物相分离、相区别的活动,只不过是指

---

① 这一说明依据于海林克斯的主要著作《伦理学》(第一、二编,阿姆斯特丹,1696年)。(他的著作在十九世纪最后十年内才全部汇集起来加以出版。在1891—1893年间,在荷兰斯宾诺莎学会的赞助下,由原来顿大学教授 J. P. N. 兰德编辑,以三卷华丽的八开本的版本出版了他的全集。第一卷收入了他的书简、学术讲演和逻辑学;第二卷收入了关于认识论的著作,以及形而上学和物理学,这两者附有简短的附录;第三卷收入了刚才提到的伦理学,一些与此有关的论文以及对笛卡尔哲学的评述。我们还要感谢 J. P. N. 兰德出版了《阿尔诺德·海林克斯及其哲学》[1895年]这本出色的传记。所有这些著作都由海牙的马·尼霍夫出版社出版。——德文版编者注)

那种与自身相关联的意识。海林克斯说,精神或者自我(即作为精神的自我,因为这是一回事)是某种与一切感性之物绝对不同的东西,它的概念和本质的规定性只能是思维。

可是,在我使之与自己区别开即看作是物质的那许多外界对象中,我发现有一个物质对象、物体与自己紧密相联,因而我称之为我的肉体,它是我之所以得以想象这个世界中其他物体的偶因。虽然我可以随心所欲地按各种方式处置或者移动这个肉体,可是我不是这种运动的原因;因为我不知道这种运动是如何发生的,对于我不知道如何发生的事情,我是不可能做出来的。我不知道运动以何种方式从我的大脑传达到我的骨骼,而且即使我通过物理学或解剖学的研究对这一点有所认识,我仍然十分清楚地知道我的四肢的运动丝毫也不取决于这种认识,假使我对这一点毫无所知,我也仍然能够同样灵活地挥动我的四肢。既然我不能创造我的身体内部的运动,那我尤其不能创造我的身体外面的运动。

因此,我不能创造出在我之外的一切;我所做出的一切仍然停留在我之中,不能过渡到我的或别人的身体之中。因此,我是这个世界的一个单纯的观察者;唯一的一种属于我的、停留在我之中的、我所做出的活动,就是观察。可是,这种观察本身是通过一种神奇的方式实现的。因为,世界不能使自己成为可以观察的,它本身是看不见的。我们不能作用于我们之外的事物,正如我们之外的事物不能作用于我们;我们的作用不能超出我们之外,世界的作用不能超出世界之外。世界的作用不能深入到我们的精神;我们的身体,作为世界的一个部分,是世界的作用不能超越的界限。因为,譬如说,即使在视觉活动中外界的对象能在我眼里产生出形象或者在我的大脑里形成印象,就像在蜡上构成印象那样,可是这个印象或者这个形象只是某种有形体的或物质的东西,因而不能进入与它完全不同的自我之中,而仍然停留在我的精神之外。

因此,按照海林克斯的学说,只有上帝才把外在的东西与内在的东西联系到一起,同时又把内在的东西与外在的东西联系到一起;他使外界的现象变成内心的表象,变成精神的表象,从而使世界成为可以观察的,同时也使内心的规定性、意志变成外在的活动而超出自我的界限。因此,任何一种把外在的东西和内在的东西、世界和精神(这些对立面)联结起来的作用、活动,都既不是精神的作用,也不是世界的作用,而仅仅是上帝的直接作用。

海林克斯说,我的四肢的运动不是遵循我自己的意志;当我想运动时就能实现这一运动,这仅仅依赖于上帝的意志。我的意志没有推动原动力使我的四肢运动起来;而是原动力把运动传递给物质,赋予物质以规律;同时,正是原动力创造了我的意志,从而把某些全然不同的事物相互联结起来,把物质的运动和我的意志的随意性相互联结起来,以致当我的意志希望发生某种运动时,就会发生这种运动,而当这种运动发生时,意志也希望这种运动发生,但这两者并没有相互发生作用,也并没有相互施以物理的影响。相反,正如两个钟表走得完全一样,当其中一个到点响铃时,另一个也同时响铃了;这两个钟表的一致并不是由于它们的相互作用,而仅仅由于它们两者都是按同样方式加以构造或调整的;同样地,物体的运动和意志相一致,这也仅仅取决于某个伟大的艺术大师,他用一种无法表达的方式把这两者相互联结起来。

因此,我的活动其实并没有超出我自身,它始终仍然停留在我之中。只是因为上帝把我的身体中的运动同我的活动即我的意志联结到一起，因此，当运动跟随着或者伴随着我的意志的活动发生时，我的意志的活动便仿佛超出自我之外，过渡到我的身体之中。但是，这种活动本身作为我的活动来说，并没有超出我之外。因为过渡到身体之中的活动不再是我的活动，而是原动力的活动。

因此，上帝通过他的意志并按照一定的规律把精神和肉体联结或结合到一起。可是，上帝借以把它们结合起来的那种方法和方式，却是不可认识的、无法表达的。因为，凡是我们只知道存在着而不知道如何存在着的东西，是无法表达的。因此，精神和肉体的结合是一个奇迹，而在世界上值得惊讶的奇迹当中，我自己作为世界的观察者乃是最大的和不间断的奇迹；因为，与世界截然不同的自我却能观察世界，这是不可理解的。

阿尔诺德·海林克斯的体系对于认识史来说并不是没有意义的；特别是因为它公开宣称，肉体和心灵的结合以及整个世界是一种奇迹，是某种不可理解和无法表达的东西，这样一来，它就如此清楚、如此明白地把近代许多观点或所谓体系中隐藏着的和很不容易发现的那一切不可理解之物的基础和本原揭露出来了。这就是人们往往从一些片面的和有局限性的概念或观念出发，并且不顾它们的片面性和局限性，竟把它们看作是绝对的，不对它们有所怀疑。也就是说，不承认它们的局限性，而把它们看作是正确的、唯一可以采用的。可是，在思维过程中，人们碰到许多与这些观念相矛盾的事实，这些事实不能从这些观念中获得认识，甚至也许是直接否定这些观念的。由于人们把自己由以出发的那些概念假定为没有局限性的、绝对真实的，因此没有返回到这些基本概念，限制它们的应用范围，这样一来，其结果必然是把那些不能根据片面的观念或概念加以认识的事实，说成是不可理解的，说成是理性本身的界限，说成是理性能力所不能及的事物。这是完全可以理解的，因为这些片面的概念被看作是唯一合理的，被看成为理性本身，因此，他们不到这些概念的局限性之中去认识这种不可理解之物的原因，反而把这个原因归诸理性本身。

在海林克斯那里，情况也是如此。他从精神概念和广延概念出发；他把精神看作仅仅在与物质相区别中被认知的自我，他不承认自我的局限性，不承认它只是精神的一个方面，却把它看作整个精神，看作精神的本质自身，同时把广延看作物体的唯一的本质规定性。这两个概念是互不相联的。可是，肉体和精神的结合却是一个确定无疑的事实，而这两个概念又被看作是唯一正确的、绝对的、合理的或者与理性相同一的。因此，心灵和肉体的结合是某种超越于这些概念之外的东西，是对这些概念的片面性的否定（这种片面性恰恰是这些概念的本质规定性，这些概念恰恰是在这种片面性中被断定为正确的），是通过可以理解的方式而形成的某种不可理解的东西，是理性的（否定的）界限（因为，那些片面的概念被看作是理性的肯定的界限），因此，按照海林克斯的观点，这种结合是一种仅仅由上帝的意志所产生的奇迹。

于是，从这里可以得出下面这个对一切哲学研究都适用的教训和规范。当你在你的思想过程中碰到某种不可理解的东西时，你应确信这种东西只不过是你当作唯一正确的概念由以出发的那些概念的缺陷和片面性的结果或表现罢了；你应确信，你以一种非常奇特的、可笑的甚至不正当的方式，而且在一个非常不恰当的地方,也就是说,不在开始阶段,像你应当做的那样,而在后来,在你的思维过程中或在其结束时,你才承认你的原则是不充分的和有缺陷的。因此,当你碰见不可理解的东西时,你应尽力返回到开始的地方,也就是说,你要从头开始检验你的基本概念,承认它们的片面性,或者放弃这些概念以及你的全部观点;如果你做不到这一点,那你至少应谦逊一些,承认这是你的局限性,不要把你的局限性说成是别人的局限性,或者甚至说成是理性本身的局限性。

第七章 尼古拉·马勒伯朗士

第70节 导言,从笛卡尔过渡到马勒伯朗士

在马勒伯朗士和斯宾诺莎的著作中,对笛卡尔的哲学作了充分的发挥、探讨和完成。

在笛卡尔那里,精神和物质就其自身而言是直接对立的。因此,仅仅意识到自身的精神在其自身中找不到任何把自己和其对立面联结起来的媒介物、手段。只有在无限本质的绝对真理的意识中,精神才能排除这种对立①,确信物质事物的存在,确信自己

---

① 可是,如果批判地考察一下,那么什么是笛卡尔哲学借以把精神和物质的对立联接起来的那种绝对真理、绝对本质呢?这就是人的幻想和随意性,它们不受任何限制,不受任何理性根据的约束,它们甚至能够毫无困难地把根本矛盾的、完全不能结合的东西结合到一起。德·拉·福葱在上面引证过的那本著作第15章第14节中说:"即使我们承认人的肉体中没有包含任何反对与心灵相结合的东西,可是我们在肉体中也没有发现任何可能成为这种结合的原因的东西。因此,必须到精神实体之中寻找这种原因。然而,人的精神仅仅具有自己的意志,它通过这种意志得以越出自身,与其他事物相联结,这种意志虽然能够成为在与肉体的这种结合中直接依赖于它的那种事物的原因,可是绝不能成为其他无数的、不依赖于我们意志的现象的原因。因此,只有上帝的意志才是肉体和心灵相结合的原因。"可是,这种把事物联接起来的意志或力量(转下页)

关于物质事物的观念或表象的实在性。可是,在笛卡尔那里,精神部分地从自身中、从自己的本质中,部分地从事物中获得关于事物的观念。或者,说得正确一些,不仅所有的一般概念,而且一切表象,作为精神的概念和表象来说,都是来自精神并处于精神之中(当然,这只是就能力或可能性来说);肉体中的感觉和运动只不过为精神把这些概念和表象置于自己面前以及从自身中引出它们提供机缘;肉体中的感觉和运动引起这些概念和表象,但不是概念和表象由以产生的原因;因为,表象作为精神的规定性来说,不可能从感性的或肉体的运动中产生出来,这种运动跟表象没有任何相似或者同源之处。(笛卡尔:《关于提纲的意见》第 185 页)

可是,由于在笛卡尔那里对立面的独立性只是在无限实体的观念中被排除的,而不是在对立面自身之中、不是在它们的观念之中被排除的,因此精神和物质就其自身而言仍然是截然互不相同的,按其概念来说仍然是独立的。因此,如果合乎逻辑地推论下去,像马勒伯朗士所做的那样,那么精神既不可能从自身中,也不可能从事物本身中获得有形物体的观念。因为,观念是理想的、非物质的对象,正如马勒伯朗士所说,"它是一种与精神最接近的、与精神直接同一的对象,它与精神本身一样并不占据任何位置"。精神是跟物质对立的,反过来,物质也把精神当作独立的东西置于与自己相对立的地位;因此,精神不可能是物质事物的观念化、灵化,

---

(接上页)(尽管事物自身之中没有包含这种联接的根据),如果不是人的那种无所不能的想象力和随意性的力量,那又是什么呢? 一般说来,这种无限的本质如果不是那个被幻想的无限本质所充塞的人的无知和狭隘性的无限领域,那又是什么呢?(1847 年)

或者说它不具有使物质事物观念化、灵化的力量和能力,也就是说,精神不能在自身中和从自身中观察或想象物质事物;因为任何表象必然都是灵化。诚然,精神既不是物质的,也不是有广延的,它的本质仅仅在于思维;可是,精神只不过是物质的对立面,物质作为一种按其概念来说独立的东西是与精神相对立的;因此,处于对立之中并且它本身就是对立的精神,如何能排除对立呢?诚然,按照马勒伯朗士的观点,也如在笛卡尔那里一样,精神是一种比物质更崇高、更珍贵的本质;他把物体称为 les derniers des êtres(最后的存在物)等;可是,这些模糊的概念并没有排除马勒伯朗士所依据的物质和精神的那个本质的、确定的概念,即物质和精神是两种相互不同、相互对立的本质,它们按其概念来说是互不依存的,并作为截然不同的、实在的东西相对立着。

可是,正如从这种观点看来精神不能从自身中或通过自身认识物质事物,同样地,物质也是不能通过自身成为可以看得见的;要知道,物质作为精神的对立面是某种绝对不可理解的、不能观念化的东西,是绝对的愚昧和黑暗①。因此,我们是在上帝之中观察万物,这不仅是可能的,而且是必然的。因为,上帝这种绝对的实

----

① 马勒伯朗士还说过,心灵也如纯粹的精神一样,在上帝之外就其自身来说是黑暗的,是不可认识的。但是,在这里,这种黑暗的基础当然不是对立或差别;因为心灵十分密切地与自身相一致,与自身处于直接的统一之中。"Quoique nous soyons très unis avec nous-mêmes, nous sommes et nous serons inintelligibles a nous-mêmes, jusgu'à ce que nous nous voyons en Dieu."(尽管我们与自身是一致的,可是,只要我们不是在上帝之中观察自己,那我们现在和将来对于自己仍然是不可理解的。)《关于寻求真理》,第3册第1章,原来,这种黑暗的原因处于其他地方。可是,对于心灵或者对于一般的精神,马勒伯朗士却非常模糊,看来甚至对他自己也不是十分清楚的。

体是一切事物的绝对的观念化和无限的灵化的力量；对这种力量来说，物质事物不是实在的对立，不是不可渗透的黑暗，而是观念的东西，也就是说，一切事物甚至物质事物都以一种神精的、观念的方式包含在这种力量之中；这种力量本身就是作为理性世界或观念世界的整个世界。因此，我们的世界观念、我们的事物观念与上帝观念没有区别。

因此，从笛卡尔的哲学中必然产生出马勒伯朗士的哲学，这种哲学的一个最本质的思想就是，我们是在上帝之中认识和观察一切事物的，这个思想对哲学史来说也很有意义。除了这种思辨的、一般的必然性之外，还要补充一种特殊的必然性。笛卡尔早已从作为"我思故我在"这个崇高命题的基础的思辨观念，即关于意识的精神起源的观念、关于思维和存在相统一的观念，下降到通俗的、神学的精神观念，即把精神看作主观的、经验的、个别的自我，看作不完善的、被创造出来的本质。相反，在马勒伯朗士那里（他充满神学观念，他的思想光芒几乎始终是通过神学的媒介物折射出来的），经验的、个别的、主观的自我观念一开始就与精神或心灵直接联系在一起。因此，在他那里，精神的本性或精神是一种有限的、被局限的、被创造出来的或者——如果用明确的思想来表达不明确的创造观念——特殊的本质；因为，按照马勒伯朗士所下的定义，一切被创造之物都是特殊的。"L'âme est un genre d'être particulier. Elle n'est qu'un tel être, un être très-limité et très imparfait"（心灵是一种特殊的本质。它只不过是一种非常有限的和很不完善的本质。《对第 3 册的说明》）。可是，毫无疑问，心灵具有普遍的真理或普遍的观念，而特殊的本质却不可能越出它的特殊性之外。因此，特殊的本质自身中不可能包含任何普遍的观念，或者，按照马勒伯朗士所下的定义（他把观念称为变体、规定性），特殊的本质自身中不能含有任何普遍的变体。"Comment pourroit-on voir dans une espèce d'être toutes les especes d'êtres et dans un être particulier et fini un triangle ou un cercle en général et des triangles infinis? Nulle modification d'un être particulier ne peut être générale."（怎么能够在一种存在物当中看出一切种类的存在物呢？怎么能够在一种特殊的、有限的存在物中看出普遍的三角形或圆周，看出无限的三角形呢？任何特殊存在物的变体都不可能是普遍的。同上书）。普遍的观念，例如广延（形体性和空间性）这个观念，我们在其中看出和应当看出一切有形事物，而它却不能从有形事物中产生出来。因为，有形事物也是某种特殊的东西，而且还是物质的东西，因而绝不可能从其中产生出观念，即某种理想的、精神的东西，因为这两者之间没有任何关系。因此，普遍观念只是处于而且只能处于普遍的本质之中，也就是处于一种并非这种或那种本质的本质之中。因此，我们只有在上帝之中才能认识事物；因为，按照马勒伯朗士的观点，我们只能从普遍之物出发并在普遍之物中认识一切事物；特殊之物是以普遍之物为前提的。

因此，上帝不仅是客观确定性的原则，因为，在马勒伯朗士看来，精神只有通过无限实体并在绝对真理的观念之中，才能确信有形事物的实在性，(Eclairciss. sur le I. liv.《对第一册的说明》)而且是一切认识的原则，甚至是普遍的认识本身，是一切精神的普遍的世界观。上帝的实体必然是一切精神的普遍的世界观，因而也是包罗和联接一切精神的、普遍的精神场所,正如马勒伯朗士所说的那样。同样地,上帝的实体无论在精神之中,无论在有形事物、物质或自然之中,也必然是唯一真实的原因与活动,必然是一切活动和运动的原则。因为,在马勒伯朗士那里,也如在笛卡尔那里一样,自然的本质就是物质及其唯一的、实在的规定性——广延;因而运动的原则不包含在物质自身之中或它的概念和本质之中;这一原则处于物质自身之外,而仅仅处于作为一切事物的观念化的上帝实体之中。因此,上帝不仅是运动的普遍原因,像在笛卡尔那样,而且是和必然是——如果彻底地发挥笛卡尔的原则——特殊的活动或运动的真正原因,因为运动处于物质的本质之外,因而也处于特定的、特殊的物体之外,而物体的本质恰恰就是物质或广延。因此,在这里,自然的原因仅仅是促使上帝的实体这样或那样地行动的偶然原因,而不是现实的、真实的原因。

与自然一样,心灵或者精神自身中也不可能含有运动的原则。因为物质是独立地与精神相对立的,因此,对于精神来说,物质既不是像观念那样处于思维之中,也不是像运动或某种可克服的、可确定的东西那样处于时间之中;在精神看来,物质也不是某种可理解的、可移动的东西。对悟性来说是异己的、模糊的东西,对意志来说也必然是如此。精神作为思维的本质所不能支配的东西,也是精神作为意愿的本质所不能支配的。因此,心灵本身不能从自身中真正地规定或移动它的肉体本身;心灵不是那种按照它的意志进行的运动的真实的、积极的原因,而只不过是这种运动的偶然的、诱发的原因。

笛卡尔的不彻底性表现在他赋予精神或心灵——如他对心灵

所理解的那样——以一种推动肉体的力量,认为心灵虽然与整个肉体结合在一起,可是它直接活动于松果腺之中,并通过松果腺推动着肉体。(De Passion《论灵魂的激情》第 1 章第 30—34 条)在笛卡尔看来,精神和物质之间不发生任何关系。可是,任何运动都表现为推动者和被推动者的关系;那么,精神或者心灵如何能够推动或规定肉体呢? 也就是说,既然精神或心灵与肉体没有任何关系,而且甚至排斥与肉体的一切关系,那它如何能够与肉体发生这种关系呢?

马勒伯朗士只能在无限本质的无所不能或全能意志中找到与身体运动的必然关系,因此,只有上帝的意志才是下述情况的真正原因、真正根据①,即当我这个有限的精神希望移动我的身体时,我的身体便移动起来。诚然,上帝的无所不能或意志被正确地称为愚昧无知的避难所;可是,马勒伯朗士在这点上毕竟比笛卡尔彻底一些,他借此间接地说出了一个正确的见解,即对于在自身中具有运动和规定的原则或能力的东西来说,被规定之物不可能是某种其他的或实在的对立。可是,由于对无限的本质来说有限的对立不具有任何实在性,而精神和物质却正是这样的对立,因此只有上帝才具有规定物体的能力;物质只能服从于上帝,而不能服从于精神。因为,精神是物质的对立面。精神的本质规定性应当有别于物质,并与物质相对立;正是由于精神的本质规定性只不过是

---

① 诚然,笛卡尔的著作也在某种程度上包含有这种思想。可是,在那里,这种思想还不很明确,还没有完全形成;因此,在对他的思想作明确的阐述时,可以不考虑这一思想以及他的其他某些思想。

对那些使物质得以成为物质的规定性的否定,因此,不论精神认为自己是如何独立的,它仍摆脱不了物质,仍然与物质保持——当然,是间接地和否定地———一定的关系,从而应当为自己的财富而间接地归功于物质。然而,正是由于这个缘故,物质对精神毫不尊重,它不是精神的"驯服的女仆",不会对精神俯首折腰,卑躬屈膝。

从这种观点来看(如果始终不渝地贯彻这种观点),精神不可能是自己的肉体的运动原则,同样地,精神也不可能是自己的意志决定和行动的本原的原则,也不可能在它自身中包含有这一原则。因为精神仅仅是一种对立的本质,因而只是一种特殊的、有限的即被设置(被创造)的本质,它在任何地方都不可能成为造物主、缔造者、基础、始因。因此,正如马勒伯朗士正确地所说的,上帝的意志应当是精神的意志的原则、本原。精神必然有所期望;只有它所期望的那种东西才是自由的。依赖于精神的只是意志的对象,即特定的、特殊的对象,而不是意愿本身①。只有意志的对象才是它的,而不是意志,意志恰恰是在与对象的关系中,或者更正确些说,恰恰是在与特殊的、个别的对象的关系中,才是自由的和不确定的,而在特定意志的原则方面,它与其说是意志,不如说是欲望、意向、癖好、爱慕,正如马勒伯朗士从他的观点对意志正确地表述和规定的那样。这就是说,在马勒伯朗士看来,精神或人对上帝的天

---

① "正如哲学家们所教导的,善的意志在一般的方面是被规定的,因为它不能期望善之外的其他事物;可是,对于一切个别的善来说,则不存在任何强制。"Ern. 索勒鲁斯:*Comment. in Arigtotelis Metaphysic.*(《亚里士多德的形而上学注释》),(耶拿,1657年)第35页。

然的爱是一切意向、欲望和运动的原则。虽然精神在爱这个或那个对象方面是自由的，它能够爱上帝之外的任何特殊对象，可是上帝本身才是精神所期望、追求和渴望的真正对象，才是处于特殊对象之后或处于特殊对象之中的那个对象；因为幸福是精神的一切欲望的唯一对象，而幸福只有在上帝之中才能得到充分实现，才能显现出它的真理性。可是，精神对上帝的这种爱的原则，就是上帝的意志或上帝对精神的爱，它在精神之中激起对幸福的渴望，即对作为普遍的善的上帝的渴望；因此，按照马勒伯朗士的观点，只有上帝本人才是自然界的一切运动和活动的基础、原因或原则，也是精神的一切运动、活动和意志决定的基础、原因或原则。

第 71 节　马勒伯朗士的生平和性格

尼古拉·马勒伯朗士于 1638 年 8 月 6 日诞生在巴黎，身体十分虚弱，甚至有些畸形。自然界赐给他这样的身体，也许是为了预先惩罚他后来在其哲学中所表述的那种对一切感性的、有形体的事物的蔑视；或者，自然界之所以剥夺他的身体财富，是为了使他更加深刻地领会精神财富的价值，使他更易于抛开一切物质事物，而这一点正是他的生活和他的哲学的特征——关于这个问题，让现代的历史学家们去判断吧！不过，许多人都知道，马勒伯朗士由于自己的身体发育不正常，他在青年时代就回避与人交往，而更加勤奋地埋头学习。

1660 年，他在巴黎参加了牧师联合会。他在那里所从事的神学研究,即对教会史和《圣经》评论的研究,没有使他的求知欲得到满足。幸运的是,他在 26 岁时偶然看到笛卡尔的《第一哲学沉思集》一书。这一著作使他耳目为之一新。他在这一著作里发现了他长期寻找的东西,即那种唯一能使他心灵的渴望得到安宁的知识,对于这种知识,他还一直没有明确的观念。因此,与笛卡尔的结识甚至成为他的生活的转折点。因为,自此以后,他就放弃了包括数学在内的其他一切科学,专心致志地从事于使他深受鼓舞的哲学研究,不再阅读一切纯学术的书籍;他进行研究只是为了使自己的思想受到启发,并不是为了加重自己记忆的负担①。当史学家和评论家在这一点上指责他时,他就问他们:亚当是否掌握了完全的知识? 当他们对他的问题作出肯定的回答时,他又对他们说:这样一来,这种完全的知识就不是评论和历史了,而他也并不希望知道得比亚当多一些。由于他对哲学表现出如此强烈的热情,因此,毫不奇怪,他能在哲学方面迅速地和出色地取得成就,早在1674 年就写出了他的主要著作:*De la Recherche de la Vérité. où l'on traite de la nature de l'esprit de l'homme et de l'usage, qu'il en doit faire, pour éviter l'erreur dans les sciences*(《关于寻求真理,或论人的精神的本性以及为了避免在科学中犯错误应当如何运用精神》),这一著作的头一卷在这一年出版问世。

在马勒伯朗士看来,最卓越、最必要、最值得人去从事的认识,

---

① S. Fontenelle. "Éloge du P. Malebranche"(冯特讷尔,"对尼·马勒伯朗士的颂辞"),载于他的 *Éloges des Academiciens*,《关于学院的讲话》全集第 5 卷,阿姆斯特丹,1764 年,第 267、249 页。

就是对自我的认识,就是对人的认识。因此,他的这部最优秀的著作所探讨的对象,就是人的精神,这既包括精神自身,也包括精神和肉体的关系、精神和上帝的关系;按照他的观点,精神和上帝的联系比精神和肉体的联系更加紧密、更加必要。他在这一著作中指出,我们的感觉、我们的想象和我们的情欲,完全无助于我们获得内心的幸福和认识真理,相反地,它们迷惑我们,使我们常常陷入迷途;一般说来,精神借助于肉体或在肉体中某些运动的影响下所获得的一切知识,就它们所表现的对象来说,完全是虚假的和错误的,纵然这些知识对于维持肉体及其幸福来说是有益的。其次,他还指出,精神对感性事物的依赖是有其目的的,这就是使精神从它的睡梦中觉醒过来,从感性事物中解脱出来。他研究了精神的各种能力和错误的一般根源,在这点上他表现出自己是一个出色的心理学家。最后,他提出了应当如何探求真理的方法①。

由于《关于寻求真理》这一著作包含有许多引人注意的新思想,因此,正如所预料的那样,它深受人们的重视,使马勒伯朗士与许多有识之士建立了友谊。但是,它也受到各个方面非常严厉的批评。和所有的思想深刻的哲学家一样,马勒伯朗士也遭到误解。然而,这并没有动摇他的信念,也没有破坏他的平静心情。他没有期待另外的命运。他对自己说,在大多数人看来,最明显、最崇高的形而上学真理不仅是不可理解的,甚至是可笑的;首先是那些对通常偏见进行批驳的著作会直接受到谴责,真理在开始时好像只

---

① 参考马勒伯朗士的《关于寻求真理》一书第1册序言。

不过是某种可笑的、稀奇古怪的幻象，只有随着时间的推移才会得到证实和显现①。

1680年，马勒伯朗士发表了他的论文"Traité de la Nature et de la Grâce"（"论天性和神赐"），他在这篇论文中从自己哲学的观点，即从他关于上帝活动的学说这一观点，阐述了关于神赐的学说。这篇论文引起冉森教派神学的思想领袖阿尔诺的猛烈反驳（阿尔诺也是笛卡尔的《第一哲学沉思集》一书的批评者之一）。在其后几年间，双方都发表了一些论战性的小册子，以致他们原来的友谊完全破裂。这是一个老问题，早在中世纪，托马斯的信徒和司各脱的信徒就对它进行过争论，论战的一方主张上帝的意志具有绝对自由，另一方认为上帝的意志也具有一定的规律。阿尔诺所指责的地方，恰恰是马勒伯朗士最接近于斯宾诺莎的那些地方，尽管马勒伯朗士并没有想到和意识到这一点。与阿尔诺的这一论战以及与此相关的其他一些论争，是马勒伯朗士的安宁的沉思生活中最重大的事件。在他晚年发表的著作中，应当举出 Méditations Chrétiennes et Métaphysiques（《基督教的和第一哲学沉思集》，1683年）、Traité de Morale（《道德论》，1684年）和（Entretiens sur la Métaphysique et sur la Réligion）（《关于形而上学和宗教的谈话》，1688年），在这些著作中，他再一次概括和阐述自己的全部哲学。他深受人们的敬重，有许多外国人来拜访他。他死于1715年10月13日。

---

① 譬如说，可参考他的《关于寻求真理》一书第2册的那篇有趣的前言，还可参考《对此书第1册的说明》以及《对第3册的说明》，冯特讷尔出版，第256页。

对马勒伯朗士哲学的阐述①

第72节 精神和观念的本质

精神的本质仅仅在于思维,正如物质的本质仅仅在于广延。意志、想象、感觉只不过是思维的各种不同的变体、规定性(种类),正如水、火、树这许多特殊的物质形态只不过是广延的各种不同的变体。我们能够设想精神没有感觉和想象,甚至没有意志,但是不可能设想精神不进行思维,正如尽管我们很容易设想物质没有特定的形态和形状,甚至没有运动,但不可能设想物质没有广延。可是,由于没有运动的物质或广延完全是没有目的的,在其自身中不可能含有构成其目的的多种多样的形式,因此它不可能由理性的本质以如此形态产生出来;同样地,没有意志的思维或精神也是毫无用处的,因为它对自己所表象的对象没有任何意向,对善也没有任何爱,而善正是它存在的目的,因此它不可能由理性的本质以这种方式产生出来。因此,意志不属于精神的本质,因为意志以思维为前提,正如运动也不属于物质的本质,因为运动以广延为前提。然而,意志纵然不是精神的本质,它却与精神始终联结在一起。(第3册第1编第1章)

---

① 这一阐述仅仅依据于马勒伯朗士的主要著作《关于寻求真理》,这里引文所根据的版本是该书经过校订和增添若干说明的第7版(巴黎,1721年)。

[后来出现的他的著作的版本是1854—1859年由朱莱·西蒙在巴黎出版的《马勒伯朗士全集》(两卷集),再后是弗朗西斯克·布伊埃出版的单行本《关于寻求真理》(巴黎,1885年)——德文版编者注]

对于我们之外的对象,我们并不是通过它们本身感知它们的。我们看见太阳、星辰以及我们之外的其他无数对象;难以想象这是我们的心灵越出身体之外,仿佛漫游于太空之中,以便在那里观察这一切对象。因此,心灵不是通过这些对象本身观察这些对象,譬如说,当我们的精神观察太阳时,我们精神的直接对象不是太阳,而是与我们的心灵十分紧密地联系着的那个东西,这个东西被称为观念。由此可见,观念不外是精神在它想象任何一个对象时的直接的或最近的对象。心灵只能观察与自己十分紧密地联结在一起的那个太阳,这个太阳和心灵一样不占有任何位置。为了想象一个对象,这个对象的观念绝对必须现实地在场,但并不是一定存在着与这个观念相类似的某种外在之物。但是,观念具有十分现实的存在。当然,那些强烈地倾向于相信只存在着有形体的对象的人们,在对事物的看法上没有什么比对事物的实在和存在的看法更加荒谬了。因为,如果他们感觉到某种东西,他们就不仅认为这种东西的存在是肯定无疑的(尽管在他们之外往往并不存在任何东西),而且认为这个对象就是他们所感觉到的那个样子(然而情况决非如此)。反过来,他们却认为那些必然存在着和必然以那种方式作为对象呈现于我们面前的观念是虚无,仿佛这些观念不具有多种多样的、使它们相互区别的特性,仿佛虚无是不具有特性的。(《对第3册的说明》以及第3册第2编第1章)

心灵所想象的一切或处于心灵之中,或处于心灵之外。心灵具有各种不同的变体,也就是说,它具有不通过它自己内在的自我意识加以感知就不能存在于它之中的那一切事物,因而具有它自己的表象、感觉、概念和意向。为了感知这些对象,心灵不需要任何

观念,因为这些变体不外是处于这种或那种形态之中的心灵本身。可是,对于心灵之外的事物,心灵只有通过观念才能感知。(同上)

第73节 关于观念起源的几种观点

关于观念的起源以及我们借以感知物质事物的方式方法,存在着几种不同的观点。流行最广的是亚里士多德学派的观点,即认为外界对象从自身中发出一些与自身相似的形象,这些形象通过外在的感官传递到一般的感官。可是,这些形象不可能具有与物体本身不同的特性;因此,它们是一些细小的物体;然而,作为这样的小物体,它们就不能互相渗透,因此必须加以粉碎和研细,这样一来就使对象成为看不见的。我们能够从一个点上可以看见许多对象;如果这个观点是正确的,那么所有这些对象的形象就应集合到一个点上;可是,它们的不可渗透性不允许这么做。而且,物体如果不显著地缩小它的质量,那它如何能够从自身中向各个方向发射出形象,这一点也是不可理解的。(第3册第2编第2章)

第二种观点是,我们的心灵具有一种产生它所希望思考的事物的观念的能力;对象作用于肉体所产生的印象,虽然不是与引起印象的对象相类似的形象,毕竟在心灵中引起观念的产生。但是,观念是实在的本质,因为它具有实在的特性,并通过这些特性而相互区别,代表完全不同的事物。此外,观念是精神的本质,与它所代表的物体完全不同,因而无可争辩地具有比物体本身更加崇高的本性;因为理性的世界比物质的世界更加完善。由此可见,如果心灵拥有一种产生出观念的能力,那么人就拥有一种产生出比上帝所创造的世界更加崇高得多、完善得多的本质的能力。即使观念确实像人们通常想象的那样是一些无关紧要的和不值得重视的事物,它们毕竟是一种本质,而且是精神的本质。因此,人不能产生出观念,因为人不具有创造的能力。因为,人们通常所理解的那种观念的产生,并不是真正的创造。有人说,观念的产生以某物为前提,而创造以虚无为前提,但这种说法并没有减轻这种见解的可鄙的、粗鲁的性质。因为,从虚无中产生出某物,和从一种无助于产生出某物的事物中产生出某物,是同样困难的。不仅如此,从一种与被产生之物完全不同的本质的现存材料中产生出某物,比从虚无中创造出某物,还更加困难得多;因为,在后一种场合下,不需要像在前一种场合下那样首先剔除不适用的材料。可是,由于观念是精神的本质,因此它不可能从物质的印象或形象中产生出来,印象和形象处于大脑之中,与观念不发生任何关系。即使观念不是实体,那也不可能从物质的东西中产生出精神的观念。纵然我们假定人拥有产生观念的能力,人也不能运用这种能力;因为只有当他已经预先认识某个对象,也就是说,只有当他拥有关于这个对象的观念(而观念并不以他的意志为转移),只有在这个时候,他才能构成关于这个对象的表象。不过,人们由于进行推论时过于草率,结果得出了这个错误的关于观念起源的见解。因为,每当他们希望获得某个对象的观念,他们头脑里立刻就出现这个对象的观念,于是他们由此直截了当地作出结论说,意志是产生这一观念的真正原因。然而,他们由此应当得出的结论是,虽然按照自然的法则,为了使观念得以出现,通常需要人们的意志;而不应当由此得出结论说,意志是使观念出现于头脑之中或者甚至从虚无中产生出观念这一点的本原的、真正的原因。(同上书,第3章)第三种观点是,一切观念都是与我们一起被创造出来的,或者是我们生而俱有的。可是,由于精神具有无数的观念,而上帝能够通过一种容易得多和简便得多的方式来达到这个目的,因此,很难设想上帝在创造人的精神的同时也创造了这许多观念。(同上书,第4章)第四种观点是:精神为了感知对象不需要它自身之外的任何东西;精神在观察它自身和它的完善性时,就能认识处于它之外的一切事物。这种观点的拥护者认为,较高的本质以一种比它自身的存在方式更加崇高得多、珍贵得多的方式包含着较低的本质,因此,心灵仿佛是那个在自身中包含着全部物质世界或感性世界的知性世界,甚至比知性世界还无限地大得多。但是,这种思想过于胆大妄为了。只是由于我们本性的虚荣心,由于我们要求独立的愿望,由于我们力图使自己与那个把一切存在物包罗于自身之中的本质处于相等的地位,这才使我们的精神发生混乱,才在我们心中产生一种狂妄的想法,即认为我们拥有我们其实不曾拥有的能力。因此,被创造出来的精神在自身中既不能看到本质,也不能看到事物的存在。被创造出来的精神不能在自身中看见事物的本质,因为精神太狭窄了,因而不能像上帝那样包含一切本质,上帝是普遍的本质或者直接是那个存在者。可是,由于人的精神能够认识一切事物,甚至能够认识无限的事物,而它自身中并不包含这些事物,因此它当然在自身中不会看见这些事物的本质。因为,精神不仅一个跟一个地先看见这一事物,然后又看见另一事物,而且确实感知着无限之物,尽管它并不理解这种事物。可是,由于精神本身不是无限的,不能在同一时刻内在自身中具有无限的变体,因此它不能在自身中看到它自己不是的那种东西。有限的精神不能在自身中看到本质,也不能看到事物的存在;因为事物的存在不依赖于精神的意志,事物的观念能够出现于精神之中,尽管事物本身并不存在。(同上书,第5章)

第74节 上帝是一切认识的原则

这样一来,只剩下一种观点,即认为我们是在上帝之中观察一切事物。上帝在自身中包含有一切创造物的观念,因为,没有认识和观念,上帝就不能创造世界;因此,上帝通过一种高度精神的、我们所不能理解的方式,在自身中包含着一切存在物,甚至物质的和尘世的存在物。因此,上帝也在自身中看到一切存在物,看到这些存在物向他显现出的上帝自身的完善性。上帝在自身中不仅看到事物的本质,而且看到事物的存在,因为事物只有通过上帝的意志才能存在。其次,上帝以一种最紧密的方式通过自己的存在与我们的心灵联结在一起,以致可以把上帝称为精神的场所,正如可以把空间称为物体的场所一样。人的精神之所以能够在上帝之中看到创造物在上帝之中显现出的那种东西,这是因为这种东西是高度精神的、高度可认识的(观念的),是直接与精神相接近并为精神本身所固有的。全部自然经济都证实了这种观点。上帝绝不会用困难而复杂的手段去创造他用十分容易和简便的手段所能完成的事情;因为上帝做任何事情都不是徒劳无益的和没有根据的。例如,上帝仅仅借助于广延便产生出自然界中各种令人惊异的结果,甚至产生出动物的生命和运动。可是,由于上帝只有通过使精神看到在上帝之中与一切事物相关联的那种东西,显示出这些事物,才能使精神认识这些事物,因此,难以想象上帝是按其他方式行事,而产生出与被创造的精神同样无数地众多的观念。但是,从精神在上帝之中看见万物这一点中,不能推断出精神也看到上帝的本质。因为,上帝是完善的;可是,精神在上帝之中所看见的东西,即可分的、具有一定形状的物质以及诸如此类的事物,却是非常不完善的。在上帝本身之中,没有任何东西是可分的或具有一定形状的;他是完整的本质,因为他是无限的和包罗一切的;他不是任何特殊的本质。其次,这种观点使我们最大限度地依附于上帝,而这一点也促使我们拥护这一观点;因为,我们由此认识到上帝本人使哲学家们在其认识中受到启发,尽管知识来自上帝,可是忘恩负义的人却称之为自然的;我们由此还认识到,上帝是人们的普遍的导师,是真正的精神之光。(同上书,第5、6章)

然而,这种观点最清楚地说明了人的精神借以感知一切事物的那种方式和方法。大家知道,当我们打算想象任何一个特殊对象时,我们首先浏览一下所有的事物,然后才想象我们打算想象那个对象。可是,如果某种特殊的本质从来不是我们的对象,哪怕只不过是一般的和模糊的对象,那我们就不能期望看见或观察到这种特殊的本质。因此,我们希望一个接一个地观察一切事物这样一种愿望,就是一切本质都存在于我们精神之中这一点的最好证明。可是,如果上帝不存在于精神之中,也就是说,如果那种把一切本质包含在自己的单纯本质之中的本质不存在于精神之中,那么一切事物如何能够存在于精神之中呢?如果精神没有在一种本质之中看到一切本质,那么精神甚至不可能想象种、类这样一些一般的观念。因为,任何被创造的本质都只不过是特殊的本质,因此,绝不能说,当我们观察——譬如说——一般的三角形时(这种三角形不是个别的或特殊的,而是在其概念中包含着一切三角形),我们是以某个创造物作为自己的对象。(同上书,第6章)最后,无限之物这个观念是上帝存在的最崇高、最美好、最有力、最原始、最独立的证明。因为,即使我们没有关于无限之物的观念,我们毕竟无可争议地有一个非常清楚的上帝观念,仅仅由于我们与上帝的联系,我们便获得这个观念;因为无限完善本质的观念不可能是某种被创造出来的东西。可是,精神不仅有无限观念,它甚至在有限观念之先就有了无限观念。我们只要思考本质,而不管这种本质是有限的还是无限的,这样我们就能获得无限本质的观念。可是,为了获得有限观念,我们必须从这个普遍的本质概念中抽掉某种东西,因此,普遍的本质概念先于有限本质的概念。因此,精神只是在无限观念中感知每个事物,精神不仅不是从它关于特殊本质的各种观念的模糊概括中形成无限观念,相反,毋宁说所有这些特殊的观念只不过是一些受到限制的无限概念,它们是普遍的无限观念的组成部分;同样地,上帝本身也不是从创造物中获得他的本质,相反,一切特殊的本质只不过是上帝存在的一些有限的部分。(同上书,第6章)

观念具有效用。观念作用于精神,使精神受到启发,并通过它在精神中产生的那些愉快的或不愉快的表象,使精神感到幸运或者不幸运。可是,任何一种东西如果不凌驾于精神之上,就不能直接作用于精神;因此,只有上帝能够作用于精神,我们的一切观念必然处于上帝的那个发生作用的实体之中,只有这个实体才能作用于理智和规定着理智。(同上书,第6章)除了上帝自己之外,不可能有任何东西是他自己活动的主要目的。因此,不仅我们的天然的爱,即上帝灌输在我们精神之中的那种对幸福的渴望,而且我们的认识都是以上帝作为自己的目的;因为一切来自上帝的东西都只能是为上帝而存在。如果上帝创造了精神,并且使太阳成为精神的观念或者成为精神的直接认识对象,那么上帝是为了太阳创造出精神,而不是为了自己创造出精神。因此,只有当对上帝的创造物的认识在某个方面同时也是对上帝的认识时,上帝才会使这种对创造物的认识成为精神的目的。因此,如果我们不以某种方式观察上帝,我们就不能观察任何东西,正如假使我们不爱一般的善,我们就不可能爱任何特殊的善。只有借助于我们对上帝的天然认识,我们才能观察一切事物。我们的一切特殊的观念、关于创造物的观念,只不过是对造物主的观念的限制,正如我们的一切对创造的意愿,只不过是加诸我们对上帝的愿望之上的一些规定和限制。(同上)

第75节 精神的几种不同的认识方式

有四种不同的认识方式。我们对心灵的认识不同于我们对自身之外的物体的认识,对于物体,我们是通过它们的观念来认识的;因此,我们不能在上帝之中观察心灵,我们只能通过我们的自我感觉和意识来认识心灵。由于这个缘故,我们对于心灵的认识是不完善的。对于我们的心灵,我们所知道的不外是我们通过自己的感觉所体验到的那些东西。如果我们从来没有痛苦、温暖和光明的感觉,我们也就不可能知道我们的心灵对这些感觉是否具有感受性。相反,如果我们能够在上帝之中看到与我们的心灵相符合的观念,我们就能同时认识心灵的各种可能的特性,正如我们在广延的观念中能够认识广延的各种可能的特性一样。(同上书,第7章)

与心灵自身相比,我们对自己心灵的认识也许是微乎其微的。因为,我们关于我们自身的意识也许只给我们提供极其稀少的有关我们本质的知识。因此,我们对于心灵的本性的认识没有对于肉体的本性的认识那样完善,尽管我们对自己心灵的存在看得比对自己肉体的存在以及我们周围物体的存在清楚得多。由于这个缘故,我们不能给心灵的变体或规定性下任何定义。因为,我们借助于观念既不能认识心灵,也不能认识它的变体,只有借助于感觉才能认识心灵及其变体,而像痛苦、欢乐、温暖这样一些感觉和语言并没有联系。由此显然可见,如果某个人从来没有欢乐和痛苦的感觉,那他就不可能通过定义获得对于这些感觉的认识。因此,我们对于自身的认识是十分模糊的、不清楚的;为了看见我们自身,我们必须从我们之外来观察自己;我们在那个人——他是我们的光明,并且只有在他之中万物才能变成光明——之中看到我们自己之前,我们不能认识我们的本质。因为,在上帝之外,精神实体本身也是完全看不见的。

但是,对于别人的心灵和纯粹的精神,我们只有通过揣测才能认识。我们认识它们,既不是通过它们本身,也不是通过它们的观念;由于它们不同于我们,因此我们也不能通过意识认识它们。我们只能揣猜别人的心灵和我们的心灵是一样的。我们断定说,别人的心灵具有与我们的心灵相同的感觉,而且,即使这些感觉与物体没有任何关联,我们仍然确信我们并没有错,因为我们在上帝之中看见某些不变的观念和规律,我们从这些观念和规律中确实知道,上帝作用于其他精神也如作用于我们一样。(第3册第7章和《对第3册的说明》)但是,如果对象通过它自身是可理解的或可认识的,也就是说,如果对象作用于精神,从而能够在精神面前显现出来,我们就能通过自身认识对象,而不必通过观念;因为悟性是心灵的一种纯粹被动的能力。但是,只有上帝是可以通过他自身来认识的;因为,尽管在上帝之外还有其他一些仿佛就其本性而言可以认识的精神本质,可是只有上帝能够作用于精神之中和向精神显示出自己。因此,仅仅对于上帝,我们才能不通过媒介物而直接进行观察;因为只有上帝才能通过他自己的实体使精神得到启发,因此,在这种生活中,也只有我们与上帝的统一才是我们之所以能够认识我们所认识的事物的原因。不可能设想某种创造物能够想象无限之物,也不可能设想,借助于观念,即借助于一种特殊的、与普遍的和无限的本质不相同的本质,能够想象没有局限性的本质,即无限的、普遍的本质。可是,就特殊的本质而言,却不难理解可以借助于无限的本质来想象特殊的本质,因为无限的本质在它的高度地起积极作用的,从而高度地可理解的实体中包含着特殊的本质。因此,我们应当断定说,即使我们在这种生活中对上帝的认识非常不完善,我们仍能通过上帝本身来认识上帝。(第3册第7章)

第76节 在上帝之中观察事物的方法

如上所述,我们只有借助于观念才能认识物体及其特性,因为物体通过它自身是不可理解的,因此只能在那种以观念的方式把物体包含于自身之内的本质中观察物体。由于这个缘故,我们对物体的认识也是非常完善的,也就是说,我们的广延观念包含有充分的内容,足以通过这一观念认识广延的一切可能的特性。我们关于广延、形状和运动的认识的缺点,不是借以想象它们的那些观念的缺点,而是用以观察它们的我们自己精神的缺点。(同上书第7章第3节)

可是,看见物体(在这里,看见仅仅意味着借助于视觉加以感知),不外是指在自己的精神中确实存在着一个以不同的色彩来触摸或规定精神的广延观念。因此,我们仅仅是在观念的和普遍的广延中看见物体,这种广延只有借助于色彩才变成为感性的、特殊的,而色彩则不外是当广延活动于心灵之中并使心灵发生变化时心灵对于广延所具有的感性表象。当然,始终应当把广延仅仅理解为某种可理解的东西,理解为观念或物质的原型;因为物质的广延显然不能直接作用于精神。广延自身绝对是看不见的,只有理智的观念才能作用于理智。(《致勒吉先生的回信》)

正如一切特殊的物体都是由普遍的广延(或物质)和特殊的形式所组成,同样地,一切特殊的物体观念也不外是普遍的广延观念的不同形式。在一切特定的、广延的事物中,只有广延是通过特定的方式加以观察的。因此,我们只能在广延中或者在普遍的广延观念中观察一切广延的事物。由此可见,这个观念也是我们在上帝之中观察一切事物这一点的主要证明;因为,广延的观念只能处于上帝之中,它不可能是我们心灵的变体。有限本质的一切变体必然是有限的;由于实体的变体就是实体的特定存在方式,因此这种变体显然不可能具有比实体本身更大的范围。可是，我们的精神是有限的，而广延观念却是无限的，我们不能穷尽这个观念，也不能在其中发现任何界限。因此，我们只能在上帝之中观察物体，因为我们借以观察一切事物的那个广延观念，由于它具有无限性，因此只能处于上帝之中。（同上书）

可是，为了看见感性的物体和实在的图形，并不需要在上帝本身之中或者在观念的广延之中包含有感性的物体和现实的图形。精神能够感知上帝所包含的那种无限的、观念的广延的一个部分，从而能够在上帝之中认识一切图形。因为一切有界限的、观念的广延必然是观念的图形，而图形则不外是广延的界限。可是，当特定物体的观念，即观念的和普遍的广延的特定图形，通过色彩或其他任何一种感性表象（物体的观念借助于这种表象作用于心灵，心灵则把这种表象和观念联结到一起），而变成为感性的和特殊的时候，我们便看到或感觉到这个特定的物体；因为，心灵几乎经常把它的感觉扩大到那些在心灵之中引起生动印象的观念之上。因此，不应把观念的世界与感性的或物质的世界之间的关系说成是这样：譬如说，仿佛为了我们能够想象太阳或树木，在观念的世界里就有观念的太阳或观念的树木。因为，可以把任何观念的广延想象为一个圆圈，或者想象为太阳、树木或马的观念形态，因此，我们可以把它用于想象太阳、树木或马，当心灵在物体的作用下把感觉和这些观念的对象或观念联结到一起，也就是说，当这些观念借助于感性表象作用于心灵时，观念的广延就变成为观念的太阳、观念的树木等。（《对第 3 册的说明》，第十个说明）因此，我们不是用一种与悟性不同的能力来感知感性事物；悟性本身在事物不在场时想象着事物，在事物在场时则感知着事物。在悟性通过身体的器官感知着对象的情况下，想象和感觉不外就是悟性本身；因为悟性无非是心灵的一种把一切事物或一切事物的观念（这是一回事）纳入自身之中的能力。（第1册第4编）

第77节 普遍的理性

由此可见，上帝是理智的世界，是人类精神的光明。这个真理即使不具有抽象的和形而上学的性质，那它也不需要其他的证明。可是，抽象的东西是大多数人所不理解的，只有感性的东西才作用于人们的精神，引起他们的注意。至于超越于感觉和想象之外的东西，人们不会把它们当作自己精神的对象，因而不能理解它们。

还是让我们提出某些根据。谁都承认，任何人都具有认识真理的能力；甚至最没有学识的哲学家也承认，人具有某种理性，尽管这些哲学家没有对这种理性作确切的规定；由于这个缘故，他们把人定义为赋有理性的生物。因为，任何人都知道，至少模糊地知道，人的本质区别在于他与普遍理性是统一的，尽管人们通常并不知道这种理性之中包含着什么，因而力求发现它的内容。例如，我知道二乘二等于四，人应当重友轻狗，而且我相信世界上没有任何人对这一点知道得比我少一些。但是，我不是在别人的头脑中认识这个真理，正如别人也不是在我的头脑中认识这个真理。因此，必然存在着一种照耀着我和一切理智的普遍理性。因为，如果我所询问的理性与回答中国人的问题的那个理性不一样，那么，显而易见，我就不能像我所知道的那样明确地知道，中国人所理解的真理和我所理解的真理是相同的。因此,当我们聚精会神于我们自身时,我们所询问的理性就是普遍的理性。我说的是当我们聚精会神于我们自身时,因为我所指的不是充满激情的人所遵循的那种理性。如果某个人认为马的生命比马车夫的生命更贵重一些,那他也是有其理由的;可是这只是一种为一切理性的人所厌恶的特殊理由,这种理由其实是非理性的,因为它与一切人所询问的最高理性或普遍理性是相抵触的。

我相信事物的观念是不变的,永恒的真理和规律是必然的,它们不可能不是如此。但是,我在自身之中没有发现任何不变的、必然的东西;我不可能不是现在这个样子。可能存在着一些与我不一样的精神;但我相信不会有任何这样的精神,它们所认识的规律和真理不同于我所认识的规律和真理;因为任何精神都必然承认二乘二等于四,承认必须重友轻狗。由此必然得出的结论是:一切精神所询问的理性是一种永恒的、必然的理性。

其次,显然可见,这种理性恰恰是无限的。人的精神清楚地认识到,存在着和可能存在着无限地众多的理智的三角形、四角形、五角形以及其他类似的图形。精神不仅认识到它永远不会缺乏图形的观念,即使它永远致力于研究这类观念它也经常能够发现新的观念;不仅如此,它还在广延中感知无限,因为它不可能怀疑它关于空间的观念是不可计量的①。当然,精神是有限的;但它所询

---

① 不过,马勒伯朗士往往从根本不是哲学的意义上把无限理解为简单的无界限,在这里也是这样理解的,这一点从他在这里所举的关于非理性的数值这个例子中可以看出来。但是,对于他希望以此证明的那个论点来说,他如何理解和规定无限,却是完全无关紧要的。

问的理性应当是无限的。因为,它在这种最高理性中清楚地看到无限,尽管它不理解无限,也不能穷尽理性;不论精神提出什么样的问题,理性都能作出现成的回答。

如果说一切人所禀赋的理性是普遍的、永恒的和必然的这一点是真实的,那么,这种理性与上帝本身的理性没有区别这一点也是确实可靠的;因为只有普遍的和无限的本质才在自身中包含着普遍的和无限的理性。一切创造物都是特殊的本质;因此,普遍的理性不是创造物。没有一种创造物是无限的,因此无限的理性不是被创造出来的。可是,我们所询问的理性不仅是普遍的和无限的,它还是必然的和独立的,我们甚至认为它在某种意义上比上帝自身还更加独立;因为上帝只能按照这种理性行事;在一定意义上说,上帝依附于理性,他必须向理性询问和以理性为准绳。可是,上帝仅仅询问他自己,他不依附于任何事物。因此,普遍的理性与上帝本身没有区别,它与上帝一样具有同样的永恒性和本质性。(《对第3册的说明》)

第78节 上帝是意志的原则和真正对象

正如上帝是精神之中一切认识的原则,同样地,上帝也是精神之中一切运动和活动的原则,是意志和意向的原则。

如果上帝没有使精神受到启发,那么精神就不能认识任何事物;如果上帝没有对精神有所规定,那么精神就不能感觉任何事物。同样地,如果上帝不在精神之中唤醒对普遍的善,即上帝的欲望,那么精神就不可能对任何事物有所期望。诚然,精神能够给予这种运动或这种欲望以另一个方向,即指向上帝之外的另一对象,可是我们不能把这种能力称为积极的能力。因为,如果说犯罪是一种能力,那么这是全能者所不具有的能力。如果人们自己有一种喜爱善德的权力或能力,那就可以授与他们以一定的权力;可是,人们之所以能够喜爱,是因为上帝希望他们喜爱,上帝的意志将准确无误地在他的行动中得到实现。人们之所以能够喜爱,只是因为上帝在他们心中不断地激起对普遍的善、即对上帝自身的欲望;由于上帝是为了他自己而创造出人们,因此他使人们得以生存下去,只是为了把人们引向他自己或者把一种敬爱上帝的本能灌输到人们的心中。(第2卷第6册第2编第3章;第3册第2编第6章)

意志不外是对于不确定的、普遍的善的一种自然欲望,不外是我们的精神在把这种欲望引向我们所喜欢的对象方面所拥有的自由或能力,从而不外是我们的精神通过指向某个特殊的对象使我们本性的原来不确定的意向得以确定的自由或能力。因此,尽管我们在希望,即一般地期望于善和倾向于善这一点上是必然的,可是我们在希望这种善或那种善,在决定自己期望于某种特殊的善这一点上,却有我们的自由;因为上帝通过一种难以抗衡的印象不断地在我们心中激起对一般的善的爱。诚然,上帝也把关于特殊的善的观念展现在我们面前,或者在我们心中激起一种关于这种善的感觉;因为只有上帝才能使我们受到启发,我们周围的物体不能作用于我们,我们自己也不是我们的幸福或我们的光明。因此,上帝在我们心中唤起关于特殊的善的观念,把我们引向这种特殊的善,因为上帝在我们心中激起对一切善的欲望。可是,上帝不是必然地也不是不可抗衡地使我们产生出对这种善的爱。我们究竟停留于这种特殊的爱，还是继续前进，这听凭于我们的自由。因为，我们具有思考一切事物的能力，我们对一般的善的天然之爱，包罗了我们可能思考的所有的善；我们能够在任何时刻思考一切事物，因为我们与那个在自身中包罗着一切事物的上帝是联结在一起的。因此，我们在自身中具有一个自我决定的原则，这个原则对于特殊的善来说始终是自由的。因为，我们能对这些特殊的善加以检验，而且能够把它们与我们关于最高的善的观念，或者与其他特殊的善进行比较，因此我们不是被迫地爱它们的。(《对第1册的说明》)

由此可见，上帝既是意志的原则，也是意志的真正的、本来的对象。因为，毫无疑问，上帝是万物的创造者，他为自己创造出万物，他通过一种不可抗拒的刺激经常把人的心灵引向他自身。要知道，即使在上帝之外还存在着另一种善，上帝也不会乐意任何一个意志不爱他或者爱他的程度亚于爱其他某种善的程度。因为，上帝不会乐意意志不爱那种极其值得爱的东西，而热爱那种丝毫不值得爱的东西。因此，我们天赋的或天然的爱以上帝作为自己的对象；因为这种爱来自上帝，任何力量都不能使我们放弃对上帝的向往，除了把这种向往置于我们心中的上帝自己之外。因此，任何意志都必然遵循这种爱的运动。正直的人和不信教的人，幸福的人和可诅咒的人，都用这种爱去爱上帝。因为，我们的这种对上帝的天然之爱，是与我们对普遍的善、对无限的善、对最高的善的天然向往相一致的，因此，显然可见，一切精神都用这种爱去爱上帝，因为只有上帝才是普遍的善、无限的善、最高的善。因为，一切精神甚至魔鬼都迫切地希望自己获得幸福,拥有最高的善;他们在这样地希望时,没有选择,没有考虑,没有自由,而纯粹出于自己本性的一种必然的欲望。因为,我们是为上帝、为无限的善、为那种把一切善包罗于自身之中的善而被创造出来的,因此只有获得这种善,我们本性的这种期望、欲望才能得到满足。(第3册第4章;第1册第17章)

第79节 上帝是自然界中一切活动与运动的原则

正如上帝是一切精神运动的原则一样,上帝也是自然界中一切活动与运动的原则。因为,物质是完全不活动的。(同上书,第1册第1章)诚然,非基督教的哲学家用实体的形式、实在的质以及其他与此类似的本质解释自然界中的活动;可是,如果仔细地研究一下活动的原因或权力这个观念,那么这个观念毫无疑问表示某种神圣的东西。因为,最高权力的观念就是最高的神的观念,而隶属权力的观念则是低级的但也是真正的神的观念(至少从非基督教徒的含义来说),只要假定这是权力或真正原因的观念。因此,当我们承认形式、能力、质、力或实在的本质通过它们本性的力量能够产生一定活动时,我们便承认物体中有某种神圣的东西;这样一来,我们便由于对非基督教徒的哲学表示尊敬而不知不觉赞同他们的见解。不难理解,我们不能不尊敬这种哲学,因为恐惧和爱是尊敬的重要组成部分。但是,正如只存在着一个真正的上帝一样,也只存在着一个真正的原因;只有上帝的意志才是一切本质

的本性和力量。一切自然的原因都不是真正的原因，只不过是偶然的原因。（第2卷第6册第2编第3章）

一切物体，不论小的或大的，都没有使自己运动的力量或能力。但是，正如物体没有使自己运动的能力一样，精神也没有使物体运动的力量。精神的意志甚至不能够使世界上最细小的物体运动起来；因为，显而易见，在我们的意志（譬如说，使手臂挥动）和手臂本身的挥动之间没有任何必然的联系。诚然，当我们想挥动手臂时，手臂便挥动起来，因此我们是自己的手臂挥动的自然原因。但是，自然的原因不是真正的原因，而仅仅是偶然的或诱发的原因，它本身只有通过上帝的力量和活动才能发生作用。真正的原因只能是活动与之保持着必然联系的那种东西。可是，精神承认只有在上帝（即无限完善和无所不能的本质）的意志和物体的运动之间存在着必然的联系，而且是那样一种联系，即如果按照上帝的意志或命令，物体应当运动起来，可是物体并没有运动起来，在这样的情况下，就认为这是一种矛盾。由此可见，只有上帝是真正的原因，只有上帝确实拥有使物体运动的能力。自然界的一切力量其实只不过是上帝的意志。（同上）

第80节 马勒伯朗士哲学的真正意义

马勒伯朗士哲学中最有意义、最重要的思想在于，我们仅仅是在上帝之中并通过上帝认识一切事物，一切事物只有在上帝之中才可能成为和确实成为我们观察和认识的对象。为了理解这一学说的意义，不仅应当考虑到笛卡尔哲学所确定、马勒伯朗士由之出发的精神和肉体的对立，而且应当特别注意，正如导言里已经指出的，马勒伯朗士把心灵或精神理解为一种特殊的本质，而这种理解只不过是对上述对立的进一步规定，因为对立的本质始终是特殊的；由于特殊性本身中实质上包含着众多性和个别性，因此，马勒伯朗士所依据的观点是把精神看作纯粹的精神，看作精神的众多性，也就是说，看作个别的本质，因为众多的个别之物与单一的个别之物是一致的。马勒伯朗士从神学过渡到哲学，但没有从神学中解脱出来；他还保留一些神学观念，至少把这些观念当作他的思想的表面的根据，尽管他运用这些观念主要是为了否定它们。在神学中，精神往往只有作为纯粹个别的精神、即作为人格，才成为对象；精神本身，即精神或众多精神的统一只有作为精神才能表现出来，而这种精神又是特殊的精神。可是，与此同时，和其他的精神不同，这种精神又不是许多精神之中的一种，而是唯一的精神，它没有任何与自己类似之物，它作为完善的精神凌驾于其他精神之上，作为这些精神的统一，因为，在它面前，所有这些精神都是相同的。因此，当马勒伯朗士从神学出发谈到精神、心灵时，他所指的无非是所谓被创造的精神、众多的个别的精神、人格、人们。因此，他时而说 esprit（精神），时而说 esprits eréés（被创造的精神），时而又说 les esprits（这些精神），时而又说 les hommes（人们），其意义是一样的。

马勒伯朗士所理解的精神或心灵，不外是自我，即人的直接的、仅仅与自己相同一的、无法表达的、单纯的、个别的自身，它作为个别的自身只有在感觉中才成为对象和得到认识，它对自己感受、体验多少，就对自己知道多少。马勒伯朗士说，心灵认识自己不是借助于观念,而只是借助于自我感觉,借助于内在感觉的体验。Je sens mes perceptions(我感觉到我的知觉)(也就是说,所感觉到的不是普遍的或客观的观念,而是这些观念在我心中所发生的作用,这种作用既与这些观念一样是普遍的,同时又是我的,它处于我的心中,或者说,所感觉到的是我从观念中获得的表象、感觉),"sans les connoître, parce que n'ayant une idée claire de mon âme je ne puis découvrir que par le sentiment intérieur les modifications, dont je suis capable."(而不认识这些知觉,因为我没有一个关于我的心灵的明确观念,我只能通过内在的感觉发现我所能作出的变体。《致勒吉先生的回信》)。"Lorsque nous voyons les choses eu nous, ···nous ne voyons que nos sentimens et non pas les choses."(当我们观察自己心中的事物时,······我们所看见的只是我们的感觉,而不是事物,《关于寻求真理》第 4 册第 11、1 章)。因此,马勒伯朗士所说的那些处于心灵之中的事物或者心灵的变体或规定性,主要①只不过是心灵的自我规定性,其中不仅包括痛苦、快乐这样一些感觉,而且甚至包括像温暖、色彩这样的感性知觉,后者在笛卡尔学派看来只不过是心灵的规定性。当然,他也把 pures intellections(纯粹的概念)②划入变体之列(他认为变体中包括 sensations[感觉]、passions[情感]和 inclinations[癖好])。但是,只能把这种 pures intellections[纯粹的概念]理解为一般的表象和纯粹的概念,因为在考虑这些概念时,不是就它们

---

① 例如,可参考《对寻求真理的说明》第 11 个说明;《对第 3 册的说明》。
② 例如,可参考同上书,第 11 个说明。

和对象的关系而言,而是就它们和自身的关系而言,它们表示某种主观的东西和作用于个人的自我感觉。

对精神的这种理解仅仅依据于如下这样一个人的观念,即人不同于外部世界,也不同于其他事物,他理解自己内在的自身,并把这个自身称为自己的心灵、自己的精神;从对精神的这种理解中,必然得出我们是在上帝之中观察一切事物这样的思想,同时这一思想的真正意义也由此得到阐释。因为,构成作为个别的物的个别精神的本质的那种东西,使人成为个别的人的那种东西,恰恰就是人的直接的、内在的自我意识或自我感觉,就是他的自我或自身,就是他的感觉、情欲、癖好以及其他变体的原则①。可是,毫无疑问,人具有一些对所有的人都适用并为所有的人所同意的普遍的和必然的观念;人把观念的东西当作对象,任何人对这种东西的理解都是一致的,而且必定是一致的。感觉属于人,处于他之中,是他所有的。可是观念的东西却是某种大于他的东西,它不是与他血肉相连,它不是他的,而是普遍的,不处于他之中。因为他只

---

① 这一段极其混乱。这种混乱不仅表现在词句上:自我、自身、个别的精神、人、个人,而且处于实质之中,处于抽象的本质之中,处于这样一种哲学之中,这种哲学把思维活动与人分割开来,把思维活动变成独立的本质,可是又往往不由自主地把这种本质看作人的感性形象。我思故我在。可是,这种"我思"中的自我是什么呢?它是否完全包含在这种思维之中呢?不!其中只包括那个作为思维本质的自我。因此,我们还有另一个自我,这个自我不是思维的,而是广延的、感性的自我或本质。你为什么把自我分成两种本质呢?为什么这个自我,这个感性的、广延的本质不也是思维的本质呢?是否因为自我是任何人的,自我是普遍的,而广延的本质是个别的?可是,任何人的自我不也是这种广延的吗?难道你与别人在思维上相一致,不是因为你在肉体上也与别人相一致吗?如果某个哲学家为了表示他的友谊,不伸出人的手,而伸出猫或熊的爪子,那你可能与他结为兄弟吗?(1847年)

是个别的、特殊的,因为作为个别之物存在于他之中的东西,只能是个别的观念,因而已经不是观念,而是感觉、情感,只能是主观的。因此,观念的东西只能处于普遍的东西之中,只能属于那种本身不是这个或那个本质,而是普遍的本质的东西。但是,这种东西就是上帝;因此,观念是普遍的本质,而不是人的、特殊的本质。观念处于上帝之中,可是,正是由于上帝是普遍的本质,因此观念同时也是人的观念,是上帝和人共有的观念。"Nous ne les (créatures) voyons qu'en lui (Dieu), que par lui, que comme lui, je veux dire, que dans les mêmes idées que lui. De sorte que nous penserons comme lui. Nous aurons par les mêmes idées quelque société avec lui."(*Réponse á Mr. Regis.*)("我们只能在他[上帝]之中看见它们[创造物],只能通过上帝、只有像上帝那样才能看见它们,我想说,只有在那些与上帝本人相同的观念中才能看见它们。因此,我们像上帝那样思维着。借助于这些观念,我们与上帝进行某些交往。"《致勒吉先生的回信》)既然观念处于上帝之中,因此我们只有在上帝之中才能观察和认识事物,因为我们只能通过观念认识事物。

可是,我们借以观察一切事物的主要的和基本的观念却是广延,因为我们之外的一切事物即一切物体都是有广延的,而这个观念并不是从对特殊的、有广延的事物的感知中抽出来的,也不是通过把这些事物杂乱地组合为一个观念而得以形成的。相反,我为了看见作为物体的某物,为了感知作为物体、作为有广延之物的某物,必须首先要有广延观念。观察只不过意味着感知某种有广延的东西,因此,甚至观察这种感性知觉也是以广延观念为前提。我只能在空间中即在广延中观察事物，事物只有在广延中和通过广延才成为我的对象，因此，空间、广延或广延观念比特定的、有广延的事物先存在于我的心中。因此，只有在普遍的、无限的广延观念中，我才能观察、认识和思考一切特殊的事物。"Tous les corps sont présents a l'âme, confusément et en général, parce qu'ils sont renfermés dans l'idée de l'étendue."（一切物体都模糊地和一般地呈现于心灵，因为它们都包含在广延观念之中。《致勒吉先生的回信》）。这个观念或在观念中对广延和一切事物的观察，乃是一种必要的、为一切精神所共有的、在一切精神中与自我同一的、永恒的观察，是具有必然的和普遍的性质的观察，因而是对上帝本身的观察。"Cette idée est éternelle, immuable, nécessaire, comme á tous les esprits et à Dieu même; ainsi elle est bien différente des modalités changeantes et particulières de notre esprit."（这个观念是永恒的、不变的、为一切精神和上帝本人所必需的；因此，它与我们精神的某些变化的、特殊的形态大不相同。同上书）。为了不致对这个观念作错误的理解，我们应当注意不要以为我们在上帝中也具有关于事物的感性表象或感觉，譬如说，我也能在上帝之中看见特定高度的和特定颜色的树。在上帝之中的观察，不是这种感性地特定的观察，而仅仅是这种特定观察之中的某种单纯的观察，即那种普遍的、必然的观察。这就是说，我应当把树看作广延的东西，只要我把它看作广延的东西，我就能够把它看作这样一棵具有特定的形态和颜色的树。感性的质或感觉仅仅处于我之中；在我之中，在特殊的、特定的本质之中，在感觉之中，普遍的、能够具有各种可能形态和规定性的广延，在外界物体的作用下,当我观察着它的时候,就变成为特殊的,变成为特定地可感觉的。"Il faut bien prendre garde que je ne dis pas, que nous ayons en Dieu les sentiments, mais seulement que c'est Dieu qui agit en nous; car Dieu connoît bien les choses sensibles, mais il ne les sent pas. Lorsque nous appercevons quelque chose de sensible, il se trouve dans notre perception sentiment et idée pure. Le sentiment est une modification de notre âme. Pour l'idée qui se trouve jointe avec le sentiment, elle est en Dieu."（必须注意的是,我并没有说在上帝之中我们有感觉,而只是说上帝作用于我们;因为,上帝虽然对感性事物很了解,但没有感觉到这些事物。当我们感知某些感性事物时,感觉和纯粹观念处于我们的知觉之中。感觉是我们心灵的变体。可是,与感觉联系着的观念却处于上帝之中。《关于寻求真理》,第3册第2编第6章)。

马勒伯朗士的基本的和主要的命题——我们在上帝中观察一切事物——的意义,可以简明地表述如下:心灵是特殊的、特定的本质,正如物质以及一切物质的事物是特殊的、特定的本质一样,也就是说,心灵或人是模糊的、不清楚的、昏暗的本质,正如物质的事物是模糊的、不清楚、昏暗的本质一样;因为,特殊性、特性使事物变得模糊浑浊起来;例如,纯粹的水是非常清亮的、透明的,可是,具有特殊成分和特性的水却是浑浊的。因此,心灵不能在自身中或通过自身认识和观察事物;因为,为了进行认识和观察,就需要光明,心灵作为一种特殊的本质不能在自身中和通过自身认识事物,正如我们不能借助于特殊的、特定的光去感知色彩和事物,因为对色彩的观察以对光的观察为前提,只有在光明中才能观察色彩。因此,只有上帝才是人类的光明;因为,上帝不是特殊的本质,而是普遍的、没有特性的本质;只有上帝才是纯粹的、明亮的、没有被任何规定性弄得浑浊的本质;因此,我们只能在上帝之中观察事物,正如我们只能在光明之中观察色彩或带有色彩的事物。"Les idées que nous vogons en lui sont lumineuses."(我们在上帝之中看到的观念是由光来照明的。《致勒吉先生的回信》)。

由此可见,马勒伯朗士的主要命题的真正意义不外是:上帝是我们心中的理性或精神,或者说,我们心中的理性或精神就是上帝①。"Elle (scl. la sudstance de Dieu) est la lumière ou la raison universelle des esprits."(它[即上帝的实体]是精神的光明或普遍理性。同上书)。由于马勒伯朗士只是从个别精神的意义上理解精神,认为精神与人是同一的,人仅仅在自己道德的和感觉的自身中,在感觉、心灵等中,才具有自己真正的、个人的存在。简言之,人是神学和经验心理学的对象。因此,马勒伯朗士把普遍的概念,把普遍的、必然的观念置于上帝之中(这些观念本身不属于个别的精神,不处在个别精神之中,也不能来自个别的精神),认为精神只有通过上帝才能观察和认识事物,这一点从马勒伯朗士方面来说是完全正确的与合乎逻辑的,而且他之所以成为哲学家也正在于此②。

---

① 希腊人早已认识到这个真理,并把它表述出来。"恩培多克勒通过他内心(内心不外指精神或理性)中的神理解自然界中的神"(塞克斯都·恩披里柯《反对语法》)。在欧里庇得斯的著作中也能找到这样鲜明的命题:"理性就是我们每个人心中的神。"

② 莱布尼茨在他的 *Examen des prinpes du R. P. Malebranche*(《对马勒伯朗士原理的研究》)中,从自己的观点出发对马勒伯朗士作出评论,并按下述方式使马勒伯朗士的原理与自己的思想一致起来:"Je suis persuadé que Dieu est le seul objet immédiat externe des Âmes, puisqu'il n'y a que lui hors de l'âme qui agisse immédiatement(转下页)

可是，马勒伯朗士的重大缺点在于，他是从这种精神观念以及一切与此相关的结论出发的，因此没有从神学中完全解脱出来。由于他这样地把神学概念、特别是奥古斯丁的概念和他自己的哲学调和起来，因此产生出他的哲学的全部弱点、神秘性、随意性、模糊不清和矛盾。由此也产生出他的著作中许多不适当的用语和概念；因此，他从上帝的恩惠、意志和威力中引出那些他本应从内在必然性、从认识赖以进行的特定概念中引出的东西。洛克早已指出这一点（*Examen du sentiment du P. Malebranche etc.*[《对马勒伯朗士的感觉的研究等等》]，文集第 2 卷第 184、169 页）②；虽然洛克在许多问题上是正确的，可是在一些重大问题上却对马勒伯朗士作了错误的理解（例如可参考第 161、176、180、190 页），没有深入研究这些问题的真正意义。洛克正确地强调指出马勒伯朗士的矛

（接上页）sur l'âme. Et nos pensées avec tout ce qui est en nous, en tant qu'il renferme quelque perfection, sont produites sans intermission par son opération continuée. Ainsi en tant que nous recevons nos perfections finies des siennes qui sont infinies, nous en sommes affectés immédiatement. Et c'est ainsi, que notre esprit est affecté immédiatement par les idées éternelles qui sont en Dieu, lorsque notre esprit a des pensées qui s'y rapportent et qui en participent. Et c'est dans ce sens, que nous pouvons dire que notre esprit voit tout en Dieu."（我确信上帝是心灵的唯一的、直接的、外在的对象，因为，在心灵之外，只有他直接作用于心灵。我们的思想以及我们心中的一切，只要其中包含有某种完善，都是在上帝的不断作用下产生出来的。因此，当我们从上帝的无限完善中获得我们的有限完善时，我们就处于上帝的直接影响之下。因此，当我们的精神具有某些与上帝相连和参与到上帝之中的思想时，上帝之中的永恒观念便直接作用于我们的精神。仅仅从这种意义上可以说，我们的精神在上帝之中看见一切事物。《莱布尼茨全卷》，迪唐版，第 2 卷）

② 洛克长期不住在英国，不仅他的《人类理解论》的一部分首先是用法语发表的，而且他的一些短篇著作也是多次用法语在阿姆斯特丹出版。——德文版编者注

盾,即他首先使对事物的观察和认识依赖于精神和上帝的统一,可是后来又使之依赖于上帝的恩惠、意志,使上帝仅仅向精神显现出他所喜欢的事物。(《关于寻求真理》第 3 册第 2 编第 6 章)但是,下述这一点才是从神学观念和哲学思想相混淆中产生出的主要缺点。诚然,马勒伯朗士把上帝定义为普遍的本质;一切本质甚至物质的本质都包含在上帝之中而被排除掉;这样一来,物质便不是上帝所不能克服的实在,不是上帝的对立面,因而精神能够在上帝之中观察和认识事物,因为在上帝之中排除了对立,物质被看作是观念的。但是,精神的、理智的世界和物质的、感性的世界之间的裂缝或者毋宁说深渊,其实更加深了。物质并不是真正地、确实地被排除掉,也就是说,不是从物质的必然性方面理解物质。因为,上帝这种普遍的、无限的和绝对实在的本质,被规定为高度精神的、高度非物质的即与一切物质相分离的本质,而上帝的本质规定性恰恰在于这种非物质性。因此,物质(与它一起的还有自然界)被看成为不属于上帝的、微不足道的和不实在的,因为它被规定为上帝所排除的东西;可是,这样一种否定的、被排除的、被摈弃的、被看作是微不足道的东西,却正是由于这个缘故而仍然作为一种独特的、孤立的、尽管神情抑郁然而照样阴险狡诈的本质隐藏在阴暗的角落里。

诚然,按照马勒伯朗士的观点,上帝在自身之中也包含着自然界或物质、有形事物;可是,上帝只是把它们当作非物质的事物,当作排除了一切物质事物的观念包含在自身之中;物质事物仍然被排除于上帝之外,观念仍然是与物质事物分离的。因此,精神如何能够在上帝之中观察物质事物,这一点依然无法理解;精神是否确实感知物质事物本身,还是仅仅感知物质事物的观念,这个问题也依然没有得到解决。因此,马勒伯朗士时而说精神看见事物本身,时而又说精神仅仅看见观念的对象,仅仅看见事物的观念①。即使假定,如马勒伯朗士所说的那样,我们在上帝之中看见事物的真相,看见它们确实存在着的那个样子②,因而只要我们看见观念的对象,我们所看见的就毕竟不是虚构的事物,即使假定这样,仍然不能理解如何感知物质事物本身,如何感知一般的物质。因此,物质事物本身、物质或自然界依然是一种异己的、并非必然地包含在整体之中的、昏暗的、不可理解的本质,它的存在仍然是一个没有解开的谜语。它仅仅依据于上帝的威力和意志,这就是说,它没有任何根据,它不是必然的,而是绝对偶然的和随意的。"La création de la matière (est) arbitraire, et dépendante de la Volonté du Créateur. Si nos idées sont représentatives, ce n'est que parce qu'il a plû à Dieu de créer des êtres qui leur répondissent. Quoique Dieu n'eût point créé de corps, les esprits seroient capables d'en avoir les idées."(物质的创造[是]随意的,依赖于造物主的意志。如果说我们的观念代表着某种事物,那只是因为上帝乐意于创造一些与这些观念相符合的事物。即使上帝没有创造物体,精神还是能够拥有关于物体的观念。《致勒吉先生的回信》)。

---

① 例如,在《对第 3 册的说明》第 10 个说明中。

② On ne voit la Vérité que lorsque l'on voit les choses comme elles sont, et on ne les voit jamais comme elles sont, si on ne les voit dans celui qui les renferme d'une manière intelligible.(只有当我们看见事物的实际状态时,我们才看见了真理;而如果我们没有在以一种可以理解的方式包含着事物的上帝之中看见事物,我们便绝不能看见事物的实际状态)《关于寻求真理》,第 4 册第 11 章。

第八章　别涅狄·斯宾诺莎

第81节　从马勒伯朗士过渡到斯宾诺莎

马勒伯朗士的哲学已经以比笛卡尔哲学明确得多和发展得多的形态包含着斯宾诺莎哲学的成分；不过，在马勒伯朗士的哲学中，这些成分仍然是零散的，仅仅以基督教唯心主义观念的形式表现出来；需要对所有这些成分加以严密透彻的思考和理解，才能得出斯宾诺莎的哲学。在笛卡尔的哲学中，无限的存在物或上帝已经是体系的中心，但这只是就概念而言，而不是就实质和现实而言。上帝仅仅在概念的领域内翱翔于对立面之上，他应当成为中心，但他没有成为中心，或者说他只是主观上，而不是客观上成为中心。精神和物质在体系中具有客观的存在，具有确定的现实；来自上帝的东西之所以显现出来，只是为了证实上帝的存在，并通过这种存在证实物质事物的存在。因此，上帝观念应当得到实现；上帝应当下降到精神和物质给自己占领的那些领域；精神和物质在笛卡尔那里占有的那个广阔的自由活动范围，应当受到限制；它们应当给上帝让出地盘，以便使这个中心得以能动地干预现实和占有现实。在马勒伯朗士那里，上帝已经进入精神世界的中心。诚然，精神还只不过作为独立的存在物、作为个别的存在物存在着；可是，在他那里，上帝已是精神的精神、普遍的理性、普遍的统一。[293]在上帝之中，所有的精神就是一种精神；上帝是一切个别的精神的共同的、相同的内容。这些个别的精神只具有主观的、形式的、外在的存在和独立性，它们按其内容和本质来说是相同的，而这种共同的本质恰恰就是上帝。诚然，在马勒伯朗士那里，物质、自然界仍然是某种被排斥的东西；可是在他那里已经有一些把物质、自然界与精神结合起来的因素。上帝的权力、意志就是精神和肉体之间的必然纽带。尽管在肉体和意志——不论把意志设想为无所不能的意志或者设想为有限精神的意志——之间事实上没有内在的、必然的联系，可是上帝的意志却是一切存在物的力量、本性，是一切存在物之中的积极因素。意志虽然是一种不确定的、未认识的规定性，可是它已植基于这样一种思想之上：一切精神认识和观察于其中的上帝即普遍的存在物，恰恰是一切精神所共有的光明，是它们的真正实体，也是自然界中真实的、实体的东西；这样一来，只剩下作为单纯物质的物质了。可是，这种物质本身其实已经只不过是一种形式，只有上帝才是本质。由此可见，只需要把物质看作它在现实中的那个样子，看作一种自身不具有恒定性或存在的单纯形式，看作上帝本质的变体①，只需要把在马勒伯朗士那里形

---

① 马勒伯朗士在他的 *Entretiens sur la Métaphysique*（《关于形而上学的谈话》）中（我未能找到这一著作，只是从别人的摘录中知道），在对作为 Extensio τοσ Infiniti（无限之物的扩大）的广延的理解上，已经接近于斯宾诺莎。"L'étendue est une realité et dans l'nifini toutes les réalités s'y trouvent. Dieu est donc étendu aussi bien que les corps, puisque Dieu possède... toutes les perfections. Mais Dieu n'est pas étendu（转下页）

式上还相互分离的东西连结起来,我们就能得到斯宾诺莎的哲学。在笛卡尔那里,这个中心还只不过是一个没有任何广延和体积的数学的点;而在马勒伯朗士那里,它已经是一个真实的、有广延的点,它具有体积,从而对笛卡尔的那两个对立面的无限范围作了限制,汲取精神和自然的力量、积极因素,把它们据为己有,以充实自己的内容,它正是以这种方式从自身中形成斯宾诺莎的实体的核心。

第82节 导言,从笛卡尔过渡到斯宾诺莎[②]

笛卡尔说:"我把那样一种存在物称为实体,这种存在物具有一种不需要其他存在物自己也能存在的存在。"可是,只有上帝是这种根本不需要其他存在物的存在物。没有上帝的协助,所有其他的实体都不能存在。因此,实体这个词在涉及上帝时有一种意义,在涉及其他的存在物时,又有另一种意义。有形实体和精神或思维实体这两者可以纳入一个共同的规定性之中,即它们都需要

(接上页) comme les corps... il n'a pas les limitations et les imperfections de ses créatures."(广延是一种实在,一切实在都处于无限之中。因此,上帝和物体一样也是有广延的,因为上帝拥有……全部完善。可是,上帝不是像物体那样有广延的……,他没有自己的创造物所具有的那种限制和不完善。)

[参看朱莱·西蒙出版的《马勒伯朗士全集》第1卷第169页:《关于形而上学的谈话》第8章第7节。——德文版编者注]

② 为了补充我对斯宾诺莎的这一叙述,我建议读者去看我后来的著作,而为了补充这一节,我特别建议读者去看西格瓦特的主要著作《从历史上和哲学上阐释斯宾诺莎学说》,1839年。

上帝的支持或协助才能存在。可是,从单纯的存在中不能认识实体,因为存在没有作出规定;相反,实体易于从其各自的属性中得到认识。然而,任何一种实体都只有一种主要的特性,它构成实体的本质,其他一切特性或属性都可以归结为这种特性。例如,广延构成有形实体的本质,思维构成思维实体的本质;所有其余的特性只不过是思维的样态、特定的形态和方式。因此,如果假定我们把思维的全部属性和广延的全部属性精确地区别开来,我们就有两种清楚明白的观念或概念,即被创造出来的思维实体的概念和有形实体的概念。同样地,我们对于不是被创造出来的、独立的思维实体即上帝,也有一个清楚明白的观念(《哲学原理》,第 1 章第 51—54 节和 63—65 节)。

由此可见,我们有三种存在物或实体:两种有限的实体,即有形实体和被创造出来的思维实体,和一种无限的实体即不是被创造出来的、独立的思维实体。诚然,物质和精神是由非创造的实体创造出来的,并依赖于非创造的实体;它们为了自己得以存在,就有求于上帝;没有上帝,它们既不能存在,也不能保存。尽管如此,物质和精神不仅相互之间是独立的,而且也不依赖于上帝。只有广延属于物质概念,广延构成这一概念的本质;物质之所以成为物质,只是有赖于它的广延,而不是有赖于上帝;处于物质概念之中的,只有物质自身;物质仅仅表示它自身,代表它自身。它的概念或本质没有包含那种仿佛是物质的规定性的与上帝的关系。因为,构成物质的本质的那种规定性(物质由于具有这种规定性而成为现在这个样子),并没有指出物质之外的上帝,而毋宁指出物质对自身的关系,这种规定性只不过肯定物质自身。物质的概念不依赖于上帝的概念；因此，物质的本质不依赖于上帝，而仅仅依赖于广延，物质在广延之中并通过广延而成为它现在这个样子。例如，图形就不是独立的，为什么呢？因为没有广延，图形就是不可思议的，因为广延作为物质的基础作出物质的积极规定性包含在物质概念之中，因为物质按其本质、按其概念来说是与广延相关联的。关于物质所说的这一切也适用于精神。处于精神的概念之中的，不外是思维；这个规定性所表示的不是与上帝的关系，而毋宁是精神与它自身的关系，精神借助于这种关系而成为它现在这个样子。如果我们能够把精神的那些原初的、生气勃勃的规定性引到这里（笛卡尔就是从这些规定性开始的，可是他没有把它们加以发挥，没有始终一贯地保持住，而是加以遗弃，把它们变成死气沉沉的规定性），那么思维也不表示精神与它之外的其他任何东西的关系，而毋宁表示精神与它自身的关系，这种关系不依赖于与任何可能被规定为不同于精神的事物的关系，思维表现出精神的自我确定性，表现出精神的本质和精神的存在是一致的，表现出精神的绝对的自我确定性同时也是精神的绝对的独立性。

可是，如果不是把思维置于这种生气勃勃的、涉及精神的规定性之中，而是置于那种作为属性的本质的死气沉沉的规定性之中（在这种规定性中，可以把思维看作精神的实体，正如可以把广延看作物质的实体一样），那么在思维与之相关的精神概念中，就没有仿佛使精神依赖于上帝观念的那种与上帝的关系。诚然，也可以把思维的宾词加诸被创造的实体；可是，正是由于这个缘故，没有把与这种实体的任何必然关系加诸精神，因而也没有把对这种实体的依赖性加诸精神。此外,在笛卡尔那里,这个宾词,即非创造的实体的宾词完全是空洞的、不明确的、不表示任何事物的,是从神学观念中因袭得来的;因为,如果我们询问这个宾词的积极的规定性,那就必须回到笛卡尔哲学的开端。在那里,思维只具有意识的意义,而意识只具有与感性之物相分离、相区别的意义。可是,这种意义不能运用到不具有对立面的无限实体之上。

由此可见,精神和物质这两种实体,按其概念和本质而言,是不依赖的、独立的;仅仅按其存在而言才是依赖的、不独立的;如果没有上帝,它们既不可能存在,也不可能保存。或者说,它们被理解为不依赖的[①],但被想象为依赖的。作为神学家的笛卡尔与作为哲学家的笛卡尔处于自相冲突的状态,按确定的、与现实相一致的、它们所固有的概念来说,这两者是独立的实体,而按外在的、不确定的、神学的观念来说,它们却是不独立的。因此,在存在和本质之间,或者从主观方面来说,在表象和概念之间,就存在着矛盾。应当排除这个矛盾;而要做到这一点,就需要:外在的依赖性变成内在的依赖性,存在的不独立性变成本质和概念的不独立性;因而

---

① 笛卡尔主义者维蒂希在他的《反对斯宾诺莎》一书第107页上说:"即使我们对上帝毫无所知,我们仍能构成关于一切创造物的概念。"而且,斯宾诺莎自己也赞同这一点。"要知道,只有普遍之物、只有思维和广延这些类概念才说明上帝的本质,才被置于一切事物之先,作为它们的基本概念,而特殊之物却是从其自身中被理解的。"关于这一点,特别可参考 Tracy, theol. polit.《神学政治论》第四章。由此产生出斯宾诺莎的枯燥无味的同语反复,因为,举例来说,无论我说"上帝"(在上帝通过人的本质来表现和显现的情况下)或直截了当地说"人的本质",那都一样,因为上帝既然通过人来表现,他就排斥其他一切事物,因而不外就是人罢了(1847年)。

无论物质或精神（思维）都不是独立的概念，它们两者都只不过是上帝的概念；精神和物质都不表现它自身，而只表现上帝，它们两者都是各自按照自己的方式、按照自己特殊的独立性表现上帝的本质。

在笛卡尔那里，这两种本质对实体的依赖性，是一种不完全的、不真实的、狡猾的、隐蔽的，因而也是诡辩的依赖性。这种依赖性之所以是不完全的、不真实的，正是因为这两种实体按其概念而言是独立的，按其存在而言是不独立的，或者也可以这么说，它们按其原因或按其根据而言，诚然是不独立的（因为它们是被创造出来的，它们的存在是被实现的），可是按其现实的本质而言，却是独立的。这种依赖性之所以是狡猾的、隐蔽的和诡辩的，则是因为依赖性按存在来说完全是外表的，事物对这种依赖性完全漠不关心，它处于存在物的后面，并不影响和触及事物的实质，它在事物自身面前、在事物的肯定的本质规定性面前，就变成为虚无，因为它对事物的概念无所增益，也无所减少，它并不决定事物的概念。事物被创造出来，而且即使创造被设想为一种连续不断的活动，如在笛卡尔那里（他不仅把上帝称为生成的原因，而且称为存在的原因）那样，即使如此，这种情况并没有使事物受到妨碍，并没有深入到事物的内部；在这种场合下，事物自身仍然未受影响；这种情况并没有使事物处于彻底的依赖状态，而仅仅处于表面的依赖状态，事物的积极规定性以及它的概念和本质都没有受到触动，因为这种依赖性所表示的并非处于事物的概念或肯定规定性之中的那种与事物必须依赖的东西的内在关系。

我们用譬喻来说明这一点。另外一些人产生或创造了这一个人;他们是这个人的存在的基础或原因①;其后,这个人为了使自己得以生存,还有求于他们,依赖于他们。可是,当这个人成熟起来,达到自觉的自身,获得关于他自身的明确概念,在这一概念中他变成自我,并把他的自我与别人区别开;这个时候,他是被产生出来的这样一种规定性便退居到遥远的后部,不再干预他的活生生的自我感觉;在他的明确的概念面前,在他的自我意识面前(在这种自我意识中,他只是为了自己而存在着,他认识自身和感觉到自身),他的原因和对这种原因的依赖性便消失了,变成虚无。对于他的自我感觉来说已消失在虚无的黑暗之中的那个基础,没有把干扰性的阴影投射到他的自我意识的明亮光辉之上,一切依赖感以及与创造的一切关系都被排除;创造处于他的直接的和明确的自我意识的领域之外,自我意识只表现和展现出他自身的存在以及对他自身的肯定。创造这种规定性是某种只有在下述情况下才决定着我的自我意识、支配着我的本质的东西:仿佛我现在是的这个自身,我知道自己是怎样的这个自身,在我被创造的时候已经作为这种个人的本质存在着,而且与我现在是的这个特定的、自我意识的自身同样完善,也就是说,仿佛在我还没有出现之前我已出现,或者在我还没有存在之前我已存在,但是,这是一个荒谬绝伦的矛盾。

由此可见,不真实的、隐蔽的和诡辩的依赖性必然会变成真实的、完全的、现实的和开朗的依赖性。因为前一种依赖性其实不是依赖性,它自身中包含有一种与它自己相矛盾之物,即它自己死亡

---

① 在这里当然只是为了进行譬喻才使用基础和原因这些词的。

的萌芽和转变为他物的必然性。在笛卡尔的哲学中,上帝只不过为两个实体的存在提供手段;现在,上帝也应当关心这两个实体的内在之物的形成,积极地干预它们的内在本质。在笛卡尔的哲学中,上帝仅仅站在幕后,或者毋宁说只起着提词人的作用,即当这两个实体无论对自己或者相互之间都再也不能有所作为而停止不前时,给予它们一些帮助;现在,上帝必须作为剧本的主角出现在世界舞台之上。基础或原因必须从昏暗的后台——在那里,它们只不过是一种创造的、支持的或协助的力量——走向光明,转向事物的内部。上帝应当不仅是一切事物的存在(existentiae)的原因,而且是它们的本质(essentiae)的原因①;不仅是外在的(transeuns)原因,而且是内在的、固有的原因(causa immanens)。因此,如果没有上帝,本质就不仅不能存在,而且也不能被感知和理解,现在上帝自己成为精神和物质的真正的概念、本质和实体;这样一来,精神和物质只不过是实体或上帝的属性,因而上帝必然被定义为唯一的实体。

　　下面是一个关于这种转变的比喻。儿童起初对他的父母的依赖性,只不过是一种完全表面的、只就存在而言的依赖性;儿童在其存在上依赖于父母,父母好像是儿童的原因;儿童 ad existendum(为了存在)需要父母的协助,正如在笛卡尔那里实体 Concursus Dei ad existendum(为了自己的存在需要上帝的协助一样)。可是,儿童仅仅就其自身而言,就自己的需求及其满足而言,

------

① 诚然,在笛卡尔那里,上帝已经起着这样的作用。可是,他只不过被设想成这样,观念没有达到特定的现实,一切仍旧仅仅处于应当如此的状态。

就维持它的生存而言，才处于这种依赖状态，因此，他的本质并没有受这种依赖性的影响，儿童存在的原因即他的父母对他来说是某种完全异己的、无对象的东西，完全处于他的要求和他的愿望的范围之外。可是，当儿童长大时，单纯存在的依赖性就变成本质的依赖性，肉体的依赖性就变成精神的、内在的依赖性，变成实体的统一，变成爱。现在，儿童仅仅存在于自己的父母之中。父母从儿童的单纯存在的外在的、一次性的原因变成它的本质的内在的、持久的原因。父母用自己的本质（自己的情绪等）充实儿童的本质。现在，儿童已经不再表现他自身，不再表现他的那些只与自己相关的肉体上的要求和愿望，而是在它的本质中表现出父母的本质，在他的意志中表现出父母的意志。

这里还必须指出，在斯宾诺莎的哲学中，物质也是在自身中和通过它自身被理解的，并不需要其他任何概念的协助。因此，物质是独立的、不依赖的，同样地，精神或者思维也是通过其自身被理解的，因而也是独立的。可是，正是由于精神和物质都是在自身中和通过其自身被理解的，这两者在它们的概念方面都是独立的，因此它们所表现的不是它们自身，而是实体、上帝。精神是实体，物质也是实体；因为物质的本质在于广延，精神的本质在于思维；可是，广延也和思维一样，仅仅是在自身中和通过自身被理解的；凡是其概念不依赖于其他任何概念的本质，就是实体。因此，精神和物质这两者都是实体，它们仅仅表示它们是实体。因此，它们之中的那种肯定的、实体的东西，只不过是肯定本质自身；或者说，实体不是作为精神或物质，而是仅仅作为实体本身；这种实体对于它是精神或者物质这个问题毫不关心，在它看来，只要精神和物质是某种特定的、相互区别的东西（因为精神的规定性是思维，物质的规定性是广延），只要所注意的只是这种规定性本身，而不是这种规定性是实体或表现出实体，那么精神和物质只不过是一些属性、特性，是一些借以构成上帝的概念或观念的因素。

从这种观点出发，可以把从笛卡尔到斯宾诺莎的过渡表述如下。思维和广延，或者，精神和物质是相互对立的；对一个适合的东西，对另一个恰恰不适合；它们相互否定，相互排斥。可是，这两种本质都是实体，每一种本质都是现实；它们尽管是对立的，但具有共同的实体概念，在它们都是实体这一点上是一致的。因此，精神概念和物质概念是两个相互否定、相互对立的否定概念，而实体概念则是其中的积极概念。当我们说它们两者都是实体，那这就不是说精神是精神，而是说精神是实体，这既不是指使精神有别于物质的那种规定性，也不是指使物质有别于精神的那种规定性，而是指精神和物质赖以一致起来的东西，这就是说，实体概念是它们之中的实在的、积极的东西。既然说这两者是实体，那就是说实体概念是一个在两个对立面中不可分割地存在着的、没有被对立面所排斥的概念①，因此实体概念是一个不依赖于精神概念和物质概念的概念，实体并不一定是精神或者物质，它可以是这两者，而且确实是这两者。因为，精神和物质这两个对立面在实体概念中是一致的，因此在思维实体中可以把思维和实体区别和区分开，在广延实体中可以把广延和实体区别和区分开，于是剩下纯粹现实

---

① 维蒂希在另一个地方（第 41 页）写道："这两种实体能够共同地具有许多抽象的属性，其中有一种属性使这两者作为实体被标志出来。"

性、纯粹实体性的概念；这表明精神和物质只不过是实体的不同的规定性、Modi(样态)。

可是，在笛卡尔那里，精神和物质还被假定为单独地存在着的实体；因此，它们赖以相一致的那种东西，只是一种抽象的共相，一个抽象的概念。由于这两者被假定为单独地存在着，因此这个概念不是作为这两者的实体的统一而具有它的实在的存在，而是在与这两者不同的、单独地存在着的无限实体中，即在上帝中重新被单独地和孤立地固定下来和表现出来，而精神和物质则被假定为有限的、被创造的实体①。可是，由于在现实中处于精神和物质这两个概念之中的实在概念，就是对这两个概念漠不关心的实体概念，实体就是精神和物质之中的实在之物，因而也就是它们的本质，因此，实体在现实中必然作为它已经是的那种东西被认识和被表现出来，实体概念必然会成为现实。精神和物质共同地拥有实体概念；实在之物不是精神和物质，而是实体；精神和物质是有限的，而实体是无限的；因此，实体在现实中就是那个无限的存在物，在笛卡尔的哲学中，这个无限的存在物在模糊观念的虚空中像黑

---

① 笛卡尔还把实体跟思维和广延区别开。"不论一般实体是思维的还是广延的，我们在思考广延实体或思维实体时仍然比思考一般实体容易一些。因为，要把实体概念跟思维概念和广延概念区别开，是相当困难的，这恰恰是因为只有借助于另一种观点才能把思维概念和广延概念跟实体概念区别开。"(《哲学原理》，第 1 章第 63 节)但是，在笛卡尔那里，实体仍然是一个空洞的、不明确的抽象观念；因为，精神和肉体在它们的规定性和相互区别方面被假定为实在的和肯定的。因此，实体概念、无限之物、真正实在之物的概念，只有作为那样一种本质才能重新获得存在，这种本质不同于那两种有限的实体，可是被规定为——与它们相比较而言——无限的，被规定为一种凌驾于它们之上的权力。

沉沉的乌云笼罩在精神和物质之上，威胁着这两个实体的独立存在。

实体概念在上帝之中有着自己的积极存在和自己的现实性，因此，实体概念与上帝概念是没有区别的。因为，上帝是无限的存在物，而精神和物质是上帝所创造的、依附于上帝的存在物。可是，实体恰恰就是这种无限的存在物；相对于实体来说，精神和物质只是有限的存在物，也就是说，只是有限的差别或对立，这种差别或对立仅仅存在于实体之中。可是，当上帝概念和实体概念被理解为一样时，实体或上帝本身就不具有特殊的存在，精神和物质本身也不具有特殊的存在，而实体却是唯一的现实。

按照斯宾诺莎的观点，思维和物质既可以看作是实体，也可以看作是属性。这样一来，最初那种从笛卡尔向斯宾诺莎过渡的方式便有所改变。我们刚才从这两种实体的存在和本质的矛盾出发，并通过下述看法解决了这个矛盾：存的依赖性——它在现实中仅仅就其自身而言不是依赖性——也变成本质的依赖性[①]。现在，可以把对这种矛盾的解决作如下改变：本质的独立性也变成存在的独立性。在笛卡尔看来，物质是不能在上帝之中被理解的；因为，只有广延属于物质概念，而广延就其自身而言被理解为独立的，因此，正如以上所述，物质按本质而言是独立的。广延是物质

[①] 使用依赖性和独立性这些形式或用语，只是把它们作为向斯宾诺莎过渡的手段，只是为了使它们溶解在其他一些充分的规定性之中。与此相似，还使用了其他一些规定性，可以把它们看作借以理解斯宾诺莎的一些导论式的形式。例如，严格说来，按照斯宾诺莎的观点，绝不能说思维构成精神（人）的本质，因为他指的是一种特定的、按一定方式加以限制的思维即观念。

的规定性,但与物质本身没有区别;广延是物质的积极的规定性,是它的本质的规定性(物质在这种规定性中成为它现在这个样子),是它的直接的肯定和现实性。由于物质按其概念或本质而言是独立的,因此它按其存在而言也必然是独立的;它的独立的概念必然包含有独立的存在,或者说,它的独立的本质必然包含有独立的存在。对思维来说,情况也是如此。可是,概念或本质与存在的这种统一,在这两种实体中被这样地思考和理解的这种独立性、这种实体性,恰恰就是在这两种实体中被思考和理解的上帝。在这种独立性和不依赖性中得到理解的东西,并不是精神和物质本身,而恰恰是实体本身,这种实体既可以看作是精神,同样地也可以看作是物质。正是由于精神和物质只不过是一些表现出实体的本质的属性(实体对于它是精神还是物质,对于它被看作精神或者物质的特性或形式,是漠不关心的),因此它们是通过自身被理解的和独立的。

在笛卡尔的哲学中,并列地陈列着一些乱七八糟的对立和矛盾。精神的事物和物质的事物,或者,精神和物质这两种对立的实体,如果没有上帝诚然不能存在,可是,即使没有上帝,它们仍然可以被理解和思考。实体概念是这两个概念之中的实在之物、无限之物;可是,实体概念仍然只不过是一个抽象的、不明确的、没有现实性和实在性的类概念。这样一来,无限性和实体性的概念本来应当通过哲学方式得以实现,却单独地重新作为与两种实体不同的本质固定下来,并且只能表现在通俗的神学的上帝观念之中;因此,一切实在所应归属的那种绝对完善的、无限的存在物本身,重新获得一种特殊的、与两个有限实体的存在相区别的即有限的存在；尽管这种存在物拥有全部现实性，可是它仅仅飘浮在美丽的晴空中，在 Asylum ignorantiae（愚昧无知的避难所）中，在模糊观念的烟雾中；相反，那些被定义为有限的实体却占据了现实世界的某个领域或整个范围。通过比较精确的分析所发现的这些矛盾以及其他矛盾，现在由于与实体概念的实现相一致而得到解决，变成为协调和统一的世界，变成为"理性的天空"。只有一种实体；这样一来，一切矛盾便消失了，因为精神和物质、思维和广延现在只不过是这一种实体的特性，这就是说，它们构成上帝本身的本质。

精神和物质按下述方式表现为本质的实在，从而表现为上帝或无限实体的规定性或属性，这一方式同时也简要地说明了斯宾诺莎的实体学说的一般原理。广延作为一切有广延的或有形的事物的实在之物、本质之物，是一个真实的概念。规定就是否定，被规定的存在等同于虚无；因此，物体借以相互区别、借以被规定的那种东西，并不是物体之中的真实之物、实体之物；物体的真实存在仅仅是这一物体与其他一切物体的统一，仅仅是有形实体本身，有形实体自身中不包含任何否定、任何有限的规定性。这种物体之中的积极之物，并不在于它是这个样子，而毋宁在于它是物体。可是，由于有形实体本身是物体之中的肯定之物、实在之物即唯一现实之物，因此，如果我只是从物体的感性规定性、物体的特性、物体的特征方面理解物体，我便得不到现实的物体概念；只有当我在有形实体中、在广延中或者作为广延去理解物体时，我才能得到现实的物体概念。只有当我把物体理解为广延或理解为处于广延之中，也就是说，理解为纯粹的物体，我才是在永恒的形式之中，而不是在它的那些变动的、短暂的、有限的规定性之中理解物体，因而我才是在它的现实本质、它的积极本质之中理解物体。

适用于有形实体或与有形事物相关联的广延的论断,也适用于思维实体或与思维的存在物相关联的思维。但是,上帝是绝对的现实,它拥有全部实在;因此,广延作为一切有形事物之中的绝对肯定和现实之物,和思维作为一切思维存在物之中的绝对现实之物,都是属于上帝的。它们与实体或绝对的现实是一致的,而这种一致就表现在它们同时只不过是实体或绝对现实的规定性。因此,一切事物不仅处于上帝之中,而且只有在上帝之中才能得到领悟和理解。只有实体存在于它自身之中,并通过自身得到理解。因为,特定的、有广延的事物只有在广延中或通过广延才能得到理解;可是,广延本身却不能通过它假定为自己的本质的他物得到理解。广延概念不依赖于其他任何概念,它不是从他物中抽出的,也不是通过这种抽象形成的,因为,这样的他物是什么和可能是什么呢?广延概念是一个纯粹直接的、自在自为地存在着的、原始的、绝对肯定的概念。斯宾诺莎说:"我曾经大体上讨论过并且明晰地了解的理性的特性是这样的:……理性认识某些事物,它从自身中形成自己的一部分观念,又从与其他观念的联系中形成另一部分观念。例如,理性无需别的观念便从自身中形成量的观念;相反,理性在形成运动的观念时,必须先考虑量的观念。理性从自身中形成的观念表示无限性,相反,理性从与其他观念的联系中形成的观念,则表示确定性和有限性。"[①]同样地,个别的思维的存在物也

[①] 《知性改进论》(第390—391页,载于1677年首次出版的遗著中)这一段话见于上述论文的末尾部分。

只有通过思维才能得到理解,因为个别的思维的存在物把思维假定为自己的内在实体,自己的本质概念,在这一概念中,这一切存在物共同地组成一个整体。然而,思维本身除了通过它自身之外,还能通过其他什么东西得到理解呢？同样地,思维也是一个完全绝对的和无限的概念,这个概念是绝对肯定的,它不借助于其他任何概念,也不能归结为其他任何概念,也不能溶解于其他任何概念之中,也不被其他任何概念所规定。因此,只有实体是通过自身被认识和理解的,只有它在自身之中具有自己的存在和实在。因为,只有那种通过他物被理解的东西,才处于他物之中；因为,只有它存在于和生存于其中的那种东西,才是它的实体；或者,反过来说,它只有通过他物才能得到理解,因为它植基于和保存于作为它的本质的这个他物之中,因此这个他物就是它的本质概念。

如果我们从实体、上帝出发,从实体、上帝开始,那么斯宾诺莎的实体的统一其实仅仅立足于从哲学上对下述这个原理——上帝是绝对实在、绝对无限的存在物,它在自身中包含有全部实在,它的存在和它的本质是没有区别的——作彻底的、真正的、不害怕后果和不随意回避后果的实施和贯彻。然而,如果上帝是绝对实在的存在物,或者是那种在自身中包含有全部实在的存在物(在它那里,存在和本质是没有区别的),那么由此必然得出的结论是:上帝所具有的存在,不是与自己的本质相区别的存在,即不是特定的和特殊的(有限的)存在,因而也不是自身的、孤立的、个人的存在；绝对实在的存在物必然具有绝对实在的存在,无限的存在物必然也具有无限的存在。如果上帝确实是一种把全部实在、全部本质性都包含于自身之中的、绝对实在的存在物,那么,上帝就不是占有——我们为了说得清楚一些,采用这些本身不很恰当的用语——本质概念的一部分范围;他不是对这个范围的限制,这个概念点滴不留地溶解在他之中,他不是任何一种本质,而是本质自身,可以说,他就是那个在作为个体的现实中被体现出的概念,这个个体完全把他吸收到自己之中,并使他得到实现。可是,如果上帝不是任何一种本质,而是本质自身,那他就断然地一定不会在存在的领域内占据某个特定的部分或位置,从而在这个领域内为其他事物保留位置;他占据这整个领域,就存在来说,在有限事物和上帝之间没有任何共同财富;上帝的存在就是全部存在,而全部存在就是上帝的存在①。可是,既然上帝不具有与自己的无限本质相区别的存在,即不具有特定的、特殊的、个人的存在,因此上帝同时就是唯一的、普遍的现实,就是唯一的、普遍的实体;因此,一切特定的、有限的存在物——如果我们不从实体观点出发,我们就会把这些存在物确定为独立的、自身的存在,或者认为它们具有一种独立的、与上帝的存在不同的存在——不外是就有限的、特定的意义而言的上帝本人的存在,它们不是广延和思维这些普遍的、无限的、与上帝本人一样永恒的和本质的规定性的规定性,而是上帝的属性的变体,这些变体本身不具有任何实在。

可是,如果我们从有限的存在物出发,并从有限的存在物中产生出实体观念,那么实体的统一就立足于斯宾诺莎的下述原理之上:"任何规定都是否定;如果对某物加以规定,那这不是表示任何

---

① 《知性改进论》。这句话是这样写的:"Est omne esse et praeter quod nullum datur esse."(他就是全部存在,除他之外,没有任何存在)。

积极的东西,而只是表示把那种被看作是规定了的本质的存在剥夺掉。"(《书信集》,第 41 封)一切规定都只不过是对纯粹的、未受限制的现实加以限制,不过是实在的缩小,不过是非存在。把事物区别开,使事物成为被我们看作是特定的、自己的和独立的本质的那种东西,恰恰就是这些事物的规定性;可是,这种规定性只不过是限制,只不过是非现实;因此,它们没有独立的存在,没有独立的本质。一切事物都是共同地与同时地存在着,也就是说,一切本质不是一个接一个地,因而也不是一个在另一个之外;而是在它们的本质方面作为一个整体、作为某种不可分的东西联合在一起,这就是说,既然一切本质相互之间没有区别,因此它们共同地组成一种本质、一个对象、一个整体,从而构成上帝自身。因此,上帝不是由若干本质或事物组成的东西,好像这些本质或事物是这种东西的组成部分,相反,上帝是绝对的原初之物;实体存在于它的状态之先,实体是绝对单一之物,是唯一的独立之物,各种本质不是它的组成部分,而只不过是它的各种特性的规定。

诚然,斯宾诺莎也把整体和部分的关系应用于说明实体和偶性的关系。例如,他把精神称为无限理性的一个部分。可是,他应用这种关系,只是为了否定这种关系;他从这种关系中拿走了它由以成为部分和整体的关系的那种规定性。因为,这种关系的特殊规定性在于,它不是内在的、实体的统一的关系,而仅仅表示外在的、表面的统一,表示某种组合。诚然,部分是整体的部分,可是,没有整体,部分也能独立存在和得到理解,因为,整体由部分所组成。在与实体的关系中,有限事物只不过是实体的那样一些部分,即,实体是绝对的单一之物,它在各个方面都与有限事物的本性相一致,没有实体,有限事物既不能存在,也不能被思维,有限事物不能与实体分开,像部分可以与整体分开那样。因此,实体不是像整体由部分所组成那样,是由有限事物所组成,毋宁说,实体是部分的存在、实在,在有限事物中,只有这种存在、实在是独立的。由此可见,在这里,部分和整体的关系在实体中被否定了。"由于实体的无限性属于实体的本性,因此,物质实体的任何一个个别部分都属于实体的本性,没有实体,这些部分既不能存在,也不能被思考。"(《书信集》,第15封)

第83节 斯宾诺莎的生平和性格

别涅狄·德·斯宾诺莎于1632年11月24日生在阿姆斯特丹。他出身于犹太人家庭,在少年时期已掌握希伯来语,对《圣经》和犹太圣法经传做过十分认真的研究。可是,这种研究没有持续多久,他便用对物理学和笛卡尔著作的研究取代对神学的研究;他曾经怀着特殊的兴趣学习拉丁语,对这种语言的知识大大有助于他研究物理学和笛卡尔的著作。与此同时,他遵循自己的自由思想与犹太教决裂,甚至公开脱离犹太教公会;他不愿意表里不一,因此他回避犹太教拉比的拜访,避免与犹太学者交往。为此,犹太人对他切齿痛恨;因为,他们本来期望从他那里获得对犹太教会的有力支持,并害怕他可能信奉基督教。当然,这是毫无根据的;因为,尽管他与他们断绝往来,他并没有转向基督教。

这些犹太人对斯宾诺莎施加种种迫害,甚至企图谋害他的生命,当他们最后看出他们用以把他争取到自己方面所作的种种许诺和尝试毫无成效时，便把他逐出教会。斯宾诺莎为了躲开这些迫害，也为了能够不受干扰地从事自己的哲学研究，于是离开阿姆斯特丹。起初搬到这个城市附近的乡下，后来移居到离莱顿不远的来因斯堡，从这里又迁到海牙附近的伏尔堡。最后，在一些朋友的劝说下，他搬到海牙市内。可是，即使在这里，也如在其他地方一样，斯宾诺莎一直以全部精力从事科学活动以及磨制他赖以谋生的光学镜片，他独立自主地过着离群索居的生活，处于哲学的安宁之中。

尽管斯宾诺莎过着离群索居的简朴生活，可是，由于他的某些著作的出版，他在生前已经以作家的身份著名于世了。可见，天恩或者如果喜欢的话也可以说，"众所周知的诅咒"，并没有回避他。许多怀有求知欲和好奇心的人来拜访他，与他保持通讯联系，以求与他结识，或者在有关政治和哲学的问题上请教于他。在这些人当中，不少人无论就地位和出身来说，或者就学识来说，都是赫赫有名。普发尔茨选举侯卡尔·路德维希甚至诚意地通过路德维希·法布里齐乌斯邀请斯宾诺莎担任海德堡大学哲学教授。可是，斯宾诺莎出于明智的理由谢绝了这个邀请。斯宾诺莎答复说："因为，我认为：第一，如果我致力于教育工作，我就不得不放弃我的哲学研究；第二，我不知道允许给予我从事哲学研究的自由到什么限度，才不致引起触犯国教的嫌疑。因为，宗教纷争的产生，与其说是由于对宗教的真正热诚，毋宁说是由于人们具有各种不同的情欲，由于人们往往喜欢诽谤和辱骂金玉良言这样一种矛盾心情。既然我在自己以往那种孤寂的隐居生活中已经有了这许多痛苦经验，因此，一旦我接受这个职务，我必然会更加担心害怕。"（《书信集》，第 54 封）

斯宾诺莎过着谨严和节制的生活,这既是出于对自己健康的考虑,因为他的身体虚弱多病,从二十多岁起就患有头晕症,同时也是出于他的自愿,因为他天性节俭,安贫乐道,能够控制自己的情欲,从不过分地沉溺于悲伤或欢乐。他死于1677年2月21日,或者,用一个正统的基督教徒的话来说:"随着他吐出最后一口气,他安静地放走了自己的那个不洁的灵魂。一个无神论者是否可能获得如此结局,这在最近已成为学术讨论的一个主题。"①

斯宾诺莎的著作是按下列顺序出版问世的。*René Descartes' Principien der philosophie*(《勒奈·笛卡尔的哲学原理》),第1、2卷,"阿姆斯特丹的别涅狄·德·斯宾诺莎采用几何学方法加以证明,附有《形而上学思想》一文,简要地阐述形而上学一般部分和特殊部分中某些比较困难的问题",阿姆斯特丹,1663年。这是斯宾诺莎用本名发表的唯一著作,但在这一著作中,他还没有阐述自己的哲学观点。只是在七年之后,当他于1670年匿名发表《神学政治论》时,才大体上阐述了自己的哲学观点。这一著作"包含有如下说明:哲学研究的自由不仅无损于信仰和国内和平,因而是可以允许的,而且它只能随着国内和平与信仰本身的消失而消失"。这一著作特别值得注意,因为它包含有头一次从理性主义观点对《圣经》进行比较彻底的批判。1677年,即他逝世的那一年,出版了他的最重要的哲学著作《伦理学》,这一著作"是按照几何学方法论述

---

① 塞巴斯蒂安·科特霍尔特在他对克里斯蒂安·科特霍尔特等人的著作 *de Tribus Impostoribus Magnis Iiber*, *denuo editus cura*,(《论三个伟大的骗子》),1701年由S.K.汉布重新出版)所写的Praefatio(序言)中这样说过。另外两个骗子指的是赫尔伯特·冯·切别里和托马斯·霍布斯。

的,分为五编,分别论述:一、上帝;二、精神的本性和起源;三、情感的起源和本性;四、人的奴役和情感的力量;五、理性的威力或人的自由"。斯宾诺莎想必希望他的《伦理学》能于生前出版;可是,有人恶意造谣,说他是无神论者,使得他未能实现这个愿望。他的朋友路德维希·迈尔出版了这一著作,他遵照斯宾诺莎的意愿,没有用他(迈尔)的名字,以《遗著》(Opera Posthuma)为名于1677年在阿姆斯特丹出版①。随同这一主要著作发表的,有一本没有完成的希伯来语语法、一篇没有写完的论文《知性改进论》和一篇同样没有写完的《政治论文》②。在上述最后这篇未完成的论文中(他在文中多次提到霍布斯),斯宾诺莎也跟霍布斯一样,认为自然状态(status naturalis)存在于公民状态(status civilis)之先,在自然状态下,人们处于相互敌视的关系之中;每个人有多少生存与活动的权力和能力,也就有多少权利;积极的自然能力的界限,也就是权利的界限;在斯宾诺莎看来,这种规定甚至在公民状态下也依然有效。霍布斯认为,专制君主政体是最好的、最适宜的政体;与霍布斯不同,斯宾诺莎在他的《神学政治论》(第16章和第20章)

---

① 费尔巴哈在这点上搞错了,后来的研究已纠正了这个错误。仅仅《遗著》的序言看来很可能是迈尔写的,而出版者本人则是阿姆斯特丹的医生格·赫·舒勒(参见《哲学史文库》第1卷第554页)。——德文版编者注

② 所有这些著作,无论是在生前或死后发表的,都是用拉丁文写成,具有如下标题:一、*Renati Descartes Prineipiorum philosophicorum pars l u. ll more geometrico demonstratae*(《勒奈·笛卡尔的哲学原理,第1、2卷,用几何学方法加以证明》);二、*Tractatus theologico-politicus*(《神学政治论》);三、*Ethica ordine geometrico demonstrata & in quinque partes distincta*(《伦理学,用几何学方法加以证明,分为五编》),四、*Tractatus de intellectus emendatione*(《知性改进论》);五、*Tractatus politicus*(《政治论文》)。

中却断定说,民主制是最合乎自然的政体,它最接近于自然界赋予每个人的自由,因而符合于国家的目的即自由。他在这一著作中说,在民主制下对胡作非为事件的担心,比在其他任何政体下少得多。他在序言中说,君主制的秘密在于对人们进行欺骗,并在宗教的幌子下使人们对它敬畏,从而使人们为自己被奴役而奋斗,把奴役制看作对自己的拯救,同时不把为某个人的虚荣流血牺牲看作耻辱,反而看作最高荣誉。他在上面引证的那些章节中说,君主制下那种被人们如此颂扬的和平,只不过是奴役制的和平。父母与子女之间存在着激烈的纠纷,其激烈程度超过主人和奴隶之间的纠纷。和平不在于没有战争,而在于心灵得到和谐安宁。君主对臣民的恐惧,胜过对敌人的恐惧。斯宾诺莎有一次这样说过:"Je suis bon Républicain."(我是一个道地的共和政体拥护者)。

在发表的遗著里面,也从斯宾诺莎的相当广泛的通信中收入一部分书信,因为它们有助于更好地理解他的体系。其中大部分是与斯宾诺莎的见解相同者的来信和他的回信,可是也有一些持不同意见者的来信;这就使这位思想家的回信更加富于教益。

由于某些显而易见和理所当然的原因,斯宾诺莎在当时只有很少几个赞同并接受他的见解的友人,其中特别应当举出的,有上面已经提到的路德维希·迈尔,还有律师阿勃拉姆·约翰·库弗勒尔[①]

[①] 海牙有许多具有自由思想的新教团体,库弗勒尔属于其中的一个团体。这些团体的成员中有许多是斯宾诺莎的友人,其中有些人(如这位律师)在传播斯宾诺莎学说方面作过贡献。此外,斯宾诺莎还获得有功勋的国务活动家让·德·维特的特殊恩遇,他对斯宾诺莎也很友好。毫无疑问,《神学政治论》之所以得以发表,应归功于他的影响;因为,在他逝世后不久,教士们就发动了对此书的猛烈攻击,几乎立刻使这本书在社会上销声绝迹,诚然作者本人还没有受此侵扰。——德文版编者注

和医生卢卡斯。①

斯宾诺莎也不是没有反对者的。很早就以反驳者的姿态出现在他面前的,有上面提到的克里斯蒂安·维蒂希(笛卡尔的信徒)、比埃尔·布阿勒(最初是理性主义者,后来是神秘主义者)以及克里斯蒂安·科特霍尔特(基尔大学神学教授),更不用说那些偶然的或在个别文章中与他进行论战的人了。大家知道,弗·亨·雅科比澄清了原来对斯宾诺莎的某些误解,并在某些方面对斯宾诺莎作了出色的阐述。赫德尔在当时也曾为更好地理解斯宾诺莎作过贡献。在莱辛和黑格尔的著作中也能发现有关斯宾诺莎的卓越论述。②

---

① 现已查明这是一个假名,尽管直到目前还没有调查清楚其本名为何。这位作者写了一篇感动人心的、虽然比较简略但由于忠于史实和刻画入微而颇有价值的传略,可是这篇传略到 1719 年才得到发表。头一篇发表出来的斯宾诺莎传记出自比埃尔·培尔的手笔,出自他那本有名的《历史批判词典》。后来,路德派教士让·科莱律把这个资料纳入他所写的斯宾诺莎传记(1705 年出版于海牙)之中。他还采用一些通过口头流传保存下来的史料充实了这篇传记,使这篇传记长时间地被认为是合乎教规的;因为,尽管这位作者对斯宾诺莎的学说怀有种种成见,但他真心诚意地力求对这位思想家所特有的价值作出评价。这种合乎教规的外貌直到 1896 年才被 K. O. 曼斯玛的批判性研究所推翻了。他用荷兰文写的主要著作 *Spinoza en zijn Kring*(《斯宾诺莎及其亲友》),无可争辩地被看作是头一部以科学的史料研究为依据写成的斯宾诺莎传记。后来,J. 弗罗伊登塔尔把有关斯宾诺莎生平的史料、文献以及非官方的报导汇集起来,1899 年出版于莱比锡。——德文版编者注

② 这里可以引证利希滕贝格的下面这段值得注意的话,因为这段话中以一种令人惊奇的方式谈到了斯宾诺莎:"但愿首先越过这个分歧点哟!我的上帝,我多么希望达到那样一个时刻,在那时,时间对我来说已不再是时间了,我重新被置于宇宙和虚无之母的怀抱里。当海因山(格丁根之山)被堆积起来时,当伊壁鸠鲁、恺撒、卢克莱修生活和著述时,当斯宾诺莎思考那个依然留在人们脑海里的伟大思想时,我却沉睡在宇宙和虚无之母的怀抱里。"《杂文集》,第 2 卷,格丁根,1801 年)。[在上述著作的附录中,包含有斯宾诺莎的其他著作的目录,像现在已经过时的 J.E. 埃德曼的著作(转下页)

哲学家的性格、他的精神个性反映在他的全部哲学之中。①哲学不是他的精神个性的表面印迹，而是他的积极的、活生生的、完全相符的存在。如果说对任何一个哲学家来说是如此，那么对斯宾诺莎来说，对他的这种如此崇高、如此开朗、如此与他的哲学的精神和对象完全融合在一起的性格来说，尤其是如此。如果有人为了更加清楚地了解他的精神个性，而希望对他的精神的手迹获得某种特殊的复制品，那么，从他如何对人们作出判断、从他如何把人们及其错误和情欲当作自己考察和研究的对象时所采取的那种崇高方式中，可以获得这种复制品。他说，为了用我们研究数学问题时通常采用的那种精神自由去研究政治问题，我力求不要嘲笑、不要抱怨、也不要厌恶人们的行为，而要认识这些行为，因此，我不是把人的情感，如爱、恨、虚荣心、同情心以及其他心理活动看作缺陷，而是把它们看作人的本性的特性，它们属于人的本性，正如风、热、冷、风暴、雷雨以及其他类似现象属于自然界一样，

（接上页）《对近代哲学史的科学说明》（里加和莱比锡，1834—1853 年）中，以及在 C. 黑德尔的那本同样过时的著作《斯宾诺莎哲学著作选集》（莱比锡，1843 年）中包含的那样。在这里提一下这一点，从历史角度来说是有意义的。］——德文版编者注

　　① 斯宾诺莎的全集最初出现于 1802 年，由海得堡大学亨·埃·戈·保卢斯教授编辑出版。其后几十年内，接着出版了另一些比较不太完整的版本。在荷兰斯宾诺莎学会的赞助下，范·弗洛滕和 J. P. N. 兰德出版了一部最完整的全集（两卷本，海牙），因此上述这些版本都已不再流行。这部全集收入的书信，获得后来发现的书信的补充，并按时间顺序作了排列。前一节所引证的书信后面括弧内的数字，就是指这个排列顺序。这个版本还附有十九世纪六十年代初期发现的、用荷兰文写的"关于上帝、人及其幸福"一文，这篇论文可以看作是后来写的《伦理学》的提纲；这篇论文不是"按几何学方式"写成的，斯宾诺莎对笛卡尔的批判态度已在其中明显地表现出来。1896 年在海牙出版了一套小型的三卷本的全集，它比上述那套全集便宜一些。——德文版编者注

这些现象虽然令人不舒适,然而是必然的,它们具有特定的原因,我们力图通过这些原因认识它们的本质,精神可以从考察这些原因中享受快乐,正如可以从认识悦耳称心的事物中获得快乐一样。(《政治论文》,第1章第4节)我考察人的行为和欲望,恰恰有如我考察线、面和物体时那样。(《伦理学》,第3编前言)

对斯宾诺莎哲学的阐述

第84节 斯宾诺莎哲学的一般原理

定义。一、所谓自身的原因,我指的是那样一种东西,它的本质中包含着存在,或者说它的本质只能被设想为存在着的。二、如果某个事物可能被同一种类或同一性质的另一事物所限制,那么这个事物便被称为在其本类中是有限的。例如,物体被称为有限的,因为我们总是能够设想更多的物体。同样地,一个思想可以被另一思想所限制。可是,物体不能被思想所限制,思想也不能被物体所限制。三、所谓实体,我指的是那种存在于自身之中,并通过自身被思考或理解的东西,也就是说,形成实体的概念无需借助于另一事物的概念。四、所谓属性,我指的是理性把它理解为构成实体的本质的那种东西,或者理解为实体的本质的那种东西。五、所谓样式(形态、方式、规定性或特性),我指的是实体的状态,或者是那种存在于他物之中并通过他物而被思考或理解的东西。六、所谓上帝,我指的是绝对无限的存在物或由无限属性组成的实体,其中每种属性都表现出永恒的、无限的本质。我说的是绝对无限的存在物,而不是在自己的种类中无限的存在物,因为,对于那种仅仅在自己的种类中是无限的存在物,可以否认它具有无限的属性,可是,一切表现出本质和在自身中不包含任何否定的东西都属于绝对无限的存在物。七、凡是仅仅遵循自己本性的必然性而存在着、其活动仅仅由自己来决定的存在物,名为自由的;凡是其存在和活动由其他某种东西按一定方式加以决定的存在物,则名为必然的,或者毋宁说被制约的。八、所谓永恒性,我指的是存在本身,因为存在被认为必然能从永恒事物的定义中推出来。

公理。一、凡是存在着的东西,或者存在于自身之中,或者存在于他物之中。二、凡是不能通过他物加以理解的东西,应当通过自身得到理解。三、从一定的所予原因中,必然产生出后果;相反,如果没有一定的原因,那就不可能随之出现后果。四、对后果的认识取决于对原因的认识,并在自身中包含着对原因的认识。五、相互之间没有任何共同点的事物,不可能通过对方使自己得到理解,或者说,一个事物的概念中没有包含另一事物的概念。六、真实的观念应当与它的对象相一致。七、凡是可以被设想为不存在的东西的本质中,不包含存在。

命题。一、实体按本性而言存在于它的状态之先(这一点从定义二和定义五中可以清楚地看出来)。

二、两个具有不同属性的实体相互之间没有任何共同点。这从定义三中已经可以清楚地看出来。因为,每个实体都存在于自身之中,并通过自身得到理解;或者说,在一个实体的概念中没有包含另一实体的概念。

三、在相互之间没有任何共同点的事物中,任何一个事物都不可能是另一事物的原因。证明：既然这些事物相互之间没有任何共同点，那么其中一个事物就不可能通过另一事物得到理解（根据公理五），因而任何一个事物都不可能是另一事物的原因（根据公理四）。

四、两个或更多个不同事物的区别，或者在于实体的属性的区别，或者在于它们的状态的区别。证明：一切存在着的事物，或者存在于自身之中，或者存在于另一事物之中（根据公理一）；这就是说（根据定义三和定义五），存在于理性之外的，只是实体或它们的属性和状态；因此，除了它们之外，没有任何东西可以使众多的事物相互区别开来。

五、在现实中，不可能有两个或更多个具有同样的属性或本质的实体。证明：如果有许多个不同的实体，那么它们的区别应当或者在于属性的不同，或者在于状态的不同（根据命题四）。在第一种情况下，就必须承认只存在着一种具有同样属性的实体。在第二种情况下，由于状态按本性来说存在于实体之后，所以应当把实体的状态抛开不论，而考察实体自身，即真正地（根据定义三和六）考察实体，这样就可以知道，确实不能设想众多实体之间有什么区别，也就是说（根据命题四），只能有一个实体，而没有许多个实体。

六、任何一个实体都不可能被另一实体产生出来。证明：在现实中，不可能有两个具有同样属性的实体，也就是说，不可能有两个相互之间具有某种共同点的实体。因此，任何一个实体都不是另一实体的原因（根据命题六），因此，实体不能被另一实体产生出来。否则，对实体的认识被依赖于对它的原因的认识；这样一来，它就不是实体三（根据公理四和定义三）。

七、存在属于实体的本质。证明：实体不能被另一实体产生出来：因此，实体是它自身的原因，也就是说（根据定义一），实体的本质中必然包含着存在，或者说，存在属于实体的本质。

八、一切实体都必然是无限的。证明：只存在着一种具有同样属性的实体（根据命题五），而存在属于它的本质（根据命题七）。因此，根据实体的本性，实体或者作为有限的东西存在着，或者作为无限的东西存在着。可是，第一种情况是不可能的，因为（根据定义二），那样一来，它就应当被同一种类的、必然存在着的另一实体所限制，于是存在着两个具有同样属性的实体，而这是自相矛盾的（根据命题五）。因此，实体是作为无限的东西存在着。注释一：由于有限的存在其实是对本质的存在的部分否定，而无限的存在是对本质的存在的绝对肯定，根据命题七，由此就能断定每个实体必然是无限的。

九、每个实体都是不可分的。这一点从以下所述中可以清楚地看出来：实体的本性或本质只能被设想为无限的，实体的一个部分不外是指有限的实体，但是（根据命题八），这显然是自相矛盾。321
（《伦理学》第1编）

第85节　对实体观念中本质和存在相统一这个概念的说明

在命题八的第二条注释中，斯宾诺莎承认人们在理解命题七的真理时碰到了困难。他说，这个困难在于人们无法把实体和变体区别开，这些变体存在于他物之中，它们的概念是从它们存在于其中的那种本质的概念中引出的。他说："尽管变体并不存在，但我们恰恰对变体可能具有真实的观念,因为,虽然它们并非真实地存在着,可是它们的本质包含在他物之中,因此可以通过他物理解它们。但是,实体在理智之外仅仅存在于自身之中,因为它是通过自身得到理解的。因此,如果有人说,他对于实体具有清楚明白的即真实的观念,可是他却怀疑是否存在着这样的实体;这种情况无异于这个人说,他具有一个真实的观念,尽管如此,他却怀疑这个观念是否真实。因为,如果某个人具有真实的观念,那他就不能怀疑他具有这个观念。"对于这一点,滕涅曼也说过(在他的哲学史中):"但是,这样一个概念,即实体仅仅存在于自身之中,而不存在于他物之中,仍然同样是思维,从其中不能得出实在的存在。"因为,从康德的观点看来,不能把"实在的存在"理解为与思维相等同的存在即只有通过理性才能感知的存在,而应理解为与感觉相等同的存在,即处于"经验的前后关系中"、处于可感知的对象的范围之内的存在;因此,理所当然,不能从实体的这个概念中推断出实体的实在存在,也就是说,不能从实体的实在性概念中推断出实体的非实在,不能从实体概念中推断出它不是实体。因为,如果实体是经验的对象,即某种可感知的东西,那它就不是实体了;因为,那样一来,它就是特定的、特殊的事物,即感性的事物了,这种事物只不过是实体的有限状态,而不是实体。

康德说:"对于纯粹思维的对象来说,根本没有任何能借以认识它的存在的手段,因为它应当是完全先天地被认识的;可是,我们关于一切存在的意识(或者直接通过知觉,或者通过把某物与知觉联系起来的推理),完全属于经验的统一;诚然,不能直截了当把处于这一范围之外的存在说成是不可能的,可是,这种存在却是一个我们不能用任何方法加以证实的假定。"(《纯粹理性批判》,第629页)如果说,在康德哲学中,至少就理论理性而言,感性的存在没有被假定为实在的存在,那么,在本体论的证明方面,首先在实体方面,康德哲学认识到并且承认无论如何存在着纯粹思维的对象,这些对象的存在除了借助于思维本身,是不能通过其他任何手段加以认识的,实体的概念恰恰就是思维的对象赖以直接被给予的那种东西,实体就是那种在其中不能把存在和思维区别开来的东西,这种与感性存在相区别而与思维相等同的存在,恰恰是实在的、实体的存在,是实体的存在,相反,与思维相区别的存在即感性的存在,只不过是有限变体的存在。斯宾诺莎说道(《书信集》第28封):"我不认为我们之所以需要经验,仅仅是为了认识那种不能从事物的概念中引出的东西,例如样式的存在。可是,为了认识那样一种事物,即它的本质同时也意味着它的存在,因而从它的本质中可以推出它的存在,那我们是绝不需要经验的。任何经验都不能给我们指明这一点,因为经验对于事物的本质根本不能作任何说明。经验所能做到的,至多不过是引导精神把特定的本质作为自己思考的对象。可是,由于属性的存在和属性的本质之间没有任何区别,因此任何经验都不能使我们确信这一点。"①

然而,即使假定实体是一种没有任何对象与之相对应的想象物,那么这种想象物甚至作为想象物来说,也比一切外界的客观性

---

① 与此相关,还有下面这段关于上帝的单一性和统一性的概念的言论(这段话在其他方面也是很出色的):"由于上帝的存在属于他的本质,我们对他的本质又不能形成任何普遍的概念,因此,可以确信,那些把上帝称为统一的、唯一的人们,或者对上帝没有一个真正的概念,或者是从比喻的意义上谈论上帝。"(《书信集》,第50封)

和现实性以及它们的各种个别的存在和对象加在一起,具有更多的客观性、更多的现实性。"因为,如果这种作为存在的总和的存在物不存在,那它绝不能被产生出来;由此可见,心灵所能认识的东西比自然所能给予的东西为多。"(《知性改进论》,《遗著》第一版第 381 页注释)① 即使实体的概念、那样一种本质的概念——这种本质的概念中包含着存在,它只能被想象为存在着的,如果不把它想象为存在着的,那就根本不能想象它。——只不过是一个概念,那么,如果康德的那种区分确实是有根据的,如果概念或思维与存在的区别是真实的(这种区别只发生于实体的变体,而不是发生于实体本身),思维也绝不能得出这个概念。但是,恰恰由于这是实体的概念,而不是其他任何随意想象的东西,恰恰由于这是一个唯一的、没有任何类似物的、不能比较的,因而不涉及一般概念和存在的普遍区别的、绝对的、无限的概念,因此这个概念直接在自己本身之中具有自己的现实性;它是一个直接地肯定了自身、证实了自己的实在性、超出主观性的范围、直接地表现出自己的客观性和真理性的概念。不可能有这样的人,他具有实体概念,然而又

---

① 在第 45 封信中,斯宾诺莎这样地表述这一思想:"思维在精神事物方面的创造力量不可能大于自然界在存在和活动方面的创造力量。这是一个真实的、一目了然的原理,依据这个原理,就能以一种最明显、最令人信服的方式从上帝的概念中推出上帝的存在。"对于这一点,我们指出,即使思维能力就是自然能力,但绝不能由此推出这样的同一性,即自然界能够把它作为思维的本质加以思考的那种东西,自然界也能把它作为有广延的,或真实地存在着的,或有生产能力的本质加以"实现"。因为,思维能力的特殊本质恰恰在于,思维能力把自然界的积极因素提到最高因素。诚然,"最完善的本质"的全部完善都"作为积极因素存在于自然界之中,可是并没有作为最高因素存在于思维之外"(1847 年)。

对它有所怀疑或者询问它是否具有现实性；因为实体恰恰就是那种在其中排除了仅仅适用于变体的区别的东西。实体概念之所以成为实体概念而不成为其他任何事物的概念，恰恰在于实体概念中排除了存在和思维之间的区别；因此，如果有人询问实体概念是否具有与它相对应的现实，或者认为实体是一种纯粹的想象物，那么这个人或者根本没有像斯宾诺莎所理解的而且应当那样理解的实体观念，而是仅仅对实体有所想象，或者取消了实体概念，把这个概念跟一般概念、抽象观念或其他概念混为一谈，抹煞了实体概念和其他事物的概念之间的区别，然而恰恰是这种区别使实体概念成为实体概念。正如光明把自己显现为光明那样，实体也把自己显现为实体，从而也把自己显现为存在、现实。因此，如果对实体概念提出它是否具有现实性的问题，这就无异于一个人处于灿烂夺目的光明之中却还询问：难道我所看见的光明是现实的光明而不是黑暗？因为，正如黑暗是光明的纯粹不在场一样，对实体的存在的剥夺或否定，就不是对实体概念的特定的或有限的否定——这就是说，尽管有这种缺乏或这种否定，我心中仍然留下一个清楚的实体概念，正如尽管变体的存在被否定，我心中仍然留下变体的观念一样——而是对实体及其概念的纯粹的、全盘的否定，这种否定不是从实体那里拿走某种东西，而是取消了实体本身。正如视觉是光的现实性的直接显露，或者是光本身的直接显露，或者是对这是光明而不是黑暗这一点的肯定，同样地，实体的思维也是实体的现实性的直接显露，是对实体本身及其现实性的肯定。

诚然，斯宾诺莎证明了实体的存在；可是，如果我们所注意的是精神和内容,是作为基础的实体观念,而不是纯粹外表的形式,那我们就会发现,即使不考虑从前的哲学家通常采用证明和推论的形式来表述自己思想这一历史情况,斯宾诺莎的证明也只具有形式的意义,只具有以那个直接对全体肯定自己的真实性的观念为中介物的意义;这种证明不具有某种客观的或产生的、引起的东西的意义,而只具有给主体证实和阐明的意义。在霍布斯的哲学中,证明具有客观的、实在的意义,因为他的对象是某种完全外在的、可以结合和分解的东西——物体;可是,在斯宾诺莎的哲学中,他的对象是实体,是某种与霍布斯的对象根本对立的东西,他的证明对于事物来说只是一种外在的手段,而不是事物本身。"因为,证明其实是精神的眼睛,精神借助于它以进行觉察和观察。"(《伦理学》,第5编命题二十三注释)①斯宾诺莎只不过确定了那些直接的、不是从其他概念中产生出来或抽象出来的概念;由于这些概念表现了绝对积极的或现实的东西,由于它们是自己对象的存在的直接肯定,因此它们是一些绝对积极的概念,它们从自身中并通过自身即直接地把自己肯定为真实的概念。这些无限的、不借助于他物的、独立的概念,就是广延概念和思维概念,或者毋宁说就是实体概念。"既然广延概念在自身中包含着必然存在的概念,或者,换句话说,广延概念肯定了存在概念,那就不可能想象没有存

---

① 他的《神学政治论》第13章第533页上的下面这段话与此并不矛盾:"看不见的事物和那些只能作为思维对象的事物,不能通过眼睛,只能通过证明加以领悟。"为了完全确信这一点,必须把下面将要谈到的斯宾诺莎关于确实性和真实观念的思想与此联系起来。由此也可以清楚地看出,当雅科比把证明的方法和企图说明与证明一切这个愿望,看作斯宾诺莎的体系或不幸的基础时,他的论断是站不住脚的。

在的广延,正如不可能想象没有广延的广延一样。"(《书信集》第41封)由于实体概念是绝对的和独立的概念,是对它的现实性或存在的直接肯定,因此,对于它的存在的证明只具有形式的意义,只具有主观的中介物的意义。因此,第七个命题"存在属于实体的本性",其实并不是像滕涅曼所认为的那样依据于从原先命题中引出的证明,而是依据于实体本身的概念;这个概念是它自身的必然性,它把自己作为真理表现出来,正如光明把自己作为光明表现出来一样,或者是对自己对象的存在和自身的真理性的一种自我肯定①。

第86节 唯一实体的必然存在及其属性

上帝或由无限众多的属性(其中每种属性都表现出永恒的和无限的本质)所组成的实体,是必然地存在着的②。因为,不言而喻,不能够存在就是无能力,相反,能够存在就是有能力。因此,假如那种已经必然地存在着的东西只不过是有限的存在物,那么有限的存在物就比绝对无限的存在物拥有更多的能力、更大的权力;然而,显而易见,这是自相矛盾的。因此,或者没有东西存在着,或者绝对无限的存在物必然地存在着。可是,我们或者存在于自身之中,或者存在于那个必然地存在着的他物之中(根据公理一和命题七)。因此,绝对无限的存在物即上帝是必然地存在着的。(《伦

---

① 《神学政治论》第4章第447页上的下面这句话:"上帝的存在不是从其自身中被认识的",如果以适当的方式加以理解和从上下文中去考虑,与这里的论断并没有矛盾。

② 斯宾诺莎对于这一点这了若干证明。这里只举这一个证明就足够了。

理学》,第 10 编命题十一及其证明)

上帝的存在和本质是同一的。构成上帝的本质的那种东西同时也构成上帝的存在,因此他的存在和他的本质是同一的。因为,实体无论在自己的实在性或完善方面都不仰仗于外在的原因,因此,它的存在也必然来自它的本质,从而它的存在不外就是它的本质。(同上,注释)

除了上帝之外,不能有任何实体,也不能设想任何实体。因为,上帝是绝对无限的存在物,任何一种表现出实体本质的属性都应归诸上帝(根据定义六),上帝具有必然的存在;因此,假如在上帝之外还有一种实体,那要想象这个实体就必须借助于上帝的某种属性,于是有了两个具有同样属性的实体,而这是荒谬的(根据命题五)。因此,除了上帝之外,不可能有任何实体,因而也不能设想任何实体。因为,假如能够设想有别的实体,那它就应当被设想为存在着的;可是,按照证明的第一部分,这种情况是荒谬的。

由此可见,有形实体和思维实体都属于上帝。因此,思维是上帝的一种属性,或者上帝是思维的本质。同样地,广延也是上帝的一种属性,或者上帝是广延的本质。(同上书,第 1 编命题十五,第 2 编命题一和二)

凡是对于上帝的本质多少用心思考过的人,都认为上帝不是有形的东西或者物体。这种看法是完全正确的,因为人们把物体理解为特定的广延,它具有特定的、有界限的形态;当然,这样的形态不可能为绝对无限的存在物所具有。可是,这些人还走得更远些;他们甚至根本否认上帝那里存在着有形实体,认为这种实体是被创造出来的。但是，对于上帝凭借那种能力创造出有形实体，他们却又毫无所知；由此表明他们甚至不理解自己所说的话。他们根据下述理由否认上帝那里存在着有形实体：由于有形实体是由若干部分所组成，因此它是有限的，由于它是可分的，因此它是被动的；由此可见，有形实体不配成为上帝这种无限的和绝对实在的存在物的规定性。可是，有形实体只能被看作是不可分的、唯一的和无限的，那种认为有形实体由若干部分所组成，是复杂的和可分的假设，完全是错误的，这个假设的荒谬程度不亚于认为物体由面所组成，面由线所组成，线由点所组成。这个假设之所以提出来，只是因为我们用两种不同的方式去理解广延：一种方式是表面的和抽象的，也就是感性表象的方式；另一种方式是理性的方式，它不是表面地、抽象地思考广延，而只是把广延看作实体。因此，当我们从数量在感性表象之中的那种状态去考察数量时（这种考察是极其平常的），我们就发现它是有限的、可分的和复合的；可是，当我们从它在理性之中的那种状态去考察数量，把它看作实体时（这种考察是很困难的），那我们就会发现它是无限的、唯一的和不可分的。

对于所有那些善于把表象或想象和理性区别开的人来说，这是一目了然的；尤其是当他们考虑到，物质到处都是一样的，物质的各个部分之所以有区别，只是因为我们以不同的方式把它们想象为特定的，因此，物质的各部分之所以有区别，不是根据它们的现实的本质，而只是根据这种本质由以被确定的方式（不是根据物质，而只是根据形式）。例如水，就它作为水来说是可分的，可以把它的各个部分相互分开，可是，就它作为有形实体来说，它却是不可分的。因此,水作为水来说是有生有灭的,可是,水作为实体来说却是不生不灭的。因此,广延或物质作为实体来说必然是上帝的属性或规定性。(《伦理学》第 1 编命题十五注释)

第 87 节　对作为上帝属性的广延概念的说明

在关于斯宾诺莎的导言中虽然已对广延概念作过说明,可是还需要对这一点再讲几句;因为,思维表现出某种实在之物,因而属于上帝,这一点是显而易见的。可是,广延或物质(有人把物质称为圣哥达德的实体的恶魔桥)也是上帝的属性,这一点却不是那样容易地和直接地一目了然。为了理解这一点,需要用斯宾诺莎的言论说明和认识广延具有无限性、单一性和不可分性等规定性。下面将说明这些规定性为广延所固有。

一切特定的或个别的物体,只不过是对物体本身或有形自然即广延的限制或规定,广延是它们的共同的实体,没有广延,它们既不能存在,也不能被思考。"物体相互区别开来,是通过运动和静止,通过较快或较慢的运动,而不是通过它们的实体。所有的物体在某些方面彼此相似,正是由于它们具有同一种属性的概念。"(《伦理学》第 2 编命题一、二)没有广延,它们既不能存在,也不能被思考(因为,作为特定的、受限制的、否定的本质,它们自身中不具有任何存在);因为,它们以广延这个唯一的和普遍的概念为前提,广延是它们的本质概念,而对广延的种种限制则是个别的、特定的事物的概念。可是,广延或有形实体自身中不包含任何否定；广延是未确定的、未受限制的现实，是现实的纯粹存在、纯粹状态的本质。相反，特定的形状或特定的物体则是对未受限制的、未确定的广延的限制；因此，特定的形状或物体本身只不过是一种限制，是对纯粹存在的剥夺，是某种有限的或否定的东西，是某种非存在。"至于形状是否定而不是某种肯定的东西这样一种论断，那也可清楚地看出，物质从其总和与无限性方面来看，是没有形状的，形状只能属于有限的、特定的物体。有人说他感知某个形状，那这不外表示他感知特定的事物或事物由以被规定的方式。可是，从事物的存在的观点看来，这种规定不属于事物，而毋宁表现出它的非存在。"(《书信集》第 50 封)因此，广延也是它自身的原因，因为它是无限的、未受限制的、纯粹现实的东西；广延的本质中包含着存在，它的概念所肯定和表现的不外是存在；相反，特定的物体或有广延的物体的本质，则是某种被规定的东西，是对广延的规定，是广延的界限，它只表现出某种限制、某种非现实。

正如特定的即感性的广延作为特定的东西来说是有限的，同样地，处于感性表象之中的广延，即感性的或感性地被规定的广延，是可分的，但这不是指作为理性的对象或就其本质而言的那种广延。物体，就其本质来看，是一种极其单纯的自然。划分不外意味着把某种组合的东西分解为它由以组成的部分，或者从事物中拿走某种东西。从特定的数量或广延中（在广延是被规定的情况下），也就是说，从特定的物体中，可以拿走许多东西，甚至可以拿走它的规定性由以构成的那一切；实质上说，它的规定性就是不同因素的结合，因而是可分的。可是，从物体本身中，从有形实体即广延中,却不能拿去任何东西,也不能增添任何东西。我能把广延分成什么呢?我能从广延那里拿走什么呢?广延是由什么组成的呢?只有当广延由自身和其他某些只有上帝知道的成分或规定所组成时,它才是可分的①。可是,在广延概念中,没有任何与它自身格格不入的或不同的东西;广延只是由它自身所组成;因此,它是不可分解的、不可分割的。广延只能通过它自身得到理解,它的概念不依赖于其他事物的概念。可是,凡是其概念中不包含另一事物的概念的东西,都是不可分的;相反,凡是通过他物而被理解、其概念依赖于他物的概念的东西,则是可分的。例如,石头作为石头来说是可分的,因为可以把它归结为作为它的本质概念、作为它的实体的广延;因此,它的规定性是可分割的、可分解的,可以从它那里拿走某种东西,也可以从他物拿来某种东西。作为实体的广延概念是一个不可分解的、不可分割的、绝对单纯的概念,因此物体本身就概念或它的本质(广延)来看,是不可分的。

正如广延具有无限性和不可分性这两种规定性一样,它也具有统一性和单一性这样的规定性。因为,广延不是被规定的东西,

---

① 与斯宾诺莎一样,新柏拉图主义者也认为物质,即原初的、被看作是与一切形状和特质相分离的物质,是单纯的、不变化的、不可消灭的。"物质是不能毁灭的;因为完全不能想象应当用什么方式分解物质和把物质分解为什么东西。"(普罗提诺:《九章集》,第3卷第1章和第6卷第8章)因此,他们也把物质称为无形体的存在物(Res incorporea)。斯宾诺莎的"有形实体"这个定义是自相矛盾的,因为 Corpus(形体)否定了实体,反过来实体也否定了形体,有形实体无异于有形的无形体。如果你能发现物体的痛苦与实体的本质相矛盾,那就好了!那你就直截了当地把物体定义为无形体的、非物质的本质吧。

而是实体,因此纯粹的现实性、不受限制性是它的本质;可是,如果存在不是未受限制的(未被任何特性所规定的)状态,那它又是什么呢?因此,广延的本质就是它的存在,它的存在不外是它的本质自身,因为它的本质不外表示某种肯定,表示某种绝对积极的东西。然而,那种其存在就是它的本质的东西,必然是统一的和单一的,它排斥任何杂多性和众多性;因为,杂多的、众多的东西,只不过是那种其存在与其本质有区别的东西,而杂多性或众多性本身,则不外是存在和本质的这种区别;因为本质是统一的,因此与统一物、统一性的区别就是杂多性或众多性①。

由此可见,有形实体表现出纯粹的、未受限制的现实(实在、完善);因为,尽管它不进行思维或把思维排除于自身之外,可是这并不表示任何不完善、任何缺陷;因为,思维不属于它的本质,只有广延才属于它的本质;只有在把属于事物本质的某种东西排除掉的情况下,才会出现缺陷、不完善。然而,由于一切完善地表现出存在的东西都属于上帝,由于上帝不是本质的一个特定种类,而是绝对不受限制的存在物,因此一切在自身中不包含界限、否定的事物都属于上帝,否则上帝的本质就是被规定的了。广延由于完善地表现出存在,因此广延也属于上帝的本质,它也像思维那样是上帝

---

① 按斯宾诺莎的精神所理解的全部概念就是如此,尽管不能在他的著作中 verbotenus(逐字逐句地)找到这些概念。此外,斯宾诺莎在谈到与实体不同的变体、谈到定义时所说的话,也与此有联系。"定义仅仅表示事物的本质,而不表示杂多性或众多性。因此,只有从那个表现出必然存在的上帝定义中,才能推断出上帝的存在,而且只是一个上帝的存在。可是,变体是众多的,变体的存在不能从它们的定义中得到认识,只能从经验中得到认识。"参考《伦理学》第 1 编命题十七的注释;《书信集》第 39、40 封以及上面引证的第 28 封。

的一种属性①。

可是，由于广延和思维只是各自按自己的方式表现出无限的本质，仅仅各自在自己的方式或本质的特定种类方面是不受限制的、未规定的（不是否定的，而是肯定的），而上帝却是一种按其本质而言就是不受限制的存在物，因此广延和思维仅仅以一种特定的方式表现出上帝的本质；与思维一样，广延也只是上帝的无限属性之一。

第88节 对属性学说的批判

斯宾诺莎把实体定义为无限的存在物，这就是说，它不仅就本质而言，而且就数量而言，都是由无限的或者无限众多的属性所组成。存在物所具有的实在或存在愈多，它所具有的属性也愈多。（《伦理学》，第1编命题九，《书信集》第27封）不过，斯宾诺莎只举

---

① 斯宾诺莎在第41封信中对这一点作了更加详细的阐述："我曾经假定，一切完善就在于存在，一切不完善就在于缺乏存在。例如，广延概念虽然否定了思维概念，可是这并不意味着广延的存在是不完善的。我想着重指出的是，'不完善'这个词意味着缺乏某种属于事物本性的特性。例如，广延的存在就其延续性、状态和大小来说，即当它延续得不够长、它的状态没有保持下来、它没有占据更多的空间时，可以称为不完善。可是，这绝不是由于它不进行思维；因为，广延的本性即这种特定的存在方式，并不要求这一点。由于上帝的本性并不是某种特定的存在，而是一种绝对不受限制和不受规定的存在，因此，一切完善地表现出存在概念的东西，都必然属于上帝的本性；因为，如果不是这样，上帝的本性就是被规定的和受限制的了。如果我们假定，广延中包含着存在，那么广延必然是永恒的和不受限制的，它所表现的绝对不是不完善，而是完善。因此，广延属于上帝，也就是说，广延是某种以一定方式表现出上帝本性的东西，因为上帝是那样一种存在物，它不仅在特定的意义上，而且在绝对的意义上和按其本质而言，就是不受限制的和无所不能的。"

出两种属性,即思维和广延,有限的理性把这两种属性理解为构成上帝本质的因素;他没有举出其他的或更多的属性。正如斯宾诺莎所说的:"因为,除了现实地存在着的物体的观念所包含的东西或从这一观念中引出的东西之外,人的精神不知道任何别的东西;可是,这个物体观念除了表现思维和广延之外,没有表现出上帝的其他任何属性。因此,人的精神或人的物体观念(因为这个观念就是精神本身)除包含这两种属性外,不包含其他任何属性。从这两种属性或它们的状态中,绝不能推出或认识上帝的其他任何属性。"(《书信集》第66封和第60封)因为上帝的任何一种属性都必须通过它自身而被思考和理解。(《伦理学》,第1编命题十)由此可见,斯宾诺莎在这里承认一种不可理解性。可是,诸如此类的不可理解性不外是由于缺少一个虽然由此出发、然而并不认识的原则,从而具有完全可以理解的起源;这里的情况也是如此。实体是不受限制的现实。广延之所以是上帝的属性,之所以构成实体的本质,只是因为它在自己的种类中是不受限制的、不被规定的,只是因为它所表现的是存在,而不是存在和本质的某个特定种类。可是,广延只不过是本质的一个种类;作为这样的种类,它是被规定的;作为被规定的东西,它就是限制、非存在;广延之中的实在之物却是绝对不受限制的实体,不是像广延那样被规定的。就思维来说,情况也是如此。这样一来,从这两种属性中,除了剩下这个十分抽象的、数量的规定性即它们是两种之外,还剩下什么呢?可是,两种本身也是一种限制;因此,实体应当具有无限地、不确定地众多的属性。

思维和广延虽然互有区别,可是,它们所表现的是同一种本质、同一种事物即实体；实体对于它被理解为广延还是被理解为思维，是漠不关心的，因此，思维和广延是与实体一致的。可是，既然它们两个只是以一定的方式表现或呈现着实体，因此它们对于实体来说是一种非存在，它们之间的区别对于实体来说也是不实在的。这样一来，它们除了数字的区别，即它们是两个这样一种没有差别的规定性之外，就没有剩下任何东西了。可是，这种没有差别的界限也被它自身超越了，而消失在没有差别的众多性之中，消失在无限的系列之中。这两种属性逐渐减弱，由于没有支柱而消失不见了（因为，它们的支柱就是它们的规定的实在性；只有它们的区别的实在性才使属性的不确定的众多性成为不必要），它们作为在其他无限众多的、未被认知的属性之中的两种属性逐渐消失了。

336 这些无限众多的属性虽然各自按一定方式表现着实体，可是，由于这种一定的方式作为某种被规定的东西，是一种非实在，因此这些无限众多的属性相互之间的区别仅仅在于它们是众多的。这里明显地暴露出斯宾诺莎哲学的缺点，这个缺点产生于他把规定仅仅理解为否定。

不论这种指责如何有根据，然而滕涅曼在他的哲学史中在属性问题上对斯宾诺莎的指责，却不是有充分根据的。他的指责是这样的："广延和思维是本质上有区别的，因为思维不以广延为前提，广延也不以思维为前提。像实体一样，广延和思维各自是绝对的属性。如果斯宾诺莎没有从那个虚假的证明（？）中进一步推断说只存在着一种实体，那末，按照第五个命题，他就应当承认存在着一种广延实体和一种思维实体。由于这个缘故，他把广延和思维看作这一种实体的属性。可是，恰恰这个论断证明，某种与基本原理不一致的东西，根据某些理由，被不加考虑地接受下来了。因为，这两种实在地不同的属性中，没有一种属性是另一种属性的结果，它们永远共同存在于实体之中，引起实体出现一种永恒的、本质的、与实体的统一性不相容的分裂；因为，如果属性表现出实体的存在，那么，既然实体有两种确实不同的属性，因而实体就有两种确实不同的存在；而这必然导致两种实体。"诚然，思维和广延确实是有区别的；也就是说，它们是各自通过自身被思考和理解的。思维不以广延为前提，广延也不以思维为前提。它们两个都是独立地被理解的。可是，正是由于它们之中任何一个都是独立地被理解的，因此任何一个都是实体，而且是同一种实体，这种实体在它们两个之中始终是与它自身同一的。它们在自己的这种独立性中恰恰只表现出一种本质，而且，由于实体的存在不外就是实体的本质，因此它们只表现出一种存在。正是由于在它们之中只存在着同一种东西，它们各自按自己的方式表现出这个绝对完善的实体，因此我能够而且应当理解其中任何一种属性本身。就实体而言，它们之间没有任何区别。实体只不过是作为不受限制的现实、作为未被规定的本质的实体；因此，这两种属性的区别、规定，并没有触及实体；它们的本质、从而它们的存在，仍然没有被这两者的区别所触动。诚然，它们按照一定的、有区别的和特定的方式表现出实体的本质，可是这种规定恰恰就是否定；因此，它们没有给实体带来任何区别，它们没有破坏实体的统一。

而且，只有和只能有一种实体这样一种必然性，已经包含在作为这样一种存在物的实体概念之中，这种存在物的本质就包含有存在。斯宾诺莎对这一点所作的证明，依据于这个本身是必然的概念,可是这个概念却不依据于证明。

斯宾诺莎自己在第十个命题的注释中对属性作了如下说明:"虽然我们认为这两种属性确实是有区别的,也就是说,其中任何一种都是独立的,不是相互依赖的,可是,我们显然不能由此得出结论说,它们构成两种不同的存在物或两种实体。因为,实体的本性在于,虽然它的每种属性可以通过它自身被思考,可是这两种属性都始终共同地存在于实体之中,任何一种属性都不能从另一种属性中产生出来,每一种属性都按自己的方式表现出实体的存在或现实。"而且,也不能否认,这两种属性的概念以及它们与实体的关系,是斯宾诺莎哲学中最困难的内容之一,特别是由于斯宾诺莎在他的《伦理学》的开头部分首先从一般方面阐述实体概念,从而是在谈到那个真实的、唯一的实体——只有在这种实体中,实体概念才具有自己的现实性——之前论述实体,这样一来,他使这种困难更为加剧了。

第89节 属性的状态和上帝的活动方式

由此可见,包含在一切事物之中的思维和广延,是一些表现出上帝本质的规定性或属性。因此,一切个别的事物不外是上帝的属性的状态,或者是以一定方式表现出上帝的属性的形态和方式。(《伦理学》,第1编命题二十五绎理)

一切存在着的事物都存在于上帝之中;没有上帝,任何事物都不能存在,也不能被思考。一切事物都以一定的方式表现出上帝的本质。任何一种存在物的能力或内在自然力,都是上帝本人的

力量。(同上书,命题十五和三十六及其证明;《神学政治论》第6章)

因此,上帝是事物的内在的(immanens)而不是过渡到他物(transeuns)①的原因;上帝不仅是事物的存在的原因,而且是事物的本质的原因。可是,上帝只是按照自己本性的规律进行活动,不受任何人的强制。因此,只有上帝才是自由的原因;因为,除了他自己之外,不可能有任何东西能够规定和强制上帝的活动。无限的东西是通过无限的方式从上帝或无限存在物中产生出来的,也就是说,一切事物都是必然地发生的,而且永远以那样一种必然性从上帝中产生出来,正如从三角形的本性中永远能够得出它的三角之和等于二直角。上帝的全能永远是能动的,而且将永远处于这种能动性之中。(《伦理学》,命题十六—十八以及二十五)

(现实的)理性,不论它是有限的或无限的,也如意志、欲望、喜爱等一样,应当属于产生的自然或本质(Natura naturata),而不属于原因的或原初的自然(Natura naturans)。应当把 Natura naturans(原因的自然)理解为那种存在于自身之中或通过自身被思维的东西,或者理解为实体的那些表现出永恒的、无限的本质的属性,也就是说,理解为被看作自由原因的上帝。所谓产生的自然,指的是从上帝本性的必然性中或者从上帝的任何一种属性中产生出的一切东西,即上帝的属性的一切形态和方式(或特性),因为它们被看作处于上帝之中的事物,没有上帝,它们既不能存在,也不

---

① 因此,正如西格瓦特在上面引证的著作第 61 和 242 页上所指出的,不应把 transeuns 翻译为"短暂的",像从前有人轻率地翻译的那样。

能被思维。可是，理性不能列入 Natura naturans（原因的自然），因为，不言而喻，我们所说的理性不是指绝对的思维，而只是指思维的特定的形态和方式，它作为特定的形态和方式是与其他的形态和方式（如爱、欲望等）有区别的，因而（根据定义五）应当通过绝对的思维得到理解；这就是说（根据命题十五和定义六），它必须通过上帝的那种表现出思维的永恒的和无限的本质的属性而被思维和理解，没有这种属性，它既不能存在，也不能被思维。因此，理性只能属于发生的或产生的自然。（命题二十九的注释；命题三十一）

意志不能称为自由的原因，而只能称为必然的或强制的原因。因为，和理性一样，意志也只不过是思维的特定形态；由于一切个别的东西只能通过个别的东西加以规定，一切特定的东西只能通过特定的东西加以规定（根据命题二十八），因此，如果某一意志活动没有被另一原因所规定，而这另一原因又被其他的原因所规定，如此类推，直至无穷，那么这一意志活动既不能存在，也不能被规定去活动。由此可见，意志只能被称为必然的即被规定的或强制的原因，而不能称为自由的原因。因此，上帝进行活动不是根据意志自由，意志不属于上帝。意志和理性与上帝的本质的关系，恰恰相同于运动和静止以及从上帝本质的必然性中产生出的一切事物与上帝本质的关系。如果理性和意志属于上帝的永恒本质，那么至少应当把这两种属性理解为与通常理解的理智和意志截然不同的东西。因为，在上帝的理性和意志与我们的理性和意志之间，必然有天壤之别；它们之间除了名称之外没有任何共同之点，正如天上的星座"犬座"和汪汪狂吠的动物"犬"之间，除了名称之外没有任何共同之点一样。（《伦理学》命题三十二和命题十七注释）

因此，上帝进行活动不是出于什么意图或为了某个目的，因为永恒的和无限的存在物即上帝或自然界，是根据它据以存在着的那种必然性进行活动的。正如上帝的存在必然来自他的本质，同样地，他的活动也必然来自他的存在。因此，上帝由以活动的原因或根据，与上帝由以存在的原因或根据，是相同的。由此可见，正如上帝不是为了任何目的而存在着一样，他也不是为了任何目的而活动着；与他的存在一样，他的活动也没有任何目的和根据。（《伦理学》，第4编序言）

一般说来，目的因只不过是人们的杜撰或虚构，因为一切事物都是从自然界的永恒的必然性和最高的完善中产生出来的。因此，假定自然界里存在着目的，这就把整个自然界颠倒过来了。因为，这种假定把作为真正原因的东西变成结果，反过来又把结果变成原因；其次，它又把按本性来说在先的东西变成在后的东西；最后，它把最高的和最完善的东西变成最不完善的。因为，最美满的结果就是直接从上帝那里产生出来的结果；某个事物为了能被产生出来所需要的中介原因愈多，它也就愈加不完善。可是，如果上帝直接创造出来的事物之所以被创造出来，是为了使上帝得以通过它们达到自己的目的，那么最后的事物必然是最美满的，因为在先的事物是为了它们才被创造出来的。最后，这个假设否定了上帝的完善；因为，如果上帝进行活动是为了达到某种目的，那就是说上帝企图获得他所没有的某种东西。（《伦理学》，第1编命题三十六的附录）

事物只能在它们曾经被创造出来的那种方式或顺序中被上帝创造出来，而不能在其他任何方式和其他任何顺序中被上帝创造

出来。因为，一切事物必然从上帝的本性中产生出来。(《伦理学》，第1编命题三十三)

现实中没有任何偶然的东西，一切事物都是被上帝本质的必然性所规定而以一定的方式存在着和活动着。(同上书，命题二十九)

可是，如果一切事物都是从上帝的完善本质的必然性中产生出来的，那么，试问自然界里许许多多的不完善的事物，例如有些物体腐烂以至于发臭，有些事物丑得令人厌恶以及形形色色的混乱、邪恶和罪孽，又是从哪里产生出来的呢？但是，我们应当按照事物的本性和事物的本质来判断事物完善与否；不能因为事物令人愉快或令人不快、有益于或有损于人的本性就认为它们比较完善或比较不完善。人们仅仅出于偏见，才把某些自然物称为完善的或不完善的。人们一旦开始形成一般的观念，对房屋、尖塔等构想出某种典型，并对这种或那种事物有所偏爱时，人们自然而然地把那些符合于他们的一般观念的事物称为完善的，而把那些不符合于他们头脑里构想的典型的事物称为不完善的，尽管从建筑师的观点来看这些事物已经十分完善。根据同一个理由，人们也把自然物称为完善的或不完善的，因为，对这些自然物，也如对艺术作品一样，人们形成了一些一般的观念，并把这些观念仿佛看作是事物的典型或原型；按照他们的见解，自然界本身应当把这些观念当作典范。因此，如果他们在自然界中发现某个事物不符合于他们所构想的原型，他们便认为自然界犯了错误，以致使这个事物处于不完善的状态。由此可见，自然界的错误和不完善是人们的臆想。其实，完善和不完善不外是一定的思维方式，即我们通过把同一形态或同一种类的个体相互加以比较而形成的概念；因此，对于实在和完善也应这样理解。因为，我们习惯于把自然界中的一切个体归结为一个被称为最普遍的种类，也就是归结为一个把自然界中一切个体都包括在内的本质概念。由于我们把自然界的个体归结为这个类概念，相互加以比较，觉察出一些个体比另一些个体具有更多的实在或本质，于是我们便说前者比后者更加完善；同时由于我们给这些个体加上一些包含着否定（例如界限、无能）的宾词，于是我们便把它们称为不完善的，因为它们没有像我们称之为完善的事物那样作用于我们的心灵，而不是因为它们缺少某种属于它们本质的东西或者因为自然界犯了错误。因为，除了从存在物的原因的本性的必然性中产生出来的那种东西，没有任何东西属于存在物的本质；一切从发生作用的原因的必然本性中产生出的事物，都是必然地发生的。正如不完善不是自然界中的实在之物一样，邪恶、错误、罪孽也不是某种表现出本质的积极之物。因此，上帝不是它们的原因；因为上帝只是那种表现出本质的事物的原因。一切剥夺、一切丧失都不是积极之物。它们是某种只与我们有关而与上帝无关的事物；它们只是某种有限的表象方式，只是我们通过对事物相互比较而形成的概念。（《书信集》，第 36、34、32、25 封；《伦理学》第 1 编命题三十六和第 4 编前言）

第 90 节 对实体的活动方式作更加确切的规定

虽然一切事物都是上帝的必然结果，（《书信集》第 58 封）都是从上帝的本质中产生出来的，可是它们并不是以同样的方式或同一种方式从上帝的本质中产生出来。只有与这些规定性的永恒的和无限的特性或状态相类似的那些普遍的、永恒的和无限的规定性,才是以直接的方式从上帝那里产生出来;这些特性或这些状态的一些更加特殊的规定性(因为它们本身又是按一定方式被规定的),以及有限的事物,却是以间接的方式从上帝那里产生出来。

凡是从上帝属性的无限的或绝对的本性中产生出来的事物,必然永恒地、无限地存在着,或者通过这种属性而成为永恒的、无限的。(《伦理学》,第1编命题二十一)

凡是从上帝的属性中产生出来的东西,只要它按这样一种方式被规定,或者只要它被那样的特性或那种通过这种特性而必然地、无限地存在着的变体所变更,也应当必然地、无限地存在着。(命题二十二)

因此,一切必然地、无限地存在着的样式或形态和方式,或者从上帝属性的绝对本性中产生出来,或者从属性的那种必然地、无限地存在着的变体中产生出来。(命题二十三)

一切个别的事物,或任何具有特定存在的有限事物,如果它没有被另一个有限的、具有特定存在的原因对其存在与活动加以规定,就既不能存在,也不能受到规定去进行活动。如果这个原因没有被另一个同样有限的、在其存在与活动上被规定的原因加以规定,那么这个原因也就不能存在,也不能受到规定去进行活动;如此类推下去,直至无穷。凡是有限的、具有特定存在的事物,都不可能从上帝的属性的绝对本性中产生出来;因为从上帝的属性的绝对本性中产生出来的事物,都是永恒的、无限的;这种事物同样也不能从属性的无限的形态和方式(变体或状态)中产生出来;因此，只要它被某种规定性所规定，被某种有限的、具有特定存在的变体所变更，它在其存在与活动上只能由上帝或上帝的某种属性加以规定。（命题二十八及其证明）

因此，从上帝的绝对本性必然产生出来的东西，或者从上帝属性之一的绝对本性中产生出来的东西，例如从思维中得出来的绝对无限的理性，从广延中得出来的运动和静止，是直接从上帝那里产生出来的；可是，那些借助于无限的变体产生出来的东西，例如借助于运动和静止产生出来的东西，只要运动和静止被看作无限的变体，被看作整个世界的形式（尽管世界以无限的方式变化着，这种形式却始终不变），或者借助于有限的变体即按特定的（特殊的）方式加以规定的变体——例如，借助特定的运动或按有限方式加以规定的运动——而形成的那些个别的、有形的事物，却是间接地从上帝那里产生出来的。（命题二十八的注释；《书信集》第65、66封）

第91节 对实体的因果关系和有限之物的起源这一概念的阐发

既然在斯宾诺莎看来只有无限的变体才能从上帝的属性的无限变体中产生出来，那就可以提出这样一个问题：有限的变体即有限事物或一般的有限之物是如何产生或从哪里产生出来的呢？但是，这个问题不是产生于斯宾诺莎哲学，也不是包含在他的哲学之中，而是一个与他的哲学毫不相干和格格不入的问题。斯宾诺莎的哲学根本不打算从无限事物中"说明"有限事物的起源或存在，也不打算解决世界如何从上帝那里产生出来的问题；毋宁说，它否定和否认这个问题本身，否定和否认这个问题赖以被提出来的那种观点。因为，这个问题是一个神学的或神学形而上学的问题，而斯宾诺莎哲学恰恰是要把任何神学和神学形而上学清除掉，或者从其中解脱出来；他的哲学是一种纯粹的、绝对独立的哲学。

按照斯宾诺莎的观点，只有无限的、不受限制的存在才是真正现实的存在；甚至可以说，在斯宾诺莎看来，无限性概念和存在概念就是一个概念；只有无限的存在才是存在。因为，存在如果不是那种不包含任何否定的东西，那又是什么呢？这种东西难道不就是无限之物吗？在斯宾诺莎看来，有限之物不可能具有真正现实的存在，甚至一般说来，有限之物作为有限之物就不具有存在。因为，存在是绝对肯定之物、不受限制之物；可是，有限之物不可能具有无限性，有限之物不可能是无限的。有限之物只具有有限的存在，因而只具有非真正的、否定的存在；它作为有限之物只具有非存在。因此，从斯宾诺莎哲学的观点来看，如何从无限之物中解释有限之物这个问题是完全不可能成立的，也不能用其他方式加以表述；因为，有限之物作为有限之物来说不具有任何存在。只有当有限之物不是个别的、特定的，不是一个在另一个之外或一个接一个地存在着，不是一个在其存在与活动上被另一个规定着，而是作为相互没有区别的东西构成一个整体，并在自己的上帝属性的统一中得到理解，只有在这种情况下，有限之物才具有真实的存在或一般的存在，因为只有真实的存在才是存在。有限之物只有在上帝之中才具有真实的存在；可是，那样一来，它们就不是一个处于另一个之外，不是个别的，不是特定的，因而也不是有限的本质了；

因为"在上帝之中,一切事物是同时地和共同地存在着的。"(《知性改进论》)①

诚然,在斯宾诺莎看来,有限之物也具有存在和现实,但不是仅仅作为有限之物。因为,如上所述,有限之物作为有限之物来说不可能具有斯宾诺莎所指的那种存在,即不受限制的状态。这种存在——我们从斯宾诺莎哲学的另一方面来阐述这个思想——是不可分的、单纯的,它自身只是一个整体,因为它是绝对未被规定的、不受限制的;只有被规定的、有区别的、受限制的事物才是可分的、众多的。因此,存在只能为单一之物即实体所具有。诚然,个别之物是从实体或无限之物中产生出来的,但它不是作为个别之物,不是作为有限之物。毋宁说,既然它被看作上帝的本质的表现,因此它是原初地、先天地与实体相一致,与上帝一样地永恒;因为,上帝的无限属性如果不是作为单一的存在物的那些个别的、有

---

① 尽管如此,1833 年所说的这段话,仅仅把斯宾诺莎哲学的戈尔迪之结砍断,而没有解开。正如思维和广延不顾实体的统一仍然与笛卡尔的二元论处于矛盾之中,同样地,无限和有限也是如此。从无限之物中永远只能产生出无限之物,从有限之物中永远只能产生出有限之物。正如西格瓦特对这一点所说的那样(第 1 章第 93 页):"这样一来,我们便有了两个领域;每个领域内是通过中介的,可是这两个领域并不互为中介。因此,斯宾诺莎体系中的这种分裂至今仍然没有被人觉察出来。"不!维蒂希在以上引证的著作中已经指出这种分裂。然而,当斯宾诺莎与有神论的解释相对立(这种解释间接地或者借助于不受限制的随意性或全能从无限之物中引出有限之物),断定说有限之物或被规定之物不能从未被规定之物中产生出来,只能从另一个本身也被规定之物中产生出来,这时他是完全正确的;不过,他却把这个陈旧的有神论的无限本质当作原初的、确定的真理保留下来。因此,他不是以一种有机的方式达到有限的、被规定的即现实的东西。斯宾诺莎的这些以及其他的矛盾和不可理解性,在下述定义中得到了自己的说明和解决,"斯宾诺莎是从神学观念出发的对神学的否定",或者是对神学的神学否定(1847 年)。

限的存在物,那它们又是什么呢?正如实体的属性或无限样态必然与实体同时处在一起,同样地,个别的事物也必然与实体同时处在一起。

因此,任何一个有思考能力的人都能看出,上帝或实体不是从时间上来说,而只是就本性而言存在于事物或它们的状态之先①;这只不过有如原因存在于结果之先、本质存在于它的特性之先。无限之物或实体不具有任何单独的、特殊的存在,不具有与有限之物或有限状态的存在相分离而独立地存在着的存在。可是,有限之物尤其不具有独立的、与无限之物的存在相分离的、自身就是真实的存在;只有在上帝之中,它才具有自己的存在。实体是事物的核心,是事物的内在原因,但不是那样一种原因:这种原因把结果放出自身之外,置于与它不同的、独立的存在之中,它在发生作用之后,又从结果返回到它自身;因此,它是一种在其中仍然保留着结果的原因,它的本质或实体就是原因自身。正是由于实体是事物的内在原因,因此,实体对于作为存在或活动的原因这一使命并不是漠不关心或无动于衷的;上帝的权力即成为原因这样一个使命,就是上帝的本质自身。"上帝借以使自己和万物存在着与活动着的那种力量,就是上帝的本质自身。"(《伦理学》,第1编命题三十四)"从上帝是他自身的原因这种意义上来说,上帝也应当被称为其他一切事物的原因。"(命题二十五的注释)"我们不能想象上

---

① 在关于斯宾诺莎的导言中已经提到的这一点,即实体不是"由部分所组成,而是绝对不可分的、严格地单一的",因此,它不是"由有限事物胡乱地拼凑成的组合体,因而也不是纯粹的抽象观念"。这一点已经由弗·亨·雅科比作了出色的说明。

帝不存在,同样也不能想象上帝不活动。"(《伦理学》第 2 编命题三的注释)①。上帝不是随心所欲地进行活动的。他进行活动,这不取决于他的意志,也不是为了达到某种目的或意图;他是按照必然性进行活动的,但是这种必然性不是某种与他不同的东西,而是他的本质、他自身,因而也就是自由。由此可见,在作为实体的上帝概念中包含有原因概念,甚至可以说实体概念和原因概念就是一个概念。我不能把成为原因这样一个使命与实体分开;它作为原因来说才成为实体,正如它必然是实体一样,它也必然是原因。可是,正如它成为原因这样一个使命是必然的、本质的、与实体相一致的,同样地,活动也是必然的、本质的、与实体相一致的。

既然成为原因这样一个使命与实体的本质是一致的,因此实体本身必然是活动的绝对本质、活动的绝对内容,而成为活动的实体这样一个使命必然是实体的本质规定性。因此,有限之物不是从无限之物中产生出来或分离出来;无限之物本身既不是某种与有限之物有特殊区别的东西,也不是有限之物的偶然的和随意的

---

① "Dieu est cause de tout dans le même sens qu'il est cause de luimême. "Mais s'il est cause de lui-même, ce n'est pas qu'il agisse pour se donner l'existence, ou qu'il se produise. Il n'agit donc pas pour donner l'existence aux autres choses, il ne les produit pas, et il n'y a proprement dans toute la nature ni action, ni production, ni cause, ni effet. " Condillac. Traité des systèmes Ch. X. "(正如上帝是他自身的原因一样,他也是万物的原因。可是,即使上帝是他自身的原因,他也不是为了给予自己以存在或者为了把自己产生出来而进行活动。因此,他也不是为了给予其他事物以存在而进行活动,他没有把它们产生出来,老实说,在整个自然界里,既没有活动,也没有产生,既没有原因,也没有结果。孔狄亚克,《论体系》,第 10 章)说得完全正确。在斯宾诺莎看来,理性的本质就是事物的本质。因此,活动只具有逻辑连贯性的意义。"我们进行活动,只是因为我们按自己的理性来说就是活动的。"

原因,而是作为有限之物的原因来说就是它的实体,作为它的实体来说就是它的原因;无限之物的本质规定性就是成为有限之物的实体和原因,或者说,无限之物正是作为有限之物的原因和实体,才成为它现在这个样子;因为产生就意味着从他物中把某种特殊的存在分离出来,纳入自身之中;这种存在始终处于自己的原因之中,就像处于自己的本质之中一样。原因对结果的关系与结果对原因的关系,是一种内在的、本质的、永恒的关系;正如成为原因这样一个使命不是产生于实体(只有当这一使命是某种与它的本质相分离的东西时,它才能产生),同样地,活动也不是某种从原因中产生的或与原因分离的东西。因此,关于活动的产生和产生方式问题没有任何根据,这个问题本身就是毫无意义和荒谬可笑的①。活动对原因或原因对活动的关系,是与偶性对实体或实体对偶性的关系不可分的;正如实体概念和原因概念不可分离或没有区别一样,偶性概念和活动概念也同样是不可分离或没有区别的。

---

① 我们仅仅考虑雅可比和滕涅曼对斯宾诺莎的批评,在这里即使不谈可以对这种批评提出的其他种种更正和意见,但对于滕涅曼仍然必须指出他在其《哲学史》(第10卷第473页)中对第十七个命题的注释作了错误的解释。斯宾诺莎在那里对于上帝的理性所发表的意见只不过是一种假设;他说得很对:既然上帝的理性被看作是构成上帝的本质,而属于这种本质的,除理性之外,还有其他许多东西,因此上帝的理性与我们的理性之间,除了名称之外,没有任何共同之点,可是按照斯宾诺莎的观点,不论理性被看作是无限的或有限的,它只是绝对思维的属性的一种样态,因此,思维既是无限理性的实体,也是有限理性的实体。在这点上,它们不只是在名称方面具有共同之点。不过,我应当承认(1847年),斯宾诺莎在这里所提出的关于为什么不能把理性归诸上帝的那个理由,与他的内在原因(causa immanens)以及其他规定性是不一致的。对于斯宾诺莎的其他许多原理,我也应当承认是如此,在我看来,这些原理或者本身就模糊不清,或者我至少不能同意它的基本原则。

因此,形成不是某种存在着的东西,即不是某种绝对的东西,因为,在斯宾诺莎看来,存在着的东西就是绝对的东西;时间只不过是思维或表象的样式①。个别的、有限的、只具有特定存在的事物,在其存在上只能被另一些个别的事物所规定;可是,个别的事物被另一个别的事物所规定的那种存在,只不过是这个事物在时间上的存在。一般说来,只有在时间之中才有产生。然而,时间恰恰不是上帝或实体对事物的真实直观(因为,在事物的单一存在中、在事物在实体之内的存在中对事物的直观,才是真实的直观),而只不过是个别的思维的存在物借以想象事物的形态和方式。由此可见,个别的事物只有在有限的存在物的直观方式中,才具有个别的、有限的存在,一个事物在其存在上才能被另一事物所规定,才能有生有灭②。

第 92 节　向精神和肉体的统一过渡

由于在斯宾诺莎看来上帝是唯一的一个存在着并能被思维的

---

① 例如,可参考别·德·斯宾诺莎:《形而上学的思想》,第 462 页,弗洛滕和兰德出版;《书信集》第 29 封。"显而易见,数、度和时间不外是思维的特定形态,或者更正确一点说,不外是表象的特定形态。"在黑格尔和谢林出版的《哲学评论》杂志第 2 卷第 1 册第 73—89 页上,黑格尔对时间概念及其在斯宾诺莎体系中的意义作了详尽的、富于教益的阐释,还指出了雅可比在理解和指责斯宾诺莎哲学的这个问题方面所犯的错误。

② 斯宾诺莎的下面这段话也能说明这一段里所讲的问题:"想一想,人不是被创造出来,而是被产生出来的,人的生命的某些有形成分存在于人被产生出来之前,尽管是以另一种形式存在着。如果能够把物质的某个个别部分消灭掉,那么一切广延的存在将随之消失。"《书信集》第 4 封)

实体,而上帝之中的一切事物即思维和广延只是上帝的属性,它们各自按自己的方式表现出上帝的无限的和永恒的本质,因此,一切个别的事物即属性的有限样态,同时表现出思维和广延;换句话说,一切个别的事物既应当在广延的属性中,也应当在思维的属性中被理解。一切事物以特定的方式表现出实体,因而也同时表现出思维和广延,这就是说,一切事物尽管程度不同都具有灵性,同时既有肉体又有灵魂;因为灵魂不外是思维的样态、思维的特定形态。(《伦理学》第 2 编命题十三注释)可是,由于思维和广延虽然彼此有所区别,但它们并未把任何区别带入实体本身之中,毋宁说,实体对于这种区别一点也不关心;同时,又由于不论从广延属性或思维属性方面思考实体,它始终只是同一种实体,广延和思维只不过是两种包含着同一个事物、同一个内容的形式;因此,肉体和灵魂这样的有限样态也只表现出同一个事物,只是时而从广延方面或以广延的形式考察这同一事物,并称之为肉体,时而从思维方面或以思维的形式考察这同一事物,并称之为灵魂。灵魂并不是一种特殊的、独立的实体,同样地,肉体也不是一种特殊的、独立的实体;相反,灵魂和肉体这两者的实体是同一个实体;不论我把这一实体看作广延、即肉体,或者看作灵魂,这都毫无区别;这始终是同一个实体。

　　灵魂不外是它的肉体的直接的、不通过中介的、即与肉体的存在相同一的、直接肯定肉体的存在并把这一存在包含到自己之中的概念(观念或意识)。肉体形式地、实在地、现实地表现出来的东西,被灵魂客观地即以思维的方式表现出来;换句话说,肉体以广延的形式表现出来的东西,被灵魂以思维的形式表现出来。同一事物，作为广延之物表现出来就是肉体，作为思维之物表现出来就是灵魂；或者，正如莱辛相当大胆地表述的那样："灵魂不外是思考着自身的肉体，肉体不外是有广延的灵魂。"①可是，正是由于思维和广延是有区别的，它们各自按自己的方式表现出同一个内容、事物、实体，因此，思维不能被广延所规定，广延不能被思维所规定。因此，任何一种属性的样态，只有在它们作为其样态的属性中，而不是在其他属性中思考上帝时，才能以上帝作为原因。由此可见，广延的规定性只能把作为广延本质的上帝当作自己的原因，而思维的规定性也只能把作为思维本质的上帝当作自己的原因；灵魂及其规定性不能从物质或广延中引出来，反过来，物质或广延也不能从灵魂及其规定性中引出来。正是因为它们各自按自己的方式来说都是绝对的、完善的，它们各自按自己的方式表现出同一事物、实体，因此它们不能相互规定，不能相互地从对方中引出自身。

第 93 节　精神和肉体的统一，以及一般说来观念对象和物质对象的统一

观念是精神的概念；精神之所以能形成概念，是因为精神是思维的存在物。(《伦理学》，第 2 编定义三)

观念按本性来说存在于思维的其他形态之先；因为思维的其他形态，如爱情、愿望以所爱的、所愿望的事物的观念为前提，而观

---

① 斯宾诺莎在他的《知性改进论》(第 29 页，弗洛滕和兰德出版)中说道，灵魂按照一定的规律活动着，它仿佛是一架精神的自动机。

念的存在却不以其他思维形态的存在为前提。(公理三)

在上帝之中,必然地既有他的本质的观念,也有从他的本质中必然地产生出来的那一切事物的观念;因为上帝能够以无限的形态和方式思考无限之物,或者,换句话说,他能够形成关于他的本质以及从他的本质中产生出来的一切事物的观念。然而,上帝所能做出的一切都是必然的;因此,那样的观念必然存在,而且仅仅存在于上帝之中。可是,这个上帝观念—从这个观念中以无限的方式产生出无限之物——只能是唯一的,正如只能有一个唯一的实体一样。(命题三、四)

个别事物的观念应当包含在上帝的无限观念之中,并通过上帝的无限观念得到理解,正如个别事物的形式的和现实的本质或个别事物本身包含在上帝的属性之中一样。(命题八)

只有当上帝作为思维的本质,而不是从其他属性方面被思考时,观念(作为观念)的形式存在即它自身的本质才能以上帝作为自己的原因。这就是说,无论上帝属性的观念,或者个别事物的观念,都不能以它的这些对象或被感知的事物作为由以产生的原因,而只能以作为思维本质的上帝本人作为由以产生的原因。(命题五)

因此,任何一种属性的形态和方式,只有当从它们是其特性或方式的那种属性方面,而不是从其他属性方面考察上帝时,才能把上帝当作自己的原因。因为,任何一种属性都是直接通过自身被思考的。因此,属性的形态和方式包含着自己的而不是其他的属性的概念,从而只有在从它们是其样态的那种属性方面考察上帝时,才能把上帝当作原因。由此可见,某些事物(它们不是思维的规定性或形态和方式)的形式存在、实在本质之所以从上帝的本性中产生出来,不是因为上帝预先认识和思考它们,而是因为正如观念从思维的属性中产生出来那样,观念的对象也以同样的方式和同样的必然性从它们的属性中产生出来。(命题六和绎理)

观念的顺序和联系与事物的顺序和联系是一致的。由此可以断定,上帝的思维能力和他的活动能力是相等的,这就是说,从上帝的无限本性中形式地(作为实在的、现实的对象)产生出来的一切事物,在上帝中也按同样的顺序和同样的联系从上帝的观念中客观地(作为精神的对象、作为观念)产生出来。思维实体和广延实体是同一个实体,对这同一个实体时而从这一种属性、时而从另一种属性方面加以考察。因此,广延的特定形式和方式与这种形态和方式的观念,是同一个东西,只不过以两种不同的形式表现出来。例如,现实地存在着的圆和存在于上帝之中的这个圆的观念,是同一种东西,只不过从不同的属性方面加以理解。因此,无论我们从广延属性方面,或者从思维属性方面,或者从其他任何一种属性方面观察自然,我们始终只发现同样的顺序或因果联系,也就是说,我们始终只发现同一种事物处于同一种连续性之中。因此,上帝只有作为思维的本质才是——譬如说——圆的观念的原因,只有作为广延的本质才是现实的圆的原因,因为圆的观念的形式存在或本质只有通过另一个观念或思维形态,并把它作为自己最近的原因,而这另一个观念或思维形态又只有通过再下一个观念或思维形态,如此类推,直至无穷,只有这样才能得到理解。由此可见,每当事物被看作思维的形态,我们就可以而且应当仅仅通过思维的属性去理解整个自然界的顺序或因果联系;可是,每当事物被

看作广延的形态或规定性,我们就可以而且应当仅仅通过广延的属性去理解整个自然界的顺序。(命题七和注释)

构成人的精神的现实存在和本质的头一件东西,不外是现实地存在着的事物的观念。人的精神的本质由以构成的那个概念的对象,就是肉体或广延的特定的、现实地存在着的形态和方式,而不是其他。因此,自然界中的一切事物都是具有灵性的,只不过程度不同而已。因为,对于每一事物,上帝之中必然存在着一个观念,上帝就是这一观念的原因。可是,肉体的概念——它是精神或灵魂本身,或构成精神的存在——是一个直接的、不通过中介的概念;由此产生观念之间的区别,例如,在彼得自己精神的本质由以构成的彼得观念和另一个人(譬如说,保罗)对他所持有的彼得观念之间,就存在着区别。因为,头一个彼得观念直接表现出彼得的肉体的本质,彼得本人生存多久,这个观念也只能存在多久;可是,后一个彼得观念除了表现彼得的本质之外,还表现出保罗的肉体特性;因此,只要保罗的肉体特性继续存在着,保罗的精神就能想象彼得存在着,即使彼得本人已经不存在了。因此,精神和肉体的统一就在于,肉体是灵魂的直接对象。(命题十一、十三、十七,注释)

因此,凡是存在于肉体之中、存在于精神自身由以构成的那个概念的对象之中的东西,也存在于精神之中;凡是发生在肉体之中的东西,也发生在精神之中,或者被精神所感知。由于精神的本质仅仅在于它是现实地存在着的肉体的概念,而事物的能力不外是事物的本质,因此精神的认识能力也只能延伸到包含在肉体观念之中和从肉体观念中产生出来的东西。(命题十二;《书信集》第66封)

人的肉体的一切状态的观念，或外界物体借以作用于肉体的那一切形态和方式的观念，同时也表现出外界的物体和人的肉体的本性。因此，精神在感知自己的肉体的本质时，同时也感知许许多多物体的本质。可是，我们所具有的关于外界物体的观念，除了表现外界物体之外，还表现我们的肉体的特性。(《伦理学》第 2 编命题十六绎理 1、2) 此外，人的精神不仅感知肉体的状态(印象、规定性)，而且感知这些状态的观念。不过，精神只有在它感知自己肉体的状态的观念时，才能认识它自己。精神只有借助于自己肉体的状态的观念，才能感知作为现实地存在着的事物的外界物体。(命题二十二、二十三、二十六) 由于精神只不过是肉体的直接概念，因而由此必然可以推定，精神的对象即肉体愈加完美和健全，精神也就愈加完美和健全。(命题十三注释；命题十四)

上帝之中也存在着人的精神的概念或观念；与人的肉体的观念或概念一样，人的精神的概念或观念也是以同样方式产生于上帝，并且与上帝保持同样的关系。正如精神与肉体联系着一样，精神的观念(意识)也以同样的方式与精神联系在一起。(命题二十、357 二十一)

由此可见，精神和肉体是同一个个体，我们时而从思维属性方面、时而从广延属性方面加以考察。同样地，精神的观念和精神本身也是同一个事物、同一种本质，我们从同一种属性即思维属性方面加以思考。(命题七注释和命题二十一注释)

但是，物体不能够在思维方面规定精神，精神也不能在静止或运动以及其他方面规定肉体。(《伦理学》第 3 编命题二)

第 94 节　论意志

出于不论从思维属性方面或者从广延属性方面考察自然界，事物的顺序和联系始终是同样的，由此就可以断定，肉体的活动与情欲的顺序和精神的活动与情欲的顺序，按本性来说是同时的。意志的规定或精神的决断和肉体的规定，按本性来说也是同时的；或者更正确一些说，同一个事物，如从思维的特性方面加以考察，就称为决断，如从广延的特性加以考察并从静止和运动的规律中引出，就称为规定。（《伦理学》第 3 编命题二注释）

诚然，人们强烈地、坚定地相信，静止和运动以及肉体的其他动作完全取决于精神的意志和思维的能力；可是，如果把肉体的本性仅仅看作有形体的，那么肉体按照自己本性的规律能够做出和创造出什么呢？对于这个问题，他们却毫无所知，也没有任何人作过说明。在这点上，他们希望以经验为依据，并把下述两个论点当作事实肯定下来：如果人的精神不喜欢思维，那么肉体便处于迟钝状态；譬如说，说话或不说话，这完全听从于精神的支配。可是，对于头一个论点，难道经验没有恰恰相反地向我们指出：如果肉体处于迟钝状态，那么精神也就同时不喜欢思维？因为，当肉体在睡眠中安静地躺着时，精神也与肉体一道同时处于不活动的状态，没有它在清醒时那样的思维能力。当然，谁都有过这样的体验：思维能力在不同的时间里是不同的，精神的能力依赖于肉体的状况和能力。至于第二个论点，如果不说话像说话那样听从人的支配，那对于人的生活确实更好一些。遗憾的是，我们从经验中十分清楚地知道,人们最难于控制自己的欲望。婴儿当然认为自己渴望喝奶是出于自由的意志;愤怒的小孩认为他希望报复;胆小鬼认为他希望逃跑;醉汉认为,他按照精神的自由决断说出了他后来在清醒状态下所不愿说出的话。儿童、蠢汉、饶舌者以及大多数诸如此类的人,尽管他们不能抑制自己想说话的欲望,却认为自己是按照精神的自由决断说话的。因此,经验也像理性那样清楚地表明,人们之所以相信他们是自由的,只是因为虽然他们意识到自己的活动,可是不知道这些活动由以被规定的原因。

对于愿意说话或不说话的可能性问题,我们还要作如下补充。如果我们不记得某件事,我们就不能对这件事作出决断。例如,如果我们不记得某句话,我们就不能说出这句话。可是,记住或忘记并不取决于精神的意志。因此,精神的那种被看作是自由的决断,与表象或记忆本身没有区别,它不外是那种包含有作为观念的观念的肯定或断定。因此,正如现实存在着的事物的观念必然地产生于精神一样,精神的决断也同样必然地产生于精神。(同上书)

人们虽然意识到自己的欲望与活动,可是不知道自己在对某个事物的愿望或欲望上由以被规定的原因;从这一点产生了他们关于目的因的观念。可是,事实上,目的因不外是人的意图或愿望,而这种愿望被看作是关于某物的原则或始因。例如,如果我们说居住是这座或那座房屋的目的因或目的,那不外是说,由于人们考虑到在房屋里生活的好处,于是人们有了建造房屋的愿望。因此,如果居住被看作是目的因,那么居住就不外是这种个别的愿望;这种愿望其实是外在的原因,仅仅由于人们通常不知道自己意图的原因,因此被看作是始因。(《伦理学》,第4编序言)

精神不具有绝对的或自由的意志，而是由某个原因规定它具有这种或那种意志，这个原因又被另一原因所规定，这另一个原因又被其他某个原因所规定，如此类推下去。因为，精神是思维的某种被规定的方式，它不可能是自由的原因，(《伦理学》第2编命题十七绎理二)它也不可能具有愿意这样和不愿意这样的绝对能力。同样地，精神之中也不可能有理解、渴望、喜爱等的绝对能力。这些能力以及与此类似的能力，不外是一些从个别特殊之物抽出来的共相、抽象观念。(《伦理学》第2编命题四十八)

意志不外是肯定和否定的能力。可是，精神之中除了作为观念的观念所包含的那种意志或肯定和否定之外，没有任何其他的意志或肯定和否定。因为，精神之中没有愿意这样和不愿意这样的绝对能力，而只有个别的意志活动，即这种或那种肯定、这种或那种否定。例如，精神肯定三角形的三角之和等于二直角。这个肯定在自身中包含着三角形的概念或观念，如果没有三角形的观念，就不能设想这种肯定；可是，如果没有这个观念，这种肯定也不能存在；(按照《伦理学》第1编公理三)因为，和所有其他思维方式一样，这种肯定也以观念即某种按本性来说在先的东西为前提。可是，三角形的观念本身也应当在自身中包含有这种肯定即它的三角之和等于二直角。因此，反过来说，如果没有这种肯定，三角形的观念既不能存在，也不能被思考；因此这种肯定属于三角形观念的本质，而不是这一观念之外的某种东西。可是，适用于这种个别的意志活动的东西，也适用于任何意志活动，这就是说，除了观念之外，没有任何意志。因此，意志和理性是同一个东西。因为，意志和理性不是别的，只是个别意志活动和观念本身。然而，个别意志和观念是同一的,因而意志和理性也是同一的。可是,为了理解观念本身包含着肯定和否定,必须精确地把观念和感性形象区别开来。因为,观念不是像黑板上的呆板的图像那样;观念是精神的概念,是思维的形态和方式,是理性、认识或认识本身的活动。(命题四十八、四十九、四十三注释)

第95节 论精神或认识的自由和德行

精神的本质(自由)仅仅在于认识。(《伦理学》第5编命题三十六注释)只有当我们认识着的时候,我们才是主动的(或自由的);因为,只有认识才必然地从我们精神的本质中产生出来;认识能从精神本性的规律中引导出来和得到认识。(《伦理学》第4编命题二十三和二十四)不过,只有在我们是某一结果的符合的或完全的原因时,也就是说,当某种东西如此地从我们的本性产生出来,以致它只有通过我们的本性才能清楚明白地被认识时,我们才是主动的。相反,当某种东西从我们的本质中产生出来,而我们只是这种东西的部分原因时,我们便是被动的。(《伦理学》第3编定义二)[1]

---

[1] 斯宾诺莎关于激情、欲望、意图,特别是关于理性和认识的言论,在迄今为止这方面的言论中无疑是最深刻、最卓越、最敏锐、最富于思想的。一般说来,在他的著作里,特别在他的《伦理学》中,无论在哲学问题方面或者在经验心理学问题方面,都可以发现一些非常富于成果的、十分卓越的思想。例如,对于快乐,谁能说出更加卓越的思想吗?"我们感受的快乐愈大,我们也就愈加完善,我们便在更高程度上分享上帝的本性。因此,贤哲之人竭力利用一切事物和享受一切事物——当然,不要达到厌倦的程度,因为那样一来就谈不上享受了。……老实说,只有愚昧无知的偏见才会禁止人们享乐。"(《伦理学》第4编命题四十五注释)

当精神在自身中具有一些不符合的(即精神并非其充分原因的)、不完全的或歪曲的、混乱的(mutilatae et confusae)观念,也就是精神被外在之物所规定而形成的感性表象时,精神便是被动的。可是,当精神具有相符的(清楚明白的)观念即只有精神是其原因的那种完全的观念时,精神便是主动的。(《伦理学》第3编命题一)

因此,只有当精神具有某种包含着否定的东西时,或者当精神被看作自然界的一部分(没有其他部分,这一部分本身是不能清楚明白地被感知的)时,激情才与精神相关联。(同上书,命题三注释;第4编命题二)

真正思想或相符观念的形式或本质,仅仅在于思维本身;这种形式或本质仅仅依赖于思维的权力或能力,也就是说,它只从理智的本性中引出的。臆造的、虚假的(即混乱的、不符合的)观念来自想象,即来自某些偶然的和零散的表象或感觉,它们不依赖于精神的本质,而依赖于外界的事物,因为它们在处于睡眠状态或清醒状态的肉体中引起不同的运动。想象是心灵感到痛苦的原因。因此,我们的相符观念产生于我们是思维的存在物的一部分,只有思维的存在物的思想才完全地和充分地构成我们精神的本质,而其他的思想只是部分地构成我们精神的本质。(《知性改进论》,第24、25、28段,弗洛滕和兰德出版)

善行不外是一种能力或力量,也就是说,既然善行与人相关,因此它是人的现实本质本身,因为这种本质具有一种使某物只能从它的本质的规律中产生出来的力量或能力。可是,精神的能力仅仅在于认识,精神只有在它的理智中才具有自己的活动能力。

因此，一个在其活动方面被不相符的观念所规定的人，就不是出于善行或按照善行进行活动的；只有那些在其活动方面被认识所规定的人，才是出于善行或按照善行进行活动的。(《伦理学》第 4 编定义八，第 5 编前言，第 4 编命题二十三)

因此，精神的永恒部分也就是认识或理性，我们只有借助于它才成为主动的；精神的短暂部分就是感性表象或记忆，我们由于它而成为被动的。(《伦理学》第 5 编命题三十四注释)当我们的精神进行认识时，精神是一种永恒的思维方式，它被另一种永恒的思维方式所规定，而这另一种方式又被其他的永恒的思维方式所规定，如此类推，直至无穷，因此，所有这一切(永恒的思维方式)共同地和同时地构成上帝的永恒理性。(命题四十的绎理和注释)

只有对那些有益于或有害于我们理智的事物，我们才肯定无误地知道它是善还是恶。(《伦理学》第 4 编命题二十七)

第 96 节　几种不同的认识

有三种认识。属于第一种认识的，是从感觉中混乱地、不按顺序地抽出的全部表象和全部一般概念，简言之，即从不确定的、不是由理性指导的经验中产生出来的全部表象。属于第二种认识的，是我们从关于事物的特性的一般概念和相符观念中形成的全部一般概念。这种认识方式就是理性。除了这两种之外，还有第三种认识，即直觉的认识。这种认识方式从上帝的某些属性的本质的相符观念出发，达到对事物的相符认识。(《伦理学》第二编命题四十注释)

理性的本质在于不把事物看作偶然的,而看作必然的。只有从感性表象着眼,我们才把事物和时间联系起来,从而把事物看作是偶然的。相反,从永恒性的某种形态或形式观察事物,则属于理性的本质,因为理性的本质在于不把事物看作偶然的,而看作必然的。可是,事物的必然性就是上帝本人的永恒本性的必然性;因此,从永恒性的形式方面观察事物,也属于理性的本质。此外,理性的基础就是那些表现出一切个体的共同点的概念,因而这种共同点应当看作是与时间无关的。(命题四十四的注释和绎理)

任何现实地存在着的、个别的事物或物体的观念都必然包含有上帝的永恒的和无限的本质。因为,如果没有上帝,一切个别的事物就不能被思维;因此,个别事物包含有它们是其样态的那种属性的概念,因而包含有上帝的永恒的,无限的本质。(命题四十五)

对每个观念中所包含的上帝的永恒的和无限的本质的认识,是相符的和完全的。(命题四十六)

一切观念只要与上帝相关连,都是真实的。(命题三十二)

我们对个别事物的认识愈加深刻,我们对上帝的认识也愈加深刻。因此,对个别事物的认识即直觉认识或第三种认识,比从概念中形成的一般认识即第二种认识更加优越。(《伦理学》第 5 编命题二十四和三十六)①

但是,精神之所以能这样地认识它从永恒性的形式方面(或作为永恒的)所认识的一切,只是因为它不是在肉体的当前的现实存

---

① 斯宾诺莎在这里举出人的精神作为这样一种个别事物或存在物的例证;人的精神的本质仅仅在于认识,这种认识的源泉和基础就是上帝。

在中,而是在肉体的本质中理解自己的肉体。(命题二十九)

这就是说,我们是以两种方式思考事物的存在。我们或者从时间和地点方面思考事物的存在,或者把事物看作是包含在上帝之中,看作是上帝本性的必然结果。如果以这后一种方式思考事物的实在或存在,我们便把它们看作是永恒的,它们的观念中便包含有上帝的永恒的和无限的本质。(命题二十九,注释)

只要精神从永恒性的形式方面认识自身和肉体,它就必然具有对于上帝的认识,并了解到它处于上帝之中和通过上帝而被思维。永恒性是上帝的本质自身,因为上帝的本质中包含着必然的存在。因此,把事物看作是永恒的,就意味着这样地思维事物,即认为事物通过上帝的本质或在上帝的本质之中是现实的、实在的存在物,换句话说,即认为事物通过上帝的本质或在上帝的本质之中包含着存在;因此,只要我们的精神从永恒性的形式方面理解自身和自己的肉体,它就必然具有对于上帝的认识。(命题三十和证明)

第97节 真正的认识方法

因此,真正的认识方法只能依据于上帝观念。真正的方法不是到观念的起源中寻找真理的标志;因为方法不外是反省的认识或观念的观念,因此它作为观念的观念已经以观念的存在为前提。因此,真正的方法就在于指出如何根据某个真实观念的规范来指导理性。

由于在两个观念之间,例如在形式的(现实的)本质之间或这些观念的对象之间,存在着同样的关系,因此,对最完善的存在物的观念的反省认识，必然优越于对其他观念的反省认识，而最完善的方法就是那种指出精神如何根据最完善的存在物的观念的规范来行动的方法。由于观念必然与它的形式本质（它的对象）相一致，因此，当精神遵循这种方法时，它就在自身中表现出整个自然界的形象，那时它就从那种包含着整个自然界的起源和源泉的存在物的观念中引出自己的全部观念；因而这一观念是其余一切观念的源泉和起源。精神作为观念客观地包含有它的对象形式地或现实地包含着的东西。由此可见，真理和认识的规范就是上帝的观念，即那样一种本质的观念，这种本质是唯一的和无限的，它就是全部存在，在它之外没有任何存在。（《知性改进论》，第13、14、33、26节，弗洛滕和兰德出版）

然而，我们何以确信那个应当是其余一切观念的规范的真实观念是真实的呢？确信不外是客观的本质（即观念）本身，也就是形式的（真正现实的）本质由以成为我们精神的对象的那种方式。因此，为了确信真理，除了真实观念本身之外，不需要其他任何标志。（同上书，第12页，弗洛滕和兰德出版）凡是具有真实观念的人，也就同时知道他具有真实的观念，不会怀疑它的真实性，他确信它具有真实性；因为确信不仅是不怀疑，而且是某种肯定的东西。（《伦理学》第2编命题四十三和四十九注释）凡是具有真实观念的人都知道，真实的观念包含着最大的确定性；因为，具有真实的观念，这不外意味着对某个事物具有最完善、最深刻的认识。还有什么东西比真实观念更加清楚、更加确定无疑、因而能够成为真理的标准呢？的确，正如光明在显现出自身的同时也显现出黑暗一样，真理也能在认识自身的同时认识自己的对象。此外，还需考虑到，只要

人的精神真实地观察着事物，它便是上帝的无限理性的一部分。（命题四十三注释）

第98节 精神的目的

可是，第三种认识或对上帝的认识不是没有情感的，因为存在着从理性或思维本身中产生出来的情感，（《伦理学》第3编命题五十八；第4编命题六十一；第5编命题七）在我们由情感即激情所规定而产生的那一切行为方面，我们也可能被理性所规定。（第4编命题五十九）或者，毋宁说从这种认识中产生出精神的最高的喜悦和快乐，它是对上帝的爱的源泉，可是这种爱是精神之爱、认识之爱。（第5编命题三十二绎理）

上帝用无限的、理智的爱去爱自身。精神对上帝的理智的爱，就是上帝借以爱他自身的爱，这与其说因为他是无限的，不如说因为可以通过人的精神的那种从永恒性的形式方面加以考察的本质（或作为这种本质）来说明上帝；这就是说，精神对上帝的理智的爱，是上帝用以爱他自身的那种无限的爱的一部分。既然上帝爱他自身，因此他也爱人类；因此，上帝对人类的爱和精神对上帝的理智的爱是同一的。（命题三十五、三十六绎理）

精神的目的在于认识它与整个自然界所具有的那种统一；（《知性改进论》）精神的最高的善和它的最高的德行，就是认识上帝。因为，精神所能认识的最高之物就是上帝，即那个绝对的、无限的存在物，如果没有它，任何事物都不能存在，也不能被思维；因此，精神的最高的善就是对上帝的认识。只有当精神进行思维和认识的时候，它才是主动的，只有在这种场合下，才能无条件地说它是按照德行活动的。因此，认识是精神的绝对的德行或力量。可是，精神所能理解的最高之物就是上帝，因此，精神的最高德行就是认识上帝。由此可见，对上帝的认识和爱，作为我们最高的善，就是精神的最终目的。(《伦理学》第4篇命题二十八；《神学政治论》第4章第423页，由弗洛滕和兰德出版)

因此，幸福不是对德行的酬报，而是德行本身；不是因为我们克制情欲，我们才享有幸福；相反地，正是因为我们享有幸福，我们才能够克制情欲。(《伦理学》第5编命题四十二)

德行的或理性的存在物——这两者是一致的——的最高的善，是一切人所共有的，所有的人都能同样地享有这种善。人的最高的善是普遍的，这一点并非偶然，而是在理性的本质自身中有其根据，因为，既然人的本质仅仅在于理性，因此这一点正是从人的本质自身中引出来的，如果人没有占有和享受这种最高的善的能力，人就既不能存在，也不能被思维。因为，人的精神的本质在于它对上帝的永恒的和无限的本质具有相符的认识。(《伦理学》第4编命题三十六和注释)

第99节 1833年写的结论性评论

对于斯宾诺莎哲学，有些人往往不厌其烦地指责说：它是通常那种庸俗含义的无神论或泛神论，它把无限之物和有限之物等同和混淆起来，把有限之物变成无限之物。但是，这些指责毫无根据，不值得专门给以评论；因为，与他相比没有任何人给予上帝以更多的存在、更多的实在和更大的权力,没有任何人像他那样把上帝想象得如此崇高、如此自由、如此客观、如此程度地摆脱掉有限性、相对性和人的特性①。

对于斯宾诺莎哲学,除了这些和其他一些不值一提的指责之外,还有一种最常见的指责,即说它否定了道德原则。诚然,情况确是如此:在他看来,善与恶的区别只是有限的区别;善和道德完善的观念,由于不是实体的规定性,因而它自身中不具有独立地存在着的即实体的实在,从而也不具有真正的实在。善和恶不是事物本身之中的某种现实之物,而只是表示我们把事物相互加以比较而形成的相对概念②。其次,他的哲学还否定意志自由;因为,个别的意志活动只是由某个特定的原因所引起,而这个原因又由另一个原因所引起,如此等等。人们如此夸耀的自由,只不过是由于人们虽然意识到自己的行动,可是不知道决定其行动的原因。但是,斯宾诺莎哲学在意志方面从我们这里拿走的东西,它又在认识方面绰绰有余地还给我们了。它从我们这里拿走了意志自由,却给予我们以最高的善即理智的自由。它指出只有从相符观念中才能产生出我们确实可以称之为自己的那种行动;我们的真正的

---

① 在这里还要引一段话以资证明:"没有上帝,个别事物既不能存在,也不能被思维;可是毕竟不能说上帝属于个别事物的本质。"(《伦理学》第 2 命题十注释)

② 某些人从斯宾诺莎的统一原则中作出结论说,在斯宾诺莎看来,人与动植物之间没有区别,因为一切事物从根本上说就是一种事物,这个结论是荒谬的;同样地,好人和坏人之间没有区别,因而我是好人或是坏人那都一样,如此等等的结论也是荒谬的。不过,如果有人还需要对这一点作专门的解释,可参阅——譬如说——《书信集》第 34、21 封,首先是《伦理学》第 3 编命题五十七的有趣注释、第 4 编命题三十七的注释 1 和第 2 编命题十三的注释。

和永恒的生命、我们的能动性和自由、我们的最美好和最卓越的事物、我们的最高的善，都仅仅在于认识；凡是有害于我们认识的事物，就是灾害和恶，凡是有助于我们认识的事物，就是真正的善；因此，他的哲学具有我们所能想象的最崇高的精神性。此外，对实体的思维或直观，直接作为思维、直观来说，是一种宗教的和道德的活动，是一种最高的放任和自由的活动，是一种使情绪和感觉摆脱掉一切空虚的、否定的、主观的因素的活动，是一种最彻底地放弃它自身以及它的全部特殊利益和特殊性的活动，这些特殊利益和特殊性使人们分离开来，相互对立，并在这种分离和对立中产生出各种各样的罪恶和不道德行为，但如果把实体看作虚无的、空洞的，这些罪恶和不道德行为也便随之消失。对实体的思维不是空虚的，而是充实的，它确信自身是真理的，它把自己的对象直接看作是现实的；它的对象及其现实性是与这种思维一道被给予的；这是存在的思维，而这种存在是唯一的、绝对的现实之物的全部存在。因此，对实体的认识同时被证明是精神的最高的善，即精神之中唯一积极的和现实的东西；这种认识是情绪、爱情、思维，而这种思维是真正哲学的，同时也是最崇高的宗教精神活动和最纯粹的道德精神活动。

由此可见，斯宾诺莎哲学只是对下述这些人来说才可能包含有害的原理；他们或者是一些十分庸俗卑贱的家伙，他们行善仅仅是出于害怕惩罚和希望酬报，出于贪图钱财；或者是这样的人，他们把譬如善和恶不是事物本身之中某种现实之物（按照斯宾诺莎的观点，即某种绝对之物）这样的命题，与作为结果本身的实体的观念和直观分开，他们站在斯宾诺莎哲学的观点之外，从自己悟性的那个有局限性的角落出发,在自己个性——它只关心自己的存在、自己的罪孽和责任能力——的那个狭窄的、阴暗的峡谷中,远远地遥望实体这个像摧毁一切的雪崩那样抹煞着善和恶之间的区别的巨大怪物,他们在这种时候只想到实体把善与恶之间的区别变成有限的区别;因此,这些人认为,一般说来,任何哲学——更不要说斯宾诺莎的哲学——都不具有存在和实在①。

至于否认意志自由,那也必须指出,认为事物在其存在与活动方面是一个被另一个所规定这样一种对事物的看法,并不是真正的观察事物的方法,只不过是一种有限的、暂时的方法。因此,雅可比指责斯宾诺莎持有的那种决定论或宿命论②,在斯宾诺莎的哲学中并没有任何客观的、真正的或实体的存在;它只有像时间、作为个别之物的个别事物那样多的或者毋宁说那样少的存在。可是,由于个别事物的存在不是真实的存在,不是实体的存在,因此,这种只在事物的个别性方面与事物关联着的决定论的存在,也与此一道被否定了。斯宾诺莎是一个似是而非的决定论者,相反,霍

---

① 斯宾诺莎自己对这一点以及类似问题是这样地说的:"有些人把上帝看作最高的善,并且要求用纯洁的心去爱作为最高的善的上帝,难道这样的人确实不信教吗?这样的人确信,我们的最大幸福、我们的真正自由正于使道德状态本身成为对善行的酬报,同时使这种状态成为对我们的愚蠢和软弱的惩罚;最后还在于使每个人都爱自己最亲近的人,用各种方法帮助他们,使之服从当局的命令,难道这样的人确实不信教吗?"(《书信集》第49封)当然,斯宾诺莎没有谈到人们通常畏惧的事物或希望在死后获得的事物。在这点上,他却教导说:"自由的人对死考虑得最少,他的智慧不在于对死的考虑,而在于对生的考虑。"(《伦理学》第4编命题六十七)斯宾诺莎在他的《伦理学》第2编的末尾阐释了他的意志学说的结论和这一学说与生命的关系。

② 对斯宾诺莎所作的最荒谬的指责,就是说他甚至使上帝服从于命运。斯宾诺莎在这方面的言论,可参考《书信集》第23封。

布斯——举例来说——却是一个真正的决定论者,因为,他没有否定决定论的关系,而是把它看作永远现实的和客观的。

对斯宾诺莎的主要指责,并不在于他把上帝看作是唯一的和一切的,也不在于他把实体当作哲学的唯一内容,而在于他把实体理解为绝对现实的、不受限制的存在,在于他没有对实体作正确的规定。

因为,尽管思维和广延被规定为实体的属性,可是,由于它们不具有特殊的内容,因此它们不表示任何肯定的区别,也就是说,它们不是实质上的区别,其实只是有限的、形式的区别,是一些完全无关紧要、没有差别的规定性,这些规定性本身中必然包含有另一些无限的规定性的要求、假设,因而它们仍然只不过是一种假设。因为,不仅没有根据把思维和广延当作实体唯一的规定性并停留在这一点上,而且,毋宁说存在着这样的必要性,即更进一步作出其他的假设。如果假定它们的区别作为区别来说同时也是实体的一种实在的即现实的规定性——实体的统一不会被这种规定性所破坏,而变成为两个或更多个实体,因为实体之所以成为实体,正是因为它具有不会被区别所分开、不会分裂为若干部分这样一种绝对的力量和威力——那就不会有更多的属性,这两种属性已足够了;那个时候,借助于规定性的实在性,就能达到现在借助于无限的众多应当达到、可是还没有达到的事物,无限的属性只不过是这两种属性的内在地没有价值、没有意义和没有效用的结果或表现。如果停留于这两种属性,那么,这样做的根据仅仅在于它们的区别和规定,因而这种规定本身具有价值、意义和实在性;可是,这种规定仅仅被看作是否定,实体是在规定上绝对没有区别,因此它的属性、它的规定性对它自身来说是没有区别的，也就是说，它的属性是无限众多的。规定就是不存在，这恰恰无非是说，规定是一种按本质来说没有意义、完全没有区别即没有实在性的东西。

由此可见，其实并没有通过把实体规定为思维的和广延的实体、或者规定为思维和广延的统一，而对实体作出更加切近的规定。斯宾诺莎否定实体之中存在着肉体和灵魂、精神和物质的对立，并且认为这种统一就是实体、就是上帝本人，而不是像马勒伯朗士和笛卡尔那样以一种非哲学的方式通过上帝、通过上帝的意志把两者联接起来。斯宾诺莎通过这种方式满足了思维的本质需要；尽管如此，由于这种统一不是特定的统一，因此这种统一仍然是不充分的，因为他仅仅承认这两者在实体之中是一致的，仅仅承认这种统一处于实体之中，而不处于这两者本身之中（因为它们是被规定的、有区别的），不处于它们的规定性之中。因此，差别仍然是不可理解的，并非必然的（像在笛卡尔和马勒伯朗士那里那样），毋宁说，精神和物质的统一只是随意的即不可理解的。在斯宾诺莎那里，差别是作为现成的东西从笛卡尔的哲学中因袭得来的，而不是从实体本身中发展起来的，或者不是作为必然之物从实体之中呈现出来的，毋宁说，在实体之中没有这种区别的任何原则。

第100节　1847年写的结论性评论

仔细考察一下，斯宾诺莎在逻辑或形而上学上称之为实体、而在神学上称之为上帝的那种东西，究竟是什么呢？它不是别的，就是自然界。证明这一点的,不仅间接有斯宾诺莎给予实体的那些规定性,例如,实体进行活动不是为了什么目的,不是出于什么预谋和意图,而是出于必然性(这些规定性只有运用于自然界才具有意义),而且直接地和明显地有斯宾诺莎的言论。在他看来,上帝和自然界是意义相同的①。例如,他在《伦理学》第 4 编命题四的证明中说:"个别事物、从而以及人赖以保持其存在的那种威力,就是上帝或自然界的威力本身。因此,人的威力只是上帝或自然界的无限威力的一部分。"斯宾诺莎的反对者还在他生前就指责他,说他把上帝和自然界混为一谈。他们说得很对;可是,斯宾诺莎指责他的反对者即那些基督教的哲学家和神学家,说他们把上帝和人混为一谈,这时他同样也说得很对。

斯宾诺莎的历史意义和价值恰恰在于,与基督教的宗教和哲学相对立,他把自然界奉为神灵,把自然界看作上帝和人的源泉,而基督教的宗教和哲学却把人的本质看作上帝和自然界的源泉。《神学政治论》之所以是斯宾诺莎的最重要的著作之一,就是因为它十分尖锐地表现出这种对立。这一著作的实际目的,在于证明宗教上和哲学上充分的思想自由是必要的和有益的,在于向精神上的独断专横作斗争。因为,他说,凡是采用高度的强制手段进行

---

① 莫斯海蒙(Notae ad Cudworth Systema Intell.《关于凯德伏尔特的〈理性体系〉的札记》,耶拿,1733 年,第 209 页)从 J. Leclerc Biblioth. anc. et mod.(让·勒克雷克:《古代和现代的图书》)中引证了如下一段话:一位值得信任的人告诉勒克雷克说,斯宾诺莎在他的《伦理学》中最初只使用"自然"一词,而没有使用"上帝"一词,可是,遵照他的友人迈尔的建议,他最后用"上帝"这个词取代了"自然"这个词。不过,这种说法也许只是依据于神学的谣传。

统治的地方，就没有表达和讲授自己思想的自由（第 20 章），甚至把言论自由这样一种为每个人具有的不可剥夺的权利，看作是犯罪（第 18 章）。简略说来，他认为这种自由具有如下根据。人与人之间的区别在他们的见解中，特别在宗教见解中表现得最为明显，以致某些人感到敬畏的事物，竟引起另一些人捧腹大笑；因此，只要每个人的信仰促使他行善，就应当让每个人对自己信仰什么做出决断，因为国家不必注意那些不属于它的管辖范围之内的见解，而只应关心人们的行动。信仰、宗教和神学，一般说来都不具有理论的意义、真理性和效用，它们的价值和使命纯然是实践方面的，这就是把那些没有被理性支配的人引向服从、善行和幸福。因此，到宗教之中寻找精神事物和自然事物的深刻的秘密和知识，是蠢不可言的（第 2 章）。真理不是神学的事情，而是哲学的事情。因此，哲学和神学之间没有任何共同之点。"哲学的目的不外是真理，而信仰的目的则仅仅是服从和虔诚。"（第 14 章）

然而，宗教或神学与哲学之间的这种区别以什么为其基础呢？这个基础在于，宗教的对象或作为宗教对象的上帝，是人的本质，而哲学的对象或作为哲学对象的上帝，是非人的本质。或者也可以说：宗教只是以上帝的道德特性作为自己的对象，而哲学则以上帝的物理特性作为自己的对象；宗教只是从与人的关系方面思考上帝，哲学却从与它自身的关系方面思考上帝。斯宾诺莎说："《圣经》没有给上帝下一个真正的定义；它所揭示的不是上帝本质的绝对宾词，而只是上帝的正义和爱的属性；这一点清楚地证明，对上帝进行理智的或哲学的认识（这种认识考察上帝本性的本来面目，人们不能遵循某种特定的生活方式以摹仿这种认识，也不能把它当作自己品行的典范),根本不是信仰和天启宗教的事情。"(第13章)关于他自己,斯宾诺莎说过:"我至少没有从《圣经》中认识上帝的任何永恒属性,而且也不可能做到这一点。"(《书信集》第34封)他说,宗教按照感性的表象能力,按照人的想象从感性上想象上帝,它"把上帝想象为统治者、立法者、皇帝、正义的、仁慈的等。可是,所有这些属性都是人的本性的属性,应当把它们和上帝的本性区别开。"(《神学政治论》第4章)"神学把上帝想象为完善的人;因此,它把愿望、对不信神行为的厌恶、对信神行为的喜悦和满意归诸上帝。可是,在只能采用清楚明白的概念的哲学中,却不能把上帝赖以成为完善的人的那些属性归诸上帝,正如不能把象或驴赖以成为完善的象或驴的那些属性归诸人一样。"(《书信集》第36封)可是,这个哲学上的上帝,这个没有人的属性、没有正义和仁慈、没有眼睛和耳朵的上帝,这个在活动时对人毫不考虑而仅仅按照规律——这些规律不是像宗教那样①指向人的幸福,而是指向整个自然界(《神学政治论》第16章)——按照自己本质的必然性活动着的上帝,究竟是什么呢?正如以上所说,这个上帝不是别的,就是自然界。斯宾诺莎相当清楚地说明了这一点,他说:"通常,人们把上帝的威力和自然物的威力想象为两种互不相同的威力。但是,自然界的力量和威力就是上帝本人的力量和威力;事物的活动能力和威力就是上帝的本质,因此自然界的本质也就是上帝自己的本质。因此,如果上帝的活动违背自然界的规律,像神学

---

① 斯宾诺莎的这种见解是重要的和正确的,同样地,他在 Praefatio(前言)中所发表的关于所有的人生来就倾向于迷信……的思想也是重要的和正确的。

在谈到奇迹时所假设的那样,那么上帝的活动也违背他自己的本质。"(同上书,第6章)"因此,只要我们认识了自然的原因,我们也就认识了上帝的威力。如果我们不知道某一事件的自然原因即上帝的威力,而去求助于上帝的威力,那就没有什么比这种做法更加愚蠢了。"(第1章)"我们对自然事物认识得愈深刻,我们对上帝的本质也就认识得愈完善,上帝的本质就是一切事物的原因。"(第4章)

由此可见,自然界是斯宾诺莎的原则、上帝、本质和理性。他自己就说过,凡是违背自然的事物,也是违背理性的(同上书,第6章)。不过,在斯宾诺莎看来,自然界不是感性的事物,而是非感性的、抽象的、形而上学的本质,因此,在他那里,自然界的本质无非是表示理性的本质,而且是那种只能在与感觉、知觉、直观相矛盾或对立中被理解的理性的本质。我们仅仅举有形实体为例。有形实体是上帝的本质。可是,广延即物体的本质如何能成为上帝的属性呢?要知道,广延与它在感性的表象和直观中所具有的那一切规定性是分离的,甚至与可分性和众多性也是分离的①。可是,难道这种抽象的广延仍然是有形本性的表现、形象和肯定,而不仅仅是思维本性,即理性的表现、形象和肯定吗?斯宾诺莎说,水本

---

① 不过,只要人们承认物质的永恒性和无限性,斯宾诺莎也可以放弃物质的可分性。可是,他所提出的物质尽管具有可分性仍不配成为上帝的本性的那个理由是站不住脚的;正是因为在上帝之外没有任何实体,因此,即使承认上帝是有广延的,并且承认广延是可分的,上帝也不会从其他存在物那里受到什么损害。如果处于相互之外的那种存在是非存在、非实在,那么物体的存在或广延的存在也是如此;因此,如果你否认前者,你也应当否认后者;否则,你就把对物体的否定当作物体的本质了。

身是可以分离和分开的,是有生有灭的;可是,作为有形本性的水则不是如此。被归结为单纯的广延或形体性的那种干燥的、干枯的规定性的水是什么呢? 这是一种纯粹的理性之物,悟性在其中仅仅肯定它自身,把自己的本质表现为事物的本质。在有形实体或广延的概念中,水当然具有永恒的存在,不过这只是因为它已经不再具有任何存在。水在它被纳入上帝实体的怀抱时获得了最高的荣誉,可是这种最高的荣誉也是最后的荣誉,是授给死者的荣誉。可是,如果你在我活着的时候辱骂我是"发臭的行尸走肉",以便 post festum(节日之后)把我尊奉为神,那对我有什么意思呢? 尊敬的斯宾诺莎! 请相信我这只不过是那种具有可以毁灭的存在,同时也具有现实的和必然的存在的水! 或者,你是否相信,那种使我的耳目清醒和四肢健壮、使我免于口干舌燥的感性的水,比非感性的、超感性的水(即那种其全部个别特性都已丧失的思想本质)来说,是某种具有无限丰富的属性,从而按你自己的哲学来说更加神圣的本质? 或者,你是否以为,我把自己的理性淹没在感性的洪流之中,因为我自己在感性之中已陷入 jusqu'à la tête(灭顶之灾)? 绝不是这样! 与你一样,我也认为理性是神圣的;可是,我希望我的理性能意识到它在现实中是对感性的肯定,而不是对感性的否定;我希望像你那样思考①,我不想把我的头脑在感性之火上烧掉;可是,我也不想在我的头脑里否认我通过自己的全部感官和四肢肯定为本质而且肯定为真实的、现实的和神圣的本质的那

---

① 和行动;可是,行动不应属于这里,即不应写在纸上。写在纸上的只应是应当完成的或已经完成的行动,即那种还没有进行或不再进行的活动。

种东西，把它看作是非存在。我希望把我感觉为真实的东西，认识为真实的；可是，我也希望把我认识为真实的本质的那种东西，感觉为现实的因而感性的本质。我不想成为理性世界和感性世界这两个世界的公民，我希望只属于同一个世界；我希望随同自己的灵魂永远处在我随同自己的肉体所处的那个地方；我希望在自己的双脚所站立的那同一个地方进行思考，我希望从我吸取自己的肉体养料的那种本质和材料中吸取自己的精神养料。诚然，我不想用我的头脑去痛饮和享受自然的和感性的那种令人清凉的水（我让自己身体的其他器官来作这件事情），可是我希望认识这种使我的感官清醒、不过依然以水的形态处于头脑之中的水，并认为这种尽管经过蒸馏、然而作为水来说仍然可以认识的水，即那种反对自己被分解为上帝实体或上帝理性（这二者是一样的）的虚无之物的水，是水的本质。

我只不过把自然界或实体——像斯宾诺莎所考虑的那样，他还把它称为上帝——与理性等同起来。这种等同是有充分理由的，即使我们仅仅根据斯宾诺莎的下面这一段话："上帝只是思维或理性的对象"，而不是想象，即感性表象的对象（《书信集》第60封）。因为，不言而喻，一切仅仅是思维本质的事物，都是通过思维被给予的，它们只不过是思维的本质或理性的本质；同样地，一切只能被看见的事物，都是通过视觉被给予的，它们只具有视觉的存在和本质。诚然，笛卡尔说过，甚至物体其实也不是通过感觉，而是通过理性、知性被感知的。当然，理性也属于物体以及一般感性存在物的视觉、知觉；可是，在这里，理性不外是感觉的意义和感觉的理性。我们继续引用笛卡尔的那个例子：眼睛告诉我们，木棍插在水里是弯曲的;而手却告诉我们,木棍在水里是直的。眼睛和手相互发生矛盾。这个矛盾促使我进行思考:这是什么缘故呢?这个现象有什么意义呢?木棍仅仅在我的眼睛看来才是弯曲的;因此,这种弯曲不是现实的,只不过是视觉上的。否定这种弯曲是现实的,而肯定它是视觉上的,这就是判断、思维活动;可是,这种否定和肯定所表示的,不外是感觉孤立地、单独地和没有经过推理地告诉我们的东西。相反,下述这种存在物的情况却迥然不同:不仅这种存在物的本质,而且它的存在,都只是理性、思维的客体、对象;它的本质不是通过它的存在被给予我们,像所有其他存在物那样,而是它的存在首先是通过它的本质、它的概念被给予我们,因此,与存在的本质和概念完全相矛盾,它的存在本身是间接的、想象的、抽象的。这种存在物在理性之外不具有任何现实性。这种存在物是什么呢?你可以用一种存在于理性之外或与理性有区别的感官去感知它。不,这种存在物所表示的不外是思维的本质,不外是那种把自己奉为神灵、把自己肯定为本质的存在物的理性。这一点可以从构成斯宾诺莎神学和哲学的形而上学原则和基础的概念中十分清楚地看出来,从作为这样一种存在物的实体或上帝的规定性中十分清楚地看出来,这种存在物的概念或本质中包含着存在,或者,在它那里,存在和本质没有区别,而在特殊的、有限的事物或存在物中,则出现对立,存在和本质是有区别的。然而,这种区别的根据和意义是什么呢?这是一般和个别、类和个体之间的区别。有限事物是个别的、众多的、有区别的,而理性则突出有限事物中相互一致、没有区别的那种东西,并把这种与个别之物不同的共同之物规定为有限事物的本质。可是,类和个体(或个别之物)、本质和存在之间的这种区别,不外是理性和感性之间的区别。这种区别所表明的不外是,存在是感觉的对象,本质则是理性的对象。因此,有限事物也具有本质的永恒性——可是,永恒性不是想象的对象,不是感性的想象物,而仅仅是理性的对象;理性的本质在于把事物即事物的那种与感性相分离的本质看作是永恒的——只不过有限事物不具有永恒的存在。只有上帝才具有永恒的存在。为什么呢?因为上帝不是感性的存在物,因此,在他那里不存在类和个体、概念和直观之间的区别。斯宾诺莎说,绝不能从上帝那里抽象出任何一般概念①。可是,理性在把那种排除了概念和存在之间的区别的本质说成是神圣的、真正的本质时,只不过把自己说成是真正的本质。理性之所以把事物断定为短暂的、有限的和微不足道的,只是因为这些事物的存在不是通过它们的概念,即不是通过理性,而是通过一种与理性不同的器官即感官被给予的;理性认为,如果为了确信这些事物的存在,以致它自己不得不下降、贬低到感觉的地位,那将是对它的威严的侮辱;它声明自己是真理和神性的标准,同时宣称,只有那种与它的本质相一致、与思维之物相同一的存在,才是神圣的、真实的存在。本质和存在的同一性不外表示理性与它自身的同一性。凡是存在和本质有区别的地方,在理性和感觉之间就有共同性;在那里,只有一部分属于理性,另一部分则属于感觉;在那里,理性与它自身相矛盾,因为它只占有某种东西,可是它希望占有全部,丝毫也不留给感觉。可

---

① 关于这个问题,我建议参阅《书信集》第28、29、39、40、50封,其次是《伦理学》第1编命题八注释,命题十七注释,以及《知性改进论》第26页(弗洛滕和兰德出版)。

是，凡是排除了这种区别、本质自身就是存在、存在和思想上的存在相一致的地方，理性便是不受限制的和自身完善的，它摆脱了与感觉的令人厌烦的对立。凡是感觉拥有发言权的地方，理性只能有条件地肯定它自身，它的作用也是有条件的；可是，那种不是部分地理性（或理性的对象、相符的观念）和部分地非理性（或感觉的对象、模糊的观念），而是全部理性的本质，则不外是和不外表示理性的无条件的自我肯定，不外是和不外表示这样一个命题：理性是绝对的本质。感性的存在物是受限制的，因为感觉是理性的界限，感觉向理性高呼：到此为止，别再前进！可是，上帝却是无限的存在物，因为他没有给理性设置任何界限，因为理性在上帝中不会碰到任何障碍，不会遭到否定，因此理性在上帝中感到自己是无限的存在物①。因此，对于上帝存在的证明，无非就是对于理性的神圣性的证明。这一点从以下所述中已经可以看出：斯宾诺莎归诸客观本质的东西，他也归诸主观本质，归诸概念、观念；因为，观念的对象愈加完善、愈加卓越，观念本身也便愈加完善、愈加卓越（《知性改进论》结尾部分）。因此，正如存在着绝对的本质（实体的属性就是这样的本质），同样地也存在着绝对的概念或观念。我们在实

---

① 斯宾诺莎在上面（本书第85节）已引证过的《书信集》第28封中说："我们之所以需要经验，只是因为不能从对象的定义中引出——譬如说——样态，即个别感性事物的存在，因为这种存在不能从定义中推出来。"可是，从这种观点来看，理性的这种不能、这种限制却被理解为和表述为事物的限制，而不是理性的限制；这一点清楚地证明，理性之所以把那种能够从定义中引出其存在的存在物规定为无限的、神圣的存在物，只是因为这种存在物与理性的利己主义不矛盾，不会对理性造成损害，不会限制理性的思维能力。不过，我要指出，从我的观点来看，感性不是理性的界限，因为我认为感性与真理和本质是同一的。

体中拥有的东西,我们在理性中、在知性中也能拥有,反之也是如此;理性是——就这么说吧!——唯心论的或主观的实体,而实体则是实在论的或客观的理性,是作为 Res(物)、作为本质的理性①。"我们的理性自身中……客观地(用我们的话来说:主观地)包含有上帝的这种本质,把它作为自己的对象,并在这个限度内分享了这种本质。"(《神学政治论》第 1 章)例如,斯宾诺莎在《书信集》第 42 封中说,清楚明白的概念依赖于"我们精神的绝对威力",由于威力和本质是同一的,因而也依赖于精神的绝对的、独立的、仅仅通过它自身被理解的本质。可是,上帝或实体的本质就是相符的、清楚明白的概念,因此上帝的本质不是单纯的、没有附加物的绝对本质,而是精神、理性、思维能力的绝对本质。

不过,我们还是回到主要问题上来吧。自然界是斯宾诺莎哲学的秘密和真谛。可是,在他看来,自然界本身并不是对象;他认为,自然界的感性的、反神学的本质,只有作为抽象的、形而上学的、神学的本质,即只有作为上帝,才成为对象。斯宾诺莎否定自然界中的上帝,可是他反过来又否定上帝之中的自然界。他拒绝上帝和自然界的二元论;上帝的活动,不是奇迹,而是自然界的活动。可是,尽管如此,上帝基本上仍然是一种与自然界有区别的存在物,因此上帝具有主词的意义,而自然界只具有宾词的意义。基督教的哲学家和神学家指责斯宾诺莎主张无神论。说得很对:因

---

① 因此,孔狄亚克在另一个地方根据《伦理学》第 1 编命题十六的证明而这样地谴责斯宾诺莎:他假定 que la définition et l'essence ne sont qu'u même chose(定义和本质是同一个东西)。

为,否定了上帝的和善、仁慈、正直、超自然性、独立性和创造奇迹性,简言之,否定了上帝的人性,那也就否定了上帝自身。如果上帝不能创造奇迹,不能产生出一种与自然活动不相同的活动,因而不能显示出自己是一种与自然界不同的存在物,那他其实也就不是上帝了。但是,斯宾诺莎不想成为无神论者,而且,从他的观点和在他那个时代来说,他也不可能成为无神论者。因此,他把对上帝的否定变成对上帝的肯定,把自然界的本质变成上帝的本质。可是,如果上帝不是一种特殊的、个人的、与自然界和人不同的存在物,那他就是一个完全多余的存在物了;因为,特殊的存在物的根据和必要性正在于这种区别,而对与特殊的、有区别的存在物的概念有联系的"上帝"这个词的使用,则是一种引起混乱和令人糊涂的对词的滥用。"上帝是广延的存在物。"为什么呢？因为广延表现出本质、现实和完善。可是,为什么你把广延以及与它相关联的思维当成存在物的属性或宾词,而这种存在物恰恰是仅仅通过这些宾词才作为某种本质的、存在着的和现实的东西被给予你呢？难道没有上帝,你就不具有像存在着上帝时那样多的真理、本质和完善吗？难道上帝是某种与你用以表达你自己的不确定、不清楚和不自由而使用的那个名称不相同的东西吗？为什么你作为自然论者又希望成为有神论者,同时作为有神论者又希望成为自然论者？扔掉这种矛盾吧！真理的口号,不是"上帝或自然界",而是"或者是上帝,或者是自然界"。把上帝和自然界等同起来或混为一谈,或者,相反地把自然界和上帝等同起来或混为一谈,那就既没有上帝,也没有自然界,而只有一种神秘的、模棱两可的混合物。斯宾诺莎的主要缺点正在于此。

人名索引[1]

Albert Magnus;or Albert von Boldstädt 大阿尔伯特，或：阿尔伯特，冯·博尔什帖特（1207—1280）——德国多米尼克派僧侣，中世纪经院哲学家，天主教神学的创立者，托马斯·阿奎那的老师。他阉割和曲解亚里士多德学说的真正内容，使之适应天主教教会的需要。——第6页。

Albuinus 阿尔琴（约735—804）——中世纪著名的神学家和教育家，他曾受卡尔教皇的委托，负责整顿法兰克王国的宗教仪式和教育。——第4页。

Almarich von Chartres 阿尔马里希，沙特尔的（生于十二世纪，死于1206年）——神学硕士，在巴黎大学讲授神学和世俗科学。他认为世界和它的缔造者是同一的，并把这个泛神论的上帝看作一切创造物的源泉。他的泛神论思想成了十七世纪末至十八世纪初的异教运动——阿马尔里坎教义的基础。——第6页。

Anaxagoras 阿那克萨哥拉（约公元前500—公元前428）——古希腊哲学家，不彻底的唯物主义者，进步的奴隶主民主派思想家。他因不信神的罪名而被判处死刑，但他遇救逃出了雅典。——第1页。

Anselrn of Canterbury 安瑟伦（1033—1109）——著名的天主教神学家，他提出上帝存在的本体论证明。——第214页。

Aquinas, Thomas 阿奎那，托马斯（1226—1274）——中世纪经院哲学的最著名的代表，唯心主义的天主教哲学(托马斯主义)的创立者和系统化者，他认为哲学是神学的婢女，并从正统神学的观点解释预定问题。——第6、263页。

Aristoteles 亚里士多德（公元前384—公元前322）——古希腊伟大的哲学家。他是柏拉图的学生，但

---

[1] 人名索引后的页码为原著页码，即本书边码。——译者

他抛弃了柏拉图的唯心的理念论，并予以严厉的批评。在哲学上，他动摇于唯物主义和唯心主义、辩证法和形而上学之间。就社会政治观点来说，他是奴隶主的思想家。——第 5、7、37、41、59、90、91、111—113、260 页。

Arnauld, Antoine 阿尔诺，安都昂（1612—1694）——法国神学家、哲学家，冉森教徒。在《论真观念和假观念》一书中，他提出反对马勒伯朗士的论点。——第 182、206、263 页。

Arnold, Gotlfried 阿尔诺德，戈特弗里德（1665—1714）——德国新教教会的历史家。——第 4、136 页。

Aubry 奥布里——霍布斯的友人，为霍布斯写了传记。——第 84 页。

Augustinus, Aurelius 奥古斯丁，奥略里（354—430）——基督教神学的创始人之一。他提出若干关于上帝存在的"证明"，其中之一成了所谓本体论证明的基础。他的学说对中世纪的神学和经院哲学，以及对宗教改革运动的首领路德和加尔文，都发生过巨大影响。——第 214、244 页。

Bacon, Francis 培根，弗兰西斯（1561—1626）——卓越的英国哲学家，英国唯物主义和整个现代实验科学的创始人，对霍布斯、洛克以及十八世纪法国唯物主义者有过巨大影响。——第 19—40、46、51、60、64、69—77、81、89、112、122、123、134、221、222 页。

Baillet, A. 巴耶——《笛卡尔先生传》的作者。——第 181、184 页。

Balduin 巴杜延——阿尔马里希的门徒，泛神论者。——第 6 页。

Baumgarten Zigmund Jacob 鲍姆加腾，齐格蒙德·雅可布——英国《名人传记汇编》的编辑者。——第 25、29 页。

Bayle, Pierre 培尔，比埃尔（1647—1706）——法国杰出的政治家和哲学家，从理论上打破了对形而上学和神学经院哲学的信仰。他的主要著作是《历史批判辞典》。——第 112、188 页。

Bekker, Balthasar 贝克尔，巴尔塔扎（1634—1698）——新教神学家，笛卡尔的信徒，著有《受魅法拉制的世界》一书，论证巫术的荒谬性。——第 184 页。

Berigard, Claude de 伯里加德，克洛德·德（卒于 1663 年）——法国医生，与约·克·玛格涅鲁斯合著《德谟克利特的复活》一书，试图使原子论得到新生。——第 112 页。

Bodley, Thomas 博德列，托马斯——培根的友人。——第 27 页。

Böhme, Jacob 波墨，雅科布（1575—1624）——德国唯心主义哲学家，神秘主义者。——第 128、129、132—138、141—144、147—151、157—159、161—163、166、167、177 页。

人名索引

Brück 布吕克——培根的《新工具》一书德译本(莱比锡,1830年)的译者。——第41页。

Bruno, Giordano 布鲁诺,乔尔丹诺(1548—1600)。——文艺复兴时期意大利的进步的哲学家,由于反对教会、经院哲学和宗教反动势力,被宗教裁判所焚死于罗马。——第20页。

Burleigh, Cecil 波尔立,谢西尔——英国贵族,罗伯特·爱塞克斯伯爵的堂兄弟,弗兰西斯·培根的政敌。——第24页。

Cardano 卡尔丹诺,吉罗拉莫(1501—1576)——意大利数学家、医生、占星家,文艺复兴时代意大利自然哲学的主要代表之一。在他的世界观中,以泛神论形态表现出来的唯物主义倾向以及某些辩证法因素,同新柏拉图主义的神秘主义因素交织在一起。——第19页。

Cat,le 卡·勒。——第242页。

Chanut, Pierre 夏努,比埃尔——笛卡尔的女婿,1645—1649年间任法国驻克里斯蒂宫廷的人使。——第184页。

Cherbury 切别里,爱德华·赫尔伯特(1583—1648)——英国哲学家、历史学家、外交家。他捍卫自然神论的观点,认为真理不依赖于经验,人具有天然的认识本能。——第312页。

Christine 克里斯蒂。——第184页。

Ciciro, Marcus Tellies 西塞罗,马克·图里(公元前106—公元前43)——著名的演说家,罗马共和国末期的国务活动家,奴隶主贵族的思想代表,激烈反对唯物主义和无神论。——第3、111、122页。

Clauberg, Johann 克劳贝格,约翰(1622—1665)——德国哲学家,笛卡尔的信徒,他从事逻辑学和心理学基本问题的研究。——第206、246页。

Clemens, Alexandrinus 克雷门,亚历山大城的(约150—215)——基督教神学家,他在其著作《对希腊人的训诫》《教育家》《训辞》等中,试图借助新柏拉图主义的希腊哲学以论证基督教学说。他的八卷本的《古代哲学家和诗人格言汇编》,是一部宝贵的哲学史资料。——第12页。

Clerseglie, Clande de 克列谢利耶,克洛德·德(1614—1686)——笛卡尔的信徒,他出版了笛卡尔的未发表的遗著。——第184、192、196页。

Comenius, Johann Amos 考门斯基,约翰·阿莫斯(1592—1670)——捷克教育家、哲学家、作家、新教神甫。他主张各个阶层的儿童都应接受教育,认为教育应当发展理性、意志、良心这些天赋才能,而感觉、理性和《圣经》则是三个相互补充的认识源泉。——第4页。

Condillac, Etienne Bonnot de 孔狄亚克,埃蒂耶纳·博诺·德(1715—

1780)——法国启蒙运动者、感觉论哲学家、洛克的拥护者,在反对十七世纪唯心主义形而上学方面起了重要作用。——第348、382页。

Connaway 康罗维伊——某位公爵夫人,莱布尼茨误以为她是《哲学论文集》一书的作者。——第242页。

Cortholt, Christian 科特霍尔特,克里斯蒂安(十七世纪)——基尔大学神学教授。——第312、316页。

Cortholt, Sebastian 科特霍尔特,塞巴斯蒂安——克里斯蒂安·科特霍尔特的儿子,斯宾诺莎的头一批传记作者之一。——第312页。

Cousin, Victor 库赞,维克托(1792—1867)——法国唯心主义哲学家,折衷主义者。他认为通过把所有哲学家的原理机械地凑合到一起,就能得出对世界的哲学解释。——第184页。

Cowly 考勒,阿勃拉汉(1618—1667)——英国抒情诗人、学者。——第82页。

Cudworth 凯德伏尔特,拉尔夫(1617—1688)——英国唯心主义哲学家,剑桥柏拉图主义学派的代表。他主张超感觉的知识理论,并利用亚里士多德的目的论和隐德来希学说来论证宗教信条。——第373页。

Cuffeler, Abraham Joanne 库弗勒尔,阿勃拉姆·约翰——斯宾诺莎的友人和支持者。——第315页。

Daniel, Gabriel 丹尼厄尔,加勃里厄尔(1649—1728)——法国耶稣会教士,他在其著作《游览笛卡尔的世界》和《一个逍遥派哲学家对〈游览笛卡尔的世界〉的作者提出的新诘难》中,用讽刺笔法攻击笛卡尔哲学。——第219页。

Daub 道布。——第18页。

David von Dinant 大卫,冯·迪农(十三世纪)——中世纪法国唯物主义哲学家。他认为物质是万物的原初实体,并从泛神论的观点把物质同上帝、理性等同起来,得出世界绝对统一的观念。他的学说被教会看作异端,他的著作《命运》遭到禁止并被焚毁。——第6页。

Demokritos 德谟克利特(约公元前460—公元前370)——古希腊卓越的唯物主义哲学家,原子论的创始人之一,古代民主政体的代表,奴隶主贵族的反对者。——第59、112页。

Descartes, René 笛卡尔,勒奈(1596—1650)——法国卓越的哲学家、数学家和自然科学家。在解决哲学基本问题上是二元论者,在认识论上是唯理论的创始人。——第4、21、22、29、38、79—81、90、125、130、179—192、195—199、202—213、215—223、230—247、253—262、263、282、292—305、311、313—315、346、372、379页。

Desiderius 德西德里乌斯——维也纳

人 名 索 引

大主教。——第 4 页。

Dinet, Pierre 迪内, 比埃尔 (十七世纪) ——法国耶稣教徒, 笛卡尔的老师。笛卡尔经常与他通信, 并把自己的《哲学原理》寄给他征求意见。——第 180、187 页。

Diogenes, Laertius 第欧根尼, 拉尔修 (约公元前三世纪上半叶) ——古希腊学者, 古代哲学家传记的编纂者。在他所写的《古希腊哲学史》中, 保存了一些目前业已散失的史料。——第 1、112 页。

Dippel, Johann Konrad 迪佩尔, 约翰·康拉德 (1673—1734) ——德国哲学家, 雅科布·波墨哲学的继承人。——第 136 页。

Elzevir 埃尔策维尔——笛卡尔著作拉丁文版的出版者。——第 180、183 页。

Empedokles 恩培多刻勒 (公元前 490—公元前 430) ——古希腊的唯物主义哲学家、自然科学家、医生, 奴隶主民主派的思想家。——第 288 页。

Epicurus 伊壁鸠鲁 (公元前 341—公元前 270) ——古希腊杰出的唯物主义者和无神论者, 激进的古代启蒙运动者, 他恢复和发展了德谟克利特的原子论。——第 112、113、119—122 页。

Essex, Robert 爱塞克斯, 罗伯特——英国伯爵, 后被判处死刑。他是培根的友人和支持者。——第 23—24 页。

Euklides 欧几里得 (公元前三世纪) ——古希腊数学家, 他的重要著作《几何原理》一书对数学的发展起了巨大影响。——第 81 页。

Euripides 欧里庇得斯 (约公元前 480—公元前 406 年) ——古希腊剧作家, 他的悲剧反映了公元前五世纪后半期公社关系崩溃时期雅典奴隶主民主制的危机。他使剧中的语言口语化, 并使神话题材具有现实主义的特点。——第 288 页。

Fabricius, Johann Ludwig 法布里齐乌斯, 约翰·路德维希 (1632—1707) ——德国海德堡大学神学教授、哲学教授, 加尔文教徒, 宗教改革运动的积极拥护者。——第 311 页。

Fichte, Johann Gottlieb 费希特, 约翰·哥特利勃 (1762—1814) ——德国古典哲学的代表之一, 主观唯心主义者。——第 80 页。

Fontenelle 冯特纳尔, 贝尔纳·勒·博维耶·德 (1657—1757) ——法国启蒙时代的哲学家、讽刺作家。——第 261 页。

Forge, Louis de la 福慈, 路易·德·拉 (1614—1687) ——法国医生、哲学家, 笛卡尔学说的信徒。他在其著作《按笛卡尔的原理论人的心灵及其能力和功能, 以及心灵和肉体的联系》中, 从笛卡尔的观点探讨了心灵和肉体的相互关系问题。——

第 184、207、253 页。

Frankenberg, Abraham von 弗兰肯贝格,亚伯拉罕·冯——西里西亚的贵族。——第 138 页。

Friderlich V 弗里德里希五世——普法尔茨的选举侯,其女儿伊丽莎白公主和瑞典国王克里斯蒂曾邀请笛卡尔去瑞典宫廷从事哲学研究。——第 183 页。

Fülleborn, H. H. 菲勒博恩——十八世纪德国哲学史家,著有《哲学史文集(1791—1799)》一书。——第 2 页。

Galileo, Galilei 伽利略,伽利莱(1564—1642)——伟大的意大利物理学家和天文学家,力学原理的创始人,为先进世界观而斗争的战士。——第 27、30、64、81 页。

Gassendi, Pierre 伽桑狄,比埃尔(1592—1655)——法国唯物主义哲学家,物理学家和天文学家。——第 81、111、113、116、118、121—125、127、182、197、198、205、212、218、219 页。

Geotle, Johann Wolfgang 歌德,约翰·沃尔弗冈(1749—1832)——伟大的德国作家和思想家,也以自然科学方面的著作闻名。——第 37 页。

Geulincx, Arnold 海林克斯,阿尔诺德(1625—1669)——荷兰的笛卡尔派唯心主义者,马勒伯朗士的直接先驱。——第 184、247—251 页。

Gray 格雷——英国律师。——第 23 页。

Gregor der Grosse 格利戈里一世——590—604 年间担任罗马教皇,在巩固罗马教廷的经济地位和罗马教皇的世俗权力方面,做了许多工作。——第 3 页。

Gundling, N. I. 贡德林,尼古拉·耶罗里姆(1671—1729)——德国哲学教授,他赞同洛克的感觉论的、经验论的认识论。——第 108、109 页。

Hamberger 哈姆贝格尔——《德国哲学家雅科布·波墨的学说》(慕尼赫,1844)一书的作者。——第 138 页。

Harvey, William 哈维,威廉(1578—1658)——英国著名的科学家、医生。他发现血液循环,是科学的生理学的创始人之一。——第 82 页。

Heeren 黑伦——《古典文献研究史》一书的作者。——第 4、5 页。

Hegel, Georg Wilhelm Fridrich 黑格尔,乔治·威廉·弗里德里希(1770—1831)——德国古典哲学的最大代表,客观唯心主义者,最全面地研究了唯心主义辩证法,德国资产阶级思想家。——第 215、316、350 页。

Helmont, Franziskus 黑尔蒙德,弗兰齐斯库斯·默库里乌斯·冯(1618—1699)——德国自然哲学家,他在帕拉塞尔苏斯和其父 J. B. 黑尔蒙特的学说的基础上,创立了唯心主义的单子论,以反对机械论的自然观和笛卡尔的二元论。——第 242 页。

Herder, Johann Gotlfried 赫德尔,约翰·戈特弗里德(1744—1803)——与十八世纪资产阶级启蒙运动有联系的德国思想家和文学理论家,他对青年歌德和反封建的文学派别"狂飙社"有很大影响。——第 316 页。

Hesiodes 赫西俄德。——第 2 页。

Heylyn, Peter 海林,彼得。——第 30 页。

Hieronymus 伊厄罗尼姆,厄弗谢维伊·索弗罗尼伊(约 340—420)——基督教会的作家和活动家,被基督教会尊敬为圣徒。他所译的《圣经》拉丁文译本,被教会看作经典译本。他的著作《名人录》《书信集》等中包含有关于那个时代的丰富史料。——第 3 页。

Hippokrates 希波克拉特(约公元前 460—公元前 377)——希腊杰出的医生和自然科学家,古代医药奠基人之一。——第 242 页。

Hobbes, Thomas 霍布斯,托马斯(1588—1679)——著名的英国哲学家,机械唯物主义的代表人物,他的社会政治观点具有鲜明的反民主的倾向。——第 38、77—83、87—90、92—93、98—101、104、106、108—111、123、179、182、221、230、242、312、314、326、371 页。

Homeros 荷马——传说中的古希腊叙事诗人,《伊利亚特》和《奥德赛》的作者。——第 2、83 页。

Horaz 荷累斯。——第 3 页。

Huet 于厄,比埃尔·丹尼埃尔(1630—1721)——法国主教。他在《笛卡尔哲学批判》一书中,企图运用怀疑论的方法批驳笛卡尔哲学的基本原理。——第 188、246 页。

Jacobi, Friedrich Henrich 雅科比,弗里德里希·亨利希(1743—1819)——德国唯心主义哲学家,他批评唯理论哲学,并用感性和直接知识的哲学与之相抗衡。——第 316、347、349、350、371 页。

Kant, Immanuel 康德,伊曼努尔(1724—1804)——德国古典哲学的创始人,唯心主义者,德国资产阶级思想家,也以自然科学方面的著作闻名。——第 80、87、215、322、324 页。

Karl, Ludwig 卡尔,路德维希——普发尔茨选举侯,他曾邀请斯宾诺莎担任海德堡大学哲学教授,但为后者谢绝。——第 311 页。

Kreizer, George Friedrich 克赖策尔,格奥尔格·弗里德里希——德国语文学家,著有《对古代学园的研究》一书。——第 18 页。

Land, J. P. N. 兰德——莱顿大学教授,斯宾诺莎的著作《形而上学的思想》《知性改进论》的出版者。——第 350、365 页。

Leclerc. J. 勒克雷克,让(1657—

1736）——法国哲学家、语文学家。他赞同洛克，反对培尔。——第373页。

Legrand, Antoine 勒格朗，安都昂（十七世纪）——法国神学家，圣芳济派修士，笛卡尔的信徒。后来他移居英国，在那里传播笛卡尔的学说。——第184页。

Leibniz, Gotlfried Wilhelm 莱布尼茨，哥特弗利德·威廉（1646—1716）——卓越的德国数学家和哲学家，十八世纪末至十九世纪初德国唯心主义的先驱，单子论是他的哲学体系的核心。——第28、117、131、132、179、188、214、289页。

Leo 列奥——《意大利史》一书的作者。——第11页。

Lesage 列沙日，乔治·路易（1724—1803）——法国物理学家，他把万有引力解释为十分细微的、运动着的粒子对物体发生作用的结果。——第37页。

Lessing, Getlhold Ephraim 莱辛，歌德荷尔德·埃弗拉姆（1729—1781）——德国和欧洲启蒙运动中著名的活动家、艺术理论家、政治家、剧作家，反对封建农奴制及其思想体系的民主主义者。——第17、316、352页。

Lichtenberg, George Christoph 利希滕贝尔格，格奥尔格·克利斯托夫（1742—1789）——德国启蒙思想家、物理学家、艺术鉴赏家。他对基督教持否定态度，认为基督教是一定历史时代的产物。——第17页。

Locke, John 洛克，约翰（1632—1704）——英国唯物主义哲学家，培根和霍布斯的哲学路线的继承者。他反对天赋观念论，主张认识来源于感性经验，但在关于第一性的质和第二性的质的学说上，向唯心主义做了很大让步。——第117、290页。

Luc, de 律克，德——《培根哲学概论》一书的作者。——第37、72页。

Lucas 卢卡斯——医生，斯宾诺莎的友人和支持者。——第315页。

Lucretius, Titus Carus 卢克莱修，梯特·卡鲁斯（约公元前99—公元前55）——杰出的罗马哲学家和诗人，唯物主义者，无神论者。——第119、123页。

Luther, Martin 路德，马丁（1483—1546）——宗教改革的著名活动家，德国新教（路德教）的创始人，德国市民等级的思想家，在1525年农民战争时期，站在诸侯方面反对起义农民和城市贫民。——第11、14、15页。

Magnenus, Johann Chrysostomus 玛格涅鲁斯，约翰·克里索斯托姆——《德谟克利特》一书的作者，并与克·德·伯里加德合著《德谟克利科特的复活》一书。——第112、123页。

Malebranche, Nicolas 马勒伯朗士，

尼古拉(1638—1715)——法国笛卡尔派的唯心主义者,偶因论哲学的倡导者之一。——第 188、253—264、278、283、284、287—294、373 页。

Mallet 马勒——弗朗西斯·培根传记的作者,英文版《培根全集》的编纂者。——第 24,26 页。

Medici, Lorenzo von 美第奇,洛伦佐·德。——第 11,18 页。

Meiners, Christoph 迈涅尔斯,克里斯托夫——《对中世纪风尚、结构等等的历史比较》一书的作者。——第 5 页。

Mersenn 麦尔欣,马连(1588—1648)——法国科学家、形而上学哲学家,笛卡尔的友人。他反对自然哲学家的怀疑主义和独断主义,认为数学和形而上学是最高的认识方法。——第 81 页。

Meyer, Ludwig 迈尔,路德维希(1630—1681)——医生,文学家,斯宾诺莎的友人和追随者,他积极参与斯宾诺莎遗著的出版工作,并给它写了序言。——第 313、315、374 页。

More, Henry 莫尔,亨利(1614—1687)——英国新柏拉图主义哲学家,神秘主义者,犹太神秘哲学的信徒,反对霍布斯的唯物主义和笛卡尔的物理学。他认为广延是上帝的属性,存在于"非物质的空间",反对把广延理解为物质的属性。——第 230 页。

Mosheim 莫斯海姆,约翰·洛伦兹(1694—1755)——路德教派的神学家,他把凯德伏尔德的主要著作《理性的体系》译成拉丁文,还用拉丁文写了托兰德的传记。——第 373 页。

Oetinger, Friedrich 厄廷格尔,弗里德里希(1702—1782)——雅科布·波墨哲学的信徒。——第 148、156、161、175、242 页。

Orcagna, Andrea 奥尔卡尼亚,安德里阿(1308—1368)——十四世纪佛罗伦萨的建筑家、艺术家,他由于其壁画卓越而闻名于世。——第 12 页。

Paracelsus 帕拉塞尔苏斯(1493—1541)——德国医生和自然科学家。他批判地修改了古代医学思想,企图从化学过程的观点出发来解释疾病。——第 33,136 页。

Parmenides 巴门尼德(公元前六世纪末至公元前五世纪)——古希腊唯心主义哲学家,埃利亚学派的重要代表,激烈反对赫拉克利特及其追随者的观点。——第 59 页。

Patrizzi, Francesco 帕特里戚,弗朗契斯科(1529—1576)——意大利哲学家,接受新柏拉图主义的影响。——第 19 页。

Peregrinus, Proteus 彼烈格连,普罗特伊(二世纪)——基尼学派哲学家,以行为乖僻为其特征。——第

57页。

Periclis 彼里克利（公元前约490—公元前429年）——又译伯里克利，雅典奴隶主民主制繁荣时期的领袖。他在执政期间，完成了雅典奴隶制国家的民主化，进行了大规模的建设，使雅典变成希腊的政治、经济和文化的中心。——第1页。

Plato 柏拉图（公元前427—公元前347）——古希腊唯心主义哲学家，奴隶主贵族的思想家，自然经济的拥护者。——第18、37、59、60、73页。

Plautus 普罗塔斯，其特·马克齐（约公元前254—公元前184）——罗马著名的诗人，喜剧作家，他的作品对意大利以及欧洲其他许多国家喜剧风格的发展起过显著影响。——第13页。

Plotinus 普罗提诺（204—270）——希腊神秘主义哲学家，新柏拉图主义的最大代表，对基督教哲学发生显著影响。他认为世界是通过神的流出而产生的，最高的认识是在神秘的出神状态中达到的。——第331页。

Plutarchus 普鲁塔克（约46—126年）——古希腊伦理学家，写有《道德》一书，还写了一部包含大量历史资料的著作《希腊罗马传记集》。——第1页。

Poiret,Pierre 布阿勒，比埃尔——最初是理性主义者，后来是神秘主义者，他反对斯宾诺莎的学说。——第315页。

Pougen,Ch 布让。——第28页。

Proclus 普罗克洛（410—485）——新柏拉图主义者。他提出一种神秘主义学说，即认为包括上帝和恶魔在内的各种生物都是从一个不可知的统一本原中产生出来的。——第41页。

Pythagoras 毕达哥拉斯（约公元前580—前500）——古希腊唯心主义哲学家，毕达哥拉斯学派的创立者和领导者，反动贵族奴隶主的思想家。——第1页。

Ramée,Pierre de 拉穆斯（拉梅），比埃尔·德(1515—1572)——法国哲学家，语文学家，数学家。笛卡尔的先驱之一，与经院哲学作过斗争，在巴托罗缪之夜被杀害。——第111页。

Raphael 拉斐尔，山蒂（1483—1520）——文艺复兴时代意大利伟大的画家。——第11页。

Rawley 劳利——培根传记的作者。——第26页。

Regis 勒吉,比埃尔·希尔温(1632—1707)——法国哲学家,笛卡尔学说的信徒。他倾向于经验论,认为"天赋观念"依赖于感性知觉。——第275、284、286、288、291页。

Richter,Gregorius 里希特,格雷戈里乌斯——格利茨的大神甫,激烈反对雅科布·波墨。——第137页。

Rogo, Jacques 罗果，雅克（1620—1675）——法国物理学家，笛卡尔学说的信徒。——第 184 页。

Roscoe, William 罗斯科，威廉。——第 11 页。

Ruge, Arnold 鲁格，阿诺尔德。——第 135 页。

Schaller, Julius 沙勒，尤利乌斯（1810—1868）——德国哲学家，著有《从培根到现代的自然哲学史》一书。——第 113 页。

Schiebler 席布勒——雅科布·波墨著作的出版者（1831--1847）。——第 138 页。

Scott 司各脱，约翰·厄里乌根纳（约 815—877）——中世纪神学家，他企图把新柏拉图主义和基督教结合起来。——第 263 页。

Selden 谢尔登，约翰（1584—1654）——英国法学家、作家。——第 82、108 页。

Sextus, Empiricus 塞克斯都，恩披里柯（二世纪）——古罗马哲学家，怀疑论学派的著名代表，其主要著作为《皮浪的基本原理》和《反对数学家》。——第 2、289 页。

Sigwart 西格瓦特——《从历史上和哲学上阐释斯宾诺莎的学说》一书的作者。——第 294、346 页。

Sonerus, Ernest 索勒鲁斯，埃内斯特——《亚里士多德的形而上学注释》（耶拿，1657 年）一书的作者。——第 260 页。

Sorbiere, Samuel 索比埃尔，沙姆埃尔（1615—1670）——法国怀疑主义哲学家，翻译了塞克斯都·恩披里柯的《皮浪的基本原理》一书。——第 83、113 页。

Spinoza, Benedict 斯宾诺莎，别涅狄（1632—1677）——伟大的荷兰哲学家，唯物主义者和无神论者，资产阶级民主阶层的思想家。他的唯物主义思想对十八世纪法国唯物主义者和德国的启蒙运动发生了巨大影响。——第 28、130、175、178、196、242、253、292—294、996、297、300、301、303、307、308—311、317、321、323—327、329、331、333—337、345—352、361、364、368—379、381—384 页。

Stephens, James 斯杰芬，詹姆士。——培根传记的作者，培根全集（英文版，1765 年）的编纂者。——第 26 页。

Stilling, Jung 斯蒂林，容。——第 135 页。

Swedenborg 斯维登博尔，厄马努尔（1688—1772）——瑞典的自然科学家和神智论者。——第 161、242 页。

Telesio, Bernardino 帖勒集奥，别尔纳迪诺（1509—1588）——文艺复兴时期意大利自然哲学的著名代表。他在解释世界时基本上遵循唯物主义观点。他的主要著作《按照事物自身的原则阐述事物的本性》，被天主教教会列为禁书。——第 19 页。

Tennemann, W. G. 滕涅曼（1761—1819）——德国哲学史家，康德主义者，后转向神学的理性论。——第9、321、326、336、349页。

Terentius 泰伦斯，普布利·阿弗（约公元前185—公元前159）——古罗马最著名的喜剧作家，他的作品对中世纪和近代有所影响。——第12页。

Tertullianus, Quintus Septimius Florens 德尔图良，昆图斯·赛普特米乌斯·弗洛伦斯（约160—220）——著名的神学家和作家。他反对通过科学去认识世界，主张宗教真理是人的理性所不能理解的，要求人们盲目信仰基督教的信条。——第12页。

Thales 泰勒斯（约公元前624—公元前547）——第一个有史可考的古希腊哲学的代表，自发唯物主义的米利都学派的奠基者。——第1页。

Thomas à Kempis 托马斯，坎皮斯（1380—1471）——奥古斯丁派僧侣，神秘主义哲学家，写过许多宗教训诫集。在被认作是他所写的《效仿基督》一书中，他鼓吹基督教的道德观，特别是禁欲主义。——第15页。

Tilken 蒂尔肯，巴尔塔扎——雅科布·波墨的论敌。——第129、137、150、157、166页。

Villemain 威尔曼——《克伦威尔传》的作者。——第82页。

Virgilius 维吉利亚，马洛（公元前70—公元前19）——罗马诗人，主要作品为叙事长诗《伊尼特》。——第67页。

Vives, Louis 斐微斯，璜·路易斯（1492—1540）——卢汶大学和牛津大学哲学教授，反对经院哲学，拥护经验论。——第111页。

Vloten 弗洛滕——斯宾诺莎的《形而上学的思想》和《知识改进论》两书的出版者。——第350、365页。

Voetius 沃厄戚，吉斯别尔特（1589—1676）——荷兰神学家，加尔文教徒，亚里士多德主义的信徒，笛卡尔哲学的反对者。——第180、183页。

Vogt, Karl 福格特（1817—1895）——德国自然科学家，庸俗唯物主义者，小资产阶级民主主义者。——第242页。

Voltaire, François Marie Arouet de 伏尔泰，弗朗斯瓦·马利·阿鲁埃·德（1694—1778）——法国自然神论哲学家、讽刺作家、历史学家，十八世纪资产阶级启蒙运动的著名代表，反对专制制度和天主教。——第11页。

Wittich, Christian 维蒂希，克利斯蒂安（1625—1687）——德国哲学家，笛卡尔的信徒。他试图证明笛卡尔学说和《圣经》是一致的，并从唯理论的观点论证神学。——第243、296、302、315、346页。

Wolff, Christian 沃尔夫，克利斯蒂安

(1679—1754)——德国唯心主义哲学家,他把莱布尼茨哲学加以通俗化和庸俗化,把形而上学的普遍目的性原则提到首位。——第179、216页。

Xenophanes 克塞诺芬尼(约公元前565—前473)——古希腊诗人、哲学家,批判了古希腊的多神教,对古希腊的无神论思想起了推动作用。——第1页。

图书在版编目(CIP)数据

从培根到斯宾诺莎的近代哲学史/(德)费尔巴哈著；
涂纪亮译.—北京:商务印书馆,2022(2023.3 重印)
(费尔巴哈文集;第 1 卷)
ISBN 978-7-100-20804-8

Ⅰ.①从… Ⅱ.①费… ②涂… Ⅲ.①近代哲学—
哲学史—德国 Ⅳ.①B516.3

中国版本图书馆 CIP 数据核字(2022)第 035568 号

权利保留,侵权必究。

费尔巴哈文集
第 1 卷
从培根到斯宾诺莎的近代哲学史
涂纪亮 译

商 务 印 书 馆 出 版
(北京王府井大街 36 号 邮政编码 100710)
商 务 印 书 馆 发 行
北京通州皇家印刷厂印刷
ISBN 978-7-100-20804-8

2022 年 7 月第 1 版　　　开本 710×1000　1/16
2023 年 3 月北京第 2 次印刷　印张 26¼
定价:136.00 元